최근 형사소송법 판례와 사례

이 창 현

Recent Criminal Procedure Law Precedents and Cases

정독
DEEP READING

머리말

오랫동안 여러 로스쿨에서 '최근 3년간 형사소송법 판례'를 특강 형식으로 강의해 왔습니다. 로스쿨 1~2학년 시기에 사용한 법학교재에는 없는 최근 판례를 통해 형사소송법의 최신 중요 쟁점을 파악하게 되고 변호사시험에도 자주 출제되기에 마무리 정리를 겸해서 필요하다고 봅니다. 이런 상황에서 많은 로스쿨의 특강에 모두 응할 형편이 되지 않고, 변호사시험을 준비하는 학생들의 요청도 있어서 형사소송법 정리용 교재를 준비하게 되었습니다.

이 책의 내용이나 특징을 소개하면 다음과 같습니다. 첫째, 원칙적으로 2022년부터 2025년 8월까지의 최근 판례를 정리하였지만 특별히 중요하거나 2022년 이후의 판례들과의 비교 등 함께 검토할 필요가 있는 경우에는 예외적으로 2022년 이전의 판례도 소개하였습니다. 그리고 판례의 내용은 그대로 유지하면서도 ①, ②나 Ⓐ, Ⓑ와 같은 순번표시, 밑줄과 진한 글씨 등으로 가능하면 판례를 읽고 이해하기 쉽도록 노력하였습니다. 둘째, 판례 이후에 판례의 사안과 같거나 비슷한 사례를 작성하여 판례를 복습하면서 더 이해하고 또한 시험에서 응용할 수 있는 기회를 만들어 보았습니다. 따라서 1회독을 한 후에는 판례와 사례 중에 하나만으로 빨리 복습을 하면 시간을 절약할 수도 있을 것입니다. 셋째, 해당 판례와 연결되는 형사소송법의 중요 쟁점을 정리하거나 최근 개정된 형사소송법의 내용을 소개하여 판례와 함께 익힐 수 있게 하였습니다. 주요 쟁점으로는 ① 현행범체포 요건으로서의 '체포의 필요성' 판단기준, ② 실질적 피압수자에 해당 여부, ③ 정보저장매체에 대한 임의제출물 압수와 증거능력 인정 여부, ④ 전자정보에 대한 압수·수색에서의 판례 추이, ⑤ 압수·수색영장에 '압수할 물건'의 특정 정도, ⑥ 통신제한조치, 통신사실확인자료, 통신자료의 구별과 해당 영장, ⑦ 공소장변경 관련 쟁점 요약, ⑧ 위법수집증거배제법칙의 예외로 증거능력이 인정된 경우 등 입니다.

이 책이 변호사시험의 마지막 정리 내지 판례 보충 교재로 법학도들에게 도움이 되길 바라는 마음에서 『형사소송법 제11판』 출간 직후에 힘들게 마련하였는데, 모쪼록 소기의 성과를 거두길 기대해 봅니다.

새로운 형태의 소책자를 신속하고 정성스럽게 도와주신 정독의 김중용 사장님과 심성보 이사님, 김인숙 과장님께 감사를 드리며, 2025년의 너무 더운 여름을 보내고 푸른 가을을 맞이하고 싶습니다.

2025년 9월

한국외대 법전원 연구실에서 **이 창 현**

차 례

Ⅰ. 소송주체와 소송행위

Ⅱ. 수사와 공소제기

Ⅲ. 공판과 증거

Ⅳ. 재판과 상소, 재심과 비상상고, 집행

Ⅰ. 소송주체와 소송행위

1 형사소송법 제33조 제1항에서 '피고인이 구속된 때'의 의미 (대법원 2024.5.23.선고 2021도6357 전원합의체 판결)

가. 사 안

인천지방법원은 2020.9.9. **건조물침입죄** 등으로 공소제기가 된 피고인에 대해 징역 1년을 선고하면서 구속영장을 발부하였고 위 판결은 2021.3.11. 확정되었다.

피고인에 대한 **상해사건**으로 2020.12.22. 공소제기가 됨에 따라, 위 구속영장과 확정판결의 집행으로 피고인이 구금된 상태에서 상해사건의 제1심 및 원심 공판절차가 진행되었다.

그런데 상해사건 **제1심**에서 피고인은 2021.1.12. '빈곤 기타 사유'를 이유로 국선변호인의 선정을 청구하였으나 제1심 법원은 이를 기각하고, 2021.1.14. 공소사실을 유죄로 인정하면서 피고인에게 징역 3개월을 선고하였고, 피고인은 이에 대해 양형부당을 이유로 항소하였다. **원심**에서도, 피고인을 위한 국선변호인의 선정없이 피고인만 출석한 상태에서 2021.4.13. 제1회 공판기일이 진행된 다음 곧바로 변론이 종결되었고, 원심은 2021.5.4. '제1심 판결 선고 이후 확정된 위 별건의 건조물침입죄 등'과 '이 사건의 상해죄'가 형법 제37조 후단의 경합범 관계에 있다는 이유로 제1심 판결을 파기하면서도 다시 피고인에게 징역 3개월을 선고하였다.

나. 판결요지

(1) 다수의견 (대법관 10인)

형사소송법 제33조 제1항 제1호의 문언, 위 법률조항의 입법과정에서 고려된 '신체의 자유', '변호인의 조력을 받을 권리', '공정한 재판을 받을 권리' 등 헌법상 기본권 규정의 취지와 정신 및 입법목적 그리고 피고인이 처한 입장 등을 종합하여 보면, '피고인이 구속된 때'라고 함은 피고인이 해당 형사사건에서 구속되어 재판을 받고 있는 경우에 한정된다고 볼 수 없고, 피고인이 Ⓐ 별건으로 구속영장이 발부되어 집행되거나 Ⓑ 다른 형사사건에서 유죄판결이 확정되어 그 판결의 집행으로 구금상태에 있는 경우 또한 포괄하고 있다고 보아야 한다.

(2) 별개의견 (대법관 3인)

① 형사소송법 제33조 제1항 제1호의 '피고인이 구속된 때'라고 함은 피고인이 해당 형사사건에서 구속되어 재판을 받는 경우를 의미하고, 피고인이 별건으로 구속되어 있거나 다른 형사사건에서 유죄로 확정되어 수형 중인 경우는 이에 해당하지 않는다고 판시한 종래의 판례 법리는 여전히 타당하므로 그대로 유지되어야 하고, 다만, 이 사건에서 국선변호인의 선정없이 피고인만 출석한 상태에서 공판기일을 진행하여 판결을 선고한 원심판결을 파기해야 한다는 다수의견의 결론에는 동의한다.

② 형사소송법은 해당 형사사건에서 적정한 형벌권을 실현하기 위한 절차를 규정한 것이므

로, 형사소송법 제33조 제1항 제1호가 정한 구속 또한 해당 형사사건에서의 신병확보를 위한 구인 또는 구금을 가리키는 것으로 보아야 한다.

③ 종래의 판례 법리와 이에 따른 재판실무에 따르더라도 다른 사건 등으로 구금상태에 있는 피고인에 대해 방어권을 충분히 보장할 수 있고, 피고인의 방어권보장과 신속한 사법정의의 실현 등을 위한 사법자원의 효율적 배분을 조화롭게 도모할 수 한다.[1]

④ 법조문을 목적론적 해석에 맞추어 정의하는 것은 입법을 해석으로 대체하려는 것이 되어 타당하지 않다.

2 명문규정이 없는 경우의 '소송행위 대리' 불가 (대법원 2023.7.17.선고 2021도11126 전원합의체 판결)

가. 사 안

고등학생인 피고인이 자전거를 운행하던 중 전방주시의무를 게을리 한 과실로 전방에서 보행 중이던 피해자(69세)를 들이받아 피해자에게 뇌손상 등의 중상해를 입게 하여 교통사고처리특례법위반(치상)으로 기소되었다. 위 사고로 피해자는 의사표현이 불가능한 식물인간상태가 되고 피해자의 배우자가 성년후견인으로 선임되어 피고인으로부터 합의금으로 4,000만원을 받고 1심 판결선고 전에 피고인의 처벌을 원치 않는다는 서면을 법원에 제출하였다.

제1심은 피고인에게 금고 8월에 집행유예 2년을 선고하였고, 이에 피고인은 이 사건은 반의사불벌죄에 해당하고 피해자의 성년후견인이 1심 판결선고 전에 피해자를 대신하여 처벌불원의사표시를 하였으므로 공소기각판결을 받았어야 한다며 항소하였고, **원심**이 항소기각을 하자 상고를 하였다.

나. 판결요지

(1) 다수의견 (대법관 8인)

반의사불벌죄에서 성년후견인은 명문규정이 없는 이상 의사무능력자인 피해자를 대리하여 피고인 또는 피의자에 대한 처벌불원의사를 결정하거나 처벌희망 의사표시를 철회할 수 없다. Ⓐ 성년후견인의 법정대리권 범위에 통상적인 소송행위가 포함되어 있거나 Ⓑ 성년후견개시심판에서 정하는 바에 따라 성년후견인이 가정법원의 허가를 얻었더라도 마찬가지이다.

성년후견인이 의사무능력인 피해자를 대리하여 피고인 또는 피의자와 합의를 한 경우에는 이를 반의사불벌죄에서의 소극적 소송조건이 아니라 양형요소로 고려하면 충분하다.

---

1 별개의견은 형사소송법 제33조 제1항에 의하지 않고 제2항이나 제3항에 의해 국선변호인을 선정하여 피고인의 방어권을 충분히 보장할 수 있다는 입장이다.

(2) 반대의견 (대법관 5인)

형사소송법이 명시적으로 규정하고 있지 않으나 이를 금지하는 규정 또한 존재하지 않는다. 피고인 또는 피의자가 의사무능력일 경우 일정한 범위에서 법정대리인에 의한 소송행위 대리를 규정한 형사소송법 제26조[1]를 유추적용하고 성년후견제도를 활용함으로써 피해자가 의사무능력인 경우 피해자의 처벌불원 의사표시를 지원·보완할 수 있다.

이러한 유추해석은 처벌조각사유를 확대하는 것으로 피고인에게 불리하지 않으므로 죄형법정주의에 반하지 않는다.[2]

[사례] 직권조사사항과 성년후견인이 의사무능력자인 피해자를 대리하여 처벌불원의사를 결정할 수 있는지 여부

甲이 자전거를 운행하던 중 전방주시의무를 게을리 한 과실로 전방에서 보행 중이던 피해자 A를 들이받아 A에게 뇌손상 등의 상해를 입게 하여 교통사고처리특례법위반(치상)으로 입건되었다.

가. 甲이 공소제기가 되어 제1심 공판 중에 A가 피고인 甲의 처벌을 원치 않는다는 내용의 처벌불원서를 재판부에 제출하였으나 甲과 그 변호인은 위 처벌불원서 제출사실을 별도로 주장하지는 않았다. 재판부에서 위 처벌불원서 제출을 확인한 경우에 어떤 판단을 해야 하는지 검토하시오.

나. 만일 A의 뇌손상 등의 상해가 중해서 A가 의사표현이 불가능한 식물인간 상태가 되는 바람에 A의 아내 B가 법원으로부터 성년후견인으로 선임되었고, 이후 B가 甲으로부터 거액의 합의금을 받게 되어 A를 대리하여 제1심 판결선고 전에 甲의 처벌을 원치 않는다는 내용의 처벌불원서를 재판부에 제출한 경우에 재판부는 어떤 판단을 해야 하는지 검토하시오.

1. 문제의 제기

교통사고처리특례법위반(치상)죄의 피해자 A가 1심 공판 중에 처벌불원서를 제출한 경우에 피고인측의 주장과 관계없이 공소기각판결이 가능한지와 A가 의사무능력자인 경우에 성년후견인이 A를 대리하여 처벌불원의사를 결정할 수 있는지를 살펴본다.

2. 직권조사사항과 법원 판단

반의사불벌죄는 고소가 없어도 검사가 공소제기를 할 수 있으나 피해자가 처벌을 원하지 않는다는 의사를 명시한 경우에는 처벌할 수 없는 범죄이다. 그리고 반의사불벌죄에서 처벌불

1 형사소송법 제26조(의사무능력자와 소송행위의 대리) 형법 제9조 내지 제11조의 규정의 적용을 받지 아니하는 범죄사건에 관하여 피고인 또는 피의자가 의사능력이 없는 때에는 그 법정대리인이 소송행위를 대리한다.

2 대법원 2014.11.13.선고 2013도1228 판결, <도로교통법위반(음주운전)죄의 범죄수사를 위해 미성년자인 피의자의 혈액채취가 필요한 경우에도 ① 피의자에게 의사능력이 있다면 피의자 본인만이 혈액채취에 관한 유효한 동의를 할 수 있고, ② 피의자에게 의사능력이 없는 경우에도 명문규정이 없는 이상 법정대리인이 피의자를 대리하여 동의할 수는 없다고 한 사례>

원의사표시는 고소취소의 규정이 준용되어 1심 판결선고 전까지 해야 하고(형사소송법 제232조 제3항, 제1항), 소송조건이기에 직권조사사항에 해당한다(**판례**).[1]

교통사고처리특례법위반(치상)죄는 반의사불벌죄이고(동법 제3조 제2항) 피해자 A가 1심 재판부에 처불불원서를 제출하여 피해자가 피고인 甲에 대한 처벌불원의사표시를 분명히 하였으므로 재판부는 甲이나 그 변호인의 주장과 관계없이 공소제기 후에 고소취소가 된 것과 같이 공소기각판결을 선고해야 한다(형사소송법 제327조 제6호).

3. 성년후견인의 소송행위의 대리와 법원 판단

형사소송법에 변호인의 대리와 달리 소송행위의 대리를 명문규정으로 허용하지 않는 경우에도 대리를 허용할 수 있는지에 대해 견해가 나뉜다.

학설로 ① **긍정설**은 형사소송법에 대리를 허용하는 명문규정이 없더라도 피고인 등 본인에게도 이익이 될 수 있으므로 허용할 수 있다는 입장이고, ② **부정설**은 소송행위는 일신전속적 성질을 가지고 있으므로 명문규정이 없으면 소송행위의 대리를 허용할 수 없다는 입장이다.

판례는 반의사불벌죄에서 성년후견인은 명문규정이 없는 이상 의사무능력자인 피해자를 대리하여 피고인에 대한 처벌불원의사를 결정하거나 처벌을 원하는 의사표시를 철회할 수 없다고 한다.[2]

검토하면 소송행위의 형식적 확실성 요구와 이해관계인의 보호를 위해 명문규정이 없는 한 원칙적으로 소송행위의 대리는 허용되지 않는다고 보는 것이 타당하다.

따라서 친고죄의 고소 및 고소취소(형사소송법 제236조)와 달리[3] 반의사불벌죄에서 처벌불원의사표시의 대리에 관한 근거규정이나 준용규정을 두고 있지 않으므로 성년후견인이라도 피해자를 대리하여 피고인에 대한 처벌불원의사를 결정할 수 없으므로 위와 같이 처벌불원서를 제출했더라도 이는 양형자료에 불과하고 재판부는 유무죄의 **실체판결**을 선고해야 한다.

---

1 대법원 2021.10.28.선고 2021도10010 판결, <피고인이 1심 판결 선고 전에 제출한 '합의서'에 피해자가 처벌을 원하지 않는다는 내용이 기재되어 있고, 원심 법원에 제출한 '합의서 및 처벌불원서'에는 피해자가 1심에서 피고인을 용서하고 합의서를 작성하여 주었다는 내용이 기재되어 있는 사건에서, 피해자가 1심 판결 선고 전에 처벌희망 의사표시를 철회하였다고 볼 여지가 있으므로 원심은 1심 판결 선고 전에 피해자의 처벌희망 의사표시가 적법하게 철회되었는지를 **직권으로 조사**하여 반의사불벌죄의 소극적 소송조건을 명확히 심리·판단할 필요가 있었다고 판단하여 원심판결을 파기환송한 사례>; 대법원 2019.12.13.선고 2019도10678 판결; 대법원 2002.3.15.선고 2002도158 판결.

2 대법원 2023.7.17.선고 2021도11126 전원합의체 판결.

3 고소대리의 허용범위에 대해서 학설은 Ⓐ 표시대리설, Ⓑ 의사대리설, Ⓒ 구별설(친고죄의 경우에는 표시대리만 허용)로 나뉘고 판례와 같이 표시대리설에 따르면 고소 여부의 결정 자체를 대리하는 의사대리가 허용되지 않으므로 반의사불벌죄에서 처벌불원의사표시의 대리를 할 수 없는 것과 결과에 있어서 차이가 생기지는 않는다.

3 재산관리인이 예외적으로 법정대리인으로서 적법한 고소권자가 되는 경우 (대법원 2022.5.26.선고 2021도2488 판결)

가. 사 안

피고인과 피해자는 동거하지 않는 자매사이이고, 피고인은 법원이 선임한 피해자의 부재자 재산관리인으로서 피해자 앞으로 공탁된 수용보상금 13억74,349,100원을 수령하였다. 그 후 법원은 피해자의 부재자 재산관리인을 **피고인에서 변호사 A로 개임**하였다. 피고인은 피해자의 부재자 재산관리인으로 있는 동안에는 선량한 관리자의 주의의무로 피해자를 위해 피해자의 재산을 보존하고 이용·개량해야 할 임무가 있고 개임되어 지위를 상실할 경우에는 새롭게 선임된 부재자 재산관리인이 피해자의 재산을 제대로 파악하고 보존·관리할 수 있도록 할 임무가 있다. 그럼에도 피고인은 임무에 위배하여 새롭게 선임된 부재자 재산관리인에게 공탁금의 존재를 알려주지도 않고 인계하지도 않아 재산상 이익을 취득하고 재산상 손해를 가하였고, 재산관리인의 고소에 따라 피고인은 특경법위반(배임)죄로 기소되었다.

원심은 형법 제361조, 제328조 제2항에 따라 고소가 있어야 공소를 제기할 수 있는 이 사건에서 법원이 선임한 피해자의 부재자 재산관리인인 A가 법원으로부터 고소권행사에 관해 허가를 받아 피고인을 고소하였기에 A는 피해자의 법정대리인으로서 적법한 고소권자에 해당하므로 공소제기가 적법하다고 보고 공소사실을 유죄로 판단하였다.

나. 판결요지

(1) 법원이 선임한 부재자 재산관리인이 그 관리대상인 부재자의 재산에 대한 범죄행위에 관해 법원으로부터 고소권행사에 관한 허가를 얻은 경우 부재자 재산관리인은 형사소송법 제225조 제1항에서 정한 **법정대리인**으로서 적법한 고소권자에 해당한다고 보아야 한다.

그 이유는 다음과 같다. ① 형사소송법은 “피해자의 법정대리인은 독립하여 고소할 수 있다.”라고 정하고 있다(제225조 제1항 참조). 법정대리인이 갖는 대리권의 범위는 법률과 선임 심판의 내용 등을 통해 정해지므로 독립하여 고소권을 가지는 법정대리인의 의미도 법률과 선임심판의 내용 등을 통해 정해진다. 법원이 선임한 부재자 재산관리인은 법률에 규정된 사람의 청구에 따라 선임된 부재자의 법정대리인에 해당한다. 부재자 재산관리인의 권한은 **원칙적으로 부재자의 재산에 대한 관리행위에 한정**되나, 부재자 재산관리인은 재산관리를 위해 필요한 경우 **법원의 허가를 받아** 관리행위의 범위를 넘는 행위를 하는 것도 가능하고, 여기에는 관리대상 재산에 관한 범죄행위에 대한 형사고소도 포함된다. 따라서 부재자 재산관리인은 관리대상이 아닌 사항에 관해서는 고소권이 없겠지만, Ⓐ 관리대상 재산에 관한 범죄행위에 대해 Ⓑ 법원으로부터 고소권행사 허가를 받은 경우에는 독립하여 고소권을 가지는 법정대리인에 해당한다.

② 고소권은 일신전속적인 권리로서 피해자가 이를 행사하는 것이 원칙이나, 형사소송법이 예외적으로 법정대리인으로 하여금 독립하여 고소권을 행사할 수 있도록 한 이유는 피해자가 고소권을 행사할 것을 기대하기 어려운 경우 피해자와 독립하여 고소권을 행사할 사람을 정해 피해자를 보호하려는 데 있다. 부재자 재산관리제도의 취지는 부재자 재산관리인으로 하여금 부재자의 잔류재산을 본인의 이익과 더불어 사회경제적 이익을 기하고 나아가 잔존배우자와 상속인의 이익을 위해 관리하게 하고 돌아올 부재자 본인 또는 그 상속인에게 관리해 온 재산 전부를 인계하도록 하는 데 있다.[1] 부재자는 자신의 재산을 침해하는 범죄에 대해 처벌을 구하는 의사표시를 하기 어려운 상태에 있다. 따라서 부재자 재산관리인에게 법정대리인으로서 관리대상 재산에 관한 범죄행위에 대해 고소권을 행사할 수 있도록 하는 것이 형사소송법 제225조 제1항과 부재자 재산관리제도의 취지에 부합한다.

(2) 원심은, 법원이 선임한 피해자의 부재자 재산관리인인 A가 법원으로부터 고소권행사에 관한 허가를 받아 피고인을 고소한 이상 그 고소는 적법하다고 판단하였다. 원심판결 이유를 위에서 본 법리에 비추어 보면, 원심판결은 정당하고 상고이유 주장과 같이 형사소송법 제225조 제1항에서 정한 법정대리인과 친족상도례에 관한 법리를 오해한 잘못이 없다.[2]

4 기타 최근 판례

○ 검사의 공익의 대표자로서의 '객관의무'

대법원 2022.9.16.**선고** 2021**다**295165 **판결**, 「검사는 공익의 대표자로서 실체적 진실에 입각한 국가 형벌권의 실현을 위해 공소제기와 유지를 할 의무뿐만 아니라 그 과정에서 피고인의 정당한 이익을 옹호해야 할 의무를 진다고 할 것이고, 검사가 수사 및 공판과정에서 피고인에게 유리한 증거를 발견하게 되었다면 피고인의 이익을 위해 이를 법원에 제출해야 한다.」<검사

---

1 대법원 1976.12.21.자 75마551 결정.

2 헌법재판소 2024.6.27.선고 2020헌마468등 결정, <지적장애인인 청구인이 삼촌 등을 준사기, 횡령 혐의로 고소하였으나 청구인의 동거친족으로 형면제 사유가 있다는 이유로 공소권없음의 불기소처분이 이루어져 헌법소원심판을 청구한 사건 등에서 재판관 전원 일치 의견으로 형법 제328조 제1항은 일률적 형면제로 인해 구체적 사안에서 형사피해자의 재판절차진술권을 형해화하는 경우가 발생할 수 있는 점을 인정하여 입법자에게 입법개선을 명하는 적용중지 헌법불합치결정(시한 : 2025.12.31.)을 하면서 심판대상조항의 위헌성을 제거하는 데에는 현실적 가족·친족 관계와 피해정도 및 가족·친족 사이 신뢰와 유대의 회복가능성 등을 고려한 피해자의 가해자에 대한 처벌의 의사표시를 소추조건으로 하는 등 여러 가지 선택가능성이 있을 수 있으며 입법자는 충분한 사회적 합의를 거쳐 그 방안을 강구할 필요가 있다고 보았고, 제328조 제2항에 대해 합헌결정을 하였는데(2023헌바449), 해당 결정은 고소를 소추조건으로 규정하여 피해자의 의사에 따라 국가형벌권 행사가 가능하도록 한 조항에 대한 것으로서 형사피해자의 재판절차진술권 침해 여부가 문제되지 않으므로 형벌조각사유를 정한 조항과는 구분된다고 보았다>

가 피고인(원고)의 방어권행사에 결정적 증거(피고인에게 유리한 결정적 증거)를 확보하고서도 공소제기시 이를 제출하지 않았다가 제1심 공판 진행 중 뒤늦게 제출하였고 결국 피고인에게 무죄확정판결이 선고되자, 피고인이 국가(피고)를 상대로 검사의 증거제출 의무위반을 원인으로 한 손해배상을 청구한 **사안**에서, 대법원은 '피해자의 질에서 채취한 시료에서 원고의 유전자 등이 검출되지 않았다'는 취지의 국립과학수사연구원 유전자감정서는 준강간 피고사건에 대한 원고의 자백이나 부인, 소송수행 방향의 결정 또는 방어권행사에 결정적 영향을 미치는 자료로 볼 수 있는데, 검사가 공소제기 당시 위와 같이 피고인의 방어권행사에 결정적인 증거인 유전자감정서를 증거목록에서 누락하였다가 원고측 증거신청으로 법원에 그 존재와 내용이 드러난 이후에야 증거로 제출한 것은, 검사가 그 직무를 집행하면서 과실로 증거제출의무를 위반한 것에 해당하므로, 피고는 원고에게 이로 인한 **손해를 배상해야** 한다고 판단한 사례>; 대법원 2002.2.22.선고 2001다23447 판결.[1]

○ 법원의 문서송부요구를 거절한 검사의 국가배상책임 인정

대법원 2022.9.16.선고 2022다236781 판결, 「법원이 형사소송절차에서의 피고인의 권리를 실질적으로 보장하기 위해 마련되어 있는 형사소송법 등 관련 법령에 근거하여 검사에게 어떠한 조치를 이행할 것을 명하였고, 관련 법령의 해석상 그러한 법원의 결정에 따르는 것이 당연하고 그와 달리 해석될 여지가 없는 경우라면, 법에 기속되는 검사로서는 법원의 결정에 따라야 할 직무상 의무도 있다 할 것이다. 법원이 형사소송법 제272조 제1항에 따라 송부요구한 서류가 피고인의 무죄를 뒷받침할 수 있거나 적어도 법관의 유·무죄에 대한 심증을 달리할 만한 상당한 가능성이 있는 중요증거에 해당하는데도 정당한 이유없이 피고인 또는 변호인의 열람·지정 내지 법원의 송부요구를 거절하는 것은, 피고인의 신속·공정한 재판을 받을 권리와 변호인의 조력을 받을 권리를 중대하게 침해하는 것이다.」 <검사가 법원의 문서송부요구를 거절한 행위가 직무상 의무 위반행위에 해당하여 국가배상책임이 인정된 사례>

○ 국선변호인 선정사유

대법원 2024.7.11.선고 2024도4202 판결, <피고인이 구속기소가 되어 1심에서 사선변호인을

---

1 대법원 2022.9.16.선고 2022다236781 판결, 「검사는 수사기관으로서 피의사건을 조사하여 진상을 명백히 하고, 죄를 범했다고 의심할 만한 상당한 이유가 있는 피의자에게 증거인멸 및 도주의 염려 등이 있을 때에는 법관으로부터 영장을 발부받아 피의자를 구속할 수 있으며, 나아가 수집·조사된 증거를 종합하여 객관적으로 볼 때 피의자가 유죄판결을 받을 가능성이 있는 정도의 혐의를 가지게 된 데에 합리적인 이유가 있다고 판단될 때에는 피의자에 대해 공소를 제기할 수 있다. 그 후 형사재판과정에서 범죄사실의 존재를 증명함에 충분한 증거가 없다는 이유로 무죄판결이 확정되었더라도 그러한 사정만으로 바로 검사의 구속 및 공소제기가 위법하다고 할 수 없고, 그 구속 및 공소제기에 관한 검사의 판단이 그 당시의 자료에 비추어 경험칙이나 논리칙상 도저히 합리성을 긍정할 수 없는 정도에 이른 경우에만 그 위법성을 인정할 수 있다.」; 대법원 2002.2.22.선고 2001다23447 판결.

선임하여 공소사실을 다투어 무죄판결이 선고되자 검사가 사실오인 등을 이유로 항소를 제기하였는데, 원심은 변호인이 선임되지 않은 피고인에 대해 국선변호인을 선정하지 않은 채 공판기일을 진행하고 검사의 주장을 받아들여 1심 판결을 파기하고 피고인에 대해 실형을 선고한 **사안**에서, **대법원**은 Ⓐ 피고인에 대해 원심에서 국선변호인이 선정되었다면 피고인이 1심 증인 진술의 신빙성과 자백보강증거의 유무 등에 대해 보다 구체적으로 다투거나, Ⓑ 대법원 양형위원회의 양형기준에서 정한 특별양형인자 중 감경요소인 '중요한 수사협조'나 '심신미약(본인 책임 없음)' 등 자신에게 유리한 양형사유를 주장하고 양형자료를 수집·제출하는 등의 방법으로 방어권을 행사할 여지가 있었으므로, 원심으로서는 피고인의 나이와 지능 및 교육 정도, 피고인의 경제력, 검사의 주장에 대해 보다 구체적으로 다투거나 피고인에게 유리한 양형요소를 주장할 필요성 등을 충분히 살펴 피고인의 권리보호를 위해 필요하다고 인정하면 피고인의 명시적 의사에 반하지 않는 범위에서 국선변호인을 선정하는 절차를 취했어야 한다고 보아, 이와 달리 피고인의 권리보호를 위해 국선변호인을 선정함이 필요하다고 인정할 수 있는 여러 사정을 제대로 살피지 않은 채 국선변호인을 선정하지 않고 피고인만 출석한 상태에서 공판기일을 진행하여 판결을 선고한 원심을 형사소송법 **제33조 제3항을 위반**한 위법이 있다며 파기환송한 사례>

[사례] 국선변호인의 선정사유에 해당하는 여부

1. **가.** 피고인 甲이 횡령죄로 구속기소되어 제1심에서 징역 2년이 선고되고, 이후 서울중앙지법 항소부에서 구속상태에서 재판 중에 추가로 명예훼손죄에 대해 수사기관에서 조사를 받아 불구속기소가 되었다. 이에 甲이 명예훼손죄의 제1심 법원에 경제적인 어려움으로 변호인을 선임할 수 없다며 국선변호인 선정을 청구한 경우에 위 제1심 법원은 어떤 조치를 해야 하는지 검토하시오.

   나. 피고인 乙은 사기죄로 구속기소되어 제1심에서 사선변호인을 선임하여 공소사실을 다툰 결과 무죄를 선고받았으나 검사가 사실오인 등을 이유로 항소하였다. 이에 乙이 계속 무죄를 주장하기 위해 변호인의 도움이 필요하지만 경제적인 어려움으로 사선변호인을 선임할 수 없다며 국선변호인 선정을 청구하였으나 항소심 법원은 국선변호인을 선정해 주지 않고 공판기일을 진행한 후에 검사의 주장을 받아들여 乙에 대해 실형을 선고하였다. 위와 같이 국선변호인을 선정해 주지 않은 법원의 조치에 대해 검토하시오.

1. 문제의 제기

법원이 피고인 甲에게 직권으로 국선변호인을 선정해야 하는 사유인 '구속된 때'에 해당하는지와 피고인 乙에게 '피고인의 권리보호를 위해 필요하다고 인정하여' 국선변호인을 선정해야 하는지를 살펴본다.

2. 형사소송법 제33조 제1항의 사유에 해당하는 여부

법원은 피고인이 구속된 때 등에 변호인이 없는 경우에는 직권으로 국선변호인을 선정해야 한다(형사소송법 제33조 제1항).

여기서 '구속된 때'란 **종래 판례**에 의하면 당해 형사사건으로 구속되어 재판을 받고 있는 경우로 한정되지만[1] **최근 판례**에 의하면 ① 별건으로 구속영장이 발부되어 집행되거나 ② 다른 형사사건으로 유죄판결이 확정되어 그 판결 집행으로 구금상태에 있는 경우까지 포함하고 있다.[2] **검토**하면 당해 형사사건이 아니라도 피고인이 구속되어 있는 상황에서는 피고인의 방어권보장을 위해 최소한 국선변호인의 도움을 받게 하는 것이 필요하므로 최근 판례 입장이 타당하다.

따라서 甲이 이미 횡령죄로 구속되어 현재 항소심 재판 중에 있기에 이에 해당하므로 甲의 국선변호인선정 청구와 관계없이 위 제33조 제1항에 의해 법원은 직권으로 국선변호인을 선정해야 한다.

3. 형사소송법 제33조 제2항과 제3항의 사유에 해당하는 여부

먼저 피고인이 빈곤이나 그 밖의 사유로 변호인을 선임할 수 없는 경우에 피고인이 청구하면 국선변호인을 선정해야 한다(동조 제2항). 피고인이 위와 같이 청구하는 경우에 소명자료를 제출해야 하고, 법원은 반드시 선정해주어야 하는 것은 아니지만 아무런 결정을 하지 않는 것은 위법하다(**판례**).[3] **사안**에서 피고인이 경제적인 어려움을 이유로 청구하긴 하였으나 1심에서는 사선변호인을 선임하였으며 소명자료를 제출한 여부도 확인되지 않고 있어 이에 해당하는 여부를 판단하기 어렵다.

다음으로 법원은 피고인의 나이, 지능 및 교육 정도 등을 참작하여 권리보호를 위해 필요하다고 인정하면 피고인의 명시적 의사에 반하지 않는 범위에서 국선변호인을 선정해야 한다(형사소송법 제33조 제3항). 위 '권리보호를 위해 필요하다고 인정하는 경우'란 **판례**에서와 같이 피고인이 중증 시각장애인이거나[4] 무죄주장 등 공소사실을 다투면서 사건의 쟁점이 적지 않아

---

1 대법원 2011.3.10.선고 2010도17353 판결; 대법원 2009.5.28.선고 2009도579 판결.

2 대법원 2024.5.23.선고 2021도6357 전원합의체 판결.

3 대법원 1995.2.28.선고 94도2880 판결.

4 대법원 2014.8.28.선고 2014도4496 판결, 「헌법상 변호인의 조력을 받을 권리를 비롯한 형사소송법 제33조, 형사소송규칙 제156조의2 제1항, 국선변호에관한예규 제6조 제2항, 제8조 제1항의 규정 및 국선변호인 제도의 취지와 피고인이 시각장애인인 경우에는 공소장부본을 송달받을 권리(법 제266조), 소송계속 중의 관계서류나 증거물 또는 공판조서의 열람·등사청구권(법 제35조 제1항, 제55조 제1항) 등 법이 피고인에게 보장하고 있는 권리를 자력으로 행사하기 곤란할 것임에도 소송계속 중의 관계서류 등이 점자(點字)자료로 작성되어 제공되고 있지 않은 현행 형사소송실무상 이를 제대로 확인하지 못한 채 공판심리에 임하게 됨으로써 효과적인 방어권을 행사하지 못할 가능성이 높은 점 등에 비추어, 법원으로서는 피고인이 시각장애인인 경우 장애정도를 비롯하여 연령·지능·교육 정도 등을 확인한 다음 권리보호를 위해 필요하다고 인정하는 때에는 형사소송법 제33조 제3항의 규정에 의해 피고인의 명시적 의사에 반하지 않는 범위 안에서 국선변호인을 선정하여 방어권을 보장해 줄 필요가 있다.」; 대법원 2010.4.29.선고 2010도881 판결.

서 피고인이 변호인 없이 방어권을 행사하기 어렵다고 판단되는 때[1] 등을 말한다. **사안**에서 乙이 사선변호인의 도움을 받아 1심에서는 무죄를 선고받았으나 항소심에서 검사가 사실오인 등을 주장하여 항소를 하였는데도 변호인이 없어 검사의 주장에 대해 구체적으로 다투거나 유리한 양형자료를 수집·제출하지도 못해 실형이 선고된 것을 보면 권리보호를 위해 국선변호인을 선정함이 필요하다고 인정할 수 있고, 乙이 국선변호인 선정청구까지 한 것을 보면 피고인의 명시적 의사에 반하지도 않는다.

따라서 항소심 법원이 국선변호인을 선정하지 않고 공판기일을 진행한 것은 위 제33조 제3항을 위반한 위법이 있다고 판단된다.

○ 적법한 소송기록접수통지와 판결선고

대법원 2024.5.9.선고 2024도3298 **판결**, 「(1) 형사소송법 제65조에 의해 준용되는 민사소송법 제183조 제1항, 제184조에 의하면, 송달은 송달받을 사람의 주소·거소·영업소 또는 사무소 등의 송달장소에서 해야 하고, 당사자·법정대리인 또는 변호인은 주소 등 외의 장소를 송달받을 장소로 정하여 법원에 신고할 수 있으며, 이 경우에는 송달영수인을 정하여 신고할 수 있다. 송달영수인의 신고가 있으면 송달은 신고된 장소와 영수인에게 해야 하고, 송달영수인이 송달받은 때에 송달의 효력이 발생하나, **송달영수인 신고의 효력은 그 심급에만** 미치므로, 상소 또는 이송을 받은 법원의 소송절차에서는 그 신고의 효력이 없다.[2] (2) 또한 항소법원이 기록의 송부를 받은 때에는 즉시 항소인과 상대방에게 그 사유를 통지해야 하고, 그 통지 전에 변호인의 선임이 있는 때에는 변호인에게도 소송기록접수통지를 해야 하며(형사소송법 제361조의2 제1항, 제2항), 항소인 또는 변호인은 그 통지를 받은 날부터 20일 이내에 항소이유서를 항소법원에 제출해야 한다(제361조의3 제1항). 항소심의 구조는 피고인 또는 변호인이 법정기간 내에 제출한 항소이유서에 의해 심판되는 것이므로 항소이유서 제출기간의 경과를 기다리지 않고는 항소사건을 심판할 수 없다.[3]

<원심에서 국선변호인선정결정을 한 후 국선변호인에게 소송기록접수통지서 등을 송달하고, 제1심에서 송달영수인으로 신고된 제1심 변호인의 사무소로 피고인 1에 대한 소송기록접수통지서 등을 송달한 후, 피고인 1이 사선변호인을 선임하여 그 변호인선임서를 원심에 제출하자 원심이 국선변호인 선정을 취소하면서 사선변호인에게는 새로이 소송기록접수통지를 하지 않은 **사안**에서, **대법원**은 제1심 변호인의 사무소는 피고인의 주소·거소·영업소 또는 사무

1 대법원 2024.7.11.선고 2024도4202 판결.
2 대법원 2018.4.12.선고 2017다52064 판결 등.
3 대법원 2024.1.25.선고 2023도12199 판결; 대법원 2004.6.25.선고 2004도2611 판결; 대법원 1968.5.21.선고 68도457 판결; 대법원 1964.5.19.선고 64도71 판결.

소 등의 송달장소가 아니고, 제1심에서 한 송달영수인 신고의 효력은 원심법원에 미치지 않으므로, 피고인 1에게 소송기록접수통지서가 적법하게 송달되었다고 볼 수 없으며, 이와 같이 피고인 1에 대한 적법한 소송기록접수통지가 이루어지지 않은 상태에서 사선변호인이 선임되고 국선변호인 선정이 취소되었으므로 원심으로서는 피고인 1과는 별도로 원심에서 선임된 변호인에게도 소송기록접수통지를 해야 하는데, 그럼에도 원심은 피고인 1에 대한 적법한 소송기록접수통지가 이루어지지 않은 상태에서 원심에서 선임된 변호인에게도 소송기록접수통지를 하지 않은 채 판결을 선고하였으므로, 소송절차의 법령위반으로 인해 판결에 영향을 미친 위법이 있다는 이유로 원심을 파기·환송한 사례>

○ 형사소송절차에서 외국에서 하는 공시송달의 효력 발생 시기

대법원 2023.10.26.**선고** 2023**도**3720 **판결**, 「형사소송법 제63조 제2항에 의하면 피고인이 재판권이 미치지 않는 장소에 있는 경우에 다른 방법으로 송달할 수 없는 때에 공시송달을 할 수 있고, 피고인이 재판권이 미치지 않는 외국에 거주하고 있는 경우에는 형사소송법 제65조에 의해 준용되는 민사소송법 제196조 제2항에 따라 첫 공시송달은 실시한 날부터 **2월**이 지나야 효력이 생긴다고 볼 것이다.」[1]

---

1 국내의 경우에는 형사소송법 제64조 제4항에 의해 '최초의 공시송달은 공시한 날부터 2주일을 경과하면 그 효력이 생기고, 제2회 이후의 공시송달은 5일을 경과하면 그 효력이 생긴다.'

Ⅱ. 수사와 공소제기

1 현행범체포 요건으로서의 '체포의 필요성'과 그 판단기준 (대법원 2022.2.11.선고 2021도12213 판결)

가. 사 안

(1) 피고인은 술에 취한 상태에서 2019.7.8. 00:50경 **안양시** 만안구에 있는 ○○식당 안으로 들어가 그곳에서 식사를 하기 위해 앉아있던 피해자에게 아무런 이유없이 욕설을 하고 그의 멱살을 잡고 밀치고 잡아당기는 등으로 피해자를 폭행하였다.

(2) 안양만안경찰서 안양지구대 소속 경찰관 P1, P2, P3는 식당 종업원의 112신고에 따라 위 현장에 출동하였다. 경찰관들이 출동하였을 당시에도 피고인은 피해자에게 손가락질을 하면서 시비를 걸고 있었다. 피해자는 경찰관들에게 위 식당에 밥을 먹으러 왔다가 전혀 알지 못하는 피고인으로부터 이른바 '묻지마 폭행'을 당하였다면서 강력한 처벌을 요구하였고, 피고인은 그 때에도 욕설을 하면서 손가락질을 하였다. 이에 경찰관들은 피고인과 피해자를 식당 바깥으로 나가게 하였고, 경찰관 P1은 피고인과 피해자로부터 신분증을 제시받아 피고인의 신분증상 주소지가 거제시로 되어 있음을 확인하였다.

(3) 경찰관 P2, P3는 식당 밖에서 피고인과 피해자를 분리하여 그들로부터 진술을 들었는데, 당시 피고인은 자신이 피해자에게 폭행을 당하였다고 주장하면서 피해자를 향해 손가락질을 하거나 피해자가 있는 곳으로 이동하려고 시도하다가 경찰관의 제지를 받기도 하였다.

(4) 경찰관 P1은 식당 안에서 CCTV 영상을 시청하여 위 (1)항의 폭행상황을 확인하고 경찰관 P3로부터 위 (3)항과 같은 식당 바깥의 상황을 전달받은 후 식당 밖으로 나와 그곳에 있던 피고인에게 피의사실의 요지 등을 고지하고 피고인을 현행범으로 체포하였다.

(5) **제1심**은 피고인에 대한 현행범체포가 적법하다고 보았으나 **원심**은 경찰관들이 피고인에 대한 체포의 필요성에 대해 재량의 범위 내에서 요구되는 진지한 고려를 다하였다고 보기 부족하다고 하여 피고인에 대한 현행범체포가 위법하다고 판단하였다.

나. 판결요지 (현행범체포의 요건 : ① 범죄의 명백성, ② 체포의 필요성, ③ 비례성의 원칙)

(1) 범죄를 실행하거나 실행 직후의 현행범은 누구든지 영장없이 체포할 수 있다(형사소송법 제212조). 현행범으로 체포하기 위해서는 행위의 가벌성, 범죄의 현행성·시간적 접착성, 범인·범죄의 명백성 외에 **체포의 필요성, 즉 도망 또는 증거인멸의 염려가 있어야** 한다. 이러한 현행범체포의 요건을 갖추었는지는 체포 당시의 상황을 기초로 판단해야 하고, 이에 수사주체의 판단에는 상당한 재량의 여지가 있다. 따라서 체포 당시의 상황에서 보아 그 요건에 관한 수사주체의 판단이 경험칙에 비추어 현저히 합리성이 없다고 인정되지 않는 한 수사주체의 현행범

체포를 위법하다고 단정할 것은 아니다.

(2) 경찰관들이 출동하였을 당시는 피고인이 피해자에 대한 폭행 이후에도 계속하여 피해자에게 욕설을 하면서 시비를 거는 등으로 피고인의 폭행범행이 실행 중이거나 실행 직후였다고 볼 수 있고, 술에 취한 상태에서 늦은 밤에 식당에서 전혀 알지 못하는 사람에게 시비를 걸어 일방적으로 폭행에 이른 범행경위에 비추어 볼 때 사안 자체가 경미하다고 보기 어렵다. 또한 Ⓐ 피고인은 경찰관이 출동한 이후 CCTV 영상으로 확인되는 폭행상황과는 달리 자신의 범행은 부인하면서 피해자로부터 폭행을 당하였다고 주장하였고, Ⓑ 피고인이 제시한 신분증의 주소지는 거제시로서 사건현장인 안양시와는 멀리 떨어져 있는 것이어서 위와 같은 폭행에 이르게 된 범행경위를 고려할 때 추가적인 거소 확인이 필요하다고 보이는 등으로 피고인에게 도망 또는 증거인멸의 염려가 없다고 단정하기 어렵다.

위와 같은 상황에서 피고인을 현행범으로 체포한 경찰관의 행위가 경험칙에 비추어 현저히 합리성을 잃은 경우에 해당하는 위법한 체포라고 볼 수 없다.[1]

[사례] 현행범체포의 적법성

甲은 술에 취한 상태로 2025.9.8. 00:50경 서울 서초구에 있는 X식당 안에 들어가 그곳에서 식사를 하기 위해 앉아있던 A에게 아무런 이유없이 욕설을 하고 그의 멱살을 잡고 밀치고 잡아당기는 등으로 A를 폭행하였다. 위 식당 종업원의 112신고를 받고 곧바로 도착한 서울서초경찰서 서초지구대 소속 사법경찰관 P1과 P2는 A에게 손가락질을 하면서 욕설을 하고 있는 甲을 제지한 후에 신분증을 제시받아 주소지가 전

1 <비교> **대법원 2011.5.26.선고 2011도3682 판결,** <피고인이 경찰관의 불심검문을 받아 운전면허증을 교부한 후 경찰관에게 큰 소리로 **욕설**을 하였는데, 경찰관이 모욕죄의 현행범으로 체포하겠다고 고지한 후 피고인의 오른쪽 어깨를 붙잡자 반항하면서 경찰관에게 상해를 가한 **사안**에서, ① 피고인은 경찰관의 불심검문에 응해 이미 운전면허증을 교부한 상태이고, ② 경찰관뿐 아니라 인근 주민도 욕설을 직접 들었으므로, 피고인이 도망하거나 증거를 인멸할 염려가 있다고 보기는 어렵고, ③ 피고인의 모욕범행은 불심검문에 항의하는 과정에서 저지른 일시적, 우발적인 행위로서 사안 자체가 경미할 뿐 아니라, ④ 피해자인 경찰관이 범행현장에서 즉시 범인을 체포할 급박한 사정이 있다고 보기도 어려우므로, 경찰관이 피고인을 체포한 행위는 적법한 공무집행이라고 볼 수 없고, 피고인이 체포를 면하려고 반항하는 과정에서 상해를 가한 것은 불법체포로 인한 신체에 대한 현재의 부당한 침해에서 벗어나기 위한 행위로서 정당방위에 해당한다는 이유로 피고인에 대한 상해 및 공무집행방해의 공소사실을 무죄로 인정한 원심판단을 수긍한 사례>

대법원 2018.3.29.선고 2017도21537 판결, <피고인이 A와 주차문제로 언쟁을 벌이던 중, 112 신고를 받고 출동한 경찰관 B가 A를 때리려는 피고인을 제지하자 자신만 제지를 당한데 화가 나서 손으로 B의 가슴을 1회 밀치고, 계속하여 욕설을 하면서 피고인을 현행범으로 체포하며 순찰차 뒷좌석에 태우려고 하는 B의 정강이 부분을 양발로 2회 걷어차는 등 폭행함으로써 경찰관의 112 신고처리에 관한 직무집행을 방해하였다는 내용으로 기소된 **사안**에서, 제반 사정을 종합하면 피고인이 손으로 B의 가슴을 밀칠 당시 B는 112 신고처리에 관한 직무 내지 순찰근무를 수행하고 있었고, 이와 같이 공무를 집행하고 있는 B의 가슴을 밀치는 행위는 공무원에 대한 유형력의 행사로서 공무집행방해죄에서 정한 폭행에 해당하며, 피고인이 체포될 당시 도망 또는 증거인멸의 염려가 없었다고 할 수 없어 체포의 필요성이 인정되고, 공소사실에 관한 증인들의 법정진술의 신빙성을 인정한 제1심의 판단을 뒤집을 만한 특별한 사정이 없다는 등의 이유로, 이와 달리 보아 공소사실을 무죄라고 판단한 원심판결에 공무집행방해죄의 폭행이나 직무집행, 현행범체포의 요건 등에 관한 법리오해 또는 제1심 증인이 한 진술의 신빙성을 판단할 때 공판중심주의와 직접심리주의 원칙을 위반한 잘못이 있다고 한 사례>

남 목포시로 되어 있음을 확인하였다. 계속해서 甲과 A를 식당 밖으로 나가게 한 후에 분리하여 진술을 들어보니 甲은 자신이 A에게 폭행을 당하였다고 주장하면서 A를 향해 손가락질을 하거나 A가 있는 곳으로 이동을 계속 시도하고, A는 '묻지마 폭행'을 당하였다면서 강력한 처벌을 요구하였다.

P1은 식당 안에서 CCTV 영상으로 사법경찰관들이 도착하기 전의 甲의 폭행상황을 확인한 후에 甲을 현행범으로 체포하려고 하였으나 甲이 갑자기 달아나기에 뛰어가서 붙잡은 후에 바로 피의사실의 요지 등을 말하고 변명할 기회를 주었다. 위 현행범체포가 적법한지를 검토하시오.

1. 문제의 제기

현행범체포의 요건과 절차를 통해 甲에 대한 현행범체포의 적법성을 살펴본다.

2. 현행범체포의 요건과 절차

현행범이란 범죄를 실행하고 있거나 실행하고 난 직후의 사람이다(형사소송법 제211조 제1항). 현행범체포의 **요건**으로는 ① 현행범이 체포시에 특정범죄의 범인임이 명백해야 하고(범죄의 명백성), ② 도망 또는 증거인멸의 염려가 있고(체포의 필요성), ③ 사건과 기대되는 형벌에 비추어 체포가 상당해야 한다(비례성의 원칙).

체포의 필요성에 대해서는 명문규정이 없어 논의가 있는데, **학설**로 ① **적극설**은 영장주의의 예외로 엄격한 해석이 필요하므로 긴급체포와 같이 체포의 필요성이 있어야 한다는 견해이고, ② **소극설**은 명문규정이 없으므로 통상체포와 같이 체포의 필요성을 요하지 않는다는 견해이고, ③ **절충설**은 도망의 염려는 필요하고 증거인멸의 염려는 필요하지 않다는 견해이다. 판례는 적극설 입장이다.[1] **검토**하면 영장주의의 예외라는 점에서 긴급체포와 같이 적극설이 타당하다. 그리고 현행범체포 요건의 판단기준에 대해서 **판례**는 체포 당시의 상황을 기초로 수사주체의 판단에는 상당한 재량의 여지가 있으므로 현저히 합리성을 잃지 않았다면 적법하다고 보고 있다.[2]

수사기관은 현행범을 체포하는 경우에 피의사실의 요지, 체포의 이유와 변호인을 선임할 수 있음을 말하고 변명할 기회를 주어야하며, 진술거부권을 알려주어야 한다(제213조의2, 제200조

1 대법원 2022.2.11.선고 2021도12213 판결; 대법원 2018.3.29.선고 2017도21537 판결; 대법원 2017.4.7.선고 2016도19907 판결; 대법원 2016.2.18.선고 2015도13726 판결; 대법원 2011.5.26.선고 2011도3682 판결; 대법원 1999.1.26.선고 98도3029 판결.

2 대법원 2022.2.11.선고 2021도12213 판결; 대법원 2018.3.29.선고 2017도21537 판결; 대법원 2017.4.7.선고 2016도19907 판결; 대법원 2017.3.9.선고 2013도16162 판결, 「현행범인체포의 요건을 갖추었는지에 관한 검사나 사법경찰관 등의 판단에는 상당한 재량의 여지가 있으나, 체포 당시 상황으로 보아도 요건 충족 여부에 관한 검사나 사법경찰관 등의 판단이 경험칙에 비추어 현저히 합리성을 잃은 경우 그 체포는 위법하다. 그리고 범죄의 고의는 확정적 고의뿐만 아니라 결과 발생에 대한 인식이 있고 이를 용인하는 의사인 이른바 미필적 고의도 포함하므로, 피고인이 인신구속에 관한 직무를 집행하는 사법경찰관으로서 체포 당시 상황을 고려하여 경험칙에 비추어 현저하게 합리성을 잃지 않은 채 판단하면 체포요건이 충족되지 아니함을 충분히 알 수 있었는데도, 자신의 재량범위를 벗어난다는 사실을 인식하고 그와 같은 결과를 용인한 채 사람(변호사)을 체포하여 권리행사를 방해하였다면, 직권남용체포죄(형법 제124조 제1항)와 직권남용권리행사방해죄(형법 제123조)가 성립한다(형법 제40조).」; 대법원 2016.2.18.선고 2015도13726 판결; 대법원 2011.5.26.선고 2011도3682 판결.

의5, 수사준칙 제32조). 위와 같은 고지의 시기는 원칙적으로 체포를 위한 실력행사에 들어가기 전에 미리 해야 하는 것이지만 예외적으로 달아나는 피의자를 쫓아가 붙드는 경우와 같이 불가피한 때에는 붙드는 과정에서 하거나 그것이 여의치 않으면 일단 붙든 후에 지체없이 해야 한다(**판례**).[1]

3. 결 론

P1 등이 신고를 받고 곧바로 도착하였는데 甲이 A의 멱살을 잡고 밀치고 잡아당기는 등으로 A를 폭행한 이후에도 계속해서 A에게 욕설을 하면서 시비를 걸어 폭행범행이 실행 중이거나 실행 직후에 있어서 폭행죄의 범인임이 명백하고, Ⓐ 甲이 CCTV 영상으로 확인되는 내용과 달리 자신의 범행을 부인하면서 A로부터 폭행을 당하였다고 주장하고 Ⓑ 甲이 제시한 신분증의 주소지는 목포시로서 사건현장과는 멀리 떨어져 있어서 추가적인 거소 확인이 필요하다고 보이는 등 도망 및 증거인멸의 염려가 있다고 판단할 수가 있고, 甲이 술에 취한 상태에서 늦은 밤에 전혀 모르는 사람에게 시비를 걸어 일방적으로 폭행을 하여 사안이 경미하지 않아서 비례성의 원칙에도 반하지 않는다. 따라서 체포당시의 상황을 기초로 수사주체의 판단이 경험칙에 비추어 현저히 합리성을 잃었다고 보여지지 않으므로 현행범체포의 요건이 충족된다.

그리고 P1이 甲을 체포하려고 할 때에 갑자기 달아나는 바람에 불가피하게 피의사실의 요지 등을 말하고 변명할 기회를 주는 등 권리고지를 하지 못하였지만 甲을 쫓아가 붙들자마자 체포절차도 이루어졌으므로 현행범체포는 적법하다.

---

2 대물적 강제처분에서 '객관적 관련성'이 인정되지 않는 경우 (대법원 2025.4.10.선고 2024도15789 판결)

가. 사 안

(1) 1차 **압수수색영장의 범죄혐의사실**은, "피고인 1이 공소외 1과 공모하여 공소외 6과 공소외 3으로 하여금 용역비 내지 자문료 지급의 형태로 피고인 1의 변호사비를 지급하도록 하여

---

1 대법원 2017.3.15.선고 2013도2168 판결; 대법원 2012.2.9.선고 2011도7193 판결, <피고인이 집회금지 장소에서 개최된 옥외집회에 참가하였는데, 당시 경찰이 70명 가량의 전투경찰순경을 동원하여 집회 참가자에 대한 체포에 나서 9명을 현행범인으로 체포하고, 그 과정에서 피고인은 전투경찰순경 A에게 체포되어 바로 호송버스에 탑승하게 되면서 경찰관 B에게서 피의사실의 요지 및 현행범인체포의 이유와 변호인을 선임할 수 있음을 고지받고 변명의 기회를 제공받은 사안에서, 집회의 개최 상황, 현행범인체포의 과정, 미란다원칙을 고지한 시기 등에 비추어 현행범체포 과정에서 형사소송법 제200조의5에 규정된 고지가 이루어졌다고 판단한 사례>; 대법원 2010.6.24.선고 2008도11226 판결; 대법원 2008.7.24.선고 2008도2794 판결.

금품 등의 이익을 수수하였다."라는 것과 "피고인 1이 ○○○로 하여금 자신의 변호인인 법무법인과 허위의 용역계약을 체결하고 법률용역비 명목으로 합계 2억3,000만원 상당을 지급하게 함으로써 자신이 지급하여야 할 변호사 비용을 충당하여 업무상 보관하던 자금을 횡령하였다."라는 것이었다.

(2) 검사는 1차 압수수색영장 집행 당시 피고인 1의 서울 사택의 옷방에 있던 금고에서 '존경하는 회장님 감사합니다', '사랑하는 사모님 감사합니다'라는 문구가 새겨진 케이스에 들어있는 황금도장을 발견하여 1차 압수수색영장에 기해 황금도장과 보증서 및 케이스 일체(이하 '이 사건 **황금도장 등**')를 **압수**하였다.

(3) **공소사실의 요지**는 "○○○ 회장이던 피고인 1은 2022년 7~8월경 ○○○의 손자회사인 공소외 5 회사를 자회사로 인수하기로 결정하면서 이미 정년퇴직한 피고인 6을 공소외 5 회사의 대표로 내정하였다. 피고인 1은 피고인 6을 공소외 5 회사의 대표로 내정한 직후인 2022.8.23.경 서울 송파구에 있는 피고인 1의 서울 사택에서 피고인 6으로부터 위와 같은 선임에 대한 감사 및 향후 업무수행 과정에서 각종 편의 제공 등의 명목으로 피고인 1과 그의 배우자 이름이 각각 새겨진 시가 합계 800만원 상당의 황금도장 2개(이하 '이 사건 황금도장'이라 한다)를 건네받았다. 이로써 피고인 1은 금융회사 등의 임직원으로서 피고인 6으로부터 직무에 관하여 금품이나 그 밖의 이익을 수수하고, 피고인 6은 금융회사 등의 임직원인 피고인 1에게 그 직무에 관하여 금품이나 그 밖의 이익을 공여하였다.

(4) **원심**은 압수된 황금도장이 1차 압수수색영장의 범죄혐의사실과 객관적, 인적 관련성이 인정되므로 위법수집증거에 해당하지 않는다고 판단하였다.

나. 판결요지

A. 법 리

(1) 형사소송법 제215조 제1항은 "검사는 범죄수사에 필요한 때에는 피의자가 죄를 범하였다고 의심할 만한 정황이 있고 해당 사건과 관계가 있다고 인정할 수 있는 것에 한정하여 지방법원 판사에게 청구하여 발부받은 영장에 의하여 압수, 수색 또는 검증을 할 수 있다."라고 규정한다. 여기서 '해당 사건과 관계가 있다고 인정할 수 있는 것'은 압수수색영장의 범죄혐의사실과 관련되고 이를 증명할 수 있는 최소한의 가치가 있는 것으로서 압수수색영장의 범죄혐의사실과 객관적 관련성이 인정되고 압수수색영장 대상자와 피의자 사이에 인적 관련성이 있는 경우를 의미한다. 그중 혐의사실과의 **객관적 관련성**은 ① 압수수색영장에 기재된 혐의사실 자체 ② 또는 그와 기본적 사실관계가 동일한 범행과 직접 관련되어 있는 경우는 물론 ③ 범행 동기와 경위, 범행 수단과 방법, 범행 시간과 장소 등을 증명하기 위한 간접증거나 정황증거

등으로 사용될 수 있는 경우에도 인정될 수 있다. 이러한 객관적 관련성은 압수수색영장 범죄 혐의사실의 내용과 수사의 대상, 수사 경위 등을 종합하여 구체적·개별적 연관관계가 있는 경우에만 인정된다고 보아야 하고, 혐의사실과 단순히 동종 또는 유사 범행에 관한 것이라는 사유만으로 객관적 관련성이 있다고 할 것은 아니다.[1]

객관적 관련성을 인정할 수 있는 구체적·개별적 연관관계가 있는 경우인지 여부는, 관련성을 요구하는 이유가 혐의사실과 완전히 무관한 별개의 범죄에 관한 증거가 압수됨으로써 헌법이 정한 적법절차의 원칙과 영장주의가 잠탈되고 궁극적으로 국민의 기본권이 침해되는 결과를 방지하기 위한 것임을 염두에 두고, 범죄의 속성, 압수수색영장에 기재된 혐의사실의 내용, 증거의 특징, 수사의 경위, 수사기관의 인식, 추가 수사의 개연성, 압수수색의 필요성, 압수수색을 허용할 경우 침해될 수 있는 기본권 내지 무관정보에 대한 이익 등을 종합적으로 고려하여, 적법절차의 원칙과 실체적 진실 규명의 조화를 도모하고 이를 통하여 형사사법정의를 실현하려는 헌법과 형사소송법의 궁극적 취지가 몰각되지 않도록 신중히 판단하여야 한다.[2]

한편, 형사소송법 제308조의2에 따라 적법한 절차에 따르지 않고 수집한 증거는 증거로 할 수 없다. 수사기관이 헌법과 형사소송법이 정한 절차에 따르지 않고 수집한 증거는 물론, 이를 기초로 하여 획득한 2차적 증거 역시 유죄 인정의 증거로 삼을 수 없는 것이 원칙이다. 다만 수사기관의 절차위반행위가 적법절차의 **실질적인 내용**을 침해하는 경우에 해당하지 않고, 오히려 그 증거의 증거능력을 배제하는 것이 헌법과 형사소송법이 형사소송에 관한 절차 조항을 마련하여 적법절차의 원칙과 실체적 진실 규명의 조화를 도모하고, 이를 통하여 **형사사법정의**를 실현하려고 한 취지에 반하는 결과를 초래하는 것으로 평가되는 예외적인 경우라면, 법원은 그 증거를 유죄 인정의 증거로 사용할 수 있다.[3]

(2) 헌법과 형사소송법이 구현하고자 하는 적법절차와 영장주의의 정신에 비추어 볼 때, 법관이 압수수색영장을 발부하면서 '압수할 물건'을 특정하기 위해 기재한 문언은 엄격하게 해석해야 하고, 함부로 피압수자 등에게 불리한 내용으로 확장 또는 유추 해석해서는 안 된다.[4]

(3) 수사기관이 영장주의 원칙과 적법절차를 준수하지 않은 위법한 압수수색과정을 통해 취득한 증거는 위법수집증거에 해당하고, 사후에 법원으로부터 영장이 발부되었다고 하여 위법성이 치유되는 것도 아니다.[5]

1 대법원 2021.8.26.선고 2021도2205 판결; 대법원 2017.12.5.선고 2017도13458 판결 등.
2 대법원 2025.2.13.선고 2024도17385 판결 등.
3 대법원 2024.4.16.선고 2020도3050 판결; 대법원 2007.11.15.선고 2007도3061 전원합의체 판결 등.
4 대법원 2009.3.12.선고 2008도763 판결 등.
5 대법원 2022.7.28.선고 2022도2960 판결; 대법원 2021.11.18.선고 2016도348 전원합의체 판결 등.

B. 사안 적용

(1) 피고인 1이 서울 사택에 보관하고 있던 이 사건 황금도장 등은 위 범죄혐의사실 자체 또는 그와 기본적 사실관계가 동일한 범행과 직접 관련되어 있지 않다. 또한 피고인 1이 직무 관련자로부터 이 사건 황금도장 등을 수수하였다고 하더라도 1차 압수수색영장의 범죄혐의사실과 동종 또는 유사 범행에 해당할 수 있을 뿐 범행 동기와 경위, 범행 시간과 장소, 범행 수단과 방법, 수수한 금품이나 그 밖의 이익의 내용 등이 공통되거나 서로 관련되어 있다는 등의 사정이 없으므로, 이 사건 황금도장 등이 위 범죄혐의사실의 증명에 기여할 수 있는 정황증거 내지 간접증거에 해당한다고 보기 어렵다.

(2) 1차 압수수색영장의 '압수할 물건'에는 "피의자들·○○○와 변호사 비용 등 대납자 사이의 관계에 대한 자료" 등이 기재되어 있다. 그런데 이 사건 황금도장 등이 보관되어 있던 장소와 형태, 케이스에 새겨진 문구나 압수수색 당시 피고인 1의 그 취득경위에 관한 답변 등 1차 압수수색영장 집행 당시 드러난 객관적인 사정들을 종합하여 보더라도, 1차 압수수색영장의 범죄혐의사실에 나타나는 공범 공소외 1이나 변호사 비용 등 대납자로 기재된 공소외 6이나 공소외 3, 횡령 혐의와 관련된 ○○○ 임직원이 이 사건 황금도장의 공여자로 특정되는 상황이었다거나 그러한 혐의가 의심되는 합리적인 근거가 있었다고 할 수 없다. 그 밖에 다른 이유로 1차 압수수색영장에 기해 압수할 물건에 해당한다고 인정할 자료도 없다.

(3) 이 사건 황금도장 등은 영장주의와 적법절차 원칙을 위반하여 취득한 것이므로 이에 대해 2차 압수수색영장을 발부받아 이 사건 황금도장을 형식적으로 반환하는 외관을 만든 후 다시 압수하였다고 하여 그 위법성이 치유되지 않는다. 2차 압수수색영장 집행 이후 진술증거나 통신내역, 입출차내역, 대금 지급내역 등 2차적 증거의 수집도 선행 절차위법 사이에 인과관계가 희석되거나 단절되었다고 보기는 어렵다.

3 디지털 성범죄에 대한 압수수색에서 '객관적 관련성'이 인정되는 경우 (대법원 2025.6.12.선고 2023도11395 판결)

가. 사 안

(1) 성폭력범죄의처벌등에관한특례법위반(카메라등이용촬영물소지등) 혐의를 포착하여 발부받은 압수수색영장을 피고인에게 제시하고 하드디스크 1개를 압수하였다.

위 영장의 압수수색의 사유 중 '범죄사실 부분'에 '피고인이 2021.5.21. 불상지에 설치된 인터넷 컴퓨터에서 토렌트 프로그램 등을 통해 불법촬영물을 다운받아 소지하고, 그 무렵 다운받은 파일을 토렌트 프로그램 등을 통해 공개함으로써 유포하였다'는 내용이, '압수수색을 필요로 하는 사유'에 '아동성착취물 등 본건 혐의 관련 전자정보에 대한 압수가 필요하다'는 내용이, '압수할 물건'에 '디지털 증거매체에 저장한 전자정보 중 불법촬영물 및 아동성착취물 범죄 혐의와 관련된 것'이라는 내용이 기재되어 있었다.

(2) 경찰은 위와 같이 압수한 하드디스크에 저장된 전자정보를 탐색하면서 Ⓐ 남녀가 성관계를 하는 장면을 촬영한 **불법촬영물** 뿐만 아니라 Ⓑ 아동·청소년이 자위하는 장면 또는 아동·청소년의 노출된 신체가 촬영된 **아동·청소년성착취물**을 발견하였으나 그 과정에서 법원으로부터 별도의 압수수색영장을 발부받지는 않았다.

(3) 검사는 위와 같이 수집한 증거를 근거로 ① '피고인이 2020.1. 무렵 성명불상의 청소년이 출연한 아동·청소년성착취물 파일(이하 '이 사건 각 전자정보')을 다운로드하여 2021.8.19.까지 소지하였다'는 아동·청소년의성보호에관한법률위반(성착취물소지등)죄, ② '피고인이 2021.5.21. 무렵 본건 혐의사실과 관련된 불법촬영물을 다운로드하여 2021.8.19.까지 소지하였다'는 성폭력범죄의처벌등에관한특례법위반(카메라등이용촬영물소지등)죄 등으로 공소를 제기하였다.

(4) **원심**은 Ⓐ 성폭력범죄의처벌등에관한특례법위반(카메라등이용촬영물소지등)은 아동·청소년의성보호에관한법률위반(성착취물소지등)과 입법목적 및 구성요건이 다른 별개의 범죄이고, Ⓑ 위 각 범죄의 영상물을 다운로드한 일시 사이에 약 1년 4개월 정도의 시간적 간격이 있으며, Ⓒ 다운로드에 사용한 프로그램이 상이하여 위 각 범죄 사이에 기본적 사실관계의 동일성을 인정할 수 없다는 점을 근거로 이 사건 각 전자정보가 이 사건 압수수색영장의 혐의사실과 객관적으로 관련되어 있다고 보기 어렵고, 결국 이 사건 각 전자정보는 위법수집증거로서 증거능력이 없다고 판단하였다.

나. 판결요지

A. 법 리

전자정보 또는 전자정보저장매체에 대한 압수수색에서 혐의사실과 관련된 전자정보인지 여부를 판단할 때는 혐의사실의 내용과 성격, 압수수색의 과정 등을 토대로 구체적·개별적 연관관계를 살펴볼 필요가 있다. 특히 카메라의 기능과 전자정보저장매체의 기능을 함께 갖춘 스마트폰 등을 이용한 불법촬영 등의 범죄와 같이, 범죄의 속성상 해당 범행의 상습성이 의심되거나 성적 기호 또는 경향성의 발현에 따른 일련의 범행의 일환으로 이루어진 것으로 의심되고 범행의 직접 증거가 스마트폰 또는 해당매체 안에 이미지 파일이나 동영상 파일의 형태로 남아 있을 개연성이 있는 경우에는, 그 안에 저장된 같은 유형의 전자정보에서 그와 관련한 유력한 간접증거나 정황증거가 발견될 가능성이 높다는 점에서, 이러한 간접증거나 정황증거는 혐의사실과 구체적·개별적 연관관계를 인정할 수 있다. 이처럼 범죄의 대상이 된 피해자의 인격권을 현저히 침해하는 성격의 전자정보를 담고 있는 촬영물은 범죄행위로 인하여 생겼거나 취득한 것으로서 몰수의 대상이기도 하므로, 휴대전화에서 해당 전자정보를 신속히 압수수색하여 촬영물의 유통가능성을 적시에 차단함으로써 피해자를 보호해야 할 필요성이 크다. 반면 이와 같은 경우에는 간접증거나 정황증거이면서 몰수의 대상이자 압수수색의 대상인 전자정보의 유형이 이미지 파일 또는 동영상 파일 등으로 비교적 명확하게 특정될 수 있으므로, 그와 무관한 사적 전자정보 전반의 압수수색으로 이어질 가능성은 높지 않다.[1]

이러한 법리는 스마트폰을 이용한 불법촬영 등 범죄에서뿐만 아니라, 압수수색의 혐의사실이 디지털 성범죄(예컨대 청소년성보호법 제25조의2 제1항)인 경우, 그 혐의사실과 같거나 근접한 시기에 또는 시간적 단절 없이 행하는 동종 유형이나 유사한 수법의 디지털 성범죄와 관련된 전자정보 또는 다른 목적과 수단 관계에 있는(예컨대 아동·청소년성착취물을 제작하기 위한 성착취목적대화 등) 디지털 성범죄와 관련된 전자정보에도 적용될 수 있다.

B. 사안 적용

Ⓐ 위 각 범죄는 인터넷에서 유포되는 불법적인 성적 영상물(내밀한 신체가 노출되거나 성관계를 하는 모습 등이 촬영된 것)을 다운로드 받는 것으로 유사한 특성을 가지고 있고, Ⓑ 압수수색영장의 기재내용을 고려하면 추가 여죄수사의 가능성이 있었다고 볼 수 있으며, Ⓒ 계속범으로 그 범행기간이 수개월 동안 겹치고, Ⓓ 인터넷에서 불법적인 성적 영상물을 다운로드하여 하드디스크에 보관하는 것으로 범행방법이 동일하며, Ⓔ 모두 성적 영상물을 탐닉하는 피고인의 성적 기호 또는 경향성의 발현에 따른 것으로 볼 수 있으므로, 압수수색영장 기재 혐의사실과 그 집행으로 취득한 이 사건 각 전자정보 사이의 관련성을 인정할 수 있어 수사기관이 이 사건 각 전자정보를 압수한 것은 적법하다.

4 영장의 유효기간과 압수·수색 집행 종료 후 다시 압수·수색을 한 경우 (대법원 2023.3.16.선고 2020도5336 판결)

가. 사 안

경찰은 2019.3.5. 피의자가 A로, 혐의사실이 대마광고 및 대마매매로, 압수할 물건이 '피의자가 소지, 소유, 보관하고 있는 휴대전화에 저장된 마약류 취급 관련자료(출력, 복사, 복제 이미징이 불가능 시 저장매체 압수) 등'으로, 유효기간이 '2019.3.31.'로 된 압수·수색·검증영장(이하 '이 사건 영장')을 발부받아, 2019.3.7. 그에 기해 A로부터 휴대전화 3대 등을 압수하였다. A는 2019.3.21.

1 대법원 2021.11.25.선고 2021도10034 판결; 대법원 2021.11.18.선고 2016도348 전원합의체 판결 등.

대마광고에 의한 마약류관리에관한법률위반(대마)죄 등으로, 2019.4.26. 대마매매에 의한 마약류관리법에관한법률위반(대마)죄 등으로 각 공소제기되었다.

한편, 경찰은 2019.4.8. A의 휴대전화 메신저에서 대마구입 희망의사를 밝히는 피고인의 메시지(이하 '이 사건 메시지')를 확인한 후, A 행세를 하면서 위 메신저로 메시지를 주고받는 방법으로 **위장수사**를 진행하여, 2019.4.10. 피고인을 현행범으로 체포하고 그 휴대전화를 비롯한 소지품 등을 영장없이 압수한 다음 2019.4.12. 사후 압수·수색·검증영장을 발부받았다.

나. 판결요지

(1) 형사소송법 제215조에 의한 압수·수색영장은 수사기관의 압수·수색에 대한 **허가장**으로서 거기에 기재되는 유효기간은 집행에 착수할 수 있는 종기를 의미하는 것일 뿐이므로, 수사기관이 압수·수색영장을 제시하고 집행에 착수하여 압수·수색을 실시하고 그 집행을 종료하였다면 이미 그 영장은 목적을 달성하여 효력이 상실되는 것이고, 동일한 장소 또는 목적물에 대해 다시 압수·수색할 필요가 있는 경우라면 그 필요성을 소명하여 법원으로부터 새로운 압수·수색영장을 발부 받아야 하는 것이지, 앞서 발부받은 압수·수색영장의 유효기간이 남아있다고 하여 이를 제시하고 다시 압수·수색을 할 수는 없다.[1]

(2) 원심은, Ⓐ 피고인이 이 사건 메시지를 보낸 2019.4.8.경까지 경찰이 이 사건 영장 집행을 계속하고 있었다고 볼 만한 자료가 없고, Ⓑ 오히려 A가 대마광고에 의한 마약류관리에관한법률위반(대마)죄 등으로 2019.3.21. 공소제기된 점에 비추어 보면 경찰은 늦어도 2019.3.21. 무렵에는 이 사건 영장의 집행을 종료한 것으로 보이므로 경찰의 이 사건 메시지 등의 정보 취득은 영장 집행 종료 후의 위법한 재집행이고, 그 외에 경찰이 A의 휴대전화 메신저 계정을 이용할 정당한 접근권한도 없으므로, 이 사건 메시지 등을 기초로 피고인을 현행범으로 체포하면서 수집한 증거는 위법수집증거로서 증거능력이 없다고 판단하고 쟁점 공소사실(「마약류 불법거래 방지에 관한 특례법」 위반 부분)에 대해 무죄를 선고하였고, 대법원은 이러한 원심의 판단을 수긍하였다.

5 압수·수색영장 집행에 제3자가 참여하는 것은 원칙적으로 위법 (대법원 2024.12.16.자 2020모3326 결정)

가. 사 안

사법경찰관은 압수수색영장에 기하여 준항고인이 운영하는 치과병원을 수색하면서 생명보

1 대법원 1999.12.1.자 99모161 결정 참조.

험협회 소속 치과위생사 1명을 참여케 하였는데, 치과위생사는 약 6명의 경찰관들과 함께 병원에 진입하여 압수수색 전과정에 참여하였고, 사법경찰관은 그 수색을 통해 병원에 보관되어 있던 유체물과 전자정보를 압수하였고(이하 '이 사건 압수처분'), 준항고인은 이 사건 압수처분에 대해 준항고를 제기하였다.

원심은 치과위생사가 이 사건 압수처분 당시 활발히 참여한 사실을 인정하면서도 주도적으로 압수수색영장을 집행하지 않았고, 적법한 수색업무 집행을 위한 이행보조자나 조력인 정도의 역할을 수행한 것에 불과하다고 보아, 준항고를 기각하였다.

나. 결정요지

(1) 압수수색영장은 검사의 지휘에 의하여 사법경찰관리가 집행하고(형사소송법 제115조 제1항), 그 집행을 위하여 잠금장치를 열거나 개봉 기타 필요한 처분을 할 수 있으며(제120조 제1항), 타인의 출입을 금지할 수 있다(제119조 제1항). 한편 검사, 피고인 또는 변호인(이하 '참여권자')은 압수수색영장 집행에 참여할 수 있고(제121조), 그 집행에 앞서 참여권자가 참여하지 아니한다는 의사를 명시한 때 또는 급속을 요하는 때 이외에는 미리 집행의 일시와 장소를 참여권자에게 통지하여야 한다(제122조). 공무소, 군사용 항공기 또는 선박·차량 안에서 압수수색영장을 집행하려면 그 책임자에게 참여할 것을 통지하여야 하고, 타인의 주거, 간수자 있는 가옥, 건조물, 항공기 또는 선박·차량 안에서 압수수색영장을 집행할 때에는 주거주, 간수자 또는 이에 준하는 사람을 참여하게 하여야 하며, 이들을 참여하게 하지 못할 때에는 이웃 사람 또는 지방공공단체의 직원을 참여하게 하여야 한다(제123조). 그리고 여자의 신체에 대해 수색할 때에는 성년의 여자를 참여하게 하여야 한다(제124조). 형사소송법은 수소법원의 압수·수색·검증에 관한 위와 같은 규정을 수사기관이 행하는 압수·수색·검증에 준용하고 있다(제219조).

형사소송법 제199조 제1항 단서는 "강제처분은 이 법률에 특별한 규정이 있는 경우에 한하며, 필요한 최소한도의 범위 안에서만 하여야 한다."라고 규정하여 **강제처분 법정주의**를 취하고 있으므로, 형사소송법에 근거하지 아니한 수사기관의 강제처분은 허용될 수 없다. 압수수색은 주거의 자유나 사생활의 비밀과 자유를 중대하게 제한하는 강제처분이다. 따라서 수사기관은 Ⓐ 강제채혈, 강제채뇨 등과 같이 강제처분이 법률상 의료인 아닌 자가 수행할 수 없는 의료행위를 수반하는 경우, Ⓑ 잠금장치 해제, 전자정보의 복호화나 중량 압수물의 운반과 같이 단순한 기술적, 사실적 보조가 필요한 경우, Ⓒ 압수수색 후 환부 대상이 될 도품의 특정을 위하여 필요한 경우 등 제한적 범위 내에서 압수수색영장의 집행기관인 사법경찰관리의 엄격한 감시·감독 하에 제3자의 집행 조력이 정당화될 수 있는 **예외적인 경우**가 아닌 이상 압수수색 현장에 형사소송법상 참여권자나 참여할 수 있도록 규정된 사람 이외의 사람을 참여시킬 수는 없고, 참여가 허용된 사람 이외의 제3자를 임의로 참여케 하여 압수수색영장을 집행하거나 영장 없이 압수수색을 한 것은 위법하다.

(2) ① 이 사건 압수처분이 법률상 의료기사인 치과위생사만이 할 수 있는 행위를 수반한다고 보기 어려운 점, ② 치과위생사가 이 사건 압수처분 당시 한 압수 대상물 분류, PC 탐색 등과 같은 행위는 전자정보 복호화, 잠금장치 해제나 중량 압수물 운반과 같이 단순한 기술적, 사실적 보조에 그친다고 보기 어려운 점, ③ 이 사건 압수처분을 통해 압수된 유체물이나 전자정보가 치과위생사 혹은 생명보험협회에게 환부되어야 할 물건이나 전자정보로 보기 어려운 점, ④ 치과위생사가 사법경찰관의 압수수색과정에 참여한 것이 정당화될 수 있는 예외적인 경우에 해당한다고 볼 만한 특별한 사정을 찾을 수 없고, 치과위생사는 보험사기의 피해자인 개별 생명보험회사의 공동 이익 증진 등을 위해 설립된 단체인 생명보험협회의 사용인으로 이들과 이해관계를 같이 한다고 볼 여지도 있는 점 등에 비추어 보면, 사법경찰관이 이 사건 압수처분 당시 형사소송법이 규정한 참여권자 또는 참여할 수 있도록 규정된 사람 이외의 제3자인 치과위생사를 압수수색 전과정에 참여케 한 행위는 강제처분에 있어 헌법과 형사소송법이 정한 절차에 따르지 아니한 것으로 **위법**하고, 헌법 제12조에서 정한 적법절차 원칙과 헌법 제16조, 제17조에서 규정하고 있는 기본권인 주거의 자유와 사생활의 비밀과 자유의 중요성에 비추어 그 위반의 정도도 무거우므로, 이 사건 압수처분이 취소되어야 한다고 보아, 이와 달리 판단한 원심을 파기·환송하였다.

6 친권자를 통해 미성년인 자녀가 사용·관리하는 휴대전화를 압수한 절차의 위법성 (대법원 2024.12.24.선고 2022도2071 판결) – 숙명여고 시험지 유출사건

가. 사 안

경찰은 A를 피의자로 하여 발부받은 압수·수색·검증영장(이하 '이 사건 영장')을 A에게 제시하고, A는 딸인 피고인들(각 16세)로부터 피고인들이 사용하거나 보관 중인 그 소유 휴대전화 4대(이하 '이 사건 휴대전화')를 인도받아 경찰에 제출하였는데, 이 사건 영장의 '압수할 물건'란에는 '참고인인 피고인들이 실제 사용·보관 중인 휴대전화'가 기재되어 있었다. 경찰은 A를 이 사건 휴대전화의 피압수자인 소지자·제출자로 보아 압수조서를 작성하고, A는 참여인으로서 위 압수조서에 서명하였으며, 경찰은 A에게 이 사건 휴대전화 반출 후의 탐색·복제·출력 등 과정 등에 참여할 수 있다는 취지로 고지하면서 전자정보 확인서를 작성하였고, A는 피압수자(제출자)의 지위에서 '참여하지 않겠다'는 뜻을 위 확인서에 표시하고 서명하였으나, 경찰은 피고인들에게 이 사건 영장에 기초한 일련의 압수수색의 과정에서 이 사건 영장을 제시하거나 참여의 기회를 보장하지는 않았다.

원심은, 이 사건 휴대전화와 그 전자정보에 대한 압수수색절차가 적법하고, 설령 피고인들에게 참여권을 보장하지 않은 위법이 있더라도 이 사건 휴대전화에 기초하여 수집된 증거들의 증거능력이 인정된다는 취지로 판단하였다.

나. 판결요지

(1) 헌법 제12조 제3항 본문은 '체포·구속·압수 또는 수색을 할 때에는 적법한 절차에 따라 검사의 신청에 의하여 법관이 발부한 영장을 제시하여야 한다.'고 규정하고, 형사소송법 제219조, 제118조는 '수사기관이 압수·수색영장을 집행할 때에는 처분을 받는 자에게 반드시 압수·수색영장을 제시하여야 한다.'는 취지로 규정하고 있다. 이와 같이 압수수색영장은 현장에서 처분을 받는 자가 여러 명일 경우에는 그들 모두에게 개별적으로 영장을 제시해야 하는 것이 원칙이고, 수사기관이 압수수색에 착수하면서 그 장소의 관리책임자에게 영장을 제시하였다고 하더라도, 물건을 소지하고 있는 다른 사람으로부터 이를 압수하고자 하는 때에는 그 사람에게 따로 영장을 제시하여야 한다.[1] 압수수색이 정보저장매체에 대하여 이루어질 때 그 범위를 정하여 출력 또는 복제하는 방법이 불가능하거나 압수의 목적을 달성하기에 현저히 곤란한 예외적인 사정이 인정되어 전자정보가 담긴 저장매체 또는 복제본을 수사기관 사무실 등으로 옮겨 이를 복제·탐색·출력하는 경우에도, 그와 같은 일련의 과정에서 형사소송법 제219조, 제121조에서 규정하는 압수수색영장의 집행을 받는 당사자(이하 '피압수자')나 그 변호인에게 참여의 기회를 보장하고 혐의사실과 무관한 전자정보의 임의적인 복제 등을 막기 위한 적절한 조치를 취하는 등 영장주의 원칙과 적법절차를 준수해야 한다. 만약 그러한 조치가 취해지지 않았다면 피압수자 측이 참여하지 않는다는 의사를 명시적으로 표시하였거나 절차위반행위가 이루어진 과정의 성질과 내용 등에 비추어 피압수자측에 절차 참여를 보장한 취지가 실질적으로 침해되었다고 볼 수 없을 정도에 해당한다는 등의 특별한 사정이 없는 이상 압수수색이 적법하다고 평가할 수 없다.[2] 이와 같은 수사기관의 압수수색절차과정에서 처분을 받는 자가 미성년자인 경우, 의사능력이 있는 한 미성년자에게 영장이 반드시 제시되어야 하고, 그 친권자에 대한 영장제시로 이를 갈음할 수 없다. 또한 의사능력이 있는 미성년자나 그 변호인에게 압수수색영장 집행절차에 참여할 기회가 보장되어야 하고, 그 친권자에게 참여의 기회가 보장되었다는 이유만으로 압수수색이 적법하게 되는 것은 아니다.

(2) 형사소송법이 헌법 제12조에서 선언한 적법절차와 영장주의 원칙을 이어받아 압수수색절차에서 실체적 진실 규명과 개인의 권리보호 이념을 조화롭게 실현할 수 있도록 마련한 구체적 기준의 규범력은 확고히 유지되어야 한다. 수사기관의 지시·요청에 따라 사인(私人)이 자기 외의 제3자가 지배·관리하는 물건을 취거하여 수사기관에 전달하는 등으로 수사기관이 직접 하였다면 강제처분인 압수수색에 해당하는 행위를 한 경우, Ⓐ 이러한 사인의 행위가 오로

1 대법원 2017.9.21.선고 2015도12400 판결 등.
2 대법원 2015.7.16.자 2011모1839 전원합의체 결정; 대법원 2011.5.26.자 2009모1190 결정 등.

지 자기의 이익이나 목적 추구를 위해 이루어진 것이라거나 Ⓑ 수사기관이 해당 물건의 실제 점유자가 제3자임을 미처 인식·예견하지 못하였다는 등의 특별한 사정이 없는 이상, 수사기관이 사인을 이용하여 강제처분을 하였다고 보아, 형사소송법에서 규정하는 영장의 제시, 참여권의 보장 등 절차의 준수를 요구하는 것이 헌법과 형사소송법이 구현하고자 하는 적법절차와 영장주의의 정신에 부합한다.

(3) ① A는 이 사건 영장 집행에 착수한 경찰로부터 영장을 제시받고 그 지시에 따라 피고인들로부터 이 사건 휴대전화의 점유를 이전받아 경찰에 제출하였다고 보이고, 이러한 A의 행위가 오로지 A의 사적 이익이나 목적 추구를 위해 이루어졌다거나 경찰이 이 사건 휴대전화의 실제 점유자가 피고인들임을 인식·예견하지 못하였다고 보기 어려우므로, 경찰이 A를 이용하여 이 사건 휴대전화에 대한 압수 등 강제처분을 하였다고 보는 것이 타당하다고 전제한 다음, ② 경찰은 이 사건 휴대전화를 압수함에 있어 '처분을 받는 자'로서 이 사건 영장 집행에 참여할 능력이 충분하였다고 보이는 피고인들에게 **영장을 제시하였어야** 하고, A가 친권자의 지위에서 피고인들의 이익을 위하여 영장을 제시받았다고 하더라도 달리 볼 수 없으며, ③ 이 사건 휴대전화와 그 전자정보에 대해 한 압수수색은 비단 이 사건 영장에 피의자로 기재된 A 등의 범죄 혐의사실에 대한 수사에 그치는 것이 아니라 피고인들의 범죄 혐의사실에 대한 수사의 일환으로 한 것에도 해당하고, 피고인들은 이 사건 휴대전화에 대한 관리처분권을 행사하고 있었으므로, 경찰은 피압수자인 피고인들에게 이 사건 휴대전화의 탐색·복제·출력 등 일련의 과정에 **참여할 기회를 보장하였어야** 하고, 경찰이 피고인들의 이익을 위하여 피고인들을 대신하여 친권자인 A에게 참여기회를 부여하였다는 사정만으로 피압수자인 피고인들의 절차 참여를 보장한 취지가 실질적으로 침해되지 않았다거나 압수수색이 적법하게 된다고 볼 수 없다고 보아, 이 사건 휴대전화의 전자정보나 이에 기초하여 수집한 증거의 증거능력이 부정된다. 다만, 나머지 적법하게 채택된 증거들만으로도 피고인들에 대한 공소사실(무죄 부분 제외)을 유죄로 인정하기에 충분하므로 원심의 판단에 판결에 영향을 미친 잘못이 없다고 보아야 한다.

7 인터넷서비스업체가 보관하는 준항고인의 전자정보에 대한 수사기관의 압수·수색영장 집행 (대법원 2022.5.31.자 2016모587 결정)

가. 사 안

서울중앙지방법원 판사는 2014.5.24. 검사의 청구에 따라 준항고인을 피의자로 한 압수수색영장(이하 '이 사건 압수수색영장')을 발부하였다. 서울중앙지방법원 판사는 이 사건 압수수색영장의 '압수할 물건'으로 '1) 준항고인 명의로 개통된 휴대전화 단말기, 2) 준항고인의 휴대전화의 카카오톡과 관련된 준항고인의 카카오톡 아이디 및 대화명, 준항고인과 대화를 하였던 상대방 카카오톡 아이디의 계정정보, 대상기간(2014.5.12.부터 2014.5.21.까지) 동안 준항고인과 대화한 카카오톡 사용자들과 주고받은 대화내용 및 사진정보, 동영상 정보 일체'라 기재하였고, '수색·검증할 장소, 신체 또는 물건'으로 '1) 준항고인의 신체(영장집행 시 제출을 거부할 경우에 한함), 휴대전화를 보관, 소지하고 있을 것으로 판단되는 가방, 의류, 2) 주식회사 카카오(이하 '카카오') 본사 또는 압수할 물건을 보관하고 있는 데이터센터'로 기재하였으며, '범죄사실의 요지'로 준항고인의 집회및시위에관한법률위반(주최자 준수사항 위반) 등 혐의사실을 적시하였고, 압수대상 및 방법의 제한을 별지로 첨부하였다.

수사기관은 2014.5.26. 11:55경 카카오를 상대로 이 사건 압수수색영장에 기해 피의자인 준항고인의 카카오톡 대화내용 등이 포함된 위 '압수할 물건'에 대한 압수수색(이하 '이 사건 압수수색')을 실시하였다.

수사기관은 이 사건 압수수색영장을 집행할 때 처분의 상대방인 **카카오**에 영장을 팩스로 송부하였을 뿐 영장 원본을 제시하지는 않았다.

카카오 담당자는 2014.5.26. 수사기관의 이 사건 압수수색영장 집행에 응해 준항고인의 카카오톡 대화내용이 저장되어 있는 서버에서 2014.5.20. 00:00부터 2014.5.21. 23:59까지 준항고인의 대화내용(이하 '이 사건 전자정보')을 모두 추출하여 수사기관에 이메일로 전달하였다. 카카오 담당자는 이 사건 전자정보 중에서 압수수색영장의 범죄사실과 관련된 정보만을 분리하여 추출할 수 없었으므로 위 기간의 모든 대화내용을 수사기관에 전달하였는데, 이 사건 전자정보에는 준항고인이 자신의 부모, 친구 등과 나눈 일상적 대화 등 혐의사실과 관련 없는 내용이 포함되어 있다.

수사기관은 이 사건 압수수색 과정에서 **준항고인**에게 미리 집행의 일시와 장소를 통지하지 않았고, 결과적으로 준항고인이 2014.5.26.자 이 사건 압수수색 과정에 참여하지 못하였다. 그리고 수사기관은 카카오로부터 이 사건 전자정보를 취득한 뒤 전자정보를 탐색·출력하는 과정에서도 준항고인에게 **참여기회를 부여**하지 않았으며, 혐의사실과 **관련된 부분**을 선별하지 않고 그 일체를 출력하여 증거물로 압수하였고, 이 사건 압수수색영장의 집행 이후 카카오와 준항고인에게 **압수한 전자정보 목록**을 교부하지 않았다.

이에 준항고인이 '수사기관이 인터넷서비스업체 서버에 보관된 준항고인의 전자정보를 압수수색하는 과정에서 준항고인에게 형사소송법 제219조, 제122조에 따른 압수수색영장의 집행 일시와 장소를 미리 통지하지 않는 등 참여의 기회를 보장하지 않았고, 그 밖의 압수수색의 위법 등이 있다'는 이유를 들어, 위 압수수색의 취소를 청구하였다.

원심은 이 사건 압수수색은 형사소송법 제122조 단서의 '급속을 요하는 때'에 해당하지 않으므로, 수사기관이 피의자인 준항고인 등에게 이 사건 압수수색의 집행일시, 장소를 통지하지 않아 준항고인 등의 참여권을 보장하지 않은 행위는 위법하고, 판시 사정을 고려하면 이 사건 압수수색영장 원본 제시, 압수물목록 교부, 피의사실과의 관련성 등 준항고인의 나머지 주장에 관해 나아가 살펴볼 필요 없이 이 사건 압수수색은 취소를 면할 수 없다고 판단하였다.

나. 결정요지

원심이 인터넷서비스업체인 카카오 본사 서버에 보관된 이 사건 전자정보에 대한 이 사건 압수수색영장의 집행에 의해 전자정보를 취득하는 것이 참여권자에게 통지하지 않을 수 있는 형사소송법 제122조 단서의 '급속을 요하는 때'에 해당하지 않는다고 판단한 것은 **잘못**이나, Ⓐ 그 과정에서 압수·수색영장의 원본을 제시하지 않은 위법, Ⓑ 수사기관이 카카오로부터 입수한 전자정보에서 범죄 혐의사실과 관련된 부분의 선별없이 그 일체를 출력하여 증거물로 압수한 위법, Ⓒ 그 과정에서 서비스이용자로서 **실질적 피압수자이자 피의자인 준항고인에게** 참여권을 보장하지 않은 위법과 Ⓓ 압수한 전자정보 목록을 교부하지 않은 위법을 종합하면, 이 사건 압수수색에서 나타난 위법이 압수수색 절차 전체를 위법하게 할 정도로 중대하다는 원심의 결론을 수긍할 수 있다. 결국 원심결정에 재판에 영향을 미친 헌법·법률·명령 또는 규칙의 위반이 없다.

8 주거지 등 압수·수색에 참여하는 주거주 등의 '참여능력' 필요 (대법원 2024.10.8.선고 2020도11223 판결)

가. 사 안

피의자가 마약류관리에관한법률위반(대마) 등으로 기소된 사안에서 수사기관이 피의자의 주거지에 대해 압수수색을 하면서 '전체지능 57, 사회성숙연령 11세' 수준으로 성년후견개시심판을 받아 압수수색절차의 의미를 이해할 수 있는 최소한의 능력(이하 '참여능력')이 없거나 부족하다고 보이는 피의자의 딸 A만 참여시켰고, 그 과정에서 이 사건 대마 등 마약 관련 증거물을 발견하여 이를 압수하였다.

이에 대해 **원심**은 이 사건 대마를 포함하여 이 사건 압수수색을 통해 확보한 증거와 압수조서 등을 유죄의 증거로 하여 유죄로 인정한 제1심 판단을 유지하였다.

나. 판결요지

(1) 헌법은 '누구든지 법률에 의하지 아니하고는 체포·구속·압수·수색 또는 심문을 받지 아니하며, 법률과 적법한 절차에 의하지 아니하고는 처벌·보안처분 또는 강제노역을 받지 아니

한다.'(제12조 제1항 후문), '체포·구속·압수 또는 수색을 할 때에는 적법한 절차에 따라 검사의 신청에 의하여 법관이 발부한 영장을 제시하여야 한다.'(제12조 제3항 본문)라고 정하여 압수수색에 관한 적법절차와 영장주의의 근간을 선언하고 있다. 형사소송법은 이와 같은 헌법 정신을 이어받아 압수수색절차에 관한 다양한 구체적 기준을 마련하였다. 특히 형사소송법은 제121조, 제219조에서 압수수색절차에서 피고인과 피의자의 참여권 일반을 정하는 한편, 제123조, 제219조에서 압수수색이 이루어지는 장소의 특수성을 고려하여 특정 장소에서 압수수색영장을 집행할 때는 그 장소의 책임자가 참여하게 함으로써, 압수수색영장의 집행과정에서 절차적 권리로서의 참여권이 적법절차와 영장주의의 이념을 실질적으로 구현하는 장치로 기능하도록 하였다.

이와 같이 기본권보장을 위하여 압수수색에 관한 적법절차와 영장주의의 근간을 선언한 헌법과 실체적 진실 규명과 개인의 권리보호 이념을 조화롭게 실현할 수 있도록 그 구체적인 절차를 정하고 있는 형사소송법의 규범력은 확고히 유지되어야 하고, 참여권에 관한 규정을 비롯하여 형사소송법이 정한 압수수색절차에 관한 구체적 규정들은 헌법 원칙인 적법절차와 영장주의를 구현하는 관점에 따라 해석·실현되어야 한다.

(2) 형사소송법 제123조는 '영장의 집행과 책임자의 참여'라는 표제 아래, 공무소, 군사용 항공기 또는 선박·차량 안에서 압수·수색영장을 집행하려면 그 책임자에게 참여할 것을 통지하여야 하고(제1항), 제1항에서 규정한 장소 외에 타인의 주거, 간수자 있는 가옥, 건조물, 항공기 또는 선박·차량 안(이하 '주거지 등')에서 압수·수색영장을 집행할 때에는 주거주, 간수자 또는 이에 준하는 사람(이하 '주거주 등')을 참여하게 해야 하며(제2항), 주거주 등을 참여하게 하지 못할 때에는 이웃 사람 또는 지방공공단체의 직원(이하 '이웃 등')을 참여하게 해야 한다(제3항)고 규정하고 있다. 이는 형사소송법 제219조에 의해 수사기관의 압수수색영장 집행에서도 준용된다. 형사소송법 제123조 제2항, 제3항, 제219조가 주거지 등에서 압수수색영장을 집행할 때 주거주 등이나 이웃 등을 참여하도록 한 것은 주거의 자유나 사생활의 비밀과 자유와 같은 기본권보호의 필요성이 특히 요구되는 장소에 관해 밀접한 이해관계를 갖는 사람을 참여시켜 영장집행절차의 적정성을 담보함으로써 수사기관이나 법원의 강제처분을 받는 당사자를 보호하고 궁극적으로 국민의 기본권을 보호하려는 데 그 취지가 있다. 이러한 점에 비추어 보면 형사소송법 제123조 제2항, 제3항, 제219조에서 정한 바에 따라 압수수색영장의 집행에 참여하는 주거주 등 또는 이웃 등은 최소한 압수수색절차의 의미를 이해할 수 있는 정도의 능력(이하 **'참여능력'**)을 갖추고 있어야 한다. 압수수색영장의 집행에 참여하는 주거주 등 또는 이웃 등이 참여능력을 갖추지 못한 경우에는 영장의 집행과정에서 발생할 수 있는 위법·부당한 처분이나 행위로부터 당사자를 보호하고 영장집행절차의 적정성을 담보하려는 형사소송법의 입법 취지나 기본권 보호·적법절차·영장주의 등 헌법적 요청을 실효적으로 달성하기 어렵기 때문이다.

(3) 형사소송법 제123조 제2항과 제3항은 주거주 등이나 이웃 등의 참여에 관하여 그 참여 없이 압수수색영장을 집행할 수 있는 예외를 인정하지 않고 있다. 이는 형사소송법 제121조, 제122조에서 압수수색영장의 집행에 대한 검사, 피의자, 변호인의 참여에 대하여 급속을 요하는 등의 경우 집행 일시와 장소의 통지없이 압수수색영장을 집행할 수 있다고 한 것과 다른 점이다. 따라서 형사소송법 제123조 제2항에서 정한 주거지 등에 대한 압수수색영장의 집행이 ① 주거주 등이나 이웃 등의 참여없이 이루어진 경우 특별한 사정이 없는 한 그러한 압수수색영장의 집행은 위법하다고 보아야 한다. ② 나아가 주거주 등 또는 이웃 등이 참여하였다고 하더라도 그 참여자에게 참여능력이 없거나 부족한 경우에는, 주거주 등이나 이웃 등의 참여없이 이루어진 것과 마찬가지로 형사소송법 제123조 제2항, 제3항에서 정한 압수수색절차의 적법요건이 갖추어졌다고 볼 수 없으므로 그러한 압수수색영장의 집행도 위법하다.

(4) 한편, 「장애인차별금지및권리구제등에관한법률」(이하 '장애인차별금지법') 제26조 제6항은 '사법기관은 사건관계인에 대하여 의사소통이나 의사표현에 어려움을 겪는 장애가 있는지 여부를 확인하고, 그 장애인에게 형사사법절차에서 조력을 받을 수 있음과 그 구체적인 조력의 내용을 알려주어야 한다. 이 경우 사법기관은 해당 장애인이 형사사법절차에서 조력을 받기를 신청하면 정당한 사유없이 이를 거부하여서는 안 되며, 그에 필요한 조치를 마련하여야 한다.' 라고 정하고 있다. 이는 수사, 기소, 공판에 이르는 일련의 형사사법절차에서 의사소통이나 의사표현에 어려움을 겪는 장애가 있는 사람으로 하여금 자기의 형사사법절차상의 지위와 이해관계를 이해하고 충분한 방어행위를 할 수 있도록 함으로써 그들의 절차적 지위와 권리, 방어권을 보장하는 데에 그 취지가 있다. 형사소송법 제123조 제2항, 제3항에 따라 압수수색영장의 집행에 참여하는 주거주 등이나 이웃 등에게도 의사소통이나 의사표현에 어려움을 겪는 장애가 있을 수 있으므로, 압수수색영장을 집행하는 수사기관으로서는 그러한 장애가 있는 참여자에 대해 장애인차별금지법 제26조 제6항의 취지에 맞는 적법한 조치를 취함으로써 형사소송법 제123조 제2항, 제3항이 요구하는 압수수색절차의 적법요건이 갖추어질 수 있도록 하여야 한다.

(5) 이러한 법리는, 주거지 등에 대한 압수수색에서 피의자가 동시에 주거주 등인 경우에도 동일하게 적용된다. 형사소송법이 제121조, 제122조, 제219조에서 **'당사자의 참여권'**이라는 표제 아래 검사, 피의자, 변호인의 참여권을 규정하면서도 제123조에서 **'책임자의 참여'**라는 표제로 주거주 등이나 이웃 등의 필요적 참여를 별도로 정하고 있고, '당사자의 참여권'과 '책임자의 참여'는 그 취지나 목적, 보호법익이 동일하지 않기 때문이다. 따라서 피의자가 주거주 등인 주거지 등에서 압수수색영장을 집행하는 경우 피의자에게 참여능력이 없다면 그 피의자만 참여하는 것으로는 부족하고, 수사기관은 형사소송법 제123조 제3항에 따라 참여능력이 있는 이웃 등을 함께 참여시켜야 한다. 이때 참여능력이 없는 피의자만이 참여하였다면 그 압수수색

은 형사소송법 제123조 제2항, 제3항을 위반한 것으로 원칙적으로 위법하다.

위와 같이 형사소송법 제123조 제2항, 제3항, 제219조에 따라 압수수색절차에 참여한 참여자와 관련하여 해당 절차의 적법요건이 갖추어졌는지는, 수사기관이 인식하였거나 인식할 수 있었던 사정 등을 포함하여 압수수색 당시를 기준으로 외형적으로 인식 가능한 사실상의 상태를 살펴 판단하여야 한다. 압수수색 당시 수사기관이 인식할 수 없었던 참여자의 내부적, 주관적 사정이나 참여자의 객관적 능력에 관한 법률적·사후적인 판단은 고려대상이 아니다.

(6) 대법원은 위와 같은 법리를 설시하면서, A는 이 사건 압수수색 당시 형사소송법 제123조 제2항에서 정한 **주거주 등으로서** 참여능력이 없거나 부족하였던 것으로 볼 여지가 있고, A는 이 사건 압수수색 직전에 재물손괴 등으로 현행범체포되어 경찰조사를 받은 사실이 있는데, 이를 계기로 수사기관이 A의 정신과 치료내역이나 현행범체포 당시의 사정 등을 파악하고 있었던 만큼, 수사기관으로서는 A가 참여능력이 없거나 부족하다는 점을 인식하고 있었거나 충분히 인식할 수 있었다고 보이는데도, 수사기관은 이 사건 압수수색 당시 A만 참여시켰고, 형사소송법 제123조 제3항에 따라 **이웃 등을 참여시키는 등의 조치**를 취하지 않았으므로, 이 사건 압수수색이 위법하다고 볼 소지가 크다고 보아, 이와 달리 판단한 원심을 파기·환송하였다.

9 범죄장소에서의 압수 후 사후영장이 기각된 경우에 즉시 반환해야 (대법원 2024.10.8.선고 2024도10062 판결)

가. 사 안

대전지방경찰청 소속 사법경찰관이 2020.10.6. 서울에 있는 피의자의 영업소에서 형사소송법 제216조 제3항을 근거로 영장없이 피의자의 휴대전화를 압수하였고 이후 압수영장이 청구되었으나, 2020.10.8. 법원에서 압수조서 및 압수목록 미작성 등을 이유로 압수영장이 기각되었다. 사법경찰관은 서울에 있는 피의자에게 전화하여 대전지방경찰청에 방문하여 휴대전화를 반환받아 갈 것을 고지하면서 휴대전화를 반환받더라도 다시 압수할 것이라고 하였고, 피의자가 합리적 근거를 들어 우편반환을 요청했으나 이를 거절하고 직접 출석하여 수령할 것을 요구하였다. 이에 피의자는 2020.10.12. 대전지방경찰청에 출석하여 휴대전화를 반환받기로 하였으나 출석하지 않았다. 2020.10.12. 사법경찰관은 이 사건 휴대전화에 저장된 전자정보에 대한 압수영장을 신청하였고, 2020.10.13. 압수영장이 발부되었다. 사법경찰관은 다시 피의자에게 연락하여 휴대전화를 반환받아 갈 것을 고지하면서 다른 한편으로는 이를 다시 압수해야 해서 휴대전화를 가져갈 수는 없다는 취지로 말하였고, 이에 피의자는 휴대전화를 반환받을 수 없다고 생각하고 출석하지 않았다. 사법경찰관은 압수영장의 유효기간 만료가 2020.10.20.로 다가오자

2020.10.19. 서울에 있는 피의자를 방문하여 피의자에게 휴대전화를 건네주고 곧바로 압수영장을 집행하여 휴대전화를 반출하였고, 검사는 휴대전화에 저장된 전자정보를 복제·출력한 자료를 증거로 확보하였다.

이후 피의자는 성명불상자가 지정한 중국 소재 은행 계좌로 금전을 송금하여 무등록 외국환업무를 하였다는 외국환거래법위반 등으로 기소되었다.

나. 판결요지

(1) 형사소송법 제216조 제3항은 "범행 중 또는 범행직후의 범죄장소에서 긴급을 요하여 법원판사의 영장을 받을 수 없는 때에는 영장없이 압수, 수색 또는 검증을 할 수 있다. 이 경우에는 사후에 지체없이 영장을 받아야 한다."라고 규정하고 있다. 이 규정에 따라 압수수색영장을 청구하였다가 영장을 발부받지 못한 때에는 수사기관은 압수한 물건을 **즉시 반환해야** 하고, 즉시 반환하지 않은 압수물은 유죄의 증거로 사용할 수 없으며, 헌법과 형사소송법이 선언한 영장주의의 중요성에 비추어 볼 때 피고인이나 변호인이 이를 증거로 함에 동의하였다고 하더라도 달리 볼 것은 아니다.[1] 여기서 **압수한 물건을 즉시 반환**한다는 것은 수사기관이 압수한 물건을 곧바로 반환하는 것이 현저히 곤란하다는 등의 특별한 사정이 없는 한 영장을 청구하였다가 기각되는 바로 그 때에 압수물을 돌려주기 위한 절차에 착수하여 그 절차를 지연하거나 불필요하게 수사기관의 점유를 계속하는 등으로 지체함이 없이 적극적으로 압수 이전의 상태로 회복시켜주는 것을 의미한다.

(2) **원심**은, 수사기관이 적법절차를 지키지 않고 휴대전화를 압수하고 이에 대한 사후 압수영장이 기각되었음에도 즉시 반환하지 않다가 그 사이에 압수영장을 발부받아 휴대전화를 형식적으로 반환한 외관을 만든 후 다시 압수하는 것은 적법절차의 원칙이나 영장주의를 잠탈하는 것으로 허용할 수 없으므로 휴대전화 압수의 위법성이 압수영장 집행으로 희석·단절되었다고 **할 수 없다**고 보아, 휴대전화 및 위 증거들은 위법하게 수집된 증거이거나 이를 기초로 획득한 2차 증거로서 증거능력이 부정된다고 판단하였고, **대법원**은 원심을 수긍하여 상고를 기각하였다.

1 대법원 2009.12.24.선고 2009도11401 판결.

10 휴대전화에 수록된 전자정보를 엑셀파일 형태로 일괄출력하여 탐색하는 과정에서 별건 혐의를 발견한 경우 (대법원 2025.8.14.선고 2020도10908 판결)

가. 사 안

기무사 내란음모 의혹 사건을 수사하던 기무사의혹특별수사단(이하 '특수단')은 구○○ 등의 **내란음모 등 혐의사실**에 관한 압수수색영장(제1영장)을 발부받아 해당 범죄사실의 참고인이었던 피고인의 휴대전화를 압수하여 휴대전화에 수록된 전자파일 전부를 이미지 파일로 복제한 후 이를 다시 엑셀파일 형태로 출력하여 아무 제한없이 탐색하던 과정에서 피고인에 대한 별건 범죄 혐의(아래 ③ 공소사실)의 단서를 발견하였고, 이에 위 휴대전화에 관한 추가 압수수색영장들을 발부받아 집행하는 과정에서 아래 ①, ② 공소사실에 관한 증거를 차례로 발견하였다.

이에 피고인이 ① 기무부대원으로부터 전해들은 진급선발결과를 제3자에게 알려주었다는 **공무상 비밀누설죄**, ② 소속 부서 부사관에게 출장 시 차량 배차를 지시하고, 수용비로 전역 예정 단기 군법무관들에게 선물로 줄 잉크를 구입케 하는 등 예산유용을 지시하였다는 **직권남용권리행사방해죄**, ③ 피고인이 전역 후 취업을 위해 군사상 기밀 및 법령에 의한 직무상 비밀이 포함된 문건을 작성하여 지인들에게 전송하였다는 **군기누설 및 공무상비밀누설죄**로 기소되었고, **원심**은 제1영장에 따른 휴대전화 압수수색을 통해 획득한 별건 혐의에 관한 증거의 증거능력을 인정하였다.

나. 판결요지

(1) 법 리

수사기관의 전자정보에 대한 압수수색은 **원칙적으로** ① 영장 발부의 사유로 된 범죄혐의사실과 관련된 부분만을 문서 **출력**물로 수집하거나 ② 수사기관이 휴대한 저장매체에 해당 파일을 **복제**하는 방식으로 이루어져야 하고, ③ 저장매체 자체를 직접 **반출**하거나 ④ 그 저장매체에 들어 있는 전자파일 전부를 하드카피나 이미징 등 형태(이하 '복제본'이라 한다)로 수사기관 사무실 등 외부로 **반출**하는 방식으로 압수수색하는 것은 현장의 사정이나 전자정보의 대량성으로 인하여 관련 정보 획득에 긴 시간이 소요되거나 전문 인력에 의한 기술적 조치가 필요한 경우 등 범위를 정하여 출력 또는 복제하는 방법이 불가능하거나 압수의 목적을 달성하기에 현저히 곤란하다고 인정되는 때에 한해 예외적으로 허용될 수 있을 뿐이다.[1]

이처럼 저장매체 자체 또는 적법하게 획득한 복제본을 **탐색**하여 혐의사실과 관련성이 인정되는 압수대상 전자정보를 문서로 **출력**하거나 파일로 **복제**하는 일련의 과정 역시 전체적으로

---

1 대법원 2021.11.18.선고 2016도348 전원합의체 판결; 대법원 2011.5.26.자 2009모1190 결정 등.

하나의 영장에 기한 압수수색의 일환에 해당한다 할 것이므로, 그러한 경우의 문서출력 또는 파일복제의 대상 역시 저장매체 소재지에서의 압수수색과 마찬가지로 혐의사실과 관련된 부분으로 한정되어야 함은 헌법 제12조 제1항, 제3항과 군사법원법 제154조, 제254조의 적법절차 및 영장주의 원칙이나 비례의 원칙에 비추어 당연하다. 따라서 수사기관 사무실 등으로 반출된 저장매체 또는 복제본에서 혐의사실 관련성에 대한 구분 없이 임의로 저장된 전자정보를 문서로 출력하거나 파일로 복제하는 행위는 원칙적으로 영장주의 원칙에 반하는 위법한 압수가 된다.[1]

(2) 사안 적용

휴대전화 이미지 파일로부터 엑셀파일을 생성하고 이를 활용하여 별건 혐의사실 관련 전자정보를 획득한 일련의 절차는 영장주의와 적법절차 원칙에 반하는 위법한 압수라고 보아야 하고, 해당 전자정보가 이후 발부된 제2영장에 의해 압수되었다는 사정만으로 그 위법성이 치유된다고 볼 수도 없으며, 이에 터 잡아 수집된 2차적 증거들은 위법수집증거로 모두 증거능력이 없다고 보아야 한다.

11 피해자가 임의제출한 피고인의 휴대폰에서 다른 피해자에 대한 범행 사진 등이 발견된 경우의 증거능력(대법원 2021.11.18.선고 2016도348 전원합의체 판결) : 〈피의자와 피압수자가 다르지만 피의자가 실질적 피압수자에 해당하는 경우〉

가. 사 안

피고인은 2014.12.11. 자기 집에서 피해자(남성) A의 의사에 반해 성기를 촬영한 범행(이하 '2014년 범행')을 저질렀다. A는 즉시 피해사실을 경찰에 신고하면서 피고인의 집에서 가지고 나온 피고인 소유의 휴대전화 2대(아이폰 및 삼성휴대폰)에 피고인이 촬영한 동영상과 사진이 저장되어 있다는 취지로 말하고 이를 범행의 증거물로 **임의제출하였다**.

경찰관들은 위 휴대전화 2대를 영장없이 압수하면서 A에게 위 휴대전화에 저장된 동영상과 사진 등 전자정보 전부를 제출하는 취지인지 등 제출범위에 관한 의사를 따로 확인하지는 않았다.

피고인은 경찰에 휴대전화 1개(아이폰)에 대한 비밀번호를 제공하고 그 파일 이미징 과정에 참여한 반면, 다른 휴대전화 1개(삼성휴대폰)에 대해서는 사실상 비밀번호 제공을 거부하고, 저장된 동영상 파일의 복원·추출과정에 참여하지 않았다. 경찰은 아이폰 휴대전화에 저장된 동영상 파일을 통해 A에 대한 2014년 범행을 확인한 다음에 삼성휴대폰에서 2014년 범행의 증거

1 대법원 2015.7.16.자 2011모1839 전원합의체 결정 참조.

영상을 추가로 찾던 중, A가 아닌 다른 남성 2인이 침대 위에서 잠든 모습과 누군가가 손으로 그들의 성기를 잡고 있는 모습 등이 촬영된 동영상 30개와 사진 등을 발견하고 그 내용을 확인한 후 이를 CD에 복제하였다.

경찰은 A를 소환하여 위 동영상에 등장하는 남성 2인의 인적사항 등에 대해 조사하여 그들이 피해자 B, C라는 사실을 알게 되고, 추가 수사를 통해 피고인이 2013.12.경 B, C가 술에 취해 잠든 사이 성기를 만지고 위 동영상을 촬영한 범행(이하 '2013년 범행')을 저지른 사실을 인지하였다. 이후 경찰은 압수수색영장을 발부받아 2013년 범행 영상의 전자정보를 복제한 CD를 증거물로 압수하였다.

검사는 피고인의 2013년 범행과 2014년 범행에 대해 준강제추행, 성폭력범죄의처벌등에관한특례법위반(카메라등이용촬영)으로 기소하였고, **제1심**에서 전부 유죄를 인정하여 징역 6월에 집행유예 1년을 선고하였고, **원심**에서는 2013년 범행에 대해 무죄를 선고하고 2014년 범행에 대해 벌금 300만원을 선고하였다. **대법원**은 전원합의체에서 전원 일치된 의견으로 검사와 피고인의 상고를 모두 기각하였다.

나. 판결요지

(1) 오늘날 개인 또는 기업의 업무는 컴퓨터나 서버, 저장매체가 탑재된 정보처리장치 없이 유지되기 어려운데, 전자정보가 저장된 각종 저장매체(이하 '정보저장매체')는 대부분 대용량이어서 수사대상이 된 범죄혐의와 관련이 없는 개인의 일상생활이나 기업경영에 관한 정보가 광범위하게 포함되어 있다. 이러한 전자정보에 대한 수사기관의 압수수색은 사생활의 비밀과 자유, 정보에 대한 자기결정권, 재산권 등을 침해할 우려가 크므로 포괄적으로 이루어져서는 안 되고, 비례의 원칙에 따라 수사의 목적상 필요한 최소한의 범위 내에서 이루어져야 한다. **수사기관의 전자정보에 대한 압수수색**은 **원칙적으로** ① 영장 발부의 사유로 된 범죄혐의사실과 관련된 부분만을 문서 **출력**물로 수집하거나 ② 수사기관이 휴대한 정보저장매체에 해당 파일을 **복제**하는 방식으로 이루어져야 하고, ③ 정보저장매체 자체를 직접 **반출**하거나 ④ 저장매체에 들어 있는 전자파일 전부를 하드카피나 이미징 등 형태(이하 '복제본')로 수사기관 사무실 등 외부로 **반출**하는 방식으로 압수수색하는 것은 현장의 사정이나 전자정보의 대량성으로 인해 관련 정보 획득에 긴 시간이 소요되거나 전문 인력에 의한 기술적 조치가 필요한 경우 등 범위를 정해 출력 또는 복제하는 방법이 불가능하거나 압수의 목적을 달성하기에 현저히 곤란하다고 인정되는 때에 한해 **예외적**으로 허용될 수 있을 뿐이다.[1] 위와 같은 법리는 정보저장매체에 해당하는 임의제출물의 압수(형사소송법 제218조)에도 마찬가지로 적용된다. 임의제출물의 압수는 압수물에 대한 수사기관의 점유취득이 제출자의 의사에 따라 이루어진다는 점에서 차이가 있을 뿐 범죄혐의를 전제로 한 수사목적이나 압수의 효력은 영장에 의한 경우와 동일하

1 대법원 2015.7.16.자 2011모1839 전원합의체 결정.

기 때문이다. 따라서 수사기관은 특정 범죄혐의와 관련하여 전자정보가 수록된 정보저장매체를 임의제출받아 그 안에 저장된 전자정보를 압수하는 경우 그 동기가 된 범죄혐의사실과 관련된 전자정보의 출력물 등을 임의제출받아 압수하는 것이 **원칙**이다. 다만 현장의 사정이나 전자정보의 대량성과 탐색의 어려움 등의 이유로 범위를 정해 출력 또는 복제하는 방법이 불가능하거나 압수의 목적을 달성하기에 현저히 곤란하다고 인정되는 때에 한해 **예외적으로** 정보저장매체 자체나 복제본을 임의제출받아 압수할 수 있다.

(2) 수사기관이 제출자의 의사를 쉽게 확인할 수 있음에도 이를 확인하지 않은 채 특정 범죄혐의사실과 관련된 전자정보와 그렇지 않은 전자정보가 혼재된 정보저장매체를 임의제출받은 경우에 그 정보저장매체에 저장된 전자정보 전부가 임의제출되어 압수된 것으로 취급할 수는 없다. 제출자의 구체적인 제출범위에 관한 의사를 제대로 확인하지 않는 등의 사유로 인해 임의제출자의 의사에 따른 전자정보 압수의 대상과 범위가 명확하지 않거나 이를 알 수 없는 경우에는 임의제출에 따른 압수의 동기가 된 범죄혐의사실과 관련되고 이를 증명할 수 있는 최소한의 가치가 있는 전자정보에 한해 압수대상이 된다. 이때 **범죄혐의사실과 관련된 전자정보**에는 ① 범죄혐의사실 그 자체 ② 또는 그와 기본적 사실관계가 동일한 범행과 직접 관련되어 있는 것은 물론 ③ 범행 동기와 경위, 범행 수단과 방법, 범행 시간과 장소 등을 증명하기 위한 간접증거나 정황증거 등으로 사용될 수 있는 것도 포함될 수 있다. 다만 그 관련성은 임의제출에 따른 압수의 동기가 된 범죄혐의사실의 내용과 수사의 대상, 수사의 경위, 임의제출의 과정 등을 종합하여 구체적·개별적 연관관계가 있는 경우에만 인정되고, 범죄혐의사실과 **단순히 동종 또는 유사 범행이라는 사유만으로 관련성이 있다고 할 것은 아니다**.[1] 특히 범죄혐의사실과 관련된 전자정보인지를 판단할 때는 범죄혐의사실의 내용과 성격, 임의제출의 과정 등을 토대로 구체적·개별적 연관관계를 살펴볼 필요가 있다. 특히 카메라의 기능과 정보저장매체의 기능을 함께 갖춘 휴대전화인 스마트폰을 이용한 불법촬영 범죄와 같이 범죄의 속성상 해당 범행의 상습성이 의심되거나 성적 기호 내지 경향성의 발현에 따른 일련의 범행의 일환으로 이루어진 것으로 의심되고, 범행의 직접 증거가 스마트폰 안에 이미지 파일이나 동영상 파일의 형태로 남아 있을 개연성이 있는 경우에는 그 안에 저장되어 있는 같은 유형의 전자정보에서 그와 관련한 유력한 간접증거나 정황증거가 발견될 가능성이 높다는 점에서 이러한 간접증거나 정황증거는 범죄혐의사실과 구체적·개별적 연관관계를 인정할 수 있다. 이처럼 범죄의 대상이 된 피해자의 인격권을 현저히 침해하는 성격의 전자정보를 담고 있는 불법촬영물은 범죄행위로 인해 생성된 것으로서 몰수의 대상이기도 하므로 임의제출된 휴대전화에서 해당 전자정보를 신속히 압수수색하여 불법촬영물의 유통 가능성을 적시에 차단함으로써 피해자를 보호할 필요성이 크다. 나아가 이와 같은 경우에는 간접증거나 정황증거이면서 몰수의

1 대법원 2021.8.26.선고 2021도2205 판결 등 참조.

대상이자 압수수색의 대상인 전자정보의 유형이 이미지 파일 내지 동영상 파일 등으로 비교적 명확하게 특정되어 그와 무관한 사적 전자정보 전반의 압수수색으로 이어질 가능성이 적어 상대적으로 폭넓게 관련성을 인정할 여지가 많다는 점에서도 그렇다. **다만 피의자가 소유·관리하는 정보저장매체를 피의자 아닌 피해자 등 제3자가 임의제출하는 경우**에는, 그 임의제출 및 그에 따른 수사기관의 압수가 적법하더라도 임의제출의 동기가 된 범죄혐의사실과 구체적·개별적 연관관계가 있는 전자정보에 한해 압수의 대상이 되는 것으로 더욱 제한적으로 해석해야 한다. 피의자 개인이 소유·관리하는 정보저장매체에는 그의 사생활의 비밀과 자유, 정보에 대한 자기결정권 등 인격적 법익에 관한 모든 것이 저장되어 있어 제한없이 압수수색이 허용될 경우 피의자의 인격적 법익이 현저히 침해될 우려가 있기 때문이다.

(3) 압수의 대상이 되는 전자정보와 그렇지 않은 전자정보가 혼재된 정보저장매체나 그 복제본을 임의제출받은 수사기관이 그 정보저장매체 등을 수사기관 사무실 등으로 옮겨 이를 탐색·복제·출력하는 경우, 그와 같은 일련의 과정에서 형사소송법 제219조, 제121조에서 규정하는 피압수·수색 당사자(이하 '피압수자')나 그 변호인에게 **참여의 기회를 보장**하고 압수된 전자정보의 파일 명세가 특정된 **압수목록을 작성·교부**해야 하며 범죄혐의사실과 무관한 전자정보의 임의적인 복제 등을 막기 위한 적절한 조치를 취하는 등 영장주의 원칙과 적법절차를 준수해야 한다. 만약 그러한 조치가 취해지지 않았다면 피압수자 측이 참여하지 않는다는 의사를 명시적으로 표시하였거나 임의제출의 취지와 경과 또는 그 절차위반행위가 이루어진 과정의 성질과 내용 등에 비추어 피압수자 측에 절차 참여를 보장한 취지가 실질적으로 침해되었다고 볼 수 없을 정도에 해당한다는 등의 특별한 사정이 없는 이상 압수수색이 적법하다고 평가할 수 없고, 비록 수사기관이 정보저장매체 또는 복제본에서 범죄혐의사실과 관련된 전자정보만을 복제·출력하였더라도 달리 볼 것은 아니다. 나아가 **피해자 등 제3자가 피의자의 소유·관리에 속하는 정보저장매체**[1] **를 영장에 의하지 않고 임의제출한 경우**에는 실질적 피압수자인 피의자가 수사기관으로 하여금 그 전자정보 전부를 무제한 탐색하는데 동의한 것으로 보기 어려울 뿐만 아니라 피의자 스스로 임의제출한 경우 피의자의 참여권 등이 보장되어야 하는 것과 견주어 보더라도 특별한 사정이 없는 한 형사소송법 제219조, 제121조, 제129조에 따라 피의자에게 참

1 대법원 2022.1.27.선고 2021도11170 판결, 「**(정경심 전 동양대 교수 사건)** 정보저장매체를 임의제출한 피압수자에 더하여 임의제출자 아닌 피의자에게도 참여권이 보장되어야 하는 **'피의자의 소유·관리에 속하는 정보저장매체'**라 함은 피의자가 압수수색 당시 또는 이와 시간적으로 근접한 시기까지 해당 정보저장매체를 현실적으로 지배·관리하면서 그 정보저장매체 내 전자정보 전반에 관한 **전속적인 관리처분권을 보유·행사**하고, 달리 이를 자신의 의사에 따라 제3자에게 양도하거나 포기하지 않은 경우로써, 피의자를 그 정보저장매체에 저장된 전자정보에 대해 **실질적인 압수수색 당사자로 평가할 수 있는 경우**를 말하는 것이다. 이에 해당하는 여부는 민사법상 권리의 귀속에 따른 법률적·사후적 판단이 아니라 압수수색 당시 외형적·객관적으로 인식 가능한 사실상의 상태를 기준으로 판단해야 한다. ① 단지 피의자나 그 밖의 제3자가 과거 그 정보저장매체의 이용 내지 개별 전자정보의 생성·이용 등에 관여한 사실이 있다거나 ② 그 과정에서 생성된 전자정보에 의해 식별되는 정보주체에 해당한다는 사정만으로 그들을 실질적으로 압수수색을 받는 당사자로 취급해야 하는 것은 아니다.」

여권을 보장하고 압수한 전자정보 목록을 교부하는 등 피의자의 절차적 권리를 보장하기 위한 적절한 조치가 이루어져야 한다.

(4) 임의제출된 정보저장매체에서 압수의 대상이 되는 전자정보의 범위를 초과하여 수사기관 임의로 전자정보를 탐색·복제·출력하는 것은 원칙적으로 위법한 압수수색에 해당하므로 허용될 수 없다. **만약 전자정보에 대한 압수수색이 종료되기 전에 범죄혐의사실과 관련된 전자정보를 적법하게 탐색하는 과정에서 별도의 범죄혐의와 관련된 전자정보를 우연히 발견한 경우**라면, ① 수사기관은 더 이상의 추가 탐색을 중단하고 ② 법원으로부터 별도의 범죄혐의에 대한 압수수색영장을 발부받은 경우에 한해 그러한 정보에 대해서도 적법하게 압수수색을 할 수 있다. 따라서 임의제출된 정보저장매체에서 압수의 대상이 되는 전자정보의 범위를 넘어서는 전자정보에 대해 수사기관이 영장없이 압수수색하여 취득한 증거는 위법수집증거에 해당하고, Ⓐ 사후에 법원으로부터 영장이 발부되었다거나 Ⓑ 피고인이나 변호인이 이를 증거로 함에 동의했다고 하여 그 위법성이 치유되는 것도 아니다.[1]

다. 정보저장매체에 대한 임의제출물 압수 관련 판례 (관련성, 참여권보장, 압수목록 작성·교부)

A. 임의제출물의 증거능력이 인정된 경우

(1) 피의자가 공중밀집장소인 ① 지하철 내에서 여성을 촬영한 성폭력범죄의처벌등에관한특례법위반(카메라등이용촬영) 혐의로 **피의자**로부터 휴대전화를 임의제출받아 경찰관이 피의자와 함께 탐색하다가 ② 지하철 등에서 다른 여성들을 촬영한 다른 범행에 관한 동영상을 발견한 경우에 그 동영상은 압수의 동기가 된 범죄사실과 **시간적으로 근접**하고 지하철 역사 등 **공공장소에서 촬영**한 것으로 임의제출에 따른 압수의 동기가 된 범행 동기와 경위, 범행 수단과 방법 등을 증명하기 위한 **간접증거나 정황증거 등으로 사용**될 수 있으므로 구체적·개별적 연관관계가 인정되어 관련성이 있는 증거에 해당하고, 경찰관이 피의자신문 당시 휴대전화를 피의자와 함께 탐색하는 과정에서 발견된 다른 범행에 관한 동영상을 추출·복사하였고, 피의자가 직접 다른 범행에 관한 동영상을 토대로 '범죄일람표' 목록을 작성·제출하였으므로 실질적으로 **피의자에게 참여권이 보장**되고 **전자정보 상세목록이 교부**된 것과 같다는 이유로 증거능력을 인정하였다.[2]

---

1 조선일보 2022.1.15.자 A8면, "검찰, 정경심 재판부 기피신청 "PC증거배제는 부당""기사에 의하면 조국 전 법무부장관 부부의 '자녀입시비리'사건 재판에서 제1심 재판부가 위 판결의 영향으로 동양대 PC는 조교가, 자택 서재 PC는 자산관리인 김○○씨가 제출했는데, 그 과정에서 PC 실사용자인 정경심 전 동양대 교수의 참여가 없었다며 위 각 PC에서 나온 증거를 채택하지 않겠다고 하였고, 이에 검찰은 동양대 강사휴게실 PC는 정 전 교수가 2016.12. 마지막으로 사용한 후 2년 9개월 동안 조교가 관리하였기에 참여권을 보장할 여지가 없었다고 반박하며 재판부기피신청을 한 바 있다.

2 대법원 2021.11.25.선고 2019도6730 판결.

(2) 피의자가 ① '2015.6.7.경 영동고속도로 하행선 A휴게소에서 의자에 앉아있던 여성의 치마 밑 허벅지 등을 몰래 촬영한 혐의(2015년 범행)'로 **피의자**로부터 휴대전화를 임의제출받아 경찰관이 피의자신문을 하면서 피의자의 면전에서 탐색하여 여성 사진 2,091장을 출력하였고 피의자는 ② '2014.8.22.경 서울 강남구 B동 상호불상 안마시술소에서 여종업원의 신체를 몰래 촬영한 혐의(2014년 범행)'를 자백하였는데, 수사기록에 편철된 위 사진들 중에는 2015년 범행에 관한 사진 2장과 2014년 범행에 관한 사진 5장이 포함된 경우에 2014년 범행에 관한 영상은 임의제출에 따른 압수의 동기가 된 2015년 범행의 동기와 경위, 범행 수단과 방법 등을 증명하기 위한 **간접증거나 정황증거 등으로 사용**될 수 있으므로 구체적·개별적 연관관계가 인정되어 관련성이 있는 증거에 해당하고, 경찰관이 1회 피의자신문 당시 휴대전화를 피의자와 함께 탐색하는 과정에서 2014년 범행에 관한 영상을 발견하였으므로 **피의자가 휴대전화의 탐색 과정에 참여**했다고 볼 수 있으며, 경찰관은 같은 날 곧바로 진행된 2회 피의자신문에서 2014년 범행에 관한 사진을 피의자에게 제시하였고, 5장에 불과한 사진은 모두 동일한 일시, 장소에서 촬영된 2014년 범행에 관한 영상을 출력한 것임을 육안으로 쉽게 알 수 있으므로, 비록 피의자에게 전자정보의 파일 명세가 특정된 **압수목록이 작성·교부되지 않았더라도** 절차위반행위가 이루어진 과정의 성질과 내용 등에 비추어 피의자의 절차상 권리가 실질적으로 침해되었다고 보기도 어렵다며 2014년 범행에 관한 영상의 증거능력을 인정하였다.[1]

(3) 피의자가 ① 모텔 방실에 침입한 혐의로 **피해자**로부터 임의제출을 받은 위장형 카메라의 메모리카드를 탐색하다가 ② 다른 3개 호실에 설치된 위장형 카메라의 메모리카드에서 성폭력범죄의처벌등에관한특례법위반(카메라등이용촬영) 범행에 관한 영상을 발견한 경우에 각 위장형 카메라에 저장된 모텔 내 3개 호실에서 촬영된 영상은 임의제출에 따른 압수의 동기가 된 다른 호실에서 촬영한 범행과 범행 동기와 경위, 범행 수단과 방법 등을 증명하기 위한 **간접증거나 정황증거 등으로 사용**될 수 있으므로 구체적·개별적 연관관계가 인정되어 관련성이 있는 증거에 해당하고, 임의제출된 각 위장형 카메라 및 그 메모리카드에 저장된 전자정보처

1 대법원 2022.1.13.선고 2016도9596 판결.
[유사사례] 대법원 2022.2.17.선고 2019도4938 판결, <피의자는 휴대전화로 ① 성명불상 피해자들의 신체를 그 의사에 반해 촬영하거나(이하 '1~7번 범행'), ② 짧은 치마를 입고 횡단보도 앞에서 신호를 기다리던 피해자의 다리를 몰래 촬영하여(이하 '8번 범행') 성폭력범죄의처벌등에관한특례법위반(카메라등이용촬영)으로 기소되었는데, 8번 범행 피해자의 신고를 받고 출동한 경찰관이 현장에서 **피의자**로부터 임의제출받아 압수한 휴대전화를 사무실에서 탐색하는 과정에서 1~7번 범행의 영상을 발견한 사안에서, 1~7번 범행에 관한 동영상은 촬영기간이 8번 범행일시와 가깝고, 8번 범행과 마찬가지로 버스정류장 등 공공장소에서 촬영되어 임의제출의 동기가 된 8번 범죄혐의사실과 관련성이 있는 증거인 점, 경찰관은 임의제출받은 휴대전화를 피의자가 있는 자리에서 살펴보고 8번 범행이 아닌 영상을 발견하였으므로 피의자가 탐색에 참여하였다고 볼 수 있는 점, 경찰관이 피의자신문시 1~7번 범행 영상을 제시하자 피의자가 그 영상이 언제 어디에서 찍은 것인지 쉽게 알아보고 그에 관해 구체적으로 진술하였으므로, 비록 피의자에게 **압수된 전자정보가 특정된 목록이 교부되지 않았더라도** 절차위반행위가 이루어진 과정의 성질과 내용 등에 비추어 절차상 권리가 실질적으로 침해되었다고 보기 어려운 점 등을 종합하면, 1~7번 범행으로 촬영한 영상의 출력물과 파일 복사본을 담은 CD는 임의제출에 의해 적법하게 압수된 전자정보에서 생성된 것으로서 증거능력이 인정된다고 판단한 사례>

럼 오직 불법촬영을 목적으로 방실 내 나체나 성행위 모습을 촬영할 수 있는 벽 등에 은밀히 설치되고, 촬영대상 목표물의 동작이 감지될 때에만 카메라가 작동하여 촬영이 이루어지는 등, 그 설치 목적과 장소, 방법, 기능, 작동원리상 소유자의 사생활의 비밀 기타 인격적 법익의 관점에서 그 소지·보관자의 임의제출에 따른 적법한 압수의 대상이 되는 전자정보와 구별되는 **별도의 보호 가치 있는 전자정보의 혼재 가능성을 상정하기 어렵기 때문**에 Ⓐ 피의자에게 참여기회를 보장하지 않고 Ⓑ 전자정보 압수목록을 작성·교부하지 않았더라도 증거능력이 인정된다고 하였다.[1]

(4) 피의자는 PC 임의제출 당시 위조사문서행사, 위계공무집행방해 등 범죄혐의사실로 수사를 받고 있었기에 PC를 사용해 생성된 전자정보는 범죄혐의사실과 구체적·개별적 연관관계가 있는 증거에 해당해 PC에 저장된 전자정보 중 의학전문대학원 부정지원 관련 범행증거로 사용된 부분은 임의제출에 따른 압수의 필요성과 **관련성**이 모두 인정되고, PC는 2019.9.10. 당시 동양대 관계자가 동양대에서 공용PC로 사용하거나 기타 방법으로 임의처리할 것을 전제로 3년 가까이 강사휴게실에 보관하고 있던 것으로 당시 보관·관리 업무의 담당자인 조교와 동양대 물품관리를 총괄하는 행정지원처장이 동양대측의 입장을 반영한 임의적인 의사에 따라 검찰에 제출하였기에 **피의자는 PC압수수색의 실질적인 피압수자가 아니고** 검찰은 피압수자측인 조교와 행정지원처장에게 참여의사를 확인하고 기회를 부여했지만 피압수자측이 이를 포기했다고 인정되므로 PC에서 추출된 전자정보의 압수·수색과정에서 피의자의 **참여권**을 보장하지 않은 절차상 하자가 있다고 할 수 없다며 증거능력을 인정하였다.[2]

B. 임의제출물의 증거능력이 부정된 경우

(1) 피의자가 ① 공중밀집장소인 지하철 내에서 여성을 촬영한 성폭력범죄의처벌등에관한특례법위반(카메라등이용촬영) 혐의로 **피의자**로부터 임의제출을 받아 복원한 휴대전화의 동영상을 통해 확인된 피의자가 ② 다세대주택에서 몰래 당시 교제 중이던 여성의 나체 등을 촬영한 혐의는 범행 시간과 장소, 범행 동기와 경위, 범행 수단과 방법 등을 달리하므로 위 동영상은 압수의 동기가 된 범죄사실과 **구체적·개별적 연관관계**가 있는 전자정보로 보기 어렵고 피의자에게 **참여권**이 보장되지 않았으며 압수한 **전자정보 목록**을 교부하지도 않았으므로 동영상의 증거능력이 인정되지 않는다고 하였다.[3]

(2) 피의자가 ① '2014.12.11. 자기 집에서 피해자(남성) A의 의사에 반해 성기를 촬영한 성폭력범죄의처벌등에관한 특례법위반(카메라등이용촬영) 혐의(2014년 범행)'에 대해 **피해자 A가 경찰에 신고**하면서 피의자의 집에서 가지고 나온 피의자 소유의 휴대전화 2대에 피의자가 촬영

1 대법원 2021.11.25.선고 2019도7342 판결.
2 대법원 2022.1.27.선고 2021도11170 판결.
3 대법원 2021.11.25.선고 2016도82 판결.

한 동영상과 사진이 저장되어 있다는 취지로 말하고 이를 범행의 증거물로 임의제출하고, 경찰이 이를 압수한 다음 그 안에 저장된 전자정보를 탐색하다가 A를 촬영한 휴대전화가 아닌 다른 휴대전화에서 피의자가 ② '2013.12.경 피해자(남성) B, C가 술에 취해 잠든 사이 성기를 만지고 촬영한 같은 법위반(카메라등이용촬영) 혐의(2013년 범행)'를 발견하고 그에 관한 동영상·사진 등을 영장없이 복제한 CD를 증거로 제출한 경우에 A는 경찰에 피의자의 휴대전화를 증거물로 제출할 당시 그 안에 수록된 전자정보의 제출 범위를 명확히 밝히지 않았고, 담당 경찰관들도 제출자로부터 그에 관한 확인절차를 거치지 않은 이상 휴대전화에 담긴 전자정보의 제출 범위에 관한 제출자의 의사가 명확하지 않거나 이를 알 수 없는 경우에 해당하므로, 휴대전화에 담긴 전자정보 중 임의제출을 통해 적법하게 압수된 범위는 임의제출 및 압수의 동기가 된 피의자의 2014년 범행 자체와 구체적·개별적 연관관계가 있는 전자정보로 제한적으로 해석하는 것이 타당하고, 이에 비추어 볼 때 Ⓐ 범죄발생 시점 사이에 상당한 간격이 있고 Ⓑ 피해자 및 범행에 이용한 휴대전화도 전혀 다른 피의자의 2013년 범행에 관한 동영상은 임의제출에 따른 압수의 동기가 된 범죄혐의사실(2014년 범행)과 구체적·개별적 연관관계 있는 전자정보로 보기 어려워 수사기관이 사전영장 없이 이를 취득한 이상 증거능력이 인정되지 않는다고 하였다.[1]

12 피의자가 실질적 피압수자에 해당하지 않는다고 판단한 경우 (최강욱 前 의원 사건) (대법원 2023.9.18.선고 2022도7453 전원합의체 판결)

가. 사 안

(1) 공소사실

피고인은 2017.10.경 정경심으로부터 정경심 아들 조○의 대학원 지원에 사용할 목적으로 허위 인턴활동 확인서 발급을 부탁받고, 사실은 조○이 피고인의 법무법인에서 인턴활동을 한 사실이 없음에도 그러한 인턴활동을 하였다는 내용의 확인서를 허위로 발급한 다음 정경심에게 전달하여 A대학교 및 B대학교 대학원 입시에 이를 첨부서류로 제출하도록 함으로써, 정경심 등과 공모하여 위계로써 A대학교 및 B대학교 대학원 입학담당자들의 입학사정 업무를 방해하였다.

(2) 사건경과

정경심은 입시비리 관련 혐의 등 자신과 가족에 대한 수사가 본격화되자 자신과 가족들이 주거지에서 사용하던 하드디스크를 자산관리인 김경록에게 교부하면서 은닉을 지시하였는데,

1 대법원 2021.11.18.선고 2016도348 전원합의체 판결.

하드디스크에는 정경심 등의 혐의사실과 관련된 전자정보가 저장되어 있었다.

김경록은 하드디스크를 자신이 다니는 헬스클럽 개인사물함에 은닉하였는데, 이후 증거은닉 피의자로 입건되자 은닉사실을 밝히면서 하드디스크를 수사기관에 임의제출하였다.

제1심에서 피고인에 대해 징역 8월에 집행유예 2년이 선고되고 **원심**은 피고인의 항소를 기각하였는데, 피고인은 김경록이 하드디스크를 임의제출하고 이를 집행하는 과정에서 김경록에게만 참여기회가 주어지고 그 소유자인 정경심 등에게는 참여권이 보장되지 않은 위법이 있어서 전자정보에 대한 증거능력이 없다며 항소에 이어 상고를 하였다.

나. 판결요지

(1) 다수의견 (대법관 9인) : 상고기각

하드디스크 및 그에 저장된 전자정보는 Ⓐ 본범인 정경심 등의 혐의에 관한 증거이면서 동시에 Ⓑ 은닉행위의 직접적 목적물에 해당하므로 김경록의 증거은닉 혐의사실에 관한 증거이기도 하여 김경록에게 참여의 이익이 있고, 정경심은 김경록에게 은닉을 지시하면서 하드디스크를 전달하였기에 김경록이 임의제출 무렵에 하드디스크를 현실적으로 점유한 사람은 김경록이고 그러한 현실적 점유에 의해 저장된 전자정보의 **관리처분권을 사실상 보유·행사**할 수 있는 지위에 있는 사람도 김경록이라고 할 수 있다.

이에 반해 정경심은 하드디스크의 존재 자체를 은폐할 목적으로 김경록에게 교부하였고, 이는 자신과 하드디스크 및 전자정보 사이의 외형적 연관성을 은폐·단절시키기 위한 목적으로 이루어졌으므로 하드디스크 및 저장 전자정보에 관한 지배 및 관리처분권을 포기하거나 김경록에게 양도한다는 의사를 표명한 것으로 볼 수 있어서 결과적으로 김경록은 하드디스크에 대한 현실적 지배와 전자정보에 관한 전속적 관리처분권을 사실상 보유·행사할 수 있는 상태가 되었다.

따라서 증거은닉범행의 피의자이면서 임의제출자이기도 한 김경록에게 참여의 기회를 부여한 것으로 충분하고, 정경심 등은 증거은닉을 교사하면서 하드디스크의 지배·관리 및 전자정보에 관한 관리처분권을 사실상 **포기**하거나 김경록에게 **양도**한 것으로 볼 수 있어서 **실질적 피압수자에 해당한다고 보기 어려워** 참여권이 보장되지 않은 위법이 있다고 볼 수 없다.

(2) 반대의견 (대법관 3인) : 나머지 대법관 1인은 피고인과의 공동저술을 이유로 회피

본범이 증거은닉범에게 증거은닉을 교사하면서 정보저장매체를 교부한 경우에 그 전자정보에 관한 관리처분권을 확정적으로 완전히 포기하였다고 인정할 만한 특별한 사정이 없는 한 그와 같은 교부사실만으로 본범이 전자정보에 관한 관리처분권을 양도·포기하였다고 단정할 수 없다.

증거은닉한 김경록의 임의제출 당시나 이와 근접한 시기까지 정경심 등은 하드디스크를 현실적으로 또는 김경록을 매개로 지배·관리하면서 그에 저장된 전자정보에 관한 법익 귀속 주체로서 전속적 관리처분권을 여전히 보유·행사할 수 있는 지위에 있다고 보아야 하므로 정경심 등은 그 전자정보에 대한 **실질적 피압수자에 해당**하므로 참여권이 보장되어야 한다.

[사례] 임의제출자 외에 피의자가 있는 경우의 참여권보장 범위

甲은 2025.8.31.경 횡령 혐의로 수사기관으로부터 압수·수색을 받을 것을 대비하여 위 횡령 혐의와 관련된 전자정보가 저장된 컴퓨터를 은닉하고자 자신의 집에 설치된 위 컴퓨터에서 하드디스크 2개를 떼어내어 乙에게 건네주면서 "수사가 완전히 끝날 때까지 숨겨놓으라"는 취지로 지시하였고, 이에 乙은 위 하드디스크 2개를 받아서 자신의 집에 숨겨두게 되었다.

이후 수사기관에서 위와 같은 내용을 알게 되어 乙을 증거은닉 혐의의 피의자로 입건하자 乙은 2025.9.11.경 위 하드디스크 2개를 수사기관에 임의제출하였다.

수사기관은 위 하드디스크 2개의 임의제출 및 그에 저장된 전자정보에 관한 탐색·복제·출력과정에서 乙과 그 변호인에게 참여의사를 확인하고 참여기회를 부여하는 등 참여권을 보장하였는데, 乙과 그 변호인은 참여하지 않겠다는 의사를 밝혔다. 그런데 수사기관은 甲에게 위와 같은 참여의사를 확인하거나 참여기회를 부여하지는 않았다.

수사기관의 위 하드디스크에 대한 탐색·복제·출력과정이 적법하였는지를 검토하시오.

1. 문제의 제기

정보저장매체가 임의제출이 되었으나 임의제출자인 피압수자 외에 피의자가 있는 경우에 이후 탐색·복제·출력과정에서 피의자와 그 변호인에게도 참여권을 보장해야 하는지를 살펴본다.

2. 정보저장매체 임의제출 후 집행과정의 참여권 보장

임의제출물의 압수(형사소송법 제218조)도 영장주의의 예외로서 상대방의 의사에 반하지 않으므로 사후에도 영장이 요구되지 않으나(**판례**) 압수의 효력은 영장에 의한 경우와 같으므로 전자정보에 대한 압수수색은 예외적으로 정보저장매체 자체를 임의제출받아 압수할 수 있다(제219조, 제106조 제3항). 그리고 이런 경우에 정보저장매체 자체를 탐색하여 혐의사실과 관련된 전자정보를 문서로 출력하거나 파일로 복제하는 과정 역시 전체적으로 압수수색에 해당하므로 문서출력 또는 파일복제가 혐의사실과 관련된 부분으로 한정되어야 하고(제215조), 피압수자와 그 변호인에게 참여기회를 보장하고(제219조, 제121조), 압수 직후 압수목록을 바로 작성하여 교부해야(제219조, 제129조) 하는 것이 원칙이다.

참여권 보장과 관련하여 **판례**는 피압수자와 피의자가 다른 경우에 피해자 등 제3자를 피압수자로 하여 피의자 소유·관리의 정보저장매체에 대한 강제처분이 이루어질 때에는 피의자도 실질적 피압수자로서 참여권이 인정된다는 입장이다.[1]

사안에서 甲이 위 하드디스크의 소유자이긴 하지만 乙에게 수사가 종료될 때까지 숨기라고 하였고, 이에 따라 乙이 자신의 집에 가지고 가서 몰래 보관하였기에 甲은 이미 乙에게 하드디스크에 대한 전속적인 관리처분권을 포기하거나 양도하였다고 보여져 결국 하드디스크는 甲의 소유·관리에 속하는 정보저장매체가 아니라고 할 것이다.[2]

3. 결 론

甲은 실질적 피압수자에 해당하지 않으므로 수사기관이 위 하드디스크에 대한 탐색·복제·출력과정에서 피압수자 乙과 그 변호인에게만 참여권을 보장하였지만 횡령과 증거은닉의 혐의사실과 관련된 부분으로 한정하여 그 집행이 이루어졌다면 **적법**하다.

13 전자정보가 제3자(피해자) 소유·관리의 정보저장매체에 복제되어 임의제출된 경우에 원본 전자정보 관리처분권자(피고인)의 참여권 보장하지 않아도 무방 (대법원 2024.12.24.선고 2023도3626 판결)

가. 사 안

피고인이 청소년인 피해자와의 성교 장면이나 피해자의 신체 부위를 사진과 동영상으로 촬영하여 아동·청소년이용음란물을 제작하고, 위와 같은 음란물 및 수치심을 유발할 수 있는 피해자들의 신체 부위를 동의없이 촬영한 사진과 동영상을 소지하였다는 등의 아동·청소년의성보호에관한법률위반(음란물제작·배포등) 등으로 기소되었는데, 피해자들은 피고인 소유·관리의 정보저장매체(이하 'USB')에 저장되어 있던 전자정보를 피해자들 소유·관리의 정보저장매체(이하 '제1, 2, 3 USB')에 복제한 다음 그 복제된 전자정보가 저장된 피해자들 소유·관리의 정보저장매체를 임의제출하였다.

제1심과 원심은 피해자들이 임의제출한 제1, 2, 3 USB 및 그 저장 전자정보의 실질적 피압수자는 피고인인데 임의제출과정에서 피고인의 참여권이 보장되지 않아 위법수집증거에 해당하고, 이에 기초하여 획득한 증거도 2차적 증거로서 증거능력이 없다고 보아, 이 사건 공소사실을 모두 **무죄**로 판단하였다.

1 대법원 2022.1.27.선고 2021도11170 판결; 대법원 2021.11.18.선고 2016도348 전원합의체 판결.
2 대법원 2023.9.18.선고 2022도7452 전원합의체 판결.

나. 판결요지

(1) 전자정보가 제3자 소유·관리의 정보저장매체에 복제되어 임의제출되는 경우에 복제 전자정보와 원본 전자정보의 내용이 완전히 동일하다고 하더라도, 복제 전자정보 생성 경위와 지배관리 상태, 복제 전자정보를 임의제출하게 된 경위, 원본 전자정보 임의제출이나 압수·수색 가능성 등 제반 사정과 전자정보 압수·수색에서 혐의사실과 무관한 전자정보의 무분별한 탐색·복제·출력 등을 방지하려는 참여권의 의의 및 기능을 종합적으로 살펴, 원본 전자정보 임의제출이 충분히 가능함에도 오직 원본 전자정보 관리처분권자의 참여를 배제할 목적으로 원본 전자정보 대신 복제 전자정보를 임의제출하는 경우 등과 같이 복제 전자정보를 임의제출하는 사람에게만 참여의 기회를 부여하는 것이 현저히 부당하다는 등의 특별한 사정이 없는 한 그 정보의 동일성을 들어 Ⓐ 복제 전자정보 임의제출자 외에 Ⓑ 원본 전자정보 관리처분권자를 실질적 피압수자로 평가하고 그에게 참여권을 인정해야 하는 것은 아니라고 보아야 한다.

(가) 전자정보는 그 자체로는 무정형의 관념에 불과할 뿐 물리적 존재가 아니다. 전자정보는 복제가 용이하고 다수에게 손쉽게 전파·유통될 수 있으며 그 보유·사용·처분·변경 등이 다수에 의해 동시다발적으로 이루어질 수 있는 비경합적·비배타적 성질을 가진다. 전자정보가 복제되어 유통·처분·변경되거나 여러 번 재복제되더라도 원본 전자정보나 복제되기 전 단계의 정보들은 마모되거나 훼손되지 않은 채 복제된 정보와 **독립하여 존재**할 수 있다. 이와 같은 전자정보의 특성을 고려하면, Ⓐ '제3자가 피의자 소유·관리의 정보저장매체 자체를 수사기관에 제출하는 방법으로 그 정보저장매체 내에 저장된 전자정보를 임의제출하는 것'과 Ⓑ '그 전자정보를 제3자 소유·관리의 정보저장매체에 복제한 후 복제 전자정보가 저장된 정보저장매체를 그 제3자가 수사기관에 제출하는 방법으로 복제 전자정보를 임의제출하는 것'은 적어도 그 임의제출과정에서 보장되어야 하는 참여권의 관점에서는 동일하다고 평가할 수 없다.

(나) 참여권자로서의 실질적 피압수자에 해당하는지 여부는, 임의제출(압수)되는 전자정보나 정보저장매체의 관리처분권에 관해 민사법상 권리의 귀속에 따른 사후적 판단이 아니라 압수 수색 당시의 외형적·객관적인 기준에 의해, 즉 임의제출(압수)의 직접적 대상인 당해 정보저장매체의 현실적 지배관리 상태와 그로부터 외형적·객관적으로 추단되는 저장 전자정보에 대한 관리처분권 유무를 통해 판단해야 한다.[1]

(다) 원본 전자정보에 대한 관리처분권을 복제 전자정보 임의제출 시 참여권 인정의 근거로 새기게 되면 무한한 복제·유통·변형·합성 등이 가능한 전자정보의 압수절차에서 일일이 원본 전자정보나 그 관리처분권자를 특정해야 할 것이다. 이는 현실적으로 불가능할 뿐만 아니라 수사의 현장성·적시성·밀행성에도 어긋난다.

---

1 대법원 2022.1.27.선고 2021도11170 판결 등.

(라) 복제 전자정보가 사인이 임의로 수집, 제출한 증거로서 위법한지 여부는 전자정보 및 저장매체 임의제출(압수) 과정에서의 절차적 권리인 참여권보장 문제와는 다른 측면에서 판단되어야 한다.

(2) ① 피해자들이 임의제출한 제1, 2, 3 USB는 피해자들의 소유·관리에 속하는 정보저장매체로서 그 자체로는 피고인과 관련이 없는 점, ② 피고인이 소유·관리하는 정보저장매체는 원본 USB 뿐인데, 원본 USB는 수사기관에 임의제출되거나 압수된 바 없으므로 원본 USB에 관하여 형사소송법이 정한 참여권이나 그 참여권 인정을 위한 전제로 실질적 피압수자라는 지위를 상정하기 어려운 점, ③ 이 사건 전자정보 등의 압수수색(임의제출) 과정에서는 특별한 사정이 없는 한 임의제출자인 피해자들(피압수자)에게 형사소송법이 정하는 바에 따라 참여의 기회를 부여하는 것으로 충분하고, 원본 USB 소유·관리자이자 그 저장 전자정보의 관리처분권자인 피고인을 실질적 피압수자로 보아 피고인에게까지 참여의 기회를 부여해야만 그 임의제출이 적법하다고 평가할 수는 없다고 보아, 이와 달리 본 원심판결을 파기·환송하였다.

◈ 전자정보에 대한 압수수색에서의 판례 추이

1) **대법원 2011.5.26.자 2009모1190 결정 (전교조 사무실 압수수색사건)**
   - 압수수색의 원칙과 예외 : 예외적으로 저장매체 자체를 반출 가능
   - 압수수색의 적법요건
     ① 피압수자의 참여권보장 : 피압수자와 그 변호인의 참여
     ② 관련성 : 8,000여개의 파일을 복사하였으나 범죄사실 관련 일정 시점 이후의 파일만을 복사
     ③ 압수목록 작성·교부 : 복사한 저장매체 2개 중 1개를 피압수자측이 수령
2) **2011.7.18. 형사소송법 제106조 제3항에 전자정보 압수수색에 대한 특칙 신설**
3) **대법원 2015.7.16.자 2011모1839 전원합의체 결정 (종근당 압수수색사건)**
   - 예외적으로 저장매체 자체를 반출한 경우에 이후 탐색하여 해당 전자정보를 문서로 출력하거나 파일을 복사하는 과정 역시 전체적으로 압수수색의 집행에 포함되며, 피압수자는 최초의 압수수색 이전부터 해당 전자정보를 관리하고 있었다고 할 것이므로 계속 참여권이 보장되어야
   - 별도의 범죄혐의와 관련된 전자정보를 우연히 발견하게 된 경우,[1]

1 대법원 2014.1.16.선고 2013도7101 판결, <수사기관이 피의자 甲의 공직선거법위반 범행을 영장 범죄사실로 하여 발부받은 압수수색영장의 집행과정에서 乙, 丙 사이의 대화가 녹음된 녹음파일(이하 '녹음파일'이라 한다)을 압수하여 乙, 丙의 공직선거법위반 혐의사실을 발견한 **사안**에서, 압수수색영장에 기재된 '피의자'인 甲이 녹음파일에 의해 의심되는 혐의사실과 무관한 이상, 수사기관이 별도의 압수수색영장을 발부받지 아니한 채 압수한 녹음파일은 형사소송법 제219조에 의해 수사기관의 압수에 준용되는 형사소송법 제106조 제1항이 규정하는 '피고사건' 내지 같은 법 제215조 제1항이 규정하는 '해당 사건'과 '관

① 더 이상의 추가 탐색 중단, ② 별도의 범죄혐의에 대한 압수수색영장 발부
- 당해 압수수색과정 전체를 하나의 절차로 파악하여 전체를 위법하게 할 정도로 중대한지 여부 판단

4) **대법원 2021.11.18.선고 2016도348 전원합의체 판결 (피해자가 피의자의 휴대폰 2개를 임의제출한 사건)**
- 임의제출물의 경우에도 압수수색의 원칙과 예외, 압수수색의 적법요건 충족해야
- 제3자가 피의자의 소유·관리에 속하는 정보저장매체를 임의제출한 경우에 압수수색과 근접한 시기까지 압수물인 정보저장매체를 자신의 것으로 사용해온 피의자도 '실질적 피압수자'로 참여권이 보장되어야 한다.

5) **대법원 2022.1.27.선고 2021도11170 판결 (정경심 전 동양대 교수 사건)**
- 피의자의 소유·관리에 속하는 정보저장매체라 함은 정보저장매체 내 전자정보 전반에 관한 전속적인 관리처분권을 보유·행사하고 달리 이를 자신의 의사에 따라 제3자에게 양도하거나 포기하지 않은 경우로써 피의자를 실질적 피압수자로 평가할 수 있는 경우

6) **대법원 2023.9.18.선고 2022도7453 전원합의체 판결 (최강욱 전 국회의원 사건)**
- 전자정보에 대한 관리처분권을 사실상 포기하거나 양도한 것으로 볼 수 있어서 실질적 피압수자로 보기 어려워 참여권이 보장되지 않아도 위법하지 않다.

14 통신비밀보호법 제3조, 제16조 제1항에서 '청취'의 의미 (대법원 2024.2.29.선고 2023도8603 판결)

가. 사 안

피의자는 2020.2. 배우자와 함께 거주하는 아파트 거실에 녹음기능이 있는 영상정보 처리기기(이른바 '홈캠')를 설치하였고, 2020.5.1. 13:00경 위 거실에서 배우자와 그 부모 및 동생이 대화하는 내용이 위 기기에 자동 녹음되었는데, 피의자는 위와 같이 종료된 대화의 녹음물을 재생하여 듣게 되었다.

검사는 피의자가 "공개되지 아니한 타인간 대화를 청취하고 그 내용을 누설"하였다며 통신비밀보호법 제16조, 제3조를 위반한 혐의로 기소하였다.

원심은, 종료된 대화의 녹음물을 재생하여 듣는 것이 통신비밀보호법상 '청취'에 해당하지 않는다고 보아 무죄를 선고하였고, **대법원**은 상고를 기각하였다.

계가 있다고 인정할 수 있는 것'에 해당하지 않으며, 이와 같은 압수에는 헌법 제12조 제1항 후문, 제3항 본문이 규정하는 영장주의를 위반한 절차적 위법이 있으므로, 녹음파일은 형사소송법 제308조의2에서 정한 '적법한 절차에 따르지 아니하고 수집한 증거'로서 증거로 쓸 수 없고, 그 절차적 위법은 헌법상 영장주의 내지 적법절차의 실질적 내용을 침해하는 중대한 위법에 해당하여 예외적으로 증거능력을 인정할 수도 없다고 한 사례>

나. 판결요지

통신비밀보호법 제3조 제1항은 누구든지 이 법과 형사소송법 또는 군사법원법의 규정에 의하지 아니하고는 우편물의 검열·전기통신의 감청 또는 공개되지 않은 타인간의 대화를 녹음 또는 청취하지 못한다고 규정하고 있고, 제16조 제1항은 이를 위반하는 행위를 처벌하도록 규정하고 있다. 여기서 '청취'는 **타인간의 대화가 이루어지고 있는 상황**에서 실시간으로 그 대화의 내용을 엿듣는 행위를 의미하고, 대화가 이미 종료된 상태에서 그 대화의 녹음물을 재생하여 듣는 행위는 '청취'에 포함되지 않는다. 이유는 다음과 같다.

(1) 제3조 제1항은 공개되지 아니한 타인간 '대화'를 '청취'의 대상으로 규정하고 있다. '대화'는 '원칙적으로 현장에 있는 당사자들이 육성으로 말을 주고받는 의사소통행위'로서,[1] 이러한 의사소통행위가 종료되면 청취 대상으로서의 대화도 종료된다. 종료된 대화의 녹음물을 재생하여 듣는 것은 대화 자체의 청취라고 보기 어렵고, 제3조 제1항이 대화 자체 외에 대화의 녹음물까지 청취 대상으로 규정하고 있지도 않다. 이러한 '대화'의 의미나 제3조 제1항의 문언에 비추어 보면, '대화'와 구별되는 '대화의 녹음물'까지 청취 대상에 포함시키는 해석에는 신중함이 요구된다.

(2) 제14조 제1항은 누구든지 공개되지 아니한 타인간의 대화를 Ⓐ 녹음하거나 Ⓑ 전자장치 또는 기계적 수단을 이용하여 청취할 수 없다고 규정함으로써, 금지되는 청취행위를 구체화하여 제한하고 있다. 이는 타인간의 비공개 대화를 Ⓒ 자신의 청력을 이용하여 듣는 등의 행위까지 처벌대상으로 할 필요는 없다는 점에서 이를 실시간으로 엿들을 수 있는 **전자장치 또는 기계적 수단을 이용하여 이루어지는 청취만을 금지**하고자 하는 취지의 조항으로 보인다. 그런데 이미 종료된 대화의 녹음물을 재생하여 듣는 방식으로 이루어지는 청취는 이와 같이 제14조 제1항이 금지하고자 하는 청취에 포함되지 않는다.

(3) 제3조 제1항, 제16조 제1항은 '녹음'과 '청취'를 나란히 금지 및 처벌 대상으로 규정하고 있으므로 '녹음'과 '청취'의 공통 대상이 되는 '대화'는 특별한 사정이 없는 한 동일한 의미로 해석할 필요가 있다. 그런데 '녹음'의 일상적 의미나 통신비밀보호법이 '녹음'을 금지하는 취지에 비추어 보면, 제3조 제1항에서 금지하는 타인간 대화의 녹음은 특정 시점에 실제 이루어지고 있는 대화를 실시간으로 녹음하는 것을 의미할 뿐 이미 종료된 대화의 녹음물을 재생한 뒤 이를 다시 녹음하는 행위까지 포함한다고 보기는 어렵다. 이처럼 '녹음'의 대상인 '대화'가 녹음 시점에 실제 이루어지고 있는 대화를 의미한다면, 같은 조항에 규정된 '청취'의 대상인 '대화'도 특별한 사정이 없는 한 청취 시점에 실제 이루어지고 있는 대화를 의미한다고 해석하는 것이 타당하다.

---

1 대법원 2017.3.15.선고 2016도19843 판결.

(4) 통신비밀보호법상 '전기통신의 감청'은 전기통신이 이루어지고 있는 상황에서 실시간으로 그 전기통신의 내용을 지득·채록하는 경우 등을 의미하는 것이지 이미 수신이 완료된 전기통신에 관하여 남아 있는 기록이나 내용을 열어보는 등의 행위는 포함하지 않는다.[1] 한편 통신비밀보호법상 '전기통신의 감청'과 '공개되지 않은 타인간 대화의 청취'는 대상('음향 등'과 '육성으로 주고받는 말'), 수단('전자장치·기계장치 등'과 '전자장치 또는 기계적 수단') 및 행위 태양('청취·공독하여 그 내용을 지득 또는 채록하는 것 등'과 '청취')에 있어서 서로 중첩되거나 유사하다(제2조 제3호, 제7호, 제14조 참조). 또한 통신비밀보호법은 '전기통신의 감청'에 관한 다수 규정들(제4조 내지 제8조, 제9조 제1항 전단 및 제3항, 제9조의2, 제11조 제1항, 제3항, 제4항, 제12조)을 '공개되지 않은 타인간 대화의 청취'에도 적용함으로써 그 범위에서 양자를 공통으로 규율하고 있다(제14조 제2항). 이러한 '전기통신의 감청'과 '공개되지 않은 타인간 대화의 청취'의 개념 및 규율의 유사성 등 양자의 체계적 관계에 비추어 보면, '전기통신의 감청'과 마찬가지로 '공개되지 않은 타인간 대화의 청취' 역시 이미 종료된 대화의 녹음물을 듣는 행위는 포함하지 않는다고 해석하는 것이 타당하다.

(5) 종료된 대화의 녹음물을 재생하여 듣는 행위도 제3조 제1항의 '청취'에 포함시키는 해석은 '청취'를 '녹음'과 별도 행위 유형으로 규율하는 제3조 제1항에 비추어 불필요하거나 '청취'의 범위를 너무 넓혀 금지 및 처벌 대상을 과도하게 확장할 수 있다. 위법한 녹음 주체가 그 녹음물을 청취하는 경우에는 그 위법한 녹음을 금지 및 처벌 대상으로 삼으면 충분하고, 녹음에 사후적으로 수반되는 청취를 별도의 금지 및 처벌 대상으로 삼을 필요성이 크지 않다. 또한 적법한 녹음 주체 또는 제3자가 그 녹음물을 청취하거나, 위법한 녹음물을 녹음 주체 외의 제3자가 청취하는 경우까지 금지 및 처벌 대상으로 삼으면 이들의 행동의 자유를 과도하게 제한하게 된다. 나아가 이는 명문의 형벌법규 의미를 엄격하게 해석하기보다는 피고인에게 불리한 방향으로 지나치게 확장해석하거나 유추해석하는 것으로서 죄형법정주의의 원칙에 비추어 보더라도 타당하지 않다.[2]

15 경찰관과 성매매알선한 피고인의 대화녹음과 성매매미수자의 진술서 (대법원 2024.5.30.선고 2020도9370 판결)

가. 사 안

피고인이 돈을 받고 영업으로 성매매를 알선하였다는 '성매매알선등행위의처벌에관한법률

1 대법원 2016.10.13.선고 2016도8137 판결 및 송·수신이 완료된 전기통신을 달리 취급하는 제9조의3 등.
2 대법원 2018.3.15.선고 2017도21656 판결; 대법원 2013.11.28.선고 2012도4230 판결 등 참조.

위반(성매매알선등)'으로 기소되었는데, 경찰관이 피고인이 운영하는 성매매업소에 손님으로 가장하고 출입하여 피고인 등과의 대화내용을 녹음한 내용이 문제되었다.

원심은 경찰관이 피고인 등과의 대화내용을 비밀녹음한 것은 피고인 등의 기본권을 침해하고, 대화비밀을 침해하는 등으로 위법하므로 그 녹음은 위법수집증거로서 증거능력이 없다는 등의 이유로 범죄사실에 대한 증명이 없다고 보아 **무죄**를 선고하였다.

나. 판결요지

(1) 수사기관이 적법한 절차와 방법에 따라 범죄를 수사하면서 Ⓐ 현재 그 범행이 행해지고 있거나 행해진 직후이고, Ⓑ 증거보전의 필요성 및 Ⓒ 긴급성이 있으며, Ⓓ 일반적으로 허용되는 상당한 방법으로 범행현장에서 현행범인 등 관련자들과 수사기관의 대화를 녹음한 경우라면, 위 녹음이 영장없이 이루어졌다 하여 이를 위법하다고 단정할 수 없다. 이는 설령 그 녹음이 행해지고 있는 사실을 현장에 있던 대화상대방, 즉 현행범인 등 관련자들이 인식하지 못하고 있었더라도, 통신비밀보호법 제3조 제1항이 금지하는 공개되지 않은 타인간의 대화를 녹음한 경우에 해당하지 않는 이상 마찬가지이다. 다만 수사기관이 일반적으로 허용되는 상당한 방법으로 녹음하였는지 여부는 수사기관이 녹음장소에 통상적인 방법으로 출입하였는지, 녹음의 내용이 대화의 비밀 내지 사생활의 비밀과 자유 등에 대한 보호가 합리적으로 기대되는 영역에 속하는지 등을 종합적으로 고려하여 신중하게 판단해야 한다.

손님으로 가장한 경찰관이 **대화당사자로서** 성매매업소를 운영하는 피고인 등과의 대화내용을 녹음한 것은 통신비밀보호법 제3조 제1항이 금지하는 공개되지 않은 타인간의 대화를 녹음한 경우에 해당하지 않고, 경찰관이 불특정 다수가 출입할 수 있는 성매매업소에 통상적인 방법으로 들어가 적법한 방법으로 수사를 하는 과정에서 성매매알선 범행이 행해진 시점에 위 범행의 증거를 보전하기 위해 범행 상황을 녹음한 것이므로 설령 대화상대방인 피고인 등이 인식하지 못한 사이에 영장없이 녹음하였더라도 이를 위법하다고 볼 수 없다는 등의 이유로, 이와 달리 판단한 원심을 파기·환송한다.

(2) 피의자의 진술을 녹취 내지 기재한 서류 또는 문서가 수사기관에서의 조사과정에서 작성된 것이라면, 그것이 '진술조서, 진술서, 자술서'라는 형식을 취하였더라도 피의자신문조서와 달리 볼 수 없고, 한편 형사소송법이 보장하는 피의자의 진술거부권은 헌법이 보장하는 형사상 자기에 불리한 진술을 강요당하지 않는 자기부죄거부의 권리에 터 잡은 것이므로 수사기관이 피의자를 신문함에 있어서 피의자에게 미리 진술거부권을 고지하지 않은 때에는 그 피의자의 진술은 위법하게 수집된 증거로서 진술의 임의성이 인정되는 경우라도 증거능력이 부인되어야 한다.[1] 피의자에 대한 진술거부권의 고지는 피의자의 진술거부권을 실효적으로 보장하

1 대법원 2009.8.20.선고 2008도8213 판결 등.

여 진술이 강요되는 것을 막기 위해 인정되는 것인데, 이러한 진술거부권 고지에 관한 형사소송법의 규정 내용 및 진술거부권 고지가 갖는 실질적인 의미를 고려하면, 수사기관에 의한 진술거부권 고지의 대상이 되는 피의자의 지위는 수사기관이 조사대상자에 대해 범죄혐의가 있다고 보아 실질적으로 수사를 개시하는 행위를 한 때에 인정되는 것으로 봄이 상당하다. 따라서 이러한 피의자의 지위에 있지 않은 자에 대해서는 진술거부권이 고지되지 않았더라도 그 진술의 증거능력을 부정할 것은 아니다.[1]

A의 진술서에 Ⓐ 기재된 내용은 피고인의 성매매알선행위에 관한 것에 한정되고, Ⓑ 성매매 미수범에 관한 처벌규정이 없는 이상 성매매알선행위에 따라 실제로 성매매행위를 하지 않은 A에 대한 범죄혐의사실이 위 진술서에 포함되어 있다고 볼 수 없다. A가 진술서를 작성하고 참고인으로 조사를 받을 당시 또는 그 후라도 실질적으로 A의 범죄혐의사실에 대한 수사가 개시되어 A가 피의자의 지위에 있게 되었다고 볼만한 아무런 객관적인 자료가 없고, A에 대한 수사를 개시할 수 있는 상태이었는데도 진술거부권 고지를 잠탈할 의도로 피의자신문이 아닌 참고인조사의 형식을 취한 것으로 볼만한 사정도 기록상 찾을 수 없다. 따라서 A가 피의자로서의 지위가 아닌 참고인으로서 조사를 받으면서 수사기관으로부터 진술거부권을 고지받지 않았더라도 그 이유만으로 그 진술이 위법수집증거로서 증거능력이 없다고 할 수 없다.

16 타인의 우산을 가져간 절도사건에서의 기소유예처분 취소 (헌법재판소 2024.8.29.선고 2023헌마79 결정)

가. 사 안

청구인은 2022.8.9. 12:11경 일행 2명과 함께 서울 강남구 소재 식당에 들어가 우산꽂이에 자신이 쓰고 온 검정색 장우산을 꽂아두었고, 피해자는 12:44경 위 식당에 들어와 우산꽂이에 자신의 검정색 장우산을 꽂아두었다.

청구인 일행은 13:01경 식사를 마쳤고, 청구인 일행 중 1명이 신용카드로 식사대금을 결제하였는데, 청구인은 자신의 우산을 우산꽂이에서 꺼내들어 잠시 살펴보았다가 다시 꽂아두고 다른 우산꽂이에서 피해자의 우산을 꺼내들어 마찬가지로 잠시 살펴본 뒤 이를 가지고 나갔다.

경찰은 카드사로부터 식당에서 결제한 청구인 일행의 신상을 파악하여 위 일행을 통해 2022.10.17. 청구인에게 연락하였고, 청구인은 경찰 조사에서 '피해자의 우산을 내 우산으로 착각하고 잘못 가져간 것이고, 오늘 연락을 받을 때까지 우산을 잘못 가지고 간 사실 자체를 몰랐다. 집에 피해자의 우산과 비슷한 우산이 많아서 착각한 것 같다'고 주장하였다. 청구인은

1 대법원 2015.10.29.선고 2014도5939 판결; 대법원 2011.11.10.선고 2011도8125 판결 등.

사건 당시 62세였으며, 약 3년 7개월 전 기억력 저하를 호소하며 대학병원 신경과에 내원하여 검사를 받은 적이 있다.

피청구인(서울중앙지검 검사)은 청구인이 피해자가 우산꽂이에 꽂아둔 시가 20만원 상당의 검정색 장우산 1개를 꺼내 몰래 가져감으로써 이를 절취하였다는 범죄사실로 기소유예처분을 하였고, 이에 청구인은 '피해자의 우산을 자신의 우산이라고 착오하여 가져간 청구인에게는 절도 고의가 없었음에도 불구하고, 피청구인은 청구인에게 절도 고의가 인정됨을 전제로 한 기소유예처분을 함으로써 자신의 행복추구권 등을 침해하였다.'라고 주장하며 그 취소를 구하는 헌법소원심판을 청구하였다.

나. 결정요지

(1) 절도죄의 고의에 관한 법리

재물의 타인성을 오신하여 그 재물이 자기에게 취득할 것이 허용된 동일한 물건으로 오인하고 가져온 경우에는 범죄사실에 대한 인식이 있다고 할 수 없으므로 범의가 조각되어 절도죄가 성립하지 않는다.[1]

(2) 청구인에게 절도의 고의가 인정되는지 여부 – 소극

위 인정사실 및 기록에 의해 인정되는 아래의 사정을 종합하면, 청구인의 절도 고의가 합리적 의심의 여지없이 증명되었다고 보기 어렵다.

청구인과 피해자의 우산은 모두 검정색 장우산으로 그 색상과 크기 등 외관이 유사하다. 또한 청구인의 연령 및 건강상태를 고려하면, 우산을 착각하였다는 청구인의 주장이 그 자체로 비합리적이지 않다.

피해자의 우산은 청구인의 우산과 달리 손잡이에 비닐포장이 씌워져 있기는 하였으나, 이는 사소한 부분이어서 충분히 착오할 수 있다. 한편 피해자의 우산에는 '벤츠'라는 고가의 외제차 브랜드 마크가 부착되어 있기는 하였으나, CCTV 영상만으로는 청구인이 피해자의 우산에서 '벤츠' 마크를 발견할 수 있었는지 여부를 확인할 수 없다.

사건 당시 청구인은 일행 2명과 함께 자신의 주거지 바로 앞에 있는 식당에 방문한 것이었고, 청구인이 우산을 찾을 때에는 이미 청구인의 일행이 신용카드로 결제를 마친 상황이었는바, 이러한 상황에서 청구인이 우산을 절취하였다고 보기에는 선뜻 납득하기 어려운 점이 있다.

다. 결정주문

피청구인이 2022.10.28. 청구인에 대해 한 기소유예처분은 청구인의 평등권과 행복추구권을 침해한 것이므로 이를 취소한다.[2]

---

1 대법원 1983.9.13.선고 83도1762, 83감도315 판결.

2 **헌법재판소 2025.5.29.선고 2022헌마154 결정,** <청구인이 인터넷 커뮤니티 사이트에서 연예인 관련 기사에 비난 댓글을 게

[사례] 재정신청기간에서의 재소자에 대한 특칙 준용 여부와 기소유예 처분에 대한 피의자의 불복

서울 서초구 어느 식당에서 甲이 우산꽂이에 꽂아둔 시가 20만원 상당의 장우산을 가져간 사람이 乙이란 사실이 밝혀졌으나 乙이 잘못을 인정하거나 사과하지 않는다는 이유로 甲이 절도죄(형법 제329조)로 고소를 하였는데, 서울중앙지검 검사 A는 乙의 절도 혐의에 대해 기소유예 처분을 하였다.

(1) 위 사건의 수사 중에 甲은 회사자금을 유용한 것이 밝혀져 업무상횡령죄로 구속기소가 되고 재판을 받고 있던 중에 乙이 기소유예 처분을 받은 것을 알고 항고를 하였다. 이후 2025.10.2. 서울구치소에서 항고기각결정을 통지받게 되어 같은 달 10. 재정신청서를 작성하여 서울구치소 교도관에게 제출하였고, 그 재정신청서는 같은 달 16. 서울중앙지검에 접수되었다. 서울중앙지검은 같은 달 21. 재정신청서와 의견서, 수사기록을 서울고등검찰청을 경유하여 서울고등법원에 송부하였다. 그런데 서울고등법원에서는 甲의 재정신청서가 기간이 지난 후에 제출되었다는 이유로 재정신청기각결정을 하였는데, 위 기각결정이 적법한지를 검토하시오.

(2) 위와 같은 기소유예 처분 후에 재정신청까지 기각된 경우에 피의자였던 乙이 불복할 수 있는 방법을 검토하시오.

1. 문제의 제기

甲의 재정신청서 제출기간이 경과한 것인지를 재소자에 대한 특칙 준용 여부를 통해 살펴보고, 乙의 불복방법으로 항고, 재정신청과 헌법소원을 살펴본다.

재하여 모욕하였다는 피의사실로 피청구인(부천지청 검사)이 청구인에 대해 기소유예처분을 한 사안에서 청구인의 행위가 모욕에 해당하거나 사회상규에 위배되는 정도라고 보기 어려움에도 모욕죄가 성립함을 전제로 기소유예처분을 한 것은 청구인의 평등권과 행복추구권을 침해한다며 기소유예처분을 취소한 사례>; **헌법재판소 2024.2.28.선고 2023헌마739 결정,** <변호사시험 준비생인 청구인이 전직 리듬체조 선수를 상대로 한 정보통신망이용촉진및정보보호등에관한법률위반(명예훼손)죄에 대해 피청구인(부산지검 서부지청 검사)이 청구인에 대해 기소유예처분을 한 사안에서 청구인에게 고소인에 대한 비방목적이 인정되지 않는다며 비방목적이 인정됨을 전제로 기소유예처분을 한 것은 자의적인 검찰권행사로서 청구인의 평등권과 행복추구권을 침해한다며 기소유예처분을 취소한 사례>; **헌법재판소 2023.9.26.선고 2023헌마1602 결정,** <청구인이 별거 중의 아내인 피해자가 거주하는 집에 비밀번호를 누르고 들어가 주거침입을 하였다는 피의사실로 피청구인(안산지청 검사)이 청구인에 대해 기소유예처분을 한 사안에서 청구인이 공동거주자의 지위에 있고 사실상 평온을 해치는 방법으로 공동주거에 들어간 사실이 인정되지 않음에도 불구하고 주거침입이 인정됨을 전제로 기소유예처분을 한 것은 자의적인 검찰권 행사로서 청구인의 평등권과 행복추구권을 침해한다는 이유로 취소한 사례>; **헌법재판소 2023.8.31.선고 2021헌마994 결정,** <청구인이 남편의 폭행에 대항하여 손톱으로 남편의 팔을 할퀸 사건에서 청구인의 행위는 정당행위 또는 정당방위에 해당할 수 있음에도 청구인에게 폭행죄가 성립함을 전제로 피청구인(인천지검 검사)이 청구인에 대해 한 기소유예처분은 자의적인 검찰권 행사로서 청구인의 평등권과 행복추구권을 침해하였다는 이유로 취소한 사례>; **헌법재판소 2022.5.26.선고 2021헌마1400 결정,** <청구인(기획법관)이 직무상 비밀을 누설하였다거나 의무없는 일을 하게 하였다고 단정하기 어려움에도(청구인과 함께 수사를 받은 A는 공무상비밀누설 및 직권남용권리행사방해 혐의로 기소되었으나 대법원에서 무죄판결이 확정) 공무상비밀누설 및 직권남용권리행사방해 혐의를 인정한 피청구인(서울중앙지검 검사)의 기소유예처분은 자의적인 검찰권 행사로서 청구인의 평등권과 행복추구권을 침해한다며 기소유예 처분을 취소한 사례>

2. 재정신청서 제출기간의 경과 여부

재정신청인은 항고기각결정을 통지받은 날부터 10일 이내에 지방검찰청 검사장 등에게 재정신청서를 제출해야 하는데(형사소송법 제260조 제3항), 재정신청인이 재소자인 경우에 구치소장 등에게 제출한 때에는 그 제출기간 내에 제출한 것으로 간주하는 재소자에 대한 특칙(제344조 제1항)이 준용되는지가 논의된다.

판례의 다수의견은 법정기간 준수에 대해 도달주의 원칙을 정하고 재소자 특칙의 예외를 개별적으로 인정한 형사소송법의 규정내용과 입법취지, 재정신청절차가 형사재판절차와 구별되는 특수성 등을 고려하여 재소자에 대한 특칙은 준용되지 않는다는 입장이고, **판례의 소수의견**은 구치소에 구금되어 있는 재소자라는 처지가 형사소송법상 권리행사를 심각하게 제약하고 있고, 제출기간이 매우 짧다는 점 등을 고려하여 재소자에 대한 특칙이 재정신청인에게도 준용되어야 한다는 입장이다.[1]

검토하면 고소인인 재정신청인과 피고인의 지위가 본질적으로 다르고, 재소자에 대한 특칙의 준용규정이 없으므로 도달주의 원칙에 따라 판례의 다수의견이 타당하다.

사안에서 甲이 2025.10.2. 서울구치소에서 항고기각결정을 통지받고 10.10. 재정신청서를 작성하여 구치소 교도관에게 제출하였으나 제출기간을 경과하여 10.16. 서울지방검찰청에 접수되어 재정신청이 법률상의 방식에 위배되었기에(제262조 제2항 제1호) 서울고등법원의 기각결정은 **적법**하다.

3. 기소유예 처분에 대한 피의자의 불복

검찰항고의 항고권자는 고소인 또는 고발인이므로(검찰청법 제10조 제1항) 피의자는 항고할 수가 없고, 재항고도 할 수 없다. 그리고 **재정신청**도 신청권자가 고소인 또는 형법 제123조부터 제126조까지의 죄에 대한 고발인이므로(형사소송법 제260조 제1항) 피의자는 재정신청을 할 수가 없다.

헌법소원은 법원의 재판을 제외한 공권력의 행사 또는 불행사로 인해 헌법상 보장된 기본권을 침해받은 자가 권리구제를 청구하는 것인데, 다른 구제절차가 있는 경우에는 그 절차를 모두 거친 후에 청구할 수 있다(헌법재판소법 제68조 제1항). 기소유예 처분은 공권력의 행사에 해당하고, 검사의 자의적인 수사권행사로 인해 평등권과 행복추구권을 침해받았다고 볼 수 있다. 그리고 피의자는 기소유예 처분에 대해 위와 같이 다른 권리구제수단이 없으면 불기소결

---

1 대법원 2015.7.16.자 2013모2347 전원합의체 결정, 「**다수의견(대법관 8인)** ① 법정기간 준수에 대해 도달주의 원칙을 정하고 재소자 피고인 특칙의 예외를 개별적으로 인정한 형사소송법의 규정 내용과 입법 취지, ② 재정신청절차가 형사재판절차와 구별되는 특수성 등을 종합하여 보면, 재정신청기각결정에 대한 재항고나 그 재항고기각결정에 대한 즉시항고로서의 재항고에 대한 법정기간의 준수 여부는 도달주의 원칙에 따라 재항고장이나 즉시항고장이 법원에 도달한 시점을 기준으로 판단해야 하고, 거기에 재소자 피고인 특칙은 준용되지 않는다고 해석함이 타당하다.」; 대법원 1998.12.14.자 98모127 결정.

정을 구하는 헌법소원을 청구할 수 있는 것이다(**헌법재판소 결정**).[1]

사안에서 乙은 항고와 재항고, 재정신청을 할 수가 없고 다른 구제수단도 없으므로 특별한 절차를 거치지 않고도 기소유예 처분으로 인해 평등권과 행복추구권을 침해받았다는 이유로 **헌법소원을 청구할 수** 있다.

---

17 기소유예 처분하고 4년이 경과한 후에 기소한 경우의 공소권남용 인정 여부 (대법원 2021.10.14.선고 2016도14772 판결)

가. 사 안

피고인(유우성)은 2005.6.경부터 2009.10.경까지 중국에 거주하는 친인척과 공모하여 탈북자들의 돈을 중국으로 송금하는 등 기획재정부장관에게 등록하지 않고 외국환업무를 업으로 하였다는 외국환거래법위반으로 수사를 받다가 2010.3. 초범이고 예금계좌를 빌려준 것으로 가담 정도가 경미하며 범행을 깊이 뉘우치고 있다는 이유로 검사의 기소유예 처분을 받았다.

3년 후 피고인은 '서울시 공무원 간첩사건'으로 수사를 받아 간첩죄로 기소되었으나 재판과정에서 국가정보원 직원들이 피고인의 북한과 중국 출입경기록 등 증거를 조작하였다는 사실이 밝혀져 제1심과 제2심에서 무죄를 선고받았다.

2014.5. 검사는 중국 국적의 피고인이 탈북자를 가장해서 서울시 공무원에 임용된 위계공무집행방해 혐의를 추가로 수사하여 이미 **4년 전에 기소유예 처분**한 위 외국환거래법위반 사건과 함께 기소하였다.

제1심은 국민참여재판으로 진행되었고 배심원 7명 중에서 4명이 검사의 공소권남용을 인정하였으나 재판부는 검사가 기소유예 처분을 하고 상당한 기간이 지난 후에 다시 기소하였더라도 재조사 등을 통해 기소유예 처분 당시 기초로 삼았던 사정이 실제와 다른 것으로 드러난 경우에는 검사에게 변경된 사정을 참작해 공소를 제기할 것인지 결정할 수 있는 재량권이 있고, 기소유예 처분 당시 기초로 삼았던 사정의 상당부분이 허위로 드러났으므로 검사가 종전과 같이 기소유예 처분을 유지해야 하는 것은 아니기에 외국환거래법위반에 대한 공소제기가 검사의 소추재량권을 현저히 일탈해 공소권을 남용한 것이라고 보기 어렵고, 피고인은 적극적이고 치밀한 방법으로 자신이 북한 이탈주민인 것처럼 가장해서 장기간 공무원으로 임용되는 혜택을 받아 실제 북한 이탈주민이 채용되지 못하게 했다며 위계공무집행방해죄와 외국환거래법위반죄에 대해 모두 유죄로 판단하고 벌금 1,000만원을 선고하였으나 **원심**(서울고법 2016.9.1.선

---

1 헌법재판소 2024.8.29.선고 2023헌마79 결정; 헌법재판소 2024.2.28.선고 2023헌마739 결정 등.

고 2015노2312 판결)은 외국환거래법위반죄에 대해 종전 사건의 피의사실과 현재 사건의 공소사실 사이에 기소유예 처분을 번복하고 공소를 제기해야 할 만한 사정변경이 없기에 검사가 현재 사건을 기소한 것은 통상적이거나 적정한 소추재량권 행사라고 보기 어렵고 어떠한 의도가 있다고 보여지므로 공소권을 자의적으로 행사한 것으로 위법할 뿐만 아니라 이로 인해 피고인이 실질적인 불이익을 받았기 때문에 현재 사건에 대한 기소는 소추재량권을 일탈한 경우에 해당하여 이 부분 공소는 공소제기절차가 법률의 규정에 위반해 무효라며 공소기각판결을 하고, 위계공무집행방해죄에 대해 유죄로 판단해서 벌금 700만원을 선고하였다.

나. 판결요지

원심의 외국환거래법위반 부분에 대한 공소제기는 검사가 공소권을 자의적으로 행사한 것으로서 이로 인해 피고인이 실직적인 불이익을 받았음이 명백하므로 소추재량권을 현저히 일탈한 경우에 해당한다고 보아 유죄로 판단한 제1심 판결을 파기하고 형사소송법 제327조 제2호에 따라 공소기각판결을 한 것은 필요한 심리를 다하지 않은 채 논리와 경험의 법칙을 위반하여 자유심증주의의 한계를 벗어나거나 공소권남용에 관한 법리를 오해한 잘못이 없다며 상고를 기각하였다.[1]

[사례] 소추재량을 일탈한 공소제기인 여부와 공소권남용

甲은 술을 조금 마신 상태에서 A가 운영하는 편의점에 들어갔다가 아무도 자신을 보지 않는다고 생각하고 식료품을 몰래 가지고 나오다가 그곳 종업원에게 붙잡혀 경찰서에서 조사를 받고 절도죄(형법 제329조)로 송치되었으나 검사가 甲이 초범이고 피해정도가 경미할 뿐만 아니라 피해자 A가 처벌을 원치 않는다는 등의 이유로 甲에게 기소유예 결정을 하였다.

약 2년 후 어느 날 야간에 甲이 동네를 돌아다니다가 술에 취해 공원 의자에 앉아서 졸고 있는 B를 목격하게 되자 B의 얼굴을 주먹으로 수회 때리고 발로 차서 B의 반항을 억압한 후에 B의 양복 주머니에서 신용카드와 현금 30만원이 들어있는 지갑을 꺼내고 나서 마침 순찰 중인 사법경찰관들에게 체포되어 조사를 받고 강도죄(형법 제333조)로 송치되었다. 검사가 甲의 강도죄를 조사하면서 위와 같이 절도죄로 기소유예 결정을 하였는데도 반성하지 않고 강도죄를 저질렀다는 이유로 절도죄를 재기하여 甲을 강도죄와 절도죄의 실체적 경합범으로 기소하였고, 제1심 공판정에서 甲은 범행사실을 모두 인정하면서도 이미 오래 전에 기소유예 처분을 받은 사건까지 검사가 기소한 것에 대해서는 너무 억울하다는 주장을 하였다.

법원은 甲에 대한 강도죄와 절도죄가 모두 인정된다고 판단되는 경우에 어떤 조치를 해야 하는지 검토

1 대법원 2021.3.11.선고 2020도12583 판결, 「검사가 자의적으로 공소권을 행사하여 피고인에게 실질적인 불이익을 줌으로써 소추재량권을 현저히 일탈한 경우에는 이를 공소권남용으로 보아 공소제기의 효력을 부인할 수 있으나, 자의적인 공소권의 행사로 인정되려면 단순히 직무상의 과실에 의한 것만으로는 부족하고 적어도 미필적이나마 어떤 의도가 있어야 한다.」 <분리기소로 인한 공소권남용 여부에 대해 피고인에 대한 공소제기가 9건으로 나누어 순차로 이루어졌더라도 그 공소제기가 자의적인 공소권의 행사로서 소추재량권을 현저히 일탈한 경우에 해당하지 않는다고 판단한 사례>

하시오.

1. 문제의 제기

이미 기소유예 결정을 한 절도사건을 검사가 재기하여 기소한 것은 소추재량을 일탈한 공소제기로 공소권남용에 해당하는지를 살펴본다.

2. 소추재량을 일탈한 공소제기인 여부와 법원 판단

검사는 피의사실이 인정되고 소송조건이 구비되어 있는 경우라도 형법 제51조의 여러 사항을 참작하여 기소유예 결정을 할 수 있고(형사소송법 제247조), 기소유예와 같은 불기소결정은 기판력이 없으므로 다시 재기하거나 기소할 수도 있다(**판례**).[1] 한편, 검사가 공소권을 남용하여 기소하였다고 인정되는 경우에는 실체재판을 할 것이 아니라 공소기각과 같은 형식재판에 의해 소송을 종결시켜야 한다는 공소권남용론이 논의된다.

이미 기소유예 결정을 하였거나 기소유예 결정을 함이 상당함에도 기소한 것이 공소권남용에 해당하는지에 대해 견해가 나뉜다. **학설**로 ① **공소기각판결설**은 검사의 소추재량은 자유재량이 아니라 기속재량이므로 소추재량을 일탈한 기소는 공소제기절차가 법률의 규정을 위반하여 무효라는 견해이고, ② **유죄판결설**은 기소유예의 정상은 사건의 실체에 관한 문제이므로 이를 절차법상의 소송조건으로 다루는 것은 타당하지 않기에 법원은 범죄혐의가 인정되고 소송조건이 갖추어져 있으면 유죄판결을 선고해야 한다는 견해이다.

판례는 기소유예 결정을 하고 4년이 지난 후에 다른 범죄와 함께 기소된 사건에서 기소유예를 번복할 만한 사정변경이 없는데도 기소한 것은 소추재량권을 일탈한 경우에 해당한다며 그 부분에 한해 공소기각판결설의 입장을 취한 바 있다.[2]

검토하면 소추재량을 현저히 일탈한 경우에 해당하지 않는 한 기소유예 함이 타당한 사건이라도 일단 기소가 되어 범죄혐의가 인정되고 소송조건도 구비되었다면 법원은 실체재판인 유죄판결을 하는 것이 타당하다.

3. 결 론

甲이 절도죄로 기소유예 결정을 받은 후에 불과 2년 만에 같은 재산범죄인 강도죄를 범하였기에 반성하지 않았다고 보여져 소추재량권을 현저히 일탈한 경우에 해당하지도 않고 절도죄에 대해 법원이 인정된다고 판단하고 있으므로 유죄판결을 선고해야 한다.

---

1 대법원 1987.11.10.선고 87도2020 판결, 「일사부재리의 효력은 확정재판이 있을 때에 발생하는 것이므로 검사가 일차 무혐의 결정을 하였다가 다시 공소를 제기하였다 해도 이를 두고 일사부재리의 원칙에 위배된 것이라고는 할 수 없다.」

2 대법원 2021.10.14.선고 2016도14772 판결.

18 기타 최근 판례

○ 고발이 소추요건인 필요적 고발사건에서 객관적 고발불가분의 원칙 인정 및 고발방식

대법원 2022.6.30.**선고** 2018도10973 **판결**, 「(1) 조세범처벌법에 의한 고발은 고발장에 범칙사실의 기재가 없거나 특정이 되지 않을 때에는 부적법하나, 반드시 공소장 기재요건과 동일한 범죄의 일시·장소를 표시하여 사건의 동일성을 특정할 수 있을 정도로 표시해야 하는 것은 **아니고**, 조세범처벌법이 정하는 어떤 태양의 범죄인지를 판명할 수 있을 정도의 사실을 일응 확정할 수 있을 정도로 표시하면 족하고, 고발사실의 특정은 고발장에 기재된 범칙사실과 세무공무원의 보충진술 기타 고발장과 함께 제출된 서류 등을 종합하여 판단해야 한다. (2) 그리고 고발은 범죄사실에 대한 소추를 요구하는 의사표시로서 그 효력은 고발장에 기재된 범죄사실과 동일성이 인정되는 사실 모두에 미친다.」

<고발장에 기재된 A죄의 범죄사실과 공소장에 기재된 B죄의 공소사실 사이에 법률적 평가에 차이가 있을 뿐 양자 간에 기본적 사실관계의 동일성이 인정되어 공소는 유효한 고발에 따라 적법하게 제기되었다고 판단한 사례>

○ 사진 내지 동영상 촬영과 사후 영장 필요성 여부

(1) **대법원** 2023.4.27.**선고** 2018도8161 **판결**, 「수사기관이 범죄를 수사하면서 ① 현재 범행이 행해지고 있거나 행해진 직후이고(즉, 범죄의 **명**백성), ② 증거보전의 **필**요성 및 ③ **긴**급성이 있으며, ④ 일반적으로 허용되는 **상**당한 방법으로 촬영한 경우라면 위 촬영이 영장없이 이루어졌다 하여 이를 위법하다고 할 수 없다. 다만 촬영으로 인해 초상권, 사생활의 비밀과 자유, 주거의 자유 등이 침해될 수 있으므로 수사기관이 일반적으로 허용되는 상당한 방법으로 촬영하였는지 여부는 Ⓐ 수사기관이 촬영장소에 통상적인 방법으로 출입하였는지 또 Ⓑ 촬영장소와 대상이 사생활의 비밀과 자유 등에 대한 보호가 합리적으로 기대되는 영역에 속하는지 등을 종합적으로 고려하여 신중하게 판단해야 한다.」

<**원심**은 경찰관들이 나이트클럽에 손님으로 가장하고 출입하여 나이트클럽 무대 위의 음란공연을 촬영하는 것이 강제수사에 해당하는데도 사전 또는 사후에 영장을 발부받지 않았으므로 그 촬영물은 위법수집증거로서 증거능력이 없다는 등의 이유로 무죄를 선고하였으나, **대법원**은 경찰관들이 피고인들에 대한 혐의가 포착된 상태에서 나이트클럽 내의 음란행위 영업에 관한 증거를 보전하기 위한 필요에 의해 불특정 다수에게 공개된 장소인 나이트클럽에 통상적인 방법으로 출입하여 손님들에게 공개된 모습을 촬영한 것은 영장없이 이루어졌다고 하여 위법하다고 볼 수 없다는 이유로 원심판결을 파기환송한 사례>

(2) **대법원 2023.7.13.선고 2021도10763 판결**, 「수사기관이 범죄를 수사하면서 ① 현재 범행이 행해지고 있거나 행해진 직후이고, ② 증거보전의 필요성 및 ③ 긴급성이 있으며, ④ 일반적으로 허용되는 상당한 방법으로 촬영한 경우라면 위 촬영이 영장없이 이루어졌다 하여 이를 위법하다고 할 수 없다. 다만 촬영으로 인해 초상권, 사생활의 비밀과 자유, 주거의 자유 등이 침해될 수 있으므로 수사기관이 일반적으로 허용되는 상당한 방법으로 촬영하였는지 여부는 수사기관이 촬영장소에 통상적인 방법으로 출입하였는지 또 촬영장소와 대상이 사생활의 비밀과 자유 등에 대한 보호가 합리적으로 기대되는 영역에 속하는지 등을 종합적으로 고려하여 신중하게 판단해야 한다.」

<일반음식점 영업자인 피고인이 업소에서 음향시설을 갖추고 손님들이 춤을 추는 것을 허용하여 영업의 종류에 따른 준수사항을 위반했다는 이유로 식품위생법위반죄로 기소된 사안에서, **원심**은 ① 특별사법경찰관이 영업소에 출입하면서 식품위생법 제22조 제3항이 정하는 증표 등을 제시하지 않았고, ② 영업소에 손님으로 가장하고 출입하여 다른 손님들이 춤을 추는 모습을 촬영하는 것이 강제수사에 해당하는데도 사전 또는 사후에 영장을 발부받지 않았으므로 그 촬영물은 위법수집증거로서 증거능력이 없다는 등의 이유로 무죄를 선고하였으나, **대법원**은 ① 특별사법경찰관은 영업소에 출입하여 범죄수사를 위한 증거수집을 하였을 뿐 식품위생법상의 행정조사를 하려한 바가 없으므로 그 과정에서 증표 등을 제시하지 않았더라도 출입이나 증거수집절차가 위법하다고 할 수 없고, ② 특별사법경찰관이 범죄혐의가 포착된 상태에서 증거를 보전하기 위한 필요에 의해 공개된 장소인 영업소에 통상적인 방법으로 출입하여 영업소 내에 있는 사람이라면 누구나 볼 수 있었던 손님들이 춤추는 모습을 촬영한 것은 영장없이 이루어졌다고 하여 위법하다고 볼 수 없다는 이유로 원심판결을 파기환송한 사례>

(3) **대법원 2023.7.13.선고 2019도7891 판결**, 「수사기관이 범죄를 수사하면서 불특정, 다수의 출입이 가능한 장소에 통상적인 방법으로 출입하여 아무런 물리력이나 강제력을 행사하지 않고 **통상적인 방법으로 위법행위를 확인하는 것**은 특별한 사정이 없는 한 임의수사의 한 방법으로서 허용되므로 영장없이 이루어졌다고 하여 위법하다고 할 수 없다.」

<일반음식점영업자인 피고인이 음향시설을 갖추고 손님이 춤을 추는 것을 허용하여 영업자가 지켜야 할 사항을 지키지 않았다는 이유로 식품위생법위반으로 기소된 사안에서, **원심**은 경찰관들이 범죄혐의가 포착된 상태에서 그에 관한 증거를 보전하기 위해, 불특정, 다수가 출입할 수 있는 음식점에 통상적인 방법으로 출입하여 음식점 내에 있는 사람이라면 누구나 볼 수 있었던 손님들의 춤추는 모습을 확인하고 이를 촬영한 것은 영장없이 이루어졌다 하여 위법하다고 볼 수 없다는 이유로 경찰관들이 촬영한 촬영물의 증거능력을 인정하였고, **대법원**은 원심 판단을 수긍하여 상고를 기각한 사례>

[사례] 사진촬영의 적법성

X나이트클럽에서 손님을 많이 유치하기 위해 음란공연이 매일같이 벌어지고 있다는 제보를 받은 경찰관 P1과 P2는 사실확인과 증거확보를 위해 손님처럼 가장하고 위 나이트클럽에 들어가서 술과 안주를 시킨 후에 다른 손님들과 같이 술을 마시던 중에 갑자기 무대 위에서 음란공연이 벌어지는 것을 목격하고 급히 사진촬영을 하였다.

P1과 P2는 이후에 어떠한 사후영장도 발부받지 않았는데, 위 사진촬영은 적법한 것인지를 검토하시오.

1. 문제의 제기

경찰관은 수사방법으로서 사진촬영을 할 수 있는데, 사진촬영의 법적 성격과 영장주의의 예외로서 인정될 수 있는지를 살펴본다.

2. 사진촬영의 법적 성격과 영장주의와의 관계

사진촬영은 검증과 유사하므로 검증영장에 의해 사진촬영이 가능할 것이지만 영장이 없는 상황에서 촬영하고 사후영장도 받지 않았기에 그 적법성이 논의된다.

먼저 그 법적성격에 대해 **학설**로 ① 사적 공간에서의 촬영은 강제수사이지만 공개된 장소에서의 촬영은 임의수사가 된다는 **구별설**이 있지만 ② 피촬영자의 의사에 반하는 경우에 초상권을 침해하게 되므로 원칙적으로 검증영장에 의해야 한다는 **강제수사설**이 다수설로 타당하다.

그리고 **사진촬영을 강제수사로 보는 경우**에 일정한 요건에 따라 영장주의의 예외를 인정할 수 있는지에 대해 **학설**로 ① **검증유추설**은 사진촬영이 검증과 유사하므로 원칙적으로 검증영장을 발부받아야 하고 형사소송법이 규정한 영장주의의 예외(제216조 제3항)에 해당하는 경우에 사진촬영 후 지체없이 사후영장을 받아야 한다는 견해이고, ② **예외인정설**은 사진촬영이 강제수사에 해당하지만 긴급한 상황에서 엄격한 요건에 따라 영장주의의 예외가 인정되어 영장없는 사진촬영이 가능하다는 견해이다.

판례는 수사기관이 범죄를 수사함에 있어 Ⓐ 현재 범행이 행해지고 있거나 행해진 직후이고(범죄혐의의 **명**백성), Ⓑ 증거보전의 **필**요성 및 **긴**급성이 있으며, Ⓒ 일반적으로 허용되는 **상**당한 방법에 의해 촬영한 경우라면 위법하지 않다고 하여 예외인정설 입장이다.[1]

---

1 대법원 2023.7.13.선고 2021도10763 판결; 대법원 2023.7.13.선고 2019도7891 판결; 대법원 2023.4.27.선고 2018도8161 판결; 대법원 2013.7.26.선고 2013도2511 판결, 「**(해외촬영 사진의 증거능력)** (1) 누구든지 자기의 얼굴이나 모습을 함부로 촬영당하지 않을 자유를 가지나, 이러한 자유도 무제한으로 보장되는 것은 아니고 국가의 안전보장·질서유지·공공복리를 위해 필요한 경우에는 그 범위 내에서 상당한 제한이 있을 수 있으며, **수사기관이** 범죄를 수사함에 있어 ① 현재 범행이 행해지고 있거나 행해진 직후이고, ② 증거보전의 필요성 및 ③ 긴급성이 있으며, ④ 일반적으로 허용되는 상당한 방법으로 촬영한 경우라면 위 촬영이 영장없이 이루어졌다 하여 이를 위법하다고 단정할 수 없다. (2) 피고인 1, 피고인 2, 피고인 5가 일본 또는 중국에서 **북한 공작원들과 회합하는 모습을 동영상으로 촬영한 것**은 위 피고인들이 회합한 증거를 보전할 필요가 있어서 이

검토하면 사진촬영이 새로운 유형의 강제수사이므로 사전에 엄격한 요건을 충족하는 경우에 한해 영장없는 사진촬영이 가능하다고 본다.

3. 결 론

위 나이트클럽 무대 위에서 갑자기 음란공연이 많은 손님들 앞에 벌어지고 있었으므로 범행이 행해지고 있고, 급히 증거를 확보하기 위해 촬영할 필요성과 긴급성이 있으며, 불특정 다수에게 공개된 나이트클럽에 통상적인 방법으로 출입하여 손님들에게 공개된 모습을 촬영한 것으로 그 방법도 상당하다고 하겠으므로 비록 사전은 물론이고 사후에 검증영장을 발부받지 않았더라도 적법하다.

○ 구속전피의자심문절차에서 심문기일 속행 가능

대법원 2025.3.13.선고 2022도9819 판결, 「헌법이 정한 적법절차와 영장주의 원칙, 형사소송법령이 정한 피의자에 대한 구속영장의 청구 및 발부절차에 관한 규정을 종합하면, 구속영장이 청구되는 경우 구속영장 발부 여부의 결정은 최대한 신속하게 이루어져야 하고, 구속영장 발부 여부를 결정하기 위한 피의자심문절차는 구속 여부를 판단하는 데 필요한 사항에 한해 신속하고 간결하게 이루어져야 한다. 따라서 특별한 사정이 없는 한 구속 전 피의자심문절차에서 **심문기일을 속행하는 것은 바람직하지 않다**. 구속영장을 청구받은 판사가 피의자심문을 진행하면서 심문기일을 자유롭게 속행한다면 신속히 구속영장의 발부 여부를 결정하도록 정하고 있는 형사소송법령의 규정과 취지에 부합하지 않을 뿐만 아니라, 피의자의 구속 여부가 장기간 유동적인 상태에 놓여 헌법과 형사소송법령이 적법절차 및 영장주의의 원칙을 통해 보호하고자 하는 신체의 자유에 관한 기본권이 부당하게 제한될 우려가 있기 때문이다. **그런데** 구속 전 피의자심문을 요체로 하는 구속영장실질심사제도는 검사로부터 구속영장을 청구받은 판사가 구속 여부를 결정하기 전에 피의자를 대면하여 직접 심문함으로써 구속사유를 더욱 신중히 판단하기 위해 마련된 제도이다. 판사가 피의자를 심문하는 과정에서 심문기일을 속행하는 것은 그와 같은 직접 심문을 더욱 충실히 하기 위한 소송지휘권의 일환일 수 있고 그 과정에서 피의자에게 의견진술의 기회를 추가적으로 보장하는 의미도 있음을 부정할 수 없다. 따

루어진 것이고, 피고인들이 반국가단체의 구성원과 회합 중이거나 회합하기 직전 또는 직후의 모습을 촬영한 것으로 그 촬영 장소도 차량이 통행하는 도로 또는 식당 앞길, 호텔 프런트 등 공개적인 장소인 점 등을 알 수 있으므로, 이러한 촬영이 일반적으로 허용되는 상당성을 벗어난 방법으로 이루어졌다거나, 영장없는 강제처분에 해당하여 위법하다고 볼 수 없다. (3) 따라서 위와 같은 사정 아래서 원심이 위 촬영행위가 위법하지 않다고 판단하고 그 판시와 같은 6mm 테이프 동영상을 캡처한 사진들의 증거능력을 인정한 조치는 정당한 것으로 수긍할 수 있고, 거기에 상고이유 주장과 같이 영장주의의 적용 범위나 초상권의 법리 등을 오해한 위법이 없다.」; 대법원 1999.12.7.선고 98도3329 판결; 대법원 1999.9.3.선고 99도2317 판결.

라서 별다른 사유없이 심문절차가 지연됨으로써 구속영장이 발부되지 않은 상태로 피의자의 신체의 자유가 장기간 제한되어 실질적으로 불법구금에 해당한다고 볼 정도에 이른 것이 아니라면, 단지 심문기일을 속행하였다는 사정만으로는 구속영장의 적법성과 효력에 어떠한 영향을 미친다고 볼 수 없다.」

<긴급체포 후 구속영장이 청구된 피의자에 대해 구속 전 피의자심문절차를 진행하면서 당일 심문을 종결하지 않고 속행하였고, 새로운 심문기일을 지정한 뒤 그 기일에 심문을 종결하고 구속영장을 발부하였는데, 피고인이 이후 재판절차에서 구속 전 피의자심문절차의 적법성을 다툰 **사안**에서, **원심**은 피고인에 대한 구속전피의자심문과정에서 부적법한 절차가 있었다는 피고인의 주장을 배척하였고 **대법원**도 체포된 피고인에 대한 심문을 당일 종결하지 않고 속행한 조치는 특별한 사정이 없는 한 바람직하다고 할 수는 없지만, 그 다음날 심문이 종결되어 구속영장이 발부되었고 그 구속영장의 집행으로 구속이 이루어졌다면 이를 적법절차에 반하는 위법한 구금이라고 할 수는 없다고 보아, 원심을 수긍하여 피고인의 상고를 기각>

○ 전자장치 부착은 구속집행정지 조건으로 허용

대법원 2022.11.22.**자** 2022**모**1799 **결정**, 「구속집행정지제도의 취지에 부합한다면 피고인의 도주 방지 및 출석을 확보하기 위해 예컨대, 전자장치의 부착을 구속집행정지의 조건으로 부가할 수도 있다. (1) 군사법원법 제141조 제1항[1]에 근거한 피고인에 대한 구속집행정지는 상당한 이유가 있을 때 군사법원이 직권으로 제반 사정을 고려하여 피고인의 구속 상태를 잠정적으로 해제하는 것이다. 가장 중한 기본권 제한인 구속을 예외적으로 해제하면서 다시 구속될 것을 담보하기 위해 일정한 조건을 부가하는 것은 구속집행정지의 성질상 당연히 허용된다고 보아야 한다. 구속의 목적을 달성하는 데 지장이 없다면 일정한 조건을 부가하더라도 구속집행을 정지하는 것이 피고인에게 더 유리하기 때문이다. (2) 군사법원법 제141조 제2항[2]에서 규정한 구속집행정지 조건의 내용은 예시로 볼 수 있고 반드시 이에 한정되지 않는다. 물론 이때에도 그 내용은 피고인의 도주 예방과 출석에 대한 담보라는 구속집행정지 제도의 취지에 들어맞는 것이어야 하고, 그 구체적인 조건은 보석의 조건(군사법원법 제139조[3])이 성질에 반하지 않는 한 적용될 수 있다. 구속집행정지제도는 불구속재판의 원칙과 무죄추정의 원칙을 구현하기 위한 보석제도를 보충하는 기능을 하므로 본질적으로 보석과 같은 성격을 띠고 있고, 군사법원법 제142조 제2항[4]에서는 보석과 구속집행정지의 취소사유에 관하여 동일한 내용을 규정하고 있기 때문이다. (3) 군사법원법, 전자장치부착등에관한법률(이하 '전자장치부착법') 등에서 구속

1 형사소송법 제101조 제1항에 해당.
2 형사소송법 제101조 제1항에 해당.
3 형사소송법 제98조에 해당.
4 형사소송법 제102조 제2항에 해당.

집행정지의 조건으로 전자장치의 부착을 부가할 수 있는지에 관하여 별도의 규정을 두고 있지는 않다. 그러나 전자장치 부착으로 인해 제한되는 피부착자의 자유는 자신의 위치가 24시간 국가에 노출됨으로 인해 행동의 자유가 심리적으로 위축된다는 것일 뿐 행동 자체가 금지되거나 물리적으로 제한되는 것은 아니다. 전자장치의 부착은 피고인의 기본권을 제한하는 성격을 갖고 있지만 구속보다 가벼운 처분을 통해 피고인의 도주를 방지하여 가장 중한 기본권 제한인 구속의 목적을 달성할 수 있다는 점에서 불구속재판의 원칙의 실현에 기여하면서 비례의 원칙에도 어긋나지 않는다. 또한 전자장치 부착은 전자장치부착법상 보석의 조건으로도 허용되고 있다. 따라서 전자장치 부착은 구속집행정지 조건으로도 **허용**된다고 보아야 한다.」

○ **압수수색영장에 '압수할 물건'은 구체적으로 특정되고 엄격하게 해석해야**

① **대법원** 2022.6.30.**선고** 2022도1452 **판결**, 「헌법과 형사소송법이 구현하고자 하는 적법절차와 영장주의의 정신에 비추어 볼 때, 법관이 압수수색영장을 발부하면서 '압수할 물건'을 특정하기 위해 기재한 문언은 이를 엄격하게 해석해야 하고, 함부로 피압수자 등에게 불리한 내용으로 확장 또는 유추해석을 하는 것은 허용될 수 없다. 압수할 전자정보가 저장된 저장매체로서 Ⓐ 압수수색영장에 기재된 수색장소에 있는 컴퓨터, 하드디스크, 휴대전화와 같은 컴퓨터 등 **정보처리장치**와 Ⓑ 수색장소에 있지는 않으나 컴퓨터 등 정보처리장치와 **정보통신망으로 연결된 원격지의 서버 등 저장매체**는 소재지, 관리자, 저장 공간의 용량 측면에서 서로 구별된다.」

＜법원이 발부한 압수수색영장에는 '압수할 물건'이 '여성의 신체를 몰래 촬영한 것으로 판단되는 사진, 동영상 파일이 저장된 컴퓨터 하드디스크 및 외부 저장매체'로 되어 있는데도 경찰은 위 압수수색영장으로 압수한 휴대전화가 구글계정에 로그인되어 있는 상태를 이용하여 구글클라우드에서 불법촬영물을 다운로드 받는 방식으로 압수한 **사안**에서, 압수수색영장에 적힌 '압수할 물건'에 **원격지 서버 저장 전자정보가 기재되어 있지 않은 이상** '압수할 물건'은 컴퓨터 하드디스크 및 외부 저장매체에 저장된 전자정보에 한정되므로 경찰이 압수한 불법촬영물은 위법수집증거에 해당하고, 이를 이용하여 수집한 다른 증거도 위법수집증거에 기한 2차적 증거에 해당하여 증거능력이 없다고 판단한 사례＞

② **대법원** 2021.7.29.**선고** 2020도14654 **판결**, 「피고인이 아닌 사람(피고인의 동생)을 피의자로 하여 발부된 압수수색영장을 집행하면서 피고인 소유의 휴대전화 등을 압수한 것은 위법하다.」 (N번방)

③ **대법원** 2009.3.12.**선고** 2008도763 **판결**, ＜압수수색영장에서 압수할 물건을 '압수장소에 보관중인 물건'이라고 기재하고 있는 것을 '압수장소에 현존하는 물건'으로 해석할 수 없다고 한 사례＞

④ **대법원** 2024.9.25.**자** 2024모2020 **결정**, 「(1) **사안** : 경찰은 재항고인에 대해 기부금품의모집

및사용에관한법률위반 혐의로 수사하던 중 법원으로부터 '압수할 물건'을 '정보처리장치(컴퓨터, 노트북, 태블릿 등) 및 정보저장매체(USB, 외장하드 등)에 저장되어 있는 전자정보'로 기재한 압수수색영장을 발부받은 후에 그 압수수색영장에 의해 재항고인 소유의 **휴대전화를 압수**하였는데, 재항고인의 변호인은 휴대전화 압수수색의 취소를 구하는 준항고를 제기하였고, **원심**은 휴대전화가 압수수색영장의 '압수할 물건'에 기재된 정보처리장치 또는 정보저장매체에 해당한다는 이유로 준항고를 기각하였다. (2) **판단** : 헌법과 형사소송법이 구현하고자 하는 적법절차와 영장주의의 정신에 비추어 볼 때, 법관이 압수수색영장을 발부하면서 '압수할 물건'을 특정하기 위하여 기재한 문언은 엄격하게 해석해야 하고, 함부로 피압수자 등에게 불리한 내용으로 확장해석 또는 유추해석을 하는 것은 허용될 수 없다. 휴대전화는 정보처리장치나 정보저장매체의 특성을 가지고 있기는 하나, **기본적으로 통신매체의 특성**을 가지고 있어 컴퓨터, 노트북 등 정보처리장치나 USB, 외장하드 등 정보저장매체와는 명확히 구별되는 특성을 가지고 있다. 휴대전화, 특히 스마트폰에는 전화·문자메시지·SNS 등 통신, 개인 일정, 인터넷 검색기록, 전화번호, 위치정보 등 통신의 비밀이나 사생활에 관한 방대하고 광범위한 정보가 집적되어 있다. 이와 같이 휴대전화에 저장된 전자정보는 컴퓨터나 USB 등에 저장된 전자정보와는 그 분량이나 내용, 성격 면에서 현저한 차이가 있으므로, 휴대전화에 대한 압수수색으로 얻을 수 있는 전자정보의 범위와 그로 인한 기본권 침해의 정도도 크게 다르다. 따라서 압수수색영장에 기재된 **'압수할 물건'에 휴대전화에 저장된 전자정보가 포함되어 있지 않다면**, 특별한 사정이 없는 한 그 영장으로 휴대전화에 저장된 전자정보를 압수할 수는 없다고 보아야 한다.」

〈비교〉 원격지 정보저장매체에 대한 압수수색

① **대법원** 2017.11.29.**선고** 2017**도**9747 **판결**, <수사기관이 압수수색영장에 따라 피의자와 변호인에게 영장을 제시하여 참여기회를 부여하고, 압수수색영장에 기재된 수색장소인 한국인터넷진흥원에 설치된 인터넷용 컴퓨터에서 한국인터넷진흥원 소속 직원인 전문가와 일반인 포렌식 전문가가 참여·입회한 가운데 외국계 이메일 홈페이지 로그인 입력창에 **사전에 적법하게 취득한 아이디와 비밀번호를 입력**하여 피의자가 이용하는 외국계 이메일 계정에 접속한 후 위 컴퓨터 화면에 현출된 이메일 본문 및 첨부문서 중 범죄 혐의사실과 관련된 부분만을 출력하거나 캡처, 저장하는 등의 방법으로 선별 압수수색한 것이 적법하다고 한 사례>

② **대법원** 2021.7.29.**선고** 2020**도**14654 **판결**, 「피의자가 휴대전화를 임의제출하면서 휴대전화에 저장된 전자정보가 아닌 클라우드 등 **제3자가 관리하는 원격지에 저장되어 있는 전자정보를 수사기관에 제출한다는 의사로** 수사기관에 클라우드 등에 접속하기 위한 아이디와 비밀번호를 임의로 제공하였다면 위 클라우드 등에 저장된 전자정보를 임의제출하는 것으로 볼 수 있다.」

[사례] 휴대전화 압수의 적법성

A의 고소를 받아 수사를 개시한 사법경찰관 P는 甲과 乙간의 전화통화 내역을 확인하기 위하여 법원으로부터 '압수할 물건'을 '정보처리장치(컴퓨터, 노트북, 태블릿 등) 및 정보저장매체(USB, 외장하드 등)에 저장되어 있는 전자정보'로 기재한 압수·수색영장을 발부받았다. P는 이 압수·수색영장에 의하여 甲의 휴대전화를 압수하였다.

위 사례에서 P의 휴대전화 압수는 적법한가? (10점)

(2025년 제2차 모의시험 사례형 제2문)

1. 문제 제기

압수수색영장의 압수할 물건에 명시되어 있지 않은 휴대전화 압수의 적법성을 살펴본다.

2. 휴대전화 압수의 적법성

압수수색영장에는 압수할 물건 등을 기재해야 하는데(형사소송법 제219조, 제114조 제1항) 적법절차와 영장주의 원칙상 '압수할 물건'을 특정하기 위해 기재한 문언은 엄격하게 해석해야 하므로 함부로 피압수자 등에게 불리한 내용으로 확장해석 등을 하는 것은 허용될 수 없다는 것이 **판례** 입장이다.[1]

사안에서 압수수색영장에 압수할 물건을 정보저장장치 및 정보저장매체에 저장되어 있는 전자정보라고 되어 있고, 구체적으로 정보저장장치 등에 컴퓨터 등은 기재되어 있으나 휴대전화는 기재되어 있지 않다.

휴대전화는 정보처리장치나 정보저장매체의 특성을 가지고 있기는 하지만 기본적으로 통신매체의 특성을 가지고 있어서 다른 정보처리장치 등과 명확히 구별되므로 위 영장에 기재된 압수할 물건에 휴대전화에 저장된 전자정보가 포함되어 있지 않다면 특별한 사정이 없는 한 위 영장으로 휴대전화에 저장된 전자정보를 압수할 수는 없다고 보아야 한다(**판례**).[2]

3. 결 론

압수수색영장의 압수할 물건에 휴대전화에 저장된 전자정보가 기재되어 있지 않고, 기재하지 못할 불가피한 사정이 있었다고 보기도 어렵기에 휴대전화 압수는 **위법**하다.

1 대법원 2025.4.10.선고 2024도15789 판결; 대법원 2024.9.25.자 2024모2020 결정; 대법원 2022.6.30.선고 2022도1452 판결.
2 대법원 2024.9.25.자 2024모2020 결정.

○ 압수·수색영장 집행과정에서의 참여권의 충실한 보장과 압수목록의 작성

대법원 2022.7.14.**자** 2019**모**2584 **결정**, 「증거인멸의 가능성이 최소화됨을 전제로 영장 집행과정에 대한 참여권이 충실히 보장될 수 있도록 Ⓐ 사전에 피의자 등에 대해 집행 일시와 장소를 통지해야 함은 물론 Ⓑ 피의자 등의 참여권이 형해화되지 않도록 그 통지의무의 예외로 규정된 '피의자 등이 참여하지 아니한다는 의사를 명시한 때 또는 급속을 요하는 때'라는 사유를 엄격하게 해석해야 하며, 준항고 등을 통한 권리구제가 신속하면서도 실질적으로 이루어질 수 있도록 압수목록을 작성할 때 압수방법·장소·대상자별로 명확히 구분하여 압수물의 품종·종류·명칭·수량·외형상 특징 등을 최대한 구체적이고 정확하게 특정하여 기재해야 한다.」

대법원 2023.6.1.**선고** 2020**도**12157 **판결**, <메모리카드의 증거능력에 관해 Ⓐ 피고인은 유체물인 메모리카드 압수 당시 메모리카드를 소지하고 있지 않았고, 당초 자신은 아무런 관련이 없다고 진술한 점, Ⓑ 특별사법경찰관은 메모리카드 보관자인 세관측에 압수수색영장을 제시하면서 메모리카드를 압수하였고, 압수조서를 작성하였으며, 세관측에 압수목록을 교부한 점을 감안하면 피고인은 압수집행과정에서 절차 참여를 보장받아야 하는 사람에 해당한다고 단정할 수 없거나, 압수집행과정에서 피고인에 대한 절차참여를 보장한 취지가 실질적으로 침해되었다고 보기 어려워 증거능력을 인정한 사례>

대법원 2024.1.5.**자** 2021**모**385 **결정**, 「수사기관은 압수를 한 경우 압수경위를 기재한 압수조서와 압수물의 특징을 구체적으로 기재한 압수목록을 작성하고, 압수목록은 압수물의 소유자·소지자·보관자 기타 이에 준하는 사람에게 교부해야 한다(형사소송법 제219조, 제129조, 수사준칙 제44조). 압수조서에는 작성연월일과 함께 품종, 외형상의 특징과 수량을 기재해야 하고(형사소송법 제49조 제3항, 제57조 제1항), 그 내용은 객관적 사실에 부합해야 하므로, 압수목록 역시 압수물의 특징을 객관적 사실에 맞게 구체적으로 기재해야 하는데, 압수방법·장소·대상자별로 명확히 구분한 후 압수물의 품종·종류·명칭·수량·외형상 특징 등을 최대한 구체적이고 정확하게 특정하여 기재해야 한다. 이는 수사기관의 압수처분에 대한 사후적 통제수단임과 동시에 피압수자 등이 압수물에 대한 환부·가환부 청구를 하거나 부당한 압수처분에 대한 준항고를 하는 등 권리행사절차를 밟는데 가장 기초적인 자료가 되므로, 이러한 권리행사에 지장이 없도록 압수 직후 현장에서 바로 작성하여 교부하는 것이 **원칙**이다. 다만, 적법하게 발부된 영장의 기재는 그 집행의 적법성 판단의 우선적인 기준이 되어야 하므로, **예외**적으로 압수물의 수량·종류·특성 기타의 사정상 압수 직후 현장에서 압수목록을 작성·교부하지 않을 수 있다는 취지가 영장에 명시되어 있고, 이와 같은 특수한 사정이 실제로 존재하는 경우에는 압수영장을 집행한 후 일정한 기간이 경과하고서 압수목록을 작성·교부할 수도 있으나, 압수목록 작성·교부 시기의 예외에 관한 영장의 기재는 피의자·피압수자 등의 압수 처분에 대한 권리구제절차 또는 불복절차가 형해화되지 않도록 그 취지에 맞게 엄격히 해석되어야 하고, 나아가 예외적 적용의 전제가 되는 특수한 사정의 존재 여부는 수사기관이 이를 증명해야 하며, 그 기간 역시 필요 최소한에 그쳐야 한다. 또한 영장에 의한 압수 및 그 **대상물에 대한 확인조치가 끝나면** 그것으로 압수절차는 종료되고, 압수물과 혐의사실과의 관련성 여부에 관한 평가 및 그에 필요한 추가 수사는 압수절차 종료 이후의 사정에 불과하므로 이를 이유로 압수 직후 이루어져야 하는 압수목록 작성·교부의무를 해태·거부할 수는 없다.」

<피준항고인이 2020.7.1. 발부된 압수수색영장에 따라 7.3. 압수수색을 실시하면서 준항고인 소유의 물품 박스 약 9,000개를 압수한 다음 9.7. 상세 압수목록을 교부한 **사안**에서, 대법원은 서울본부세관이 7.17.경에는 압수물의 품명, 수량, 제조번호 등을 **모두 확인**했으므로 이때 압수방법 및 시기별로 명확히 구분하여 위 각 사항을 구체적으로 특정하여 기재한 상세 압수목록을 작성·교부했어야 했다고 판단한 사례>

○ 피의자신문조서 등에 압수 취지를 적어 압수조서와 압수목록에 갈음 (수사준칙 제40조 단서)

대법원 2023.6.1.선고 2020도2550 **판결**, <휴대전화 내 동영상의 증거능력에 관해 ① 구 범죄수사규칙 제119조 제3항에 따라 피의자신문조서 등에 압수의 취지를 기재하여 압수조서를 갈음할 수 있도록 하더라도 압수절차의 적법성 심사·통제 기능에 차이가 없으므로 압수절차가 위법하다고 볼 수 없고, ② 사법경찰관은 피의자신문시 동영상을 재생하여 피고인에게 제시하였고, 피고인은 동영상의 촬영 일시, 피해 여성들의 인적사항, 몰래 촬영하였는지 여부, 촬영동기 등을 구체적으로 진술하였으며 별다른 이의를 제기하지 않았기에 동영상의 압수 당시 실질적으로 피고인에게 해당 전자정보 압수목록이 교부된 것과 다름이 없다고 볼 수 있어 절차상 권리가 실질적으로 침해되었다고 보기 어렵다고 판단한 사례>

대법원 2023.6.1.선고 2020도12157 **판결**, <휴대전화에 저장된 전자정보의 증거능력에 관해 특별사법경찰관은 휴대전화의 압수과정에서 압수조서 및 전자정보 상세목록을 작성·교부하지는 않았지만, 그에 갈음하여 압수의 취지가 상세히 기재된 **수사보고의 일종인** 조사보고를 작성하였으므로 적법절차의 실질적인 내용을 침해하였다고 보기는 어렵다고 판단한 사례>

○ 준항고에서 압수 등에 관한 처분을 특정하기 위한 기회 부여 (손준성 검사 고발사주의혹사건)

대법원 2023.1.12.자 2022모1566 **결정**, 「형사소송법은 수사기관의 압수수색영장 집행에 대한 사후적 통제수단 및 피압수자의 신속한 구제절차로 준항고절차를 마련하여 검사 또는 사법경찰관의 압수 등에 관한 처분에 대해 불복이 있으면 처분의 취소 또는 변경을 구할 수 있도록 규정하고 있다(제417조). 피압수자는 준항고인의 지위에서 불복대상이 되는 압수 등에 관한 처분을 특정하고 준항고취지를 명확히 하여 청구내용을 서면으로 기재한 다음 관할법원에 제출해야 한다(제418조). 다만 준항고인이 불복대상이 되는 압수 등에 관한 처분을 구체적으로 특정하기 어려운 사정이 있는 경우에는 법원은 석명권행사 등을 통해 준항고인에게 불복하는 압수 등에 관한 처분을 특정할 수 있는 기회를 부여해야 한다.」

<준항고인은 언론보도나 수사과정을 통해 공수처 검사가 준항고인을 피의자로 하여 대검찰청 감찰부 등에 대한 압수수색영장을 집행한 것으로 알고 있지만, Ⓐ 공수처 검사의 압수수색 당시 압수수색영장을 제시받지 못하였고 Ⓑ 참여를 위한 통지조차 받지 못하였다고 주장하면서, 법원에 "공수처 소속 검사가 2021.9.초순경부터 2021.11.30.까지 사이에 피의자(준항고인)를 대상으로 실시한 압수수색 처분 중 피의자에 대한 통지절차를 거치지 않아 피의자의 참여권을 보장하지 않은 압수수색 처분을 모두 취소해 달라."는 내용의 준항고를 제기한 사례>

○ 피압수자의 소유권 등 포기와 환부의무

대법원 2022.1.14.**선고** 2019**다**282197 **판결**, 「피압수자 등 환부를 받을 자가 압수 후 그 소유권을 포기하는 등에 의해 실체법상의 권리를 상실하더라도 그 때문에 압수물을 환부해야 하는 수사기관의 의무에 어떠한 영향을 미칠 수 없고, 또한 수사기관에 대해 형사소송법상의 환부청구권을 포기한다는 의사표시를 하더라도 그 효력이 없어 그에 의해 수사기관의 필요적 환부의무가 면제된다고 볼 수는 없다.」[1]

○ 유류물 압수·수색에서의 관련성과 참여권 보장 정도

대법원 2024.7.25.**선고** 2021**도**1181 **판결**, 「유류물 압수와 같은 조문에 규정된 임의제출물 압수의 경우에는 제출자가 제출·압수의 대상을 개별적으로 지정하거나 그 범위를 한정할 수 있으나, 유류물 압수는 그와 같은 제출자의 존재를 생각하기도 어렵다. 따라서 유류물 압수수색에 대해서는 원칙적으로 영장에 의한 압수수색검증에 관해 적용되는 형사소송법 제215조 제1항이나 임의제출물 압수에 관해 적용되는 형사소송법 제219조에 의해 준용되는 제106조 제1항, 제3항, 제4항에 따른 관련성의 제한이 **적용된다고 보기 어렵다.**」

<피고인이 불법촬영 혐의에 관해 이루어진 주거지 등에 관한 압수수색 직전에 주거지 밖으

---

1 대법원 2001.4.10.선고 2000다49343 판결; 대법원 2000.12.22.선고 2000다27725 판결; 대법원 1996.8.16.자 94모51 전원합의체 결정, 「**(1) 다수의견(대법관 8인 : 환부청구권 존속설)** 피압수자 등 환부를 받을 자가 압수 후 그 소유권을 포기하는 등에 의해 실체법상의 권리를 상실하더라도 그 때문에 압수물을 환부해야 하는 수사기관의 의무에 어떠한 영향을 미칠 수 없고, 또한 수사기관에 대해 형사소송법상의 환부청구권을 포기한다는 의사표시를 하더라도 그 효력이 없어 그에 의해 수사기관의 필요적 환부의무가 면제된다고 볼 수는 없으므로, 압수물의 소유권이나 그 환부청구권을 포기하는 의사표시로 인해 위 환부의무에 대응하는 압수물에 대한 환부청구권이 소멸하는 것은 아니다. **(2) 반대의견(대법관 5인 : 환부청구권 소멸설)** 피압수자가 수사기관에 소유권포기서를 제출한 경우에는 의사표시의 해석상 특별한 사정이 없는 한 환부청구권을 포기한 것으로 보아야 할 것이므로 수사기관은 압수물을 피압수자에게 환부할 의무가 없으며, 다만 피압수자의 소유권포기가 수사기관의 강요나 기망 등으로 인한 하자있는 의사표시에 의해 이루어진 경우에는 그 포기는 무효 또는 취소할 수 있는 법률행위로서 피압수자는 이를 주장하여 압수물의 환부를 청구할 수 있다고 보는 것이 타당하다.」

로 저장매체(SSD 카드, 이하 '이 사건 저장매체')를 집어던졌고, 이를 유류물로 영장없이 압수한 수사기관이 위 저장매체 및 압수수색영장에 의해 압수한 다른 저장매체의 탐색과정에서 별건(아동·청소년 음란물 제작 등) 혐의의 증거를 발견하여 피고인을 별건 혐의로만 기소한 **사안**에서, **원심**은 이 사건 저장매체를 유류물로 보아 영장없이 압수한 행위 자체는 적법하다고 보면서도 경찰관들은 이 사건 저장매체에 들어있는 전자정보의 탐색·출력과정에서 피고인의 참여권을 보장하지 않았고, 이 사건 저장매체에서 복제·출력된 동영상들(이하 'SSD 카드 파일')과 영장에 기재된 혐의사실 사이에 객관적 관련성이 인정되지 않는다는 등의 이유로 SSD 카드 파일의 증거능력을 부정하였으나, **대법원은** 유류물로서 영장없이 압수한 이 사건 저장매체로부터 복제·출력된 SSD 카드 파일의 증거능력을 부정하여 그 부분 공소사실을 무죄로 판단한 원심판결 부분을 파기·환송한 사례>[1]

[사례] 유류물 압수·수색에서의 참여권보장과 관련성 및 사후영장

사법경찰관 P 등은 甲이 2024년 자기 소유의 차량 등에서 사업상 알게 된 여성들을 상대로 휴대전화를 이용하여 성적수치심을 느낄 수 있는 허벅지와 다리 등의 신체부위를 그 의사에 반해 촬영하고, 카카오톡 어플을 이용하여 게임동호회 회원 단체 카톡방에 전송하는 방법으로 유포하였다는 혐의에 따라 법원으로부터 압수·수색영장을 발부받았는데, 수색할 장소는 甲의 주거와 차량 2대, 甲의 신체이고, 압수할 물건은 위 혐의사실을 뒷받침할 각종 파일 등이었다.

P 등은 甲의 주거지인 아파트 앞에서 甲에게 전화로 압수·수색영장 발부사실을 알리고 주차장에 있는 甲의 차량을 수색해야 하니 내려와 달라고 하였다. 甲이 아파트 앞으로 내려오기를 기다리던 중에 P 등은 甲의 주거지 인근 아파트 고층에서 신발주머니가 주차장에 떨어지는 것을 목격하고, 확인해 보니 그 안에 SSD카드가 들어 있었다. P 등이 甲에게 물어보았으나 甲은 자신의 것이 아니고 전혀 모른다고 대답하였다. P 등은 甲의 참여 없이 SSD카드의 내용을 분석하여 SSD카드에서 甲이 2025년 1월~2월경 서울 강남구 역삼동에 있는 상호불상의 모텔에서 아동·청소년인 A(여, 15세)와 성행위를 하는 동영상을 발견하고 이를 압수하였는데, 사후에 이에 대한 압수·수색영장을 발부받지 않았다.

P 등이 위와 같은 동영상을 압수한 것이 적법한 지를 검토하시오.

1. 문제의 제기

유류물이 정보저장매체인 경우의 압수·수색에서의 원칙과 예외, 그 과정에서의 참여권보장과 관련성, 사후의 압수·수색영장 발부 필요성 등을 통해 그 적법 여부를 살펴본다.

---

1 2024.9.13.자 법률저널 7면에 '피의자가 소유권 부인한 유류물, 대법원 "별건 증거 가능"'기사로 보도.

2. 유류물 압수수색에서의 적법성

사법경찰관은 피의자 기타인의 유류한 물건을 영장없이 압수할 수 있으며(형사소송법 제218조), 임의제출물과 같이 사후에도 영장이 필요하지 않다(**판례**).[1] 유류물이란 유실물보다 넓은 개념으로 잃어버리거나 남겨놓은 물건을 말한다. **사안**에서 P 등이 甲에게 압수수색영장을 집행하겠다고 통지한 직후에 甲의 주거지 인근 아파트 고층에서 신발주머니가 떨어졌기에 甲의 것으로 의심될 수도 있는 상황이었으나 甲이 자신의 소유임을 부인하며 모른다고 하였기에 유류물로 판단된다. 그리고 전자정보에 대한 압수수색은 예외적으로 현장의 사정이나 전자정보의 대량성으로 인해 압수의 목적달성이 현저히 곤란하다고 인정되는 때에 한해 정보저장매체 자체를 직접 반출하는 것이 허용되고, **사안**에서 위와 같은 사정에 따라 신발주머니에 있는 SSD카드를 직접 압수한 것이기에 적법하다.

이후 정보저장매체를 탐색하는 과정에서 ① 혐의사실과의 관련성이 인정되어야 하고, ② 피압수자나 변호인에게 참여기회를 보장해야 하며, ③ 압수목록을 작성·교부해야 하는 것이 원칙이다(제219조, 제106조, 제121조, 제129조). 그러나 유류물 압수에 있어서는 정보저장매체의 현실적 지배·관리 혹은 이에 담겨있는 전자정보 전반에 관한 전속적인 관리처분권을 인정하기 어렵기에 특별한 사정이 없는 한 참여권행사의 주체가 되는 피압수자가 존재한다고 볼 수 없고 관련성의 제한이 적용된다고 보기도 어렵다고 할 것이며, **판례**도 같은 입장이다.[2]

3. 결 론

P 등이 주차장에 떨어진 신발주머니에 대해 甲이 모른다고 하여 유류물인 것으로 판단하고 그 안에 들어있던 SSD카드를 예외적인 경우로 압수하였을 뿐만 아니라 甲이 스스로 참여권을 포기하였다고 볼 수도 있어서 그 탐색과정에서 참여기회를 주지 않고 압수목록을 작성·교부하지 않았어도 문제되지 않고, 영장 혐의사실과 동영상의 내용이 Ⓐ 그 촬영대상자와 범행일시, Ⓑ 촬영의 경위와 내용, Ⓒ 성적 수치심을 유발하는 정도 등에서 상당한 차이가 있어서 간접·정황증거로 사용될 여지가 없으므로 관련성이 인정되기 어렵지만 유류물이기에 관련성의 제한이 적용된다고 보기도 어렵다. 계속해서 사후에 영장을 발부받지 않았어도 P 등의 위 동영상 압수는 **적법**하다.

1 대법원 2024.7.25.선고 2021도1181 판결; 대법원 2022.8.31.선고 2019도15178 판결, 「검사 또는 사법경찰관은 피의자 등이 유류한 물건이나 소유자·소지자 또는 보관자가 임의로 제출한 물건을 영장없이 압수할 수 있으므로(제218조), 현행범 체포현장이나 범죄현장에서도 소지자 등이 임의로 제출하는 물건을 형사소송법 제218조에 의하여 영장없이 압수하는 것이 허용되고, 이 경우 검사나 사법경찰관은 별도로 사후에 영장을 받을 필요가 없다.」; 대법원 2020.4.9.선고 2019도17142 판결; 대법원 2016.2.18.선고 2015도13726 판결.

2 대법원 2024.7.25.선고 2021도1181 판결.

○ **휴대전화 등의 제출의 임의성 : 고지와 자발적 제출, 검사의 증명책임**

대법원 2024.3.12.선고 2020도9431 판결, <수사기관이 피고인을 현행범으로 체포할 당시 임의제출 형식으로 압수한 휴대전화의 증거능력이 문제된 **사안**에서, ① 피고인은 현행범체포 당시 목격자로부터 휴대전화를 빼앗겨 위축된 심리상태였고, 목격자 및 경찰관으로부터 휴대전화를 되찾기 위해 달려들기도 하였으며, 경찰서로 연행되어 변호인의 조력을 받지 못한 상태에서 피의자로 조사받으면서 일부 범행에 대해 부인하고 있던 상황이었으므로, 피고인이 자발적으로 휴대전화를 수사기관에 제출하였는지를 엄격히 심사해야 하는 점, ② 수사기관이 임의제출자인 피고인에게 임의제출의 의미, 절차와 임의제출할 경우 피압수물을 임의로 돌려받지는 못한다는 사정 등을 **고지**하였음을 인정할 자료가 없는 점, ③ 피고인은 당시 "경찰관으로부터 '휴대전화를 반환할 수 있다.'는 말을 들었다."라고 진술하는 등 휴대전화를 임의제출할 경우 나중에 번의하더라도 되돌려받지 못한다는 사정을 인식하고 있었다고 단정하기 어려운 점 등에 비추어 볼 때, 휴대전화 제출에 관해 검사가 임의성의 의문점을 없애는 증명을 다하지 못하였으므로 휴대전화 및 그에 저장된 전자정보는 위법수집증거에 해당하여 증거능력이 없다는 이유로, 공소사실에 대해 범죄의 증명이 없다고 보아 무죄를 선고한 원심 결론이 옳다고 한 사례>; **대법원 2023.6.1.선고 2020도2550 판결**, 「제출에 임의성이 있다는 점에 관해서는 검사가 합리적 의심을 배제할 수 있을 정도로 증명해야 하고, 임의로 제출된 것이라고 볼 수 없는 경우에는 그 증거능력을 인정할 수 없다.」; 대법원 2022.8.31.선고 2019도15178 판결; 대법원 2016.3.10.선고 2013도11233 판결.

대법원 2019.11.14.선고 2019도13290 판결, <피고인이 휴대전화기의 카메라로 피해자를 몰래 촬영한 현장에서 현행범으로 체포되면서 휴대전화기가 수사기관에 임의제출된 여부가 쟁점이 되었는데, 임의제출에 의한 압수절차와 그 효과에 대한 피고인의 인식 또는 경찰관의 고지가 없었다고 보이는 등 피고인이 현행범으로 체포될 당시 임의제출 방식으로 압수된 피고인 소유의 휴대전화기에 대해 경찰관의 강제수사 또는 피고인의 임의적 제출의사 부재가 의심되는 반면 이를 배제할 검사의 증명이 전혀 이루어지지 않았음을 이유로 휴대전화기 자체는 물론 이를 기초로 한 2차 증거에 해당하는 휴대전화기에 기억된 저장정보도 적법절차로 수집한 증거가 아니어서 유죄의 증거로 삼을 수 없다고 한 사례>

대법원 2016.2.18.선고 2015도13726 판결, <(1) **사안** : ① 검찰수사관들은 2014.5.29.경 피고인이 A호가 예인하는 바지선 B호를 타고 밀입국하면서 필로폰을 밀수한다는 제보를 받고, 6.1. 16:15경 고현항에 도착한 위 바지선을 수색하였다. ② 검찰수사관 P는 수색 도중 선용품창고 선반 위에 숨어 있던 피고인을 발견하고 천천히 내려오게 한 후 필로폰을 둔 장소를 물었으나 대답을 듣지 못하였고, 때마침 바지선 내 다른 장소를 수색하던 다른 검찰수사관이 "물건이 여

기 있다, 찾았다"라고 외치자, 16:30경 피고인을 필로폰 밀수입 및 밀입국 등의 현행범으로 체포하였다. ③ P는 곧바로 피고인에게 발견된 필로폰 약 6.1kg을 제시하고 "필로폰을 임의제출하면 영장없이 압수할 수 있고 압수될 경우 임의로 돌려받지 못하며, 임의제출하지 않으면 영장을 발부받아서 압수해야 한다"라고 설명하면서 필로폰을 임의로 제출할 의사가 있는지를 물었고, 피고인으로부터 "그 정도는 저도 압니다"라는 말과 함께 승낙을 받아 필로폰을 압수하였으며, 같은 날 검찰청에서 임의제출확인서를 작성하여 피고인으로부터 서명·날인을 받았다. 검사는 압수한 필로폰에 관해 사후 압수영장을 발부받지는 않고 현재까지 보관하고 있다. ④ 피고인은 2010.4.29. 필로폰매매 등으로 인한 마약류관리에관한법률위반(향정)죄로 징역 7월을 선고받아 같은 해 5.17. 그 형의 집행을 종료한 것을 비롯하여 동종 전과로 총 6회 처벌받았다. (2) **판단** : **원심**은 피고인으로부터 필로폰을 임의제출받는 형식을 취하였더라도 이를 적법한 임의제출물건으로 볼 수 없으므로 압수된 필로폰 및 그에 기초하여 수집된 감정서 등 2차적 증거들은 위법수집증거이거나 위법수집증거의 2차적 증거로서 증거능력이 없고 검사가 제출한 나머지 증거들만으로는 공소사실을 인정할 수 없다며 무죄로 판단하였으나 **대법원**은 필로폰의 압수가 적법하다며 파기·환송하였다.>

○ 인터넷개인방송과 감청

대법원 2022.10.27.**선고** 2022도9877 **판결**, 「(1) 방송자가 인터넷을 도관 삼아 인터넷서비스제공업체 또는 온라인서비스제공자인 인터넷개인방송 플랫폼업체의 서버를 이용하여 실시간 또는 녹화된 형태로 음성, 영상물을 방송함으로써 불특정 혹은 다수인이 이를 수신·시청할 수 있게 하는 인터넷개인방송은 그 성격이나 통신비밀보호법의 규정에 비추어 전기통신에 해당함은 명백하다. (2) ① 인터넷개인방송의 방송자가 비밀번호를 설정하는 등 그 수신 범위를 한정하는 **비공개 조치를 취하지 않고** 방송을 송출하는 경우, 누구든지 시청하는 것을 포괄적으로 허용하는 의사라고 볼 수 있으므로, 그 시청자는 인터넷개인방송의 당사자인 수신인에 해당하고, 이러한 시청자가 방송내용을 지득·채록하는 것은 통신비밀보호법에서 정한 감청에 해당하지 않는다. ② 그러나 인터넷개인방송의 방송자가 비밀번호를 설정하는 등으로 **비공개 조치를 취한 후** 방송을 송출하는 경우에는, 방송자로부터 허가를 받지 못한 사람은 당해 인터넷개인방송의 당사자가 아닌 '제3자'에 해당하고, 이러한 제3자가 비공개 조치가 된 인터넷개인방송을 비정상적인 방법으로 시청·녹화하는 것은 통신비밀보호법상의 감청에 해당할 수 있다. ③ 다만, 방송자가 이와 같은 제3자의 시청·녹화 사실을 알거나 알 수 있었음에도 방송을 중단하거나 그 제3자를 배제하지 않은 채 방송을 계속 진행하는 등 허가받지 않은 제3자의 시청·녹화를 **사실상 승낙·용인한 것으로 볼 수 있는 경우**에는 불특정인 혹은 다수인을 직·간접적인 대상으로 하는 인터넷개인방송의 일반적 특성상 그 제3자 역시 인터넷개인방송의 당사자에 포함될 수 있으므로, 이러한 제3자가 방송내용을 지득·채록하는 것은 통신비밀보호법에서 정한 감청에 해당하지 않는다.」

○ 전기통신사업법상 통신자료제공 규정에 대한 헌법불합치결정

전기통신사업법 제83조 제3항[전기통신사업자는 법원, 검사 또는 수사관서의 장(군 수사기관의 장, 국세청장 및 지방국세청장을 포함한다.), 정보수사기관의 장이 재판, 수사(조세범처벌법 제10조 제1항·제3항·제4항의 범죄 중 전화, 인터넷 등을 이용한 범칙사건의 조사를 포함한다), 형의 집행 또는 국가안전보장에 대한 위해를 방지하기 위한 정보수집을 위하여 다음 각호의 자료의 열람이나 제출(이하 **"통신자료제공"**이라 한다)을 요청하면 그 요청에 따를 수 있다. ① 이용자의 성명, ② 이용자의 주민등록번호, ③ 이용자의 주소, ④ 이용자의 전화번호, ⑤ 이용자의 아이디(컴퓨터시스템이나 통신망의 정당한 이용자임을 알아보기 위한 이용자 식별부호를 말한다), ⑥ 이용자의 가입일 또는 해지일]에 의해 수사기관 등은 법원의 허가를 받지 않고 전기통신사업자에게 **통신자료제공**을 요청할 수 있다. 실제 2021년에 검찰 184만건, 경찰 346만건, 국가정보원 4만건 등 통신자료를 조회한 건수는 총 548만여 건에 이르고, 고위공직자범죄수사처에서 수사와 무관하게 마구잡이로 통신자료를 조회했다는 의혹이 제기되기도 하였다.

헌법재판소 2022.7.21.선고 2016헌마388, 2022헌마105·110·126(병합) 결정, <위 규정에 대해 사후통지절차를 마련하지 않은 것이 적법절차원칙에 위배된다는 이유로 2023.12.31.을 시한으로 입법자가 개정할 때까지 계속 적용을 명하는 **헌법불합치 결정**(재판관 전원 일치)을 선고>

– 이에 따라 동법에 제83조의2(통신이용자정보 제공을 받은 사실의 **통지**)[1] 규정 등이 2023.12.29. 신설되어 2024.1.1.부터 시행 중이다.

◈ 통신제한조치, 통신사실확인자료, 통신자료의 구별과 해당 영장

1. 통신제한조치 : 통신내용을 실시간으로 취득하는 경우와 통신의 송수신을 직접적으로 방해하는 경우 → '통신제한조치허가서'(감청영장)로 집행
2. 이미 송수신이 완료되어 통신제한조치에 해당되지 않는 통신내용 → 통상의 '압수수색영장'으로 집행
3. 통신사실확인자료 : 가입자의 통신일시, 통신개시·종료시간, 상대방의 가입자번호, 사용도수,

---

1 전기통신사업법 제83조의2(통신이용자정보 제공을 받은 사실의 통지) ① 제83조제3항에 따라 통신이용자정보 제공을 받은 검사, 수사관서의 장, 정보수사기관의 장(이하 "수사기관등"이라 한다)은 그 통신이용자정보 제공을 받은 날(제2항에 따라 통지를 유예한 경우에는 제3항에 따른 통지유예기간이 끝난 날을 말한다)부터 30일 이내에 다음 각 호의 사항을 통신이용자정보 제공의 대상이 된 당사자에게 서면 또는 문자메시지, 메신저 등 전자적 방법으로 통지하여야 한다.
1. 통신이용자정보 조회의 주요 내용 및 사용 목적
2. 통신이용자정보 제공을 받은 자
3. 통신이용자정보 제공을 받은 날짜

위치정보추적자료, 기지국수사자료 등 통신과 관련된 간접사실 → '통신사실확인자료제공요청'으로 집행
4. 통신자료 : 이용자의 성명, 주민등록번호, 주소, 전화번호, 아이디, 가입일·해지일과 같이 통신과는 직접적인 관련이 없는 이용자의 인적사항에 불과한 내용 → 단순히 '사실조회'로 확인

○ **공소사실의 특정 여부**

대법원 2022.12.29.**선고** 2020**도**14662 **판결**, 「공소사실 기재 범죄의 성격 및 관련 증거의 내용에 비추어 범죄의 일시·장소 등에 관한 개괄적 표시가 부득이한 경우가 있을 수 있으나, 검사는 가능한 한 기소나 공소장변경 당시의 증거에 의해 이를 특정함으로써 피고인의 정당한 방어권행사에 지장을 초래하지 않도록 해야 할 것이다. 범죄의 일시·장소 등을 특정 일시나 상당한 범위 내로 특정할 수 없는 부득이한 사정이 존재하지 않음에도 공소의 제기 혹은 유지의 편의를 위해 범죄의 일시·장소 등을 **지나치게 개괄적으로 표시**함으로써 사실상 피고인의 방어권행사에 지장을 가져오는 경우에는 형사소송법 제254조 제4항에서 정하고 있는 구체적인 범죄사실의 기재가 있는 공소장이라고 할 수 없다.」

<"피고인이 2018.11.4.경부터 11.15.경까지 사이에 불상의 장소에서 피고인 명의의 새마을금고 계좌(계좌번호를 기재함)에 연결된 체크카드 1장 및 비밀번호를 불상의 자에게 불상의 방법으로 건네주어 접근매체를 양도하였다"는 공소사실 기재에 관해 피고인의 방어권행사에 지장이 없을 정도로 충분히 특정되었다고 보기 어렵다는 이유로, 이와 달리 판단한 원심을 파기·환송한 사례>

대법원 2022.11.17.**선고** 2022**도**8257 **판결**, 「범죄의 '일시'가 공소시효 완성 여부를 판별할 수 없을 정도로 개괄적으로 기재되었다면 공소사실이 특정되었다고 볼 수 없다.」

<피고인에 대해 2013.12.경부터 2014.1.경 사이 약 10분간 소란을 피워 주점영업 업무방해 범행을 저질렀다는 혐의로 2020.12.30. 기소된 **사안**에서, 위 공소사실은 반복적 행위, 수일에 걸쳐 발생한 행위가 아니라 특정일에 발생한 행위이므로 범행일이 2013.12.31. 이후인지 여부에 따라 공소시효(업무방해죄의 경우 7년)의 완성 여부가 달라지기에 위 공소사실의 일시는 **공소시효 완성 여부를 판별할 수 없어 불특정**이라고 판단한 사례>

대법원 2023.6.29.**선고** 2020**도**3626 **판결**, 「<성매매알선등행위의처벌에관한법률위반(성매매알선등)사건> (1) 동일 죄명에 해당하는 수개의 행위를 단일하고 계속된 범의하에 일정기간 계속하여 행하고 그 피해법익도 동일한 경우에는 이들 각 행위를 통틀어 **포괄일죄**로 처단해야 할 것이다. (2) 공소사실의 기재에 관해서 범죄의 일시·장소·방법을 명시하여 공소사실을 특정하도록 한 법의 취지는 법원에 대해 심판대상을 한정하고 피고인에게 방어범위를 특정하여

방어권행사를 쉽게 해 주기 위한 데에 있으므로, 공소사실은 이러한 요소를 종합하여 구성요건 해당사실을 다른 사실과 구별할 수 있을 정도로 기재하면 족하고, 공소장에 범죄의 일시·장소·방법 등이 구체적으로 적시되지 않았더라도 위와 같이 공소사실을 특정하도록 한 법의 취지에 반하지 않고 공소범죄의 성격에 비추어 개괄적 표시가 부득이한 경우에는, 공소내용이 특정되지 않아 공소제기가 위법하다고 할 수 없으며, 특히 **포괄일죄에 관해서는 일죄의 일부를 구성하는 개개의 행위에 대해 구체적으로 특정되지 않더라도** 전체 범행의 시기와 종기, 범행방법, 피해자나 상대방, 범행횟수나 피해액의 합계 등을 명시하면 이로써 그 범죄사실은 특정되는 것이다. 그리고 공소장에 범죄의 일시·장소·방법 등의 일부가 다소 불명확하더라도 그와 함께 적시된 다른 사항들에 의해 공소사실을 특정할 수 있고, 그리하여 피고인의 방어권 행사에 지장이 없다면, 공소제기의 효력에는 영향이 없다.」

대법원 2023.4.27.**선고** 2023**도**2102 **판결**, 「검사는 가능한 한 공소제기 당시의 증거에 의해 이를 특정함으로써 피고인의 정당한 방어권행사에 지장을 초래하지 않도록 해야 한다. 범죄의 일시·장소 등을 특정 일시나 상당한 범위 내로 특정할 수 없는 부득이한 사정이 존재하지 않음에도 공소의 제기 혹은 유지의 편의를 위해 범죄의 일시·장소 등을 지나치게 개괄적으로 표시함으로써 사실상 피고인의 방어권행사에 지장을 가져오는 경우에는 형사소송법 제254조 제4항에서 정하고 있는 구체적인 범죄사실의 기재가 있는 공소장이라고 할 수 없다.」

<검사가 2021.6.10. 메트암페타민을 투약하여 유죄 확정판결을 받은 피고인에 대해 "2021.3.부터 2021.6.경까지 위 확정판결의 범죄사실과 같은 장소에서 같은 방법으로 메트암페타민을 2회 투약하였다"는 범죄사실로 기소하였으나 Ⓐ 확정판결의 범죄사실과 공소사실의 범행 장소와 방법이 동일하고 Ⓑ 공소사실의 '일시' 기재만으로는 공소사실이 확정판결의 범죄사실과 동일한지 판단할 수 없어 심판대상이나 방어범위가 특정되었다고 볼 수 없다고 판단한 사례>

○ 의제공소시효 (제249조 제2항)

대법원 2022.8.19.**선고** 2020**도**1153 **판결**, 「시효기간을 연장하는 형사소송법 개정이 피의자 또는 피고인에게 불리한 조치인 점 등을 고려하여 개정 형사소송법 시행 전에 이미 저지른 범죄에 대해서는 개정 전 규정을 그대로 적용하고자 함에 그 취지가 있다. 부칙조항에서 말하는 '종전의 규정'에는 '구 형사소송법 제249조 제1항'뿐만 아니라 '같은 조 제2항'도 포함된다고 봄이 타당하다. 따라서 개정 형사소송법 시행(2007.12.21.) 전에 범한 죄에 대해서는 부칙조항에 따라 구 형사소송법 제249조 제2항이 적용되어 판결의 확정없이 공소를 제기한 때부터 15년이 경과하면 공소시효가 완성한 것으로 간주된다.」

<1999년경 저질러져 2000.6.26. 기소된 범죄에 대해 판결 확정없이 공소가 제기된 때부터 15년이 경과하여 구 형사소송법 제249조 제2항에서 정한 공소시효 완성 간주 요건이 충족되었다

는 이유로 피고인에 대해 **면소**를 선고한 것은 정당하다고 한 사례>

대법원 2022.9.29.선고 2020도11185 판결, <피고인이 1997.8.21. 특정경제범죄가중처벌등에관한법률위반(사기)죄로 **기소된 후** 1심 재판이 계속 중이던 1998.4.28.경 미국으로 출국하여 원심에 이르기까지 입국하지 않은 **사안**에서, 대법원은 공소제기 후 피고인이 처벌을 면할 목적으로 국외에 있는 경우에도 그 기간 동안 구 형사소송법 제249조 제2항에서 정한 기간의 진행이 **정지되지는 않는다**며, 원심이 판결의 확정없이 공소가 제기된 때부터 15년이 경과하여 구 형사소송법 제249조 제2항에서 정한 공소시효 완성 간주 요건이 충족되었다는 이유로 피고인에 대해 **면소**를 선고한 제1심 판결을 그대로 유지한 것은 정당하다고 판단한 사례>

최근 개정에 따라 '피고인이 형사처분을 면할 목적으로 국외에 있는 경우 그 기간 동안 제249조 제2항(의제공소시효)에 따른 기간의 진행은 정지된다(형사소송법 제253조 제4항).'는 내용이 신설되었다. 불구속 재판의 확대에 따라 피고인이 **재판 중에** 국외도피를 한 경우에 지금까지 아무런 제한없이 의제공소시효 기간이 진행되던 불합리가 해소될 수 있게 되었다.

(부칙에 의하면 2024.2.13.부터 공포·시행되고, 시행 전에 공소가 제기된 범죄로서 시행 당시 공소시효가 완성한 것으로 간주되지 않은 경우에도 적용한다. 이 경우 같은 개정규정에 따라 정지되는 기간에는 시행 전에 피고인이 형사처분을 면할 목적으로 국외에 있던 기간을 포함한다.)

[사례] 의제공소시효에 있어서 공소시효 정지 여부

甲은 2008.3.10. 횡령죄(형법 제355조 제1항)로 불구속기소가 되어 공판이 진행되던 중에 피해회복이 되지 않아 실형이 선고될 것을 두려워한 나머지 2009.3.10. 우리나라에 가족을 모두 그대로 둔 채 중국으로 출국하였다. 그런데 甲은 중국에서 사업을 하던 중에 범한 죄로 징역 15년의 실형을 선고받고 2010.3.10.경부터 10년 동안 중국의 수감시설에서 수감되어 있다가 2020.3.10.경 우리나라로 추방되었다.

이후 甲에 대한 공판이 다시 진행되는 경우에 언제까지 판결이 확정되어야 하는지 검토하시오.

1. 문제의 제기

피고인이 형사처분을 면할 목적으로 국외에 있는 경우에 그 기간 동안 의제공소시효에 따른 기간의 진행도 정지되는 여부와 위 목적이 계속 존재하였는지가 의심스러운 사정이 발생한 경우의 판단에 대해 살펴본다.

2. 의제공소시효와 국외도피

의제공소시효란 공소가 제기된 범죄는 판결의 확정이 없이 공소를 제기한 때부터 25년을 경과하면 공소시효가 완성한 것으로 간주함을 말하며(형사소송법 제249조 제2항), 피고인이 형사처분을 면할 목적으로 국외에 있는 경우에는 그 기간 동안 위 25년의 기간의 진행이 정지된다(제253조 제4항). 종래 의제공소시효에는 그 정지가 적용되지 않았으나 최근 개정으로 인해 시행 전에 공소가 제기된 범죄라도 시행 당시에 공소시효가 완성한 것으로 간주되지 않는 경우에는 적용되게 되었다(부칙 제2조).

'형사처분을 면할 목적으로 국외에 있는 경우'란 ① 범인이 국내에서 범죄를 저지르고 국외로 도피한 경우는 물론이고, ② 범인이 국외에서 범죄를 저지르고 국외에서 체류를 계속하는 경우도 포함된다(**판례**).[1] 그리고 형사처분을 면할 목적은 국외 체류의 유일한 목적으로 되는 것에 한정되지 않으며, 특별한 사정이 없는 한 국외 체류기간 동안 그 목적은 계속 유지된다고 보아야 하지만 외국에서 다른 범죄로 외국의 수감시설에 수감되는 등 국외에 체류 중인 범인에게 이러한 목적이 계속 존재하였는지가 의심스러운 사정이 발생한 경우에는 Ⓐ 당해 범죄의 법정형, Ⓑ 범인이 귀국할 수 없는 사정이 초래된 경위와 그 기간, Ⓒ 피고인의 생활근거지 등을 종합적으로 참작하여 판단해야 할 것이다(**판례**).[2]

사안에서 당해 범죄인 횡령죄의 법정형은 최고 징역 5년(형법 제355조 제1항)에 불과한 반면에 중국에서 징역 15년의 실형을 선고받아 10년간이나 수감되어 있었던 사정과 가족이 모두 우리나라에 있었던 점 등을 고려하면 수감기간 중에 귀국하려는 의사를 충분히 짐작할 수 있기에 수감기간 동안에도 형사처분을 면할 목적이 있었다고 볼 다른 자료가 없는 상황이라 피고인이 중국에서 수감되어 있었던 기간 동안은 공소시효 진행은 정지되지 않는다고 판단된다.

3. 결 론

甲이 2008.3.10. 기소되어 의제공소시효기간이 25년이고 공소시효의 초일은 시간을 계산함이 없이 1일로 산정함에 따라(형사소송법 제66조) 2033.3.9.까지 판결이 확정되어야 하지만 甲이 형

1 대법원 2024.7.31.선고 2024도8683 판결; 대법원 2015.6.24.선고 2015도5916 판결, <형사소송법 제253조 제3항의 적용대상이 되는 범인에 '범인이 국외에서 범죄를 저지르고 형사처분을 면할 목적으로 국외에서 체류를 계속하는 경우'도 포함된다고 판단한 사례>

2 대법원 2012.7.26.선고 2011도8462 판결; 대법원 2008.12.11.선고 2008도4101 판결, 「국외에 체류 중인 범인에게 형사소송법 제253조 제3항의 '형사처분을 면할 목적'이 계속 존재하였는지가 의심스러운 사정이 발생한 경우, 그 기간 동안 '형사처분을 면할 목적'이 있었는지 여부는 당해 범죄의 공소시효의 기간, 범인이 귀국할 수 없는 사정이 초래된 경위, 그러한 사정이 존속한 기간이 당해 범죄의 공소시효의 기간과 비교하여 도피 의사가 인정되지 않는다고 보기에 충분할 만큼 연속적인 장기의 기간인지, 귀국 의사가 수사기관이나 영사관에 통보되었는지, 피고인의 생활근거지가 어느 곳인지 등의 제반 사정을 참작하여 판단하여야 한다. 통상 범인이 외국에서 다른 범죄로 외국의 수감시설에 수감된 경우, 그 범행에 대한 법정형이 당해 범죄의 법정형보다 월등하게 높고, 실제 그 범죄로 인한 수감기간이 당해 범죄의 공소시효 기간보다도 현저하게 길어서 범인이 수감기간 중에 생활근거지가 있는 우리나라로 돌아오려고 했을 것으로 넉넉잡아 인정할 수 있는 사정이 있다면, 그 수감기간에는 '형사처분을 면할 목적'이 유지되지 않았다고 볼 여지가 있다. 그럼에도 그러한 목적이 유지되고 있었다는 점은 검사가 입증해야 한다.」 <법정최고형이 징역 5년인 부정수표단속법위반죄를 범한 사람이 중국으로 출국하여 체류하다가 그곳에서 징역 14년을 선고받고 8년 이상 복역한 후 우리나라로 추방되어 위 죄로 공소제기된 사안에서, 위 수감기간 동안에는 형사소송법 제253조 제3항의 '형사처분을 면할 목적'을 인정할 수 없어 공소시효의 진행이 정지되지 않는다고 한 사례>

사처분을 면할 목적으로 중국으로 출국하여 중국의 수감시설에 수감되기까지의 1년은 공소시효가 정지되고 수감기간 동안의 10년간은 공소시효가 정지되지 않으므로 결국 2034.3.9. 24:00까지 판결이 확정되어야 한다.

○ 공소시효 기산점

대법원 2022.1.14.선고 2017도18693 **판결**, <변호사인 피고인들이 진실화해를위한과거사정리위원회 등에서 공무원으로 재직하면서 조사를 담당한 사건과 관련된 소송사건을 공무원퇴직 후 수임하여 소송수행을 함에 따라 수임제한위반으로 인한 변호사법위반죄 사건에서 수임에 따른 '수임사무의 수행'이 종료될 때까지 공소시효가 진행되지 않는다고 해석할 수 없고, 범죄행위인 **'수임'행위가 종료한 때**부터 공소시효가 진행된다고 판단한 사례>

대법원 2022.12.1.선고 2019도5925 **판결**, 「국외여행허가의무 위반으로 인한 병역법위반죄는 국외여행의 허가를 받은 병역의무자가 기간만료 15일 전까지 기간연장허가를 받지 않고 정당한 사유없이 허가된 기간 내에 귀국하지 않은 때에 성립함과 동시에 완성되는 이른바 즉시범으로서, 그 이후에 귀국하지 않은 상태가 계속되고 있더라도 위 규정이 정한 범행을 계속하고 있다고 볼 수 없다. 따라서 공소시효는 범행종료일인 국외여행허가기간 만료일부터 진행한다.」

○ 포괄일죄의 공소시효 기산점은 최종의 범죄행위가 종료된 때를 기준

대법원 2021.3.11.선고 2020도12583 **판결**, 「동일 죄명에 해당하는 수개의 행위를 단일하고 계속된 범의로 일정 기간 계속하여 행하고 그 피해법익도 동일한 경우에는 이들 각 행위를 통틀어 **포괄일죄**로 처단해야 하고, 그 경우 공소시효는 최종의 범죄행위가 종료한 때부터 진행한다. 형법상 직권남용죄는 국가기능의 공정한 행사라는 국가적 법익을 보호하는 데 주된 목적이 있고, 직권남용으로 인한 국가정보원법위반죄도 마찬가지이다. 따라서 국정원 직원이 동일한 사안에 관한 일련의 직무집행과정에서 단일하고 계속된 범의로 일정 기간 계속하여 저지른 직권남용행위에 대해서는 설령 그 상대방이 수인이라고 하더라도 포괄일죄가 성립할 수 있다고 봄이 타당하다. 다만 각 직권남용 범행이 포괄일죄가 되느냐 경합범이 되느냐에 따라 공소시효의 완성 여부, 기판력이 미치는 범위 등이 달라질 수 있으므로, 개별 사안에서 포괄일죄의 성립 여부는 직무집행 대상의 동일 여부, 범행의 태양과 동기, 각 범행 사이의 시간적 간격, 범의의 단절이나 갱신 여부 등을 세밀하게 살펴 판단해야 한다.」

<**원심은** 국정원의 원장·차장·국장인 피고인들에 대한 국정원 직원들을 상대로 한 직권남용으로 인한 국가정보원법위반부분에 대하여 실체적 경합범으로 보고 일부에 대해 공소시효가 완성되었다며 면소로 판단하였으나 **대법원은** 포괄일죄로 보아 공소시효가 완성되었다고

볼 수 없다고 판단한 사례>

○ 공소시효의 정지사유인 '형사처분을 면할 목적'이 인정된 사건

대법원 2022.3.31.**선고** 2022도857 **판결**, <피고인이 대한민국에서 업무상횡령 등 범행 후 중국으로 출국한 사안에서, 원심은 피고인의 출국 경위에 비추어 피고인이 중국에 체류하는 것이 국내에서의 형사처분을 면하기 위한 방편이었던 것으로 보이고, 이는 중국이 피고인의 본국이라 해도 마찬가지라고 판단하고, 형사처분을 면할 목적이 국외 체류의 유일한 목적일 필요는 없으므로, 설령 피고인의 중국체류 목적 중에 딸을 돌보기 위함이 있었다고 하더라도 형사처분을 면할 목적을 인정하는 데 방해가 되지 않는다고 판단한 후 피고인이 중국에 체류하였던 기간 동안 공소시효가 정지되었다고 보아 공소사실을 유죄로 판단하였고, **대법원**은 이를 수긍한 사례>

대법원 2022.12.1.**선고** 2019도5925 **판결**, <피고인이 14세에 미국으로 유학을 떠나 체류하면서 18세가 되어 병무청장으로부터 국외여행허가 및 기간연장허가를 받아오던 중 최종 국외여행허가기간 만료 15일 전까지 기간연장허가를 받지 않고 미국에서 장기간 불법체류 상태로 지내다가 입영의무 등이 면제되는 연령을 넘어 41세가 되는 해에 귀국하여 국외여행허가의무 위반으로 인한 병역법위반죄로 기소된 사안에서, 즉시범이므로 공소시효는 범행종료일인 국외여행허가기간 만료일부터 진행하지만 피고인의 국외 체류 목적 중에 '형사처분을 면할 목적'이 있었다고 볼 여지가 있어 국외 체류기간 동안 공소시효가 정지되었다고 판단한 사례>

○ 형사소송법 제253조 제3항의 '범인이 형사처분을 면할 목적으로 국외에 있는 경우'의 의미

대법원 2024.7.31.**선고** 2024도8683 **판결**, 「형사소송법 제253조 제3항은 "범인이 형사처분을 면할 목적으로 국외에 있는 경우 그 기간 동안 공소시효는 정지된다."라고 규정하고 있다. 위 규정의 입법 취지는 범인이 우리나라의 사법권이 실질적으로 미치지 못하는 국외에 체류한 것이 도피수단으로 이용된 경우에 그 체류기간 동안은 공소시효가 진행되는 것을 저지하여 범인을 처벌할 수 있도록 함으로써 형벌권을 적정하게 실현하고자 하는 데 있다. 따라서 위 규정이 정한 '범인이 형사처분을 면할 목적으로 국외에 있는 경우'는 Ⓐ 범인이 국내에서 범죄를 저지르고 형사처분을 면할 목적으로 국외로 도피한 경우에 한정되지 않고, Ⓑ 범인이 국외에서 범죄를 저지르고 형사처분을 면할 목적으로 국외에서 체류를 계속하는 경우도 포함된다. 이때 '형사처분을 면할 목적'은 그것이 국외 체류의 유일한 목적으로 되는 것에 한정되지 않고 범인이 가지는 여러 국외 체류 목적 중에 포함되어 있으면 충분하다. 범인이 국외에 있는 것이 형사처분을 면하기 위한 하나의 방편이었다면 '형사처분을 면할 목적'이 있었다고 볼 수 있고, '형사처분을 면할 목적'과 양립할 수 없는 범인의 주관적 의사가 명백히 드러나는 객관적 사정이 존재하지 않는 한 국외 체류기간 동안 '형사처분을 면할 목적'은 계속 유지된다고 볼 것이다.」

<피고인이 해외금융계좌정보의 신고의무자로서 신고기한 내에 50억원을 초과하는 해외금융계좌정보를 납세지 관할 세무서장에게 신고하지 않았다는 국제조세조정에관한법률위반으로 기소된 **사안**에서, 원심은 피고인이 늦어도 서울지방국세청 소속 세무공무원이 피고인의 세무대리인을 통해 피고인을 상대로 이 사건 위반행위에 대한 문답조사를 실시하고 피고인의 세무대리인이 이 사건 위반행위에 대한 20억원의 과태료부과 사전통지를 받은 2022.6.7.부터 피고인이 국내로 입국한 2022.7.28.의 전날인 2022.7.27.까지 형사처분을 면할 목적으로 국외에 체류한 것으로 봄이 상당하므로 위 기간 동안 공소시효가 정지되었다고 보아, 공소시효 완성을 주장하는 피고인의 항소이유 주장을 받아들이지 않고, 이 사건 공소사실을 유죄로 인정하였고, 대법원도 원심을 수긍하여 상고를 기각한 사례>; 대법원 2015.6.24.선고 2015도5916 판결.

○ **양벌규정에서 사업주와 행위자의 관계는 공소시효 정지에 있어서의 공범에 포함되지 않음.**

대법원 2025.5.1.선고 2024도15290 판결, 「(1) 형사소송법은 제248조 제1항에서 "공소의 효력은 검사가 피고인으로 지정한 자에게만 미친다."고 규정하고, 제253조에서 "시효는 공소의 제기로 진행이 정지되고 공소기각 또는 관할위반의 재판이 확정된 때로부터 진행한다(제1항). 공범의 1인에 대한 전항의 시효정지는 다른 공범자에게 대하여 효력이 미치고 당해 사건의 재판이 확정된 때로부터 진행한다(제2항)."고 규정하고 있다. 이와 같이 형사소송법은 공범 사이의 처벌에 형평을 기하기 위해 공범 중 1인에 대한 공소의 제기로 다른 공범자에 대해서도 공소시효가 정지되도록 규정하면서, 위 공범의 개념이나 유형에 관하여는 따로 언급이 없다. 따라서 형사소송법 제253조 제2항의 공범을 해석할 때에는 공범 사이의 처벌의 형평이라는 위 조항의 입법취지, 국가형벌권의 적정한 실현이라는 형사소송법의 기본이념, 국가형벌권 행사의 대상을 규정한 형법 등 실체법과의 체계적 조화 등의 관점을 종합적으로 고려해야 한다. 특히 위 조항이 공소제기 효력의 인적 범위를 확장하는 예외를 마련하여 놓은 것이므로 **원칙적으로 엄격하게 해석**해야 하고 피고인에게 불리한 방향으로 지나치게 확장해석하거나 유추해석해서는 안 된다.[1] (2) 양벌규정은 법인의 대표자나 법인 또는 개인의 대리인, 사용인, 그 밖의 종업원 등 행위자가 법규위반행위를 저지른 경우, 일정한 요건 아래 이를 행위자가 아닌 법인 또는 개인이 직접 법규위반행위를 저지른 것으로 평가하여 행위자와 같이 처벌하는 조항이다.[2] 이때의 '행위자가 아닌 법인 또는 개인'은 국가형벌권 행사의 대상으로서 구성요건에서 정한 위반행위의 방지를 위한 주의와 감독의 해태 등을 근거로 **별도의 형벌규정에 따라** 법인 또는 개인의 직접책임 내지 자기책임에 기초하여 처벌되는 것이므로, 양벌규정에서의 사업주와 행위자

1 대법원 2015.2.12.선고 2012도4842 판결; 대법원 2012.3.29.선고 2011도15137 판결 등.

2 대법원 2020.6.11.선고 2016도9367 판결; 대법원 2010.9.30.선고 2009도3876 판결; 대법원 2006.2.24.선고 2005도7673 판결 등.

의 관계는 2인 이상이 가공하여 공동의 구성요건을 실현하는 공범관계에 있는 자와 동일하게 볼 수 없다. 따라서 이러한 양벌규정의 제도적 취지와 법적성격, 사업주·행위자 관계와 공범관계의 차이, 형법 등 실체법과의 체계적 조화의 관점, 죄형법정주의의 정신 등에 비추어 보면 형사소송법 제253조 제2항의 '공범'에는 양벌규정에서 사업주와 행위자 관계에 있는 사람은 포함되지 않는다고 해석해야 한다.」[1]

○ 검사의 기명날인 또는 서명이 없는 공소장

대법원 2021.12.16.**선고** 2019**도**17150 **판결**, 「공소를 제기하려면 공소장을 관할법원에 제출해야 한다(제254조 제1항). 공무원이 작성하는 서류에는 법률에 다른 규정이 없는 때에는 작성 연월일과 소속공무소를 기재하고 기명날인 또는 서명해야 한다(제57조 제1항). 여기서 '공무원이 작성하는 서류'에는 검사가 작성하는 공소장이 포함되므로, 검사가 기명날인 또는 서명이 없는 상태로 공소장을 관할법원에 제출하는 것은 형사소송법 제57조 제1항에 위반된다. 이와 같이 법률이 정한 형식을 갖추지 못한 채 공소장을 제출한 경우에는 특별한 사정이 없는 한 공소제기절차가 법률의 규정을 위반하여 **무효**인 때(제327조 제2호)에 해당한다. **다만** 이 경우 공소를 제기한 검사가 공소장에 기명날인 또는 서명을 **추후 보완**하는 등의 방법으로 공소제기가 유효하게 될 수 있다.」

<공소장에 공소제기 검사의 기명만 있을 뿐 서명 또는 날인이 없는 **사안**에서, 제1심은 유죄판결을 선고하였으나 **원심**은 위와 같은 하자에 대한 추후 보완 요구는 법원의 의무가 아니고, 이러한 공소장제출에 의한 공소제기는 공소제기절차가 법률의 규정을 위반하여 무효일 때에 해당한다고 보아 제1심 판결을 직권으로 파기하고 공소기각판결을 선고하고, **대법원**은 이를 수긍하여 상고기각한 사례>

○ 검사의 간인이 없는 공소장

대법원 2021.12.30.**선고** 2020**도**16259 **판결**, 「'간인'은 서류작성자의 간인으로서 1개의 서류가 여러 장으로 되어 있는 경우 그 서류의 각 장 사이에 겹쳐서 날인하는 것이다. 이는 서류작성 후 그 서류의 일부가 누락되거나 교체되지 않았다는 사실을 담보하기 위한 것이다. 따라서 공소장에 검사의 간인이 없더라도 Ⓐ 그 공소장의 형식과 내용이 연속된 것으로 일체성이 인정되고 Ⓑ 동일한 검사가 작성하였다고 인정되는 한 그 공소장을 형사소송법 제57조 제2항에 위반되어 효력이 없는 서류라고 할 수 없다. 이러한 공소장제출에 의한 공소제기는 그 절차가 법률의 규정에 위반하여 무효일 때(제327조 제2호)에 해당한다고 할 수 없다.」

<공소장 1쪽 뒷면에 간인 일부가 되어 있으나, 2쪽 앞면에는 나머지 간인이 되어 있지 않

1 대법원 2015.2.12.선고 2012도4842 판결에서 '뇌물공여죄 및 뇌물수수죄'와 같은 대향범 관계와 같은 취지.

고, 2쪽 뒷면부터 마지막 장까지 간인이 없는 공소장이 제출된 **사안**에서, **원심**은 공소제기절차가 법률의 규정에 위반하여 무효일 때에 해당한다고 보아 유죄를 선고한 제1심 판결을 직권으로 파기하고 공소기각판결을 선고하였으나 **대법원**은 원심을 파기환송한 사례>

[사례] 흠이 있는 공소장과 공소제기의 효력

검사 A가 甲에 대해 사기죄와 무고죄 등으로 공소를 제기하면서 공소장을 작성한 후 기명날인과 서명을 누락한 상태에서 법원에 제출하였다. 이 경우에 공소제기의 효력을 검토하시오.

만일 위 공소장이 모두 5장이고 검사 A의 기명 및 서명날인이 되어 있고 그 외 공소장의 형식과 내용이 연속되어 있어 A가 작성한 것으로 확인은 되지만 공소장 1쪽 뒷면에 간인 일부가 되어 있으나 2쪽 앞면에는 나머지 간인이 되어 있지 않고 2쪽 뒷면부터 마지막 장까지 간인이 전혀 없는 경우에 공소제기의 효력을 검토하시오.

1. 문제의 제기

검사의 기명날인과 서명이 누락된 공소장과 간인의 일부가 되어 있지 않은 공소장에 의한 공소제기의 효력을 살펴본다.

2. 기명날인과 서명이 없는 공소장

공소를 제기함에는 공소장을 관할 법원에 제출해야 하고(형사소송법 제254조 제1항), 공무원이 작성하는 서류에는 법률에 다른 규정이 없는 때에는 작성연월일과 소속 공무소를 기재하고 기명날인 또는 서명을 해야 한다(제57조 제1항).

'공무원이 작성하는 서류'에는 검사가 작성하는 공소장이 포함되므로 검사의 기명날인 또는 서명이 없는 상태로 관할 법원에 제출된 공소장은 위와 같이 법률이 정한 형식을 갖추지 못하여 특별한 사정이 없는 한 공소제기절차가 법률의 규정을 위반하여 무효이므로 공소기각판결 사유(제327조 제2호)에 해당한다. 다만, 이 경우에 공소를 제기한 검사가 공소장에 기명날인 또는 서명을 추완하는 등의 방법에 의해 공소제기가 유효하게 될 수 있다고 보아야 하며, **판례**도 같은 입장이다.[1]

3. 간인의 일부가 누락된 공소장

공소장이 여러 장인 경우에는 간인을 하거나 이에 준하는 조치를 해야 한다(형사소송법 제57조 제2항). '간인'은 서류작성자가 그 서류의 각 장 사이에 겹쳐서 날인하는 것으로 서류의 일부

1 대법원 2021.12.16.선고 2019도17150 판결; 대법원 2012.9.27.선고 2010도17052 판결; 대법원 2007. 10.25.선고 2007도4961 판결.

가 누락하거나 교체되지 않았다는 사실을 담보하기 위한 것이다.

따라서 검사의 간인이 없더라도 Ⓐ 공소장의 형식과 내용이 연속된 것으로 일체성이 인정되고 Ⓑ 동일한 검사가 작성했다고 인정되는 한 효력이 없는 공소장이라고 할 수 없으며, **판례**도 같은 입장이다.[1]

4. 결 론

검사가 기명날인과 서명이 누락된 공소장에 의한 공소제기는 무효인 것이 원칙이지만 이후 기명날인 또는 서명을 추완하면 공소제기의 효력이 발생할 수 있다.

공소장에 일부 간인이 없더라도 공소장의 형식과 내용이 연속된 것으로 일체성이 인정되고 검사 A가 작성한 것으로 확인되므로 공소제기의 효력은 발생한다.

---

1 대법원 2021.12.30.선고 2020도16259 판결.

Ⅲ. 공판과 증거

1 공소사실의 동일성이 인정되는 경우 (대법원 2024.12.12.선고 2020도3273 판결)

가. 사 안

A) 당초의 공소사실 요지

피고인은 A회사의 대표이사로, 2017.6.16.경부터 2017.12.21.경까지 B회사의 회장 C나 총무부장 D로부터 ○○리 토지에 관해 A회사와 B회사 사이에 체결된 매매대금으로 별지 범죄일람표 1, 2 기재와 같이 현금이나 수표로 합계 58억400만원을 교부받거나 차명계좌로 합계 9억5,500만원을 송금받아 그 무렵 횡령금 및 개인 채무 변제, 생활비 등에 사용하여 이를 횡령하였다.

B) 예비적으로 추가한 공소사실 요지

피고인이 B회사 회장 C로부터 개인적인 대가를 따로 지급할 테니 ○○리 토지를 B회사에 양도해달라는 취지의 부정한 청탁을 받고 위와 같은 일시, 장소에서 위 토지를 B회사에 매매하는 것에 대한 대가 명목으로 위 각 금원을 교부받았다.

나. 사건경과

원심은 피고인에 대한 특정경제범죄가중처벌등에관한법률위반(횡령)의 점에 관해 배임수재의 예비적 공소사실을 추가하는 검사의 공소장변경허가신청을 불허한 다음 범죄사실의 증명이 없다는 이유로 무죄로 판단하였다.

다. 판 단

(1) 검사는 법원의 허가를 얻어 공소장에 기재한 공소사실 또는 적용법조의 추가, 철회 또는 변경을 할 수 있고, 이 경우에 법원은 공소사실의 동일성을 해하지 않는 한도에서 허가해야 한다(형사소송법 제298조 제1항). 공소사실의 동일성은 그 사실의 기초가 되는 사회적 사실관계가 기본적인 점에서 동일하면 그대로 유지되며, 이러한 기본적 사실관계의 동일성을 판단할 때에는 그 사실의 동일성이 갖는 기능을 염두에 두고 피고인의 행위와 그 사회적인 사실관계를 기본으로 하되 규범적 요소도 아울러 고려해야 한다.[1]

(2) 기존의 특정경제범죄가중처벌등에관한법률위반(횡령)과 예비적으로 추가하여 변경하려는 배임수재의 공소사실은 전체적으로 모두 피고인이 동일한 토지를 이용하여 B회사로부터 동일한 일시, 장소에서 동일한 방법으로 금원을 수령하는 일련의 행위에 관한 것으로서 그 기본적인 사실관계는 동일하다고 볼 수 있고, 당초의 공소사실은 B회사가 피고인에게 교부한 금원이 A회사에 지급한 매매대금임을 전제로 하는 것인 반면, 검사가 예비적으로 추가하여 변경

1 대법원 2013.9.12.선고 2012도14097 판결; 대법원 1994.3.22.선고 93도2080 전원합의체 판결.

하려는 공소사실은 위 금원이 피고인에게 부정한 청탁과 관련하여 지급된 금원임을 전제로 하는 것이어서 서로 양립할 수 없는 밀접한 관계에 있으므로 규범적으로 보아도 공소사실의 동일성이 인정된다고 보아, 이와 달리 검사의 공소장변경허가신청을 불허한 원심을 파기·환송하였다.

[사례] 공소사실의 동일성이 인정되는 경우의 공소장변경

A회사의 대표이사인 甲은 B회사의 대표이사 乙과 A회사 소유의 부동산에 대한 매매계약을 체결하고 그 대금의 일부로 금4억5,000만원을 받아 횡령하였다는 혐의로 공소제기가 되었다.

제1심 재판과정에서 검사는 피고인 甲이 위 乙로부터 개인적인 대가를 따로 지급하겠으니 위 부동산을 B회사에 양도해달라는 취지의 부정한 청탁을 받고 위와 같은 일시, 장소에서 위 부동산을 B회사에 매매하는 것에 대한 대가 명목으로 위와 같은 금원을 교부받았다는 배임수재 혐의를 예비적으로 추가하는 공소장변경허가신청을 하였다.

이에 법원은 공소장변경을 허가해야 하는지를 검토하시오.

1. 문제의 제기

공소장변경허가신청에 따라 공소사실의 동일성이 인정되면 공소장변경신청을 허가해야 하므로 그 동일성 여부를 살펴본다.

2. 공소사실의 동일성 인정 여부

법원은 검사의 공소장변경허가신청에 대해 공소사실의 동일성을 해하지 않는 한도에서 허가해야 하는데(형사소송법 제298조 제1항), 이러한 허가는 법원의 의무이다(**판례**).[1]

따라서 공소사실의 동일성이 문제되고 그 동일성의 판단기준과 관련하여 학설로 ① 기본적 사실동일설, ② 죄질동일설, ③ 구성요건공통설, ④ 소인공통설이 있으나 현재의 공소사실과 변경하려는 공소사실의 기초가 되는 사회적 사실관계가 다소 차이가 있더라도 기본적인 점에서 동일하면 공소사실의 동일성을 인정해야 한다는 기본적 사실동일설이 다수설이고, **판례**는 기본적 사실동일설을 취하면서 규범적 요소도 고려해야 한다는 입장이다.[2] **검토**하면 공소사실의 동일성은 공소사실의 기초가 되는 사회적 사실관계를 기본으로 하면서 규범적 요소로 함께 고려하는 종합적인 판단이 필요하다.

---

1 대법원 2023.6.15.선고 2023도3038 판결; 대법원 2022.12.29.선고 2022도10660 판결; 대법원 2022.1.13.선고 2021도13108 판결; 대법원 2018.10.25.선고 2018도9810 판결; 대법원 2013.9.12.선고 2012도14097 판결.

2 대법원 2024.12.12.선고 2020도3273 판결; 대법원 2013.9.12.선고 2012도14097 판결; 대법원 1994.3.22.선고 93도2080 전원합의체 판결.

3. 결 론

횡령의 공소사실과 예비적으로 추가하려는 배임수재의 공소사실은 모두 甲이 같은 부동산을 이용하여 B회사로부터 같은 일시, 장소에서 같은 금원을 수령하였다는 것으로서 기본적으로 동일하고, 그 금원의 명목이 매매대금의 일부인지와 부정한 청탁과 관련된 것인지만 달라서 법익이나 죄질에 있어서도 큰 차이가 없다.

따라서 다수설 입장인 기본적 사실동일설에 판례와 같이 규범적 요소를 고려하는 경우에 공소사실의 동일성이 인정되므로 법원은 공소장변경신청을 허가해야 한다.

2 공소사실의 동일성이 인정되지 않는 경우 (대법원 2025.4.15.선고 2025도1302 판결)

가. 사 안

A) 이 사건 공소사실 요지

피고인은 2019.12.10.경 피해자 甲에게 1억원을 수표로 인출해 주면 300억원의 자금을 유치하여 그중 5억원을 주겠다고 거짓말을 하여, 甲으로부터 2019.12.18.경부터 2020.1.3.경 사이에 수표로 합계 1억원을 편취하였다.

B) 원심에서 변경된 공소사실 요지

피고인은 피해자 乙을 기망하여 투자금 명목으로 금원을 편취하기로 甲, 丙과 순차 공모한 다음, 丙이 2019.12.13.경 乙에게 비자금창고와 관련된 작업비용 1억원을 투자하면 수익금 5억원을 지급하겠다고 거짓말하고, 피고인과 甲, 丙이 2019.12.17.경 乙을 만난 자리에서 마치 자신들이 비자금창고 관계자들인 것처럼 행세하여 乙로부터 2019.12.17.경 수표로 합계 1억원을 편취하였다.

나. 판 단

A) 공소장변경은 공소사실의 동일성이 인정되는 범위 내에서만 허용되고, 공소사실의 동일성이 인정되지 않는 범죄사실을 공소사실로 추가하는 취지의 공소장변경신청이 있는 경우 법원은 그 변경신청을 기각해야 한다(형사소송법 제298조 제1항). 공소사실의 동일성은 그 사실의 기초가 되는 사회적 사실관계가 기본적인 점에서 동일하면 그대로 유지된다고 할 것이고, 이러한 기본적 사실관계의 동일성을 판단함에 있어서는 그 사실의 동일성이 갖는 법률적 기능을 염두에 두고 피고인의 행위와 그 사회적인 사실관계를 기본으로 하되 규범적 요소도 아울러

고려해야 한다.

B) 변경된 공소사실과 종전 공소사실은 범행주체, 피해자, 범행 시기와 방법 등 범죄사실의 내용을 달리하는 것으로서 양립가능한 관계에 있으므로 공소사실의 기본적인 사실관계가 동일하다고 볼 수 없고, 이와 같이 변경된 공소사실이 종전 공소사실과 동일성이 인정되지 않아 이를 변경하는 공소장변경이 허가될 수 없다. 이와 달리 검사의 공소장변경을 받아들여 이를 유죄로 인정한 원심판결에 공소사실의 동일성, 공소장변경 등에 관한 법리오해의 잘못이 있다.

[사례] 공소사실의 동일성이 인정되지 않는 경우의 공소장변경

甲은 2024.12.10.경 피해자 A에게 1억원을 수표로 인출해 주면 300억원의 자금을 유치하여 그중 5억원을 주겠다고 거짓말을 하여, A로부터 2024.12.18.경부터 2025.1.3.경 사이에 수표로 합계 1억원을 편취하였다는 혐의로 공소제기가 되었다.

제2심 재판과정에서 검사는 피고인 甲이 A, C와 순차 공모하여 피해자 B를 기망하여 투자금 명목으로 금원을 편취하기로 한 다음에 C가 2024.12.13.경 B에게 비자금창고와 관련된 작업비용 1억원을 투자하면 수익금 5억원을 지급하겠다고 거짓말하고, 피고인과 A, C가 2024.12.17.경 B를 만난 자리에서 마치 자신들이 비자금창고 관계자들인 것처럼 행세하여 B로부터 2024.12.17.경 수표로 합계 1억원을 편취하였다는 사기 혐의로 공소사실을 변경하는 공소장변경신청을 하였고, 법원은 이를 허가하였다.

법원의 위와 같은 공소장변경 허가결정이 적법한 것인지 검토하시오.

1. 문제의 제기

항소심에서 공소장변경허가결정이 있었으므로 항소심에서도 공소장변경이 가능한지와 기존의 공소사실과 변경된 공소사실 사이에 동일성이 인정되는지를 살펴본다.

2. 항소심에서의 공소장변경 허용 여부

공소장변경이 항소심에서도 허용되는지에 대해 형사소송법에 명문규정이 없어서 항소심의 구조와 관련하여 논의된다. **학설**로 ① **긍정설**은 항소심이 원칙적 속심이므로 허용된다는 견해이고, ② **부정설**은 항소심이 원칙적 사후심이므로 허용되지 않는다는 견해이고, ③ **절충설**은 항소심을 원칙적 사후심으로 보면서도 항소심이 파기자판을 하는 경우에 제한적으로 허용된다는 견해이다. **판례**는 긍정설 입장이다.[1] **검토**하면 항소심을 원칙적 속심으로 보고 항소심에서도 사실관계의 변경이 가능하므로 판례와 같이 허용된다고 보는 것이 타당하다.

1 대법원 2017.9.21.선고 2017도7843 판결; 대법원 2014.1.16.선고 2013도7101 판결; 대법원 2010.4.29.선고 2007도6553 판결.

3. 공소사실의 동일성 인정 여부

공소장변경은 공소사실의 동일성이 인정되는 범위에서 가능하므로(형사소송법 제298조 제1항) 공소사실의 동일성이 인정되지 않는 범죄사실에 대해 공소장변경신청이 있으면 법원은 그 변경신청을 기각해야 한다.

공소사실의 동일성에 대한 판단기준으로 **학설**은 ① 기본적 사실동일설, ② 죄질동일설, ③ 구성요건공통설, ④ 소인공통설이 있으나 현재의 공소사실과 변경하려는 공소사실의 기초가 되는 사회적 사실관계가 다소 차이가 있더라도 기본적인 점에서 동일하면 공소사실의 동일성을 인정해야 한다는 기본적 사실동일설이 다수설이고, **판례**는 기본적 사실동일설을 취하면서 규범적 요소도 고려해야 한다는 입장이다.[1] **검토**하면 공소사실의 동일성은 공소사실의 기초가 되는 사회적 사실관계를 기본으로 하면서 규범적 요소로 함께 고려하는 종합적인 판단이 필요하다.

4. 결 론

기존의 공소사실과 변경된 공소사실은 같은 사기죄이긴 하지만 범행주체, 피해자, 범행 시기와 방법 등 범죄사실의 내용을 달리하여 기본적인 사실관계가 동일하다고 볼 수 없고, 법익이나 죄질에 있어서도 큰 차이가 있다.

따라서 항소심에서도 공소장변경이 가능하지만 다수설 입장인 기본적 사실동일설에 판례와 같이 규범적 요소를 고려하는 경우에 공소사실의 동일성이 인정되지 않아 법원은 공소장변경신청에 대해 기각결정을 했어야 하는데도 공소장변경허가결정을 한 것은 위법하다.

---

3 공소장변경이 허용될 수 없는 특별한 사정이 있는 경우 (대법원 2024.12.12.선고 2020도11949 판결)

가. 사 안

피고인이 '업무상 군사기밀을 취급하였던 자로서, 그 업무상 알게 되었거나 점유한 이 사건 군사기밀을 타인에게 누설하였다'는 군사기밀보호법 제13조 제1항 위반의 공소사실(제1 공소사실)로 기소되었다.

제1심은 제1 공소사실을 '적법한 절차에 의하지 아니한 방법으로 군사기밀을 탐지하거나 수

---

1 대법원 2025.4.15.선고 2025도1302 판결; 대법원 2024.12.12.선고 2020도3273 판결; 대법원 2013.9.12.선고 2012도14097 판결; 대법원 1994.3.22.선고 93도2080 전원합의체 판결.

집하고, 이를 타인에게 누설하였다'는 군사기밀보호법 제11조 및 제12조 제1항 위반의 공소사실(제2 공소사실)로 교환적으로 변경하는 검사의 공소장변경허가신청을 **허가**한 후 **제2 공소사실에 대해 유죄**를 선고하였다. 이에 대해 군검사는 형이 너무 가볍다는 이유로 항소하였고, 군검사는 원심의 제1회 공판기일에 다시 제1 공소사실을 주위적 공소사실로 추가하고 제2 공소사실을 예비적 공소사실로 변경하는 공소장변경허가신청을 하였고, 피고인의 변호인이 공소권남용 주장을 하였으나, **원심**은 검사의 공소장변경허가신청을 **허가**한 후(이하 '이 사건 공소장변경') **제1 공소사실을 유죄**로 인정하였다.

나. 판결요지

(1) 군사법원법 제355조[1]의 공소장변경제도는 당사자주의적 견지에서 공소사실의 동일성이 인정되는 범위 내라 할지라도 공소장변경절차에 의해 심판의 대상을 명확히 한정하지 아니하면 심판대상이 되지 아니하는 것으로 함으로써 피고인이 예상하지 아니한 처벌을 받는 불이익을 방지하려는 것으로 형벌권의 적정한 실현과 소송경제를 도모하는 한편 피고인의 방어권을 실질적으로 보장하는 데에 그 제도적 가치가 있다.[2] 한편, 동적·발전적인 성격의 형사소송절차에서 처음 공소제기된 사실관계가 소송진행에 따라 다르게 나타나는 등의 사정이 있을 수 있으므로 공소사실의 동일성이 인정되는 범위 내에서 특정 공소사실을 철회하였다가 다시 추가하는 등과 같은 공소장변경도 불가능한 것은 아니다. 그러나 헌법 제13조 제1항 후문 '거듭처벌금지의 원칙'의 정신에 비추어 소송절차에서 불안정한 지위에 놓이게 될 수 있는 피고인의 인권과 법적 안정성 보장의 관점에서 그러한 공소장변경이 얼마든지 허용된다고 볼 수는 없다.

따라서 공소장변경이 소송절차에서 피고인의 지위를 과도하게 불안정하게 하고, 피고인의 방어권을 본질적으로 침해하는 것과 같은 특별한 사정이 있는 경우 그러한 공소장변경은 원칙적으로 허용될 수 없다. 이때 그러한 특별한 사정이 있는지 여부는 검사의 공소장변경허가신청의 실질적 의도와 시기, 특히 검사가 공소장변경허가신청 기회가 충분히 있는데도 불구하고 장기간 권한행사를 하지 않다가 피고인의 방어가 성공한 단계 이후에 전격적으로 공소장변경허가신청을 한 것인지 여부, 공소장변경허가신청의 횟수, 경과 및 공소사실의 철회·추가·변경 등 유형, 특히 검사의 신청이 특정 공소사실에 대하여 현실적 심판대상에서 제외하였다가 다시 이를 번복하는 취지인지 여부, 기존 공소사실과 변경하려는 공소사실에 대한 방어 내용의 차이, 공소장변경허가신청을 전후로 이루어진 피고인의 방어권행사 내용과 과정 등 심리의 경과에 비추어 공소장변경으로 인해 그 이전에 해 온 피고인의 방어활동이 무위로 돌아가는지 여부 및 변경하려는 공소사실에 대한 피고인의 실질적이고도 충분한 방어가 가능한지 여부 등 제반 사정들을 종합적으로 고려하여 판단해야 한다. 다만, 위와 같은 특별한 사정이 있더라도

1 형사소송법 제298조(공소장의 변경)과 동일.
2 대법원 1996.10.11.선고 96도1698 판결; 헌법재판소 2012.5.31.선고 2010헌바128 결정 등.

공소장변경 없이는 적정절차에 의한 신속한 실체적 진실의 발견이라는 형사소송의 목적에 비추어 현저히 정의와 형평에 반하는 결과를 초래하는 경우에는 예외적으로 그러한 공소장변경도 허용될 여지가 있으나, 그러한 예외가 인정되는지 여부도 피고인의 법적 안정성 보장과 공소장변경제도의 가치 등을 고려하여 매우 엄격하고 신중하게 판단해야 한다.

(2) 이 사건 공소장변경은 소송절차에서 피고인의 지위를 어느 정도 불안정하게 한 측면은 있으나, ① 기본적 사실관계가 동일한 제1, 2 공소사실의 기초를 이루는 주된 사실관계는 제1심에서부터 원심에 이르기까지 심리대상에 계속 포함되어 있었던 점, ② 이 사건 공소장변경 이후 피고인이 제1 공소사실에 관하여 방어하기 위해 제출한 모든 증거가 채택되었고, 방어권 행사의 기회도 보장되었던 것으로 보이는 점, ③ 이 사건 공소장변경으로 인해 방어 내용, 시간, 비용, 노력 등에서 현격히 차이나는 어려움을 겪었다거나, 제1심에서 제1 공소사실이 계속 유지되었더라면 제출할 수 있었던 유력한 증거가 항소심에서 이미 상당한 기간의 경과로 산일되어 제출이 불가능해진 것 등과 같은 시기적 측면에서의 방어 곤란을 겪었다는 등의 사정을 찾기 어렵다는 점에 비추어 공소장변경이 허용될 수 없는 특별한 사정이 있는 경우라고 보기 어려우므로, 이 사건 공소장변경허가신청을 허가한 후 제1 공소사실을 유죄로 인정한 원심의 조치와 판단에 잘못이 없다고 보아, 원심을 수긍하여 상고를 기각하였다.

4 공소사실 중 축소사실 인정의 의무성 (대법원 2022.4.28.선고 2021도9041 판결)

가. 사 안

피고인은 연예기획사 매니저와 사진작가의 1인 2역을 하면서 청소년인 피해자에게 거짓말을 하여 피해자로 하여금 모델이 되기 위한 연기 연습 등의 일환으로 성관계를 한다는 착각에 빠지게 하여 위계로써 피해자를 간음하였다는 공소사실로 기소되었다.

원심은 피해자가 간음행위 자체에 대한 착오에 빠져 성관계를 하였다는 점의 증명이 부족하다고 보아 무죄를 선고하였다.

나. 판결요지

법원은 ① 공소사실의 동일성이 인정되는 범위 내에서 ② 심리의 경과에 비추어 피고인의 방어권행사에 실질적인 불이익을 초래할 염려가 없다고 인정되는 때에는, 공소장이 변경되지 않았더라도 직권으로 공소장에 기재된 공소사실과 다른 범죄사실을 인정할 수 있고,[1] 이와 같

1 대법원 2007.9.6.선고 2006도3583 판결.

은 경우 공소가 제기된 범죄사실과 대비하여 볼 때 실제로 인정되는 범죄사실의 사안이 가볍지 않아 공소장이 변경되지 않았다는 이유로 이를 처벌하지 않는다면 적정절차에 의한 신속한 실체적 진실의 발견이라는 형사소송의 목적에 비추어 현저히 정의와 형평에 반하는 것으로 인정되는 경우라면 법원으로서는 직권으로 그 범죄사실을 **인정해야 한다**.[1] (**학설**로 ① 의무설과 ② 원칙적 재량설 중에서 **판례**는 원칙적 재량설 입장)

피고인이 '간음행위에 이르게 된 동기' 내지 '간음행위와 결부된 비금전적 대가'에 관한 위계로 피해자를 간음한 것으로 볼 수 있는데, 이는 공소사실에 적시된 위계의 내용과 정확히 일치하지는 않으나, Ⓐ 공소사실의 동일성의 범위 내에 있고, Ⓑ 피고인의 방어권행사에 실질적인 불이익을 초래할 염려도 없을뿐더러, 원심이 대법원 2020.8.27.선고 2015도9436 전원합의체판결[2]의 결과를 장기간 기다려왔고 위 2015도9436 판결의 법리에 따르면 피고인의 행위는 위계에 의한 간음죄를 구성하는 등 판시와 같은 사정을 보면 원심의 결론은 법원의 직권심판의무에 반한다.

---

1 대법원 2006.4.13.선고 2005도9268 판결; 대법원 2005.1.27.선고 2004도7537 판결 등 참조.

2 대법원 2020.8.27.선고 2015도9436 전원합의체 판결, 「(1) 위계에 의한 간음죄에서 '위계'란 행위자의 행위목적을 달성하기 위해 피해자에게 오인, 착각, 부지를 일으키게 하여 이를 이용하는 것을 말한다. 이러한 위계의 개념 및 성폭력범행에 특히 취약한 사람을 보호하고 행위자를 강력하게 처벌하려는 입법태도, 피해자의 인지적·심리적·관계적 특성으로 온전한 성적 자기결정권 행사를 기대하기 어려운 사정 등을 종합하면, 행위자가 간음의 목적으로 피해자에게 오인, 착각, 부지를 일으키고 피해자의 그러한 심적 상태를 이용하여 간음의 목적을 달성하였다면 위계와 간음행위 사이의 인과관계를 인정할 수 있고, 따라서 위계에 의한 간음죄가 성립한다. 왜곡된 성적 결정에 기초하여 성행위를 하였다면 왜곡이 발생한 지점이 성행위 그 자체인지 성행위에 이르게 된 동기인지는 성적 자기결정권에 대한 침해가 발생한 것은 마찬가지라는 점에서 핵심적인 부분이라고 하기 어렵다. 피해자가 오인, 착각, 부지에 빠지게 되는 대상은 Ⓐ 간음행위 자체일 수도 있고, Ⓑ 간음행위에 이르게 된 동기이거나 간음행위와 결부된 금전적·비금전적 대가와 같은 요소일 수도 있다. 다만 행위자의 위계적 언동이 존재하였다는 사정만으로 위계에 의한 간음죄가 성립하는 것은 아니므로 위계적 언동의 내용 중에 피해자가 성행위를 결심하게 된 중요한 동기를 이룰 만한 사정이 포함되어 있어 피해자의 자발적인 성적 자기결정권의 행사가 없었다고 평가할 수 있어야 한다. 이와 같은 인과관계를 판단할 때에는 피해자의 연령 및 행위자와의 관계, 범행에 이르게 된 경위, 범행 당시와 전후의 상황 등 여러 사정을 종합적으로 고려해야 한다. (2) 위계에 의한 간음죄에서 행위자가 간음의 목적으로 상대방에게 일으킨 오인, 착각, 부지는 간음행위 자체에 대한 오인, 착각, 부지를 말하는 것이지 간음행위와 불가분적 관련성이 인정되지 않는 다른 조건에 관한 오인, 착각, 부지를 가리키는 것은 아니라는 취지의 종전 판례인 대법원 2001.12.24.선고 2001도5074 판결; 대법원 2002.7.12.선고 2002도2029 판결; 대법원 2007.9.21.선고 2007도6190 판결; 대법원 2012.9.27.선고 2012도9119 판결; 대법원 2014.9.4.선고 2014도8423, 2014전도151 판결 등은 이 판결과 배치되는 부분이 있으므로 그 범위에서 이를 변경하기로 한다.」 <피고인이 스마트폰 채팅 애플리케이션을 통해 알게 된 14세의 피해자에게 자신을 '고등학교 2학년인 A'라고 거짓으로 소개하고 채팅을 통해 교제하던 중 자신을 스토킹하는 여성 때문에 힘들다며 그 여성을 떼어내려면 자신의 선배와 성관계를 해야 한다는 취지로 피해자에게 이야기하고, 피고인과 헤어지는 것이 두려워 피고인의 제안을 승낙한 피해자를 마치 자신이 A의 선배인 것처럼 행세하여 간음한 **사안**에서, 14세에 불과한 아동·청소년인 피해자는 36세 피고인에게 속아 자신이 A의 선배와 성관계를 하는 것만이 A를 스토킹하는 여성을 떼어내고 A와 연인관계를 지속할 수 있는 방법이라고 오인하여 A의 선배로 가장한 피고인과 성관계를 하였고, 피해자가 위와 같은 오인에 빠지지 않았다면 피고인과의 성행위에 응하지 않았을 것인데, 피해자가 오인한 상황은 피해자가 피고인과의 성행위를 결심하게 된 중요한 동기가 된 것으로 보이고, 이를 자발적이고 진지한 성적 자기결정권의 행사에 따른 것이라고 보기 어렵다는 이유로, 피고인은 간음의 목적으로 피해자에게 오인, 착각, 부지를 일으키고 피해자의 그러한 심적 상태를 이용하여 피해자를 간음한 것이므로 이러한 피고인의 간음행위는 위계에 의한 것이라고 평가할 수 있음에도 이와 달리 본 원심판결에 위계에 의한 간음죄에 관한 법리오해의 위법이 있다고 한 사례>

5 준강간죄 장애미수의 공소사실에 불능미수의 범죄사실이 인정되는 경우의 직권 인정의 의무성 (대법원 2024.4.12.선고 2021도9043 판결)

가. 사 안

피고인이 술에 취해 잠이 들어 항거불능 상태에 있던 피해자를 간음하려 하였으나 정신을 차린 피해자가 거부하며 항의하는 바람에 미수에 그쳤다는 이유로 준강간죄의 장애미수로 기소되었다.

원심은 피고인에게 준강간 고의가 있었던 것으로는 보이나 당시 피해자가 항거불능 상태에 있었다는 점에 관한 증명이 부족하여 준강간죄의 장애미수가 성립한다고 볼 수 없고, 피고인의 행위를 준강간죄의 불능미수로 의율할 수는 있다고 보이나 피고인의 방어권행사에 실질적인 불이익을 초래할 염려가 **있으므로** 공소장변경없이 직권으로 준강간죄의 불능미수 범죄사실을 인정할 수는 없다는 이유로 무죄로 판단하였다.

나. 판결요지

(1) 피고인이 피해자가 심신상실 또는 항거불능의 상태에 있다고 인식하고 그러한 상태를 이용하여 간음할 의사로 준강간의 실행에 착수하였으나, 피해자가 실제로는 심신상실 또는 항거불능의 상태에 있지 않은 경우에는 실행의 수단 또는 대상의 착오로 인해 준강간죄에서 규정하고 있는 구성요건적 결과의 발생이 처음부터 불가능하였다고 볼 수 있다. 이때 피고인이 행위 당시에 인식한 사정을 놓고 일반인이 객관적으로 판단하여 보았을 때 준강간의 결과가 발생할 위험성이 있었다면 준강간죄의 불능미수가 성립한다.[1]

법원은 Ⓐ 공소사실의 동일성이 인정되는 범위 내에서 Ⓑ 심리의 경과에 비추어 피고인의 방어권행사에 실질적인 불이익을 초래할 염려가 없다고 인정되는 때에는, 공소장이 변경되지 않았더라도 직권으로 공소장에 기재된 공소사실과 다른 범죄사실을 **인정할 수 있고**,[2] 이와 같은 경우 공소가 제기된 범죄사실과 대비하여 볼 때 실제로 인정되는 범죄사실의 사안이 가볍지 않아 공소장이 변경되지 않았다는 이유로 이를 처벌하지 않는다면 적정절차에 의한 신속한 실체적 진실의 발견이라는 형사소송의 목적에 비추어 현저히 정의와 형평에 반하는 것으로 인정되는 경우라면 법원으로서는 직권으로 그 범죄사실을 **인정해야 한다**.[3]

(2) 피고인의 행위가 준강간죄의 불능미수에 해당한다고 볼 수 있고, 나아가 ① 이 사건 공소사실과 준강간죄의 불능미수 범죄사실 사이에 범행일시, 장소, 피고인의 구체적 행위 등 기

1 대법원 2019.3.28.선고 2018도16002 전원합의체 판결 참조.
2 대법원 1999.11.9.선고 99도3674 판결 등 참조.
3 대법원 2022.4.28.선고 2021도9041 판결; 대법원 2006.4.13.선고 2005도9268 판결 등 참조.

본적 사실에 차이가 없고, ② 공판과정에서 준강간의 고의, 피해자의 항거불능상태는 물론 준강간의 결과 발생 위험성에 관한 판단근거가 될 수 있는 피고인이 당시 인식한 피해자의 상태에 관한 공방 및 심리가 모두 이루어졌고 검사가 항소이유서에서 준강간죄의 불능미수 성립을 주장하고 피고인의 변호인이 그에 대한 답변서를 제출하기도 하여 직권으로 준강간죄 불능미수의 범죄사실을 인정하더라도 **피고인의 방어권행사에 실질적인 불이익을 초래할 염려가 있다고 볼 수 없으며**, ③ 준강간죄의 불능미수가 중대한 범죄이고, 준강간죄의 장애미수와 사이에 범죄의 중대성, 죄질, 처벌가치 등 측면에서 별다른 차이가 없어, 공소장이 변경되지 않았다는 이유로 이를 처벌하지 않는다면 적정절차에 의한 신속한 실체적 진실의 발견이라는 형사소송의 목적에 비추어 **현저히 정의와 형평에 반하므로** 원심으로서는 준강간죄의 불능미수 범죄사실을 직권으로 인정하였어야 하므로 이 사건 공소사실을 무죄로 판단한 원심을 파기·환송한다.[1]

[사례 1] 법원의 직권인정의 가능성과 의무

甲이 피해자 A와 함께 술을 마시다가 A가 술에 취해 잠이 들어 항거불능상태에 있다고 보여서 이를 이용하여 A를 간음하려 하였으나 A가 갑자기 정신을 차리고 거부하며 항의하는 바람에 미수에 그쳤다는 혐의로 준강간죄(형법 제299조)의 장애미수로 공소제기가 되었다.

제1심 공판과정에서 준강간의 고의, A의 항거불능상태는 물론이고 준강간의 결과 발생 위험성에 관한 판단근거가 될 수 있는 甲이 당시 인식한 A의 상태에 관한 공방 및 심리가 모두 이루어졌고, 검사가 의견서에서 준강간죄의 불능미수 성립을 주장하고 그에 대해 甲의 변호인이 답변서를 제출하기도 하였다.

법원은 범행 당시에 甲에게 준강간의 고의가 있었던 것으로 보이나 A가 항거불능상태에 있었다는 점에 관한 증명이 부족하여 준강간죄의 장애미수가 성립하지는 않지만 준강간의 결과가 발생할 위험성이 있어서 준강간죄의 불능미수가 성립한다고 판단하였다.

그렇지만 검사가 甲에 대해 준강간죄의 불능미수로 공소장변경신청을 하지 않고 있는데, 법원은 어떤 조치를 해야 하는지 검토하시오.

---

1 **판례**는 ① 허위사실적시에 의한 명예훼손의 공소사실로 공소제기가 되었으나 사실적시에 의한 명예훼손의 사실만 인정된 경우(대법원 2008.10.9.선고 2007도1220 판결), ② 성폭력범죄의처벌및피해자보호등에관한법률위반죄의 공소사실로 공소제기가 되었으나 강간의 점은 인정되지 않고 상해의 사실만 인정된 경우(대법원 1997.8.26.선고 97도1452 판결), ③ 상해 내지 상해치사의 공소사실로 공소제기가 되었으나 단순 폭행의 범죄사실만 인정되는 경우(대법원 1993.12.28.선고 93도3058 판결; 대법원 1990.10.26.선고 90도1229 판결), ④ 특수강도의 공소사실로 공소제기가 되었으나 공동 폭행·협박 또는 특수강도의 종범에 관한 범죄사실만 인정되는 경우(대법원 2001.12.11.선고 2001도4013 판결) 등에 법원이 축소사실을 직권으로 인정하지 않아도 위법하지 않다고 보고 있다.

판례는 법원의 직권인정의 의무성에 대해 원칙적 재량설 입장이지만 위와 같은 몇가지 경우를 제외하고는 실제로 인정되는 범죄사실이 가볍지 않아 이를 처벌하지 않는다면 현저히 정의와 형평에 반하므로 직권으로 그 범죄사실을 인정해야 한다고 하여 의무설과 같은 결론에 이르고 있다.

1. 문제의 제기

준강간죄의 장애미수 대신 준강간죄의 불능미수가 인정되는 경우에 법원의 공소장변경요구, 직권판단의 가능성과 의무에 대해 살펴본다.

2. 공소장변경의 요구와 그 필요성

공소사실인 준강간죄의 장애미수가 인정되지 않고 준강간죄의 불능미수가 인정되는 경우에 같은 준강간죄의 미수이기에 공소장변경이 가능할 것으로 보이지만 법원의 공소장변경요구(형사소송법 제298조 제2항)에 대해 학설은 의무설, 재량설, 예외적 의무설로 나뉘나 **판례**는 법원의 재량이라는 입장이다.[1]

계속해서 공소장변경의 필요성에 관해 학설로 동일벌조설, 법률구성설 등이 있으나 통설과 판례 입장인 사실기재설에 의하면 공판과정에서 준강간의 고의, A의 항거불능상태는 물론이고 준강간의 결과 발생 위험성에 관한 판단근거가 될 수 있는 甲이 당시 인식한 A의 상태에 관해 공방 및 심리가 모두 이루어졌을 뿐만 아니라 검사가 의견서에서 준강간죄의 불능미수 성립을 주장하고, 그에 대해 甲의 변호인도 답변서까지 제출한 것으로 보아 준강간죄의 불능미수를 인정한다고 해도 피고인의 방어권행사에 불이익을 초래할 염려가 없으므로 공소장변경없이도 **준강간죄의 불능미수에 대해 유죄를 선고할 수** 있다고 본다.

3. 법원의 직권변경의 의무성

법원이 직권으로 이를 인정해야 하는지가 논의된다. **학설**로 ① **의무설**은 법원의 현실적 심판대상이 되었다면 인정되는 사실에 대해 법원이 유죄를 선고해야 한다는 견해이고, ② **원칙적 재량설**은 사실인정에 있어서 법원의 재량을 인정할 필요가 있으므로 직권에 의한 사실인정은 예외적인 경우에만 의무라는 견해이다. **판례**는 실제로 인정되는 사실이 가볍지 않아 공소장변경이 되지 않았다는 이유로 처벌하지 않는 것이 현저히 정의와 형평에 반하는 경우에만 직권으로 인정해야 한다고 하여 원칙적 재량설 입장이다.[2] **검토**하면 준강간죄의 불능미수에 대해 심리가 이루어져서 현실적 심판대상이 되었기에 피고인의 방어권행사에 실질적인 불이익을 초래할 염려도 없으므로 현저히 정의와 형평에 반하지 않는 경우라도 원칙적으로 인정되는 사실에 대해 유죄를 선고하는 것이 의무라고 보는 것이 타당하다.

따라서 의무설에 의하면 법원은 준강간죄의 불능미수에 대해 당연히 유죄를 선고해야 하고, 판례의 원칙적 재량설에 의해서도 준강간죄의 불능미수가 중대한 범죄이고 준강간죄의 장애미수와의 사이에 범죄의 중대성, 죄질, 처벌가치 등 측면에서 별다른 차이가 없어서 공소장변경

1 대법원 2011.1.13.선고 2010도5994 판결; 대법원 2009.5.14.선고 2007도616 판결; 대법원 2006.9.14.선고 2005도2518 판결; 대법원 1999.12.24.선고 99도3003 판결.

2 대법원 2024.4.12.선고 2021도9043 판결; 대법원 2022.4.28.선고 2021도9041 판결; 대법원 2009.5.14.선고 2007도616 판결.

이 되지 않았다는 이유로 이를 처벌하지 않는다면 현저히 정의와 형평에 반한다고 판단된다.

4. 결 론

법원은 재량으로 검사에게 공소장변경요구를 할 수 있고, 준강간죄의 불능미수를 직권으로 인정할 수 있을 뿐만 아니라 **의무적으로 유죄를 선고해야** 한다.[1]

[사례 2] 법원의 공소사실에 대한 축소사실 인정의 의무성

甲이 피해자 A에 대한 강간상해죄(형법 제301조)로 공소제기가 되어 제1심 공판과정에서 강간 성립 여부를 집중적으로 심리하였으나 이에 대한 입증이 되지 않고 甲도 상해사실은 자백하고 있어서 상해 사실만 인정되었다.

그런데 법원이 甲에 대해 상해죄로 공소장변경이 되지 않아서 강간상해죄에 대해 무죄를 선고하였는데, 이는 적법한가?

1. 문제의 제기

법원이 공소사실인 강간상해죄가 인정되지 않고 그 축소사실인 상해죄만 인정되는 경우에 강간상해죄에 대해 무죄를 선고한 것이 적법한 여부는 상해죄에 대해 유죄를 선고할 의무가 있는지를 통해 살펴본다.

2. 법원의 축소사실 인정의 의무성

공소사실인 강간상해죄가 인정되지 않고 그 축소사실인 상해죄가 인정되는 경우에 상해죄로 공소장변경이 가능할 뿐만 아니라 공소장변경의 필요성에 관한 통설과 판례 입장인 사실기재설에 의하면 피고인이 상해를 인정하고 있기도 하여 법원은 피고인의 방어권행사에 불이익을 초래하지 않으므로 공소장변경없이도 그 축소사실인 **상해죄에 대해 유죄를 선고할 수** 있다.

그런데 **직권으로 그 축소사실을 인정해야 하는지**가 논의된다. **학설**로 ① **의무설**은 축소사실이 공소사실에 포함되어 법원의 현실적 심판대상이 되었으므로 축소사실이 인정되면 법원이 유죄를 선고해야 한다는 견해이고, ② **원칙적 재량설**은 사실인정에 있어서 법원의 재량을 인정할 필요가 있으므로 직권에 의한 사실인정은 예외적인 경우에만 의무라는 견해이다. **판례**는 실제로

1 만일 검사의 공소장변경신청이 없는데도 1심 법원이 甲에게 준강간죄의 불능미수로 유죄를 선고할 수 있는지와 1심 법원이 공소장변경이 되지 않았다는 이유로 준강간죄의 장애미수가 인정되지 않는다며 무죄를 선고할 수 있는지를 검토하라고 하면 ① 검사의 공소장변경신청이 없어서 공소장변경이 되지 않더라도 피고인의 방어권행사에 실질적인 불이익을 초래할 염려가 없으므로 1심 법원이 직권으로 준강간죄의 불능미수로 유죄를 선고할 수 있으며, ② 또한 직권인정의 의무가 인정되므로 유죄를 선고해야 하고 준강간죄의 장애미수에 대해 무죄를 선고하는 것은 위법하다고 해야 한다.

인정되는 사실이 가볍지 않아 공소장변경이 되지 않았다는 이유로 처벌하지 않는 것이 현저히 정의와 형편에 반하는 경우에만 직권으로 인정해야 한다고 하여 원칙적 재량설 입장이다.[1]

검토하면 축소사실은 공소사실에 포함되어 현실적 심판대상이 되었기에 피고인의 방어권행사에 실질적인 불이익을 초래할 염려도 없으므로 현저히 정의와 형평에 반하지 않는 경우라도 원칙적으로 인정되는 축소사실에 대해 유죄를 선고하는 것이 의무라고 보아야 한다.

3. 결 론

의무설에 의하면 법원이 축소사실인 상해죄에 대해 유죄를 선고하지 않은 것은 위법하다. 그렇지만 판례의 원칙적 재량설에 의하면 ① 공판과정에서 강간 성립 여부가 집중적으로 심리될 정도로 강간 성립 여부가 중요하고 ② 이에 비해 인정되는 상해부분은 甲도 자백하고 있는 상황이므로 상해죄로 처벌하지 않는 것이 현저히 정의와 형평에 반하는 것이라고 보이지 않으므로 법원이 상해죄에 대해 유죄를 선고하지 않고 강간상해죄에 대해 무죄를 선고한 것은 위법하지 않다.

---

6 위법수집증거배제법칙의 예외로 증거능력이 인정된 경우 : 변호인의 참여권보장 (대법원 2025.4.24.선고 2024도19106 판결)

가. 사 안

수사기관이 피고인의 동의를 얻어 피고인의 휴대전화 전자정보를 탐색하던 중 피해자와의 성관계 영상 등을 확인한 후, 압수수색영장을 발부받아 피고인의 휴대전화에 저장된 동영상, 사진 등 전자정보를 압수하여 피고인을 준강제추행죄 등으로 기소하였는데, 그 과정에서 피고인의 변호인에게 위 압수수색절차에 관한 사전통지를 하지 않아 위 전자정보의 증거능력이 문제되었다.

원심은 피고인의 변호인에게 미리 집행의 일시와 장소를 통지하지 않은 채 압수수색영장을 집행하여 휴대전화 전자정보를 압수하였더라도 피고인에게 참여권을 보장하였으므로 압수수색은 적법하고, **설령** 변호인에게 별도로 참여권을 보장하였어야 압수수색이 적법하다고 보더라도 그 절차위반의 정도가 무겁다고 볼 수 없으므로 해당 전자정보의 증거능력을 인정할 수 있다고 판단하였다.

---

1 대법원 2024.4.12.선고 2021도9043 판결; 대법원 2022.4.28.선고 2021도9041 판결; 대법원 2009.5.14.선고 2007도616 판결.

나. 판결요지

A. 법 리

(1) 수사기관이 압수수색영장을 집행할 때에는 피압수자 또는[1] 변호인은 그 집행에 참여할 수 있다(형사소송법 제219조, 제121조). 저장매체에 대한 압수수색과정에서 범위를 정하여 출력·복제하는 방법이 불가능하거나 압수의 목적을 달성하기에 현저히 곤란한 예외적인 사정이 인정되어, 전자정보가 담긴 저장매체, 하드카피나 이미징(imaging) 등 형태(이하 '복제본')를 수사기관 사무실 등으로 옮겨 복제·탐색·출력하는 경우에도, 피압수자나 변호인에게 참여 기회를 보장하고 혐의사실과 무관한 전자정보의 임의적인 복제 등을 막기 위한 적절한 조치를 취하는 등 영장주의 원칙과 적법절차를 준수해야 한다. 만일 그러한 조치를 취하지 않았다면, 피압수자 측이 위와 같은 절차나 과정에 참여하지 않는다는 의사를 명시적으로 표시하였거나, 절차 위반행위가 이루어진 과정의 성질과 내용 등에 비추어 피압수자에게 절차 참여를 보장한 취지가 실질적으로 침해되었다고 볼 수 없을 정도에 해당한다는 등의 특별한 사정이 없는 이상, 압수수색이 적법하다고 할 수 없다. 이는 수사기관이 저장매체 또는 복제본에서 혐의사실과 관련된 전자정보만을 복제·출력한 경우에도 마찬가지이다.[2]

한편 형사소송법 제219조, 제121조가 규정한 변호인의 참여권은 피압수자의 보호를 위해 변호인에게 주어진 **고유권**이다. 따라서 설령, 피압수자에게 집행의 일시와 장소를 통지하고, 피압수자가 스스로 수사기관에 압수수색영장의 집행에 참여할 의사를 명시하거나 또는 집행에 참여하지 않는다는 의사를 명시하였더라도, 특별한 사정이 없는 한 그 변호인에게는 형사소송법 제219조, 제122조에 따라 미리 집행의 일시와 장소를 통지하는 등으로 압수수색영장의 집행에 참여할 기회를 **별도로 보장해야** 한다.[3]

(2) 형사소송법 제308조의2는 '적법한 절차에 따르지 아니하고 수집한 증거는 증거로 할 수 없다'고 정하고 있다. 이는 위법한 압수수색을 비롯한 수사과정의 위법행위를 억제하고 재발을 방지함으로써 국민의 기본적 인권보장이라는 헌법이념을 실현하고자 위법수집증거배제원칙을 명시한 것이다.[4] 헌법 제12조는 기본적 인권을 보장하기 위하여 압수수색에 관한 적법절차와 영장주의원칙을 선언하고 있고, 형사소송법은 이를 이어받아 실체적 진실 규명과 개인의 권리보호이념을 조화롭게 실현할 수 있도록 압수수색절차에 관한 구체적 기준을 마련하고 있다. 이러한 헌법과 형사소송법의 규범력을 확고하게 유지하고 수사과정의 위법행위를 억제할 필요가 있으므로, 적법한 절차에 따르지 않고 수집한 증거는 물론 이를 기초로 하여 획득한 2차

1 판례는 압수수색영장의 집행에 대한 변호인의 참여권을 고유권으로 보고 피압수자 외에 변호인에게 별도로 보장해야 한다는 입장이므로 '또는'이라고 하지만 실제로는 '와'로 해석해야 한다.

2 대법원 2017.9.21.선고 2015도12400 판결; 대법원 2015.7.16.자 2011모1839 전원합의체 결정 등.

3 대법원 2020.11.26.선고 2020도10729 판결.

4 대법원 2019.7.11.선고 2018도20504 판결; 대법원 2013.3.14.선고 2010도2094 판결 등.

적 증거 또한 기본적 인권보장을 위해 마련된 적법한 절차에 따르지 않고 확보한 것으로서 **원칙적으로** 유죄 인정의 증거로 삼을 수 없다고 보아야 한다.

그러나 법률에 정해진 절차에 따르지 않고 수집한 증거라는 이유만을 내세워 획일적으로 증거능력을 부정하는 것은 헌법과 형사소송법의 목적에 맞지 않는다. 실체적 진실 규명을 통한 정당한 형벌권의 실현도 헌법과 형사소송법이 형사소송절차를 통해 달성하려는 중요한 목표이자 이념이기 때문이다. 수사기관의 절차위반행위가 적법절차의 실질적인 내용을 침해하는 경우에 해당하지 않고, 오히려 증거능력을 배제하는 것이 헌법과 형사소송법이 형사소송에 관한 절차 조항을 마련하여 적법절차의 원칙과 실체적 진실 규명의 조화를 도모하고 이를 통하여 형사사법정의를 실현하려 한 취지에 반하는 결과를 초래하는 것으로 평가되는 **예외적인 경우**라면, 법원은 그 증거를 유죄 인정의 증거로 사용할 수 있다고 보아야 한다. 이에 해당하는지는 수사기관의 증거수집과정에서 이루어진 절차위반행위와 관련된 모든 사정, 즉 절차 조항의 취지, 위반 내용과 정도, 구체적인 위반 경위와 회피가능성, 절차조항이 보호하고자 하는 권리나 법익의 성질과 침해 정도, 이러한 권리나 법익과 피고인 사이의 관련성, 절차위반행위와 증거수집 사이의 관련성, 수사기관의 인식과 의도 등을 전체적·종합적으로 고찰하여 판단해야 한다. 이러한 법리는 적법한 절차에 따르지 않고 수집한 증거를 기초로 하여 획득한 2차적 증거에 대해서도 마찬가지로 적용되므로, 절차에 따르지 않은 증거수집과 2차적 증거수집 사이 인과관계의 희석이나 단절 여부를 중심으로 2차적 증거수집과 관련된 모든 사정을 전체적·종합적으로 고려하여 예외적인 경우에는 유죄 인정의 증거로 사용할 수 있다.[1]

B. 사안 적용

수사기관은 위와 같은 탐색·복제에 앞서 피고인의 변호인에게 그 집행의 일시와 장소를 통지하는 등으로 절차에 참여할 기회를 제공하였어야 하고 그와 같은 조치를 취하지 않은 것은 압수절차를 위반한 것이어서 이 부분 원심의 판단은 법리를 오해한 것이다.

그러나 ① 피고인은 이 사건 영장에 의해 이루어진 압수·수색의 전 과정에 참여하였으므로, 그 과정에서 이 사건 영장 혐의사실과 무관한 전자정보의 임의적 복제를 막을 수 있었던 것으로 보이고, ② 이 사건 영장의 집행과정에서 피고인이 수사기관에 변호인의 참여를 요구한 바 없고, 피고인의 변호인은 피의자신문 당시 피고인과 통화를 하여 피고인이 긴급체포되어 조사중임을 알았으며 이후 변호인선임신고서를 제출하기도 하였음에도 수사기관에 이 사건 영장의 집행상황을 문의하거나 그 과정에의 참여를 요구한 바 없고, ③ 수사기관은, 피고인으로부터 성관계 영상을 유포하겠다는 협박을 받았다는 피해자의 진술을 듣고, 관련 영상을 찾기 위해 피고인의 휴대전화를 피고인의 동의 아래 탐색한 후, 이 사건 영상이 발견되자 더 이상의

1 대법원 2019.7.11.선고 2018도20504 판결; 대법원 2015.1.22.선고 2014도10978 전원합의체 판결; 대법원 2007.11.15.선고 2007도3061 전원합의체 판결 등.

수사를 중단하고 이 사건 영장을 발부받아 이를 압수하였으며, 이러한 일련의 수사과정을 놓고 보면, 수사기관은 이 사건 영상을 확보하는 과정에서 적법절차 원칙을 준수하려고 하였던 것으로 보이고, 의도적으로 변호인 참여권을 침해하고자 하였다고 보이지 않는 등 제반 사정에 비추어 보면 예외적으로 그와 같이 수집된 증거와 2차적 증거 모두 증거능력이 있는 경우에 해당하여 증거능력을 인정한 원심의 결론은 수긍하여 상고를 기각한다.[1]

[사례] 변호인에게 참여통지를 누락한 압수수색과 증거능력

사법경찰관 P는 피해자 A로부터 甲이 자신에게 성관계 영상을 유포하겠다는 협박을 계속 하였다는 진술을 확보하고 甲의 동의에 따라 甲의 휴대전화를 탐색하던 중에 성관계 영상이 발견되자 곧바로 법원으로부터 압수·수색영장을 발부받아 휴대전화를 압수한 후에 휴대전화에서 성관계 영상을 탐색·복제하는 전 과정에 甲이 참여하였으나 甲의 변호인에게는 위 탐색·복제에 앞서 그 집행의 일시와 장소를 통지하지 않아 변호인은 참여하지 않았다. 그렇지만 변호인은 P의 甲에 대한 피의자신문 당시 甲과 통화를 하여 甲이 긴급체포가 되어 조사 중임을 알았으며 이후 변호인선임신고서를 제출하기도 하였는데, P에게 압수·수색영장의 집행 상황을 문의하거나 그 과정에의 참여를 요구하지는 않았다.

위 휴대전화에서 수집된 성관계 영상의 증거능력이 인정될 수 있는지 검토하시오.

1. 문제의 제기

변호인에게 참여통지를 하지 않아 변호인의 참여가 보장되지 않은 상태에서 압수수색절차가 진행되었기에 위법수집증거배제법칙에 의해 증거능력이 부정되는지를 살펴본다.

2. 변호인의 참여권과 위법수집증거배제법칙의 예외 인정

전자정보에 대한 압수수색에서 예외적인 사정이 인정되어 휴대전화를 압수하고 이후 이를 탐색·복제하는 경우에도 피압수자나 변호인에게 참여기회를 보장해야 하고(형사소송법 제219조, 제121조), 변호인의 참여권은 피압수자의 보호를 위해 변호인에게 주어진 **고유권**이다(**판례**).[2]

---

1 대법원 2020.11.26.선고 2020도10729 판결, <국선변호인에게 미리 압수수색영장의 집행일시와 장소를 통지하지 않아 변호인의 참여권이 보장되지 않은 채 집행되어 **위법하지만** Ⓐ 수사기관이 국선변호인에게 통지하지 않은 것이 의도적으로 변호인의 참여권보장을 회피하려는 것으로 보이지 않고, Ⓑ 피의자가 법정에서까지 자백하면서 컴퓨터에 불법촬영 영상물이 저장되어 있다는 진술도 미리 하고 더 이상의 참여를 하지 않겠다고 한 상태였고, Ⓒ 국선변호인이 선정되기 전인 구속전피의자심문단계 이전에 컴퓨터에 대한 탐색이 어느 정도 진행되었으며 Ⓓ 국선변호인도 영장집행 상황을 문의하거나 그 과정에의 참여를 요구하지도 않았던 사정에 비추어 수집한 증거의 증거능력을 **예외적으로** 인정할 수 있다고 판단한 사례>

이외에도 **판례**는 ① 압수수색영장에 다른 절차는 갖추어졌으나 서명날인란에 판사의 서명만 있고 날인이 없는 경우(대법원 2019.7.11.선고 2018도20504 판결), ② 임의제출물에 대해 압수목록의 작성·교부만을 이행하지 않은 경우(대법원 2022.2.17.선고 2019도4938 판결 등), ③ 외국인을 체포·구속하면서 영사통보권 등이 있음을 지체없이 고지하지 않은 경우(대법원 2022.4.28.선고 2021도17103 판결) 등에 대해서도 위법수집증거배제법칙의 예외로 보고 증거능력을 인정한 바 있다.

2 대법원 2025.4.24.선고 2024도19106 판결; 대법원 2020.11.26.선고 2020도10729 판결.

따라서 피압수자가 참여권을 행사하였거나 참여하지 않는다는 의사를 명시하였더라도 특별한 사정이 없는 한 변호인에게 미리 집행의 일시와 장소를 통지하는 등으로 영장의 집행에 참여할 기회를 별도로 보장해야 한다.

위법수집증거배제법칙에 의해 적법한 절차에 따르지 않고 수집한 증거는 물론 이를 기초로 하여 획득한 2차 증거 역시 원칙적으로 증거능력이 없으나 수사기관의 절차위반행위가 적법절차의 실질적인 내용을 침해하는 경우에 해당하지 않고, 오히려 증거능력을 배제하는 것이 형사사법정의를 실현하려는 취지에 반하는 결과를 초래하는 것으로 평가되는 예외적인 경우에 한해 그 증거의 증거능력이 인정될 수 있다는 것이 **판례** 입장이다.[1]

사안에서 甲이 참여하였더라도 변호인에게 참여기회가 보장되지 않아 위법하지만 Ⓐ 甲이 압수수색의 전 과정에 참여하여 영장 혐의사실과 무관한 전자정보의 임의적 복제를 막을 수 있었던 것으로 보이고, Ⓑ 영장의 집행과정에서 甲이 변호인의 참여를 요구하지 않고 변호인도 甲에 대한 피의자신문 당시에 통화를 통해 甲이 긴급체포가 된 사실을 알면서도 이후 변호인선임신고서를 제출하기도 하면서 영장의 집행상황을 문의하거나 그 과정에 참여를 요구한 바 없고, Ⓒ P가 甲의 휴대전화를 甲의 동의를 받고 탐색하던 중 성관계 영상이 발견되자 더 이상의 수사를 중단하고 영장을 발부받아 이를 압수하였던 일련의 수사과정을 보면 P가 적법절차 원칙을 준수하려고 하였고 의도적으로 변호인 참여권을 침해하고자 하였다고 보이지 않는 점 등을 종합하면 수사기관의 절차위반행위가 적법절차의 실질적인 내용을 침해한 경우에 해당하지 않고 오히려 수집된 증거의 증거능력을 배제하는 것은 형사사법정의를 실현하려는 취지에 반하는 결과를 초래할 수 있다고 본다.

3. 결 론

변호인에게 참여권을 보장하는 않아 압수수색절차가 위법한 것은 사실이지만 위법수집증거배제법칙의 예외에 해당하므로 수집된 성관계 영상의 증거능력이 인정된다.

---

1 대법원 2025.4.24.선고 2024도19106 판결; 대법원 2025.4.10.선고 2024도15789 판결; 대법원 2024.4.16.선고 2020도3050 판결; 대법원 2023.6.1.선고 2018도18866 판결; 대법원 2022.4.28.선고 2021도17103 판결; 대법원 2007.11.15.선고 2007도3061 전원합의체 판결 등.

7 피해자가 피의자의 휴대전화를 임의제출한 경우의 증거능력 부정 (대법원 2023.12.14.선고 2020도1669 판결)

가. 사 안

피고인이 성명불상자에게 지인의 얼굴과 나체사진이 합성된 음란한 사진(음란합성사진) 파일 제작을 의뢰하고(음화제조교사), 지하철 등지에서 여고생들을 불법촬영(성폭력처벌법 위반) 등을 한 혐의로 기소되었다.

나. 판결요지

(1) 형법 제243조(음화반포등)는 음란한 문서, 도화, 필름 기타 물건을 반포, 판매 또는 임대하거나 공연히 전시 또는 상영한 자에 대한 처벌규정으로서 컴퓨터 프로그램파일은 위 규정에서 규정하고 있는 문서, 도화, 필름 기타 물건에 해당한다고 할 수 없다.[1] 이는 형법 제243조의 행위에 공할 목적으로 음란한 물건을 제조, 소지, 수입 또는 수출한 자를 처벌하는 규정인 형법 제244조(음화제조등)의 '음란한 물건'의 해석에도 그대로 적용된다.

(2) 피해자 등 제3자가 피의자의 소유·관리에 속하는 정보저장매체를 임의제출한 경우에는 **실질적 피압수자인 피의자**가 수사기관으로 하여금 그 전자정보 전부를 무제한 탐색하는데 동의한 것으로 보기 어려울 뿐만 아니라 피의자 스스로 임의제출한 경우 피의자의 참여권 등이 보장되어야 하는 것과 견주어 보더라도 특별한 사정이 없는 한 피의자에게 **참여권**을 보장하고 압수한 전자정보 **목록**을 교부하는 등 피의자의 절차적 권리를 보장하기 위한 적절한 조치가 이루어져야 한다.[2]

이와 같이 정보저장매체를 임의제출한 피압수자에 더하여 임의제출자 아닌 피의자에게도 참여권이 보장되어야 하는 **'피의자의 소유·관리에 속하는 정보저장매체'**라 함은, 피의자가 압수수색 당시 또는 이와 시간적으로 근접한 시기까지 해당 정보저장매체를 현실적으로 지배·관리하면서 그 정보저장매체 내 전자정보 전반에 관한 전속적인 관리처분권을 보유·행사하고, 달리 이를 자신의 의사에 따라 제3자에게 양도하거나 포기하지 아니한 경우로서, 피의자를 그 정보저장매체에 저장된 전자정보 전반에 대한 실질적인 압수수색 당사자로 평가할 수 있는 경우를 말하는 것이다. 이에 해당하는지 여부는 민사법상 권리의 귀속에 따른 법률적·사후적 판단이 아니라 압수수색 당시 외형적·객관적으로 인식 가능한 사실상의 상태를 기준으로 판단해야 한다.[3]

---

1 대법원 1999.2.24.선고 98도3140 판결 참조.

2 대법원 2021.11.18.선고 2016도348 전원합의체 판결 등 참조.

3 대법원 2023.9.18.선고 2022도7453 전원합의체 판결; 대법원 2022.1.27.선고 2021도11170 판결.

한편 형사소송법 제308조의2(군사법원법 제359조의2)는 "적법한 절차에 따르지 아니하고 수집한 증거는 증거로 할 수 없다."라고 규정하고 있는바, 수사기관이 헌법과 형사소송법이 정한 절차에 따르지 않고 수집한 증거는 물론, **이를 기초로 하여 획득한 2차적 증거 역시 유죄 인정의 증거로 삼을 수 없는 것이 원칙**이다. 법원이 2차적 증거의 증거능력 인정 여부를 최종적으로 판단할 때에는 먼저 절차에 따르지 아니한 1차적 증거수집과 관련된 모든 사정들, 즉 절차조항의 취지와 그 위반의 내용 및 정도, 구체적인 위반 경위와 회피가능성, 절차조항이 보호하고자 하는 권리 또는 법익의 성질과 침해정도 및 피고인과의 관련성, 절차위반행위와 증거수집 사이의 인과관계 등 관련성의 정도, 수사기관의 인식과 의도 등을 살펴야 한다. 나아가 1차적 증거를 기초로 하여 다시 2차적 증거를 수집하는 과정에서 추가로 발생한 모든 사정들까지 구체적인 사안에 따라 주로 인과관계 희석 또는 단절 여부를 중심으로 전체적·종합적으로 고려해야 한다.[1]

(3) 임의제출된 정보저장매체에서 압수의 대상이 되는 전자정보의 범위를 초과하여 수사기관 임의로 전자정보를 탐색·복제·출력하는 것은 원칙적으로 위법한 압수수색에 해당하므로 허용될 수 없다. 만약 전자정보에 대한 압수수색이 종료되기 전에 범죄혐의사실과 관련된 전자정보를 적법하게 탐색하는 과정에서 별도의 범죄혐의와 관련된 전자정보를 우연히 발견한 경우라면, ① 수사기관은 더 이상의 추가 탐색을 중단하고 ② 법원으로부터 별도의 범죄혐의에 대한 압수수색영장을 발부받은 경우에 한해 그러한 정보에 대해서도 적법하게 압수수색을 할 수 있다.[2]

(4) ① 음란합성사진 파일은 형법 제244조의 '음란한 물건'에 해당한다고 볼 수 없고, ② 피해자가 임의제출한 이 사건 휴대전화 내 전자정보의 탐색 등 과정에서 실질적 피압수자인 피고인의 **참여권이 보장**되지 않았고, 전자정보 **압수목록이 교부**되지 않은 위법이 있으며, ③ 이후 군검사가 이 사건 휴대전화를 피해자측에 환부한 후 다시 압수수색 영장을 발부받아 압수하였더라도 선행 절차위법 사이에 인과관계가 희석된다고 볼 수 없고, ④ 음화제조교사 부분 혐의사실과 **관련성이 없는** 성폭력처벌법위반 불법촬영 사진을 발견하였음에도 추가 탐색을 중단하지 않은 위법이 있음을 이유로 이 사건 휴대전화에서 탐색·복원·출력된 전자정보 및 그에 따른 2차적 증거의 증거능력이 부정된다고 보아, 이와 달리 위 전자정보의 증거능력을 인정한 원심판결을 파기하고, 원심법원(고등군사법원)과 동등한 관할 법원인 서울고등법원으로 이송하였다.

1 대법원 2014.1.16.선고 2013도7101 판결; 대법원 2009.3.12.선고 2008도11437 판결 등.
2 대법원 2021.11.18.선고 2016도348 전원합의체 판결.

8 선행사건에서 삭제·폐기하지 않은 무관정보의 증거능력 부정 (대법원 2023.6.1.선고 2018도19782 판결)

가. 사 안

(1) 구 국군기무사령부(이하 '기무사') 수사관은 공소외 1이 해외 방위산업체 컨설턴트 및 무역대리점 업무를 하면서 방위사업청 등이 발주하는 방위력개선사업과 관련한 군사기밀을 탐지·수집·누설하였다는 혐의로 수사를 진행하던 중, 2014.6.9. 서울중앙지방법원 판사로부터 공소외 1 등 6명의 신체, 사무실, 주거지 등에 대해 압수·수색·검증영장(이하 **'제1영장'**)을 발부받았다.

제1영장의 압수할 물건에는 위 군사기밀과 관련한 군 관련 자료, 이를 파일 형태로 담고 있는 컴퓨터, 노트북, 외장형 하드디스크, USB, CD, DVD, 휴대전화 등 정보저장매체와 그 정보저장매체에 수록된 내용, 수첩, 노트 등 범죄사실과 관련된 문서자료 등이 포함되었다.

제1영장의 압수 대상 및 방법에 관해서는 <u>혐의사실과 관련된 전자정보만을</u> ① 문서로 출력하거나 ② 수사기관이 휴대한 저장매체에 복사하는 방법을 원칙으로 하되, <u>이러한 압수 집행이 불가능하거나 현저히 곤란한 경우</u> ③ 저장매체 전부를 하드카피·이미징하는 방식으로 복제할 수 있고, ④ 집행현장에서 복제가 불가능하거나 현저히 곤란한 경우에는 저장매체의 원본을 봉인, 반출한 뒤 복제작업을 마치고 지체없이 반환하도록 하며, 복제한 저장매체에서 혐의사실과 관련된 전자정보만을 출력, 복사해야 하고, 위와 같은 증거물 수집이 완료되고 <u>복제한 저장매체를 보전할 필요성이 소멸된 후에는 혐의사실과 관련없는 전자정보를 지체없이 삭제·폐기</u>하도록 하는 제한사항이 존재하였다.

(2) 기무사 수사관은 2014.6.10. 제1영장을 집행하면서, 공소외 1의 주거지에 있던 공소외 1의 노트북, 메모리카드, 외장형 하드디스크 전부를 모두 이미징하는 방법으로 복제하여 '삼성 노트북 이미지', 'Transcend Flash 메모리 이미지', 'Micr○ SD Flash 메모리 이미지', 'Seagate 외장형 HDD 이미지 파일' 등(이하 '이미징 사본')을 생성하였다.

서울중앙지방검찰청 검사는 2014.7.경 <u>공소외 1을 군사기밀보호법위반 등의 혐의로 기소</u>하였다. 서울중앙지방법원은 2015.1.8. 공소외 1이 '특수전지원함/특수침투정', 'GPS 화물낙하산', '소형무장헬기', '고공침투장비', '기상레이더 2차' 사업 등과 관련한 군사기밀을 탐지·수집 및 누설하였다는 공소사실을 유죄로 인정하여 <u>공소외 1에 대해 징역 4년을 선고하고, 압수된 이미징 사본 중 일부를 몰수하는 판결을 선고</u>하였다.

공소외 1과 검사는 위 판결에 불복하여 항소, 상고하였으나, 공소외 1의 일부 뇌물공여의 점이 추가로 유죄로 인정된 것 이외에 위 군사기밀 탐지·수집 및 누설에 관한 유죄 부분은 그대로 유지되었고, 위 판결은 2015.9.24. 대법원의 상고기각판결로 확정되었다(이하 공소외 1에 대한 위 형사사건을 **'선행사건'**).

(3) 기무사 수사관은 2016.7.경 군 내부 실무자가 공소외 1에게 '소형무장헬기' 사업과 관련한 군사기밀을 누설하였을 가능성을 확인하고, 2016.7.19. 서울중앙지방검찰청에 보관되어 있던 선행사건의 기록과 압수물을 대출받았다.

기무사 수사관은 2016.7.21.경 압수물 중 이미징 사본에 대한 분석(이하 '1차 탐색')을 하고, 이를 기초로 피고인이 공소외 1에게 '소형무장헬기' 사업 등과 관련한 군사기밀을 누설하였다는 혐의로 피고인에 대한 내사를 개시하였다.

기무사 수사관은 2016.8.2. 국방부 보통군사법원 군판사로부터 피고인이 '특수전지원함/특수침투정', '소형무장헬기', '기상레이더 2차' 사업과 관련한 군사기밀을 누설하였다는 범죄사실에 관한 증거자료를 확보할 필요가 있다는 등의 사유로 서울중앙지방검찰청에 보관된 선행사건의 압수물 중 위 사업 관련 군사기밀 및 군 관련 자료, 범죄사실을 증명할 수 있는 자료 등에 관한 압수·수색·검증영장(이하 **'제2영장'**)을 발부받았다.

기무사 수사관은 2016.8.4. 서울중앙지방검찰청 형사증거과 직원 공소외 2의 참여 하에 제2영장을 집행하여, 그곳에 보관되어 있던 선행사건 압수물인 이미징 사본에서 공소외 1의 이메일 기록을 추출하여 압수하였다.

나. 판결요지

(1) 수사기관의 전자정보에 대한 압수·수색은 **원칙적으로** ① 영장 발부의 사유로 된 범죄혐의사실과 관련된 부분만을 문서 출력물로 수집하거나 ② 수사기관이 휴대한 저장매체에 해당 파일을 복제하는 방식으로 이루어져야 한다. 수사기관이 ③ 저장매체 자체를 직접 반출하거나 ④ 그 저장매체에 들어 있는 전자파일 전부를 하드카피나 이미징 등 형태(이하 '복제본')로 수사기관 사무실 등 외부에 반출하는 방식으로 압수수색하는 것은 현장의 사정이나 전자정보의 대량성으로 인해 관련 정보 획득에 긴 시간이 소요되거나 전문 인력에 의한 기술적 조치가 필요한 경우 등 범위를 정해 출력 또는 복제하는 방법이 불가능하거나 압수의 목적을 달성하기에 현저히 곤란하다고 인정되는 때에 한해 **예외적으로** 허용될 수 있을 뿐이다.[1]

수사기관은 복제본에 담긴 전자정보를 탐색하여 혐의사실과 관련된 정보(이하 '유관정보')를 선별하여 출력하거나 다른 저장매체에 저장하는 등으로 압수를 완료하면 혐의사실과 관련없는 전자정보(이하 '무관정보')를 삭제·폐기해야 한다. **수사기관이 새로운 범죄혐의의 수사를 위해 무관정보가 남아있는 복제본을 열람하는 것은 압수수색영장으로 압수되지 않은 전자정보를 영장없이 수색하는 것과 다르지 않다**. 따라서 복제본은 더 이상 수사기관의 탐색, 복제 또

[1] 대법원 2015.7.16.자 2011모1839 전원합의체 결정 등.

는 출력 대상이 될 수 없으며, 수사기관은 새로운 범죄혐의의 수사를 위해 필요한 경우에도 유관정보만을 출력하거나 복제한 기존 압수수색의 결과물을 열람할 수 있을 뿐이다.

(2) 기무사는 1차 탐색 당시 제1영장 기재 혐의사실과 관련된 정보와 무관정보가 뒤섞여 있는 이미징 사본을 탐색대상으로 삼았다. 무관정보는 제1영장으로 적법하게 압수되었다고 보기 어려우므로, 참여권보장 여부와 관계없이 이미징 사본의 내용을 탐색하거나 출력한 행위는 위법하다. 따라서 이를 바탕으로 수집한 전자정보 등 2차적 증거는 위법수집증거에 해당하여 유죄의 증거로 사용할 수 없다. Ⓐ 공소외 1이 선행사건 수사 당시 이미징 사본에 관한 소유권을 포기하였다거나, Ⓑ 제2영장을 발부받았다는 등 군검사가 상고이유로 주장하는 사유만으로는 위법수집증거라도 유죄의 증거로 사용할 수 있는 예외적인 경우에 해당한다고 보기 어렵다.

원심이 같은 취지에서 그 판시와 같은 이유로 이 사건 공소사실을 무죄로 판단한 것은 정당하고, 거기에 압수절차나 압수물의 증거능력, 위법수집증거에 관한 법리를 오해하는 등의 잘못이 없다.[1]

---

1 **대법원 2024.4.16.선고 2020도3050 판결**, 「전자정보에 대한 압수수색에 있어 저장매체 자체를 외부로 반출하거나 하드카피·이미징 등의 형태로 복제본(이하 '복제본')을 만들어 외부에서 그 저장매체나 복제본에 대해 압수수색이 허용되는 예외적인 경우에도 혐의사실과 관련된 전자정보(이하 '유관정보') 이외에 이와 무관한 전자정보(이하 '무관정보')를 탐색·복제·출력하는 것은 원칙적으로 위법한 압수수색에 해당하므로 허용될 수 없다. 그러나 전자정보에 대한 압수수색이 종료되기 전에 유관정보를 적법하게 탐색하는 과정에서 무관정보를 우연히 발견한 경우라면, Ⓐ 수사기관으로서는 더 이상의 추가 탐색을 중단하고 Ⓑ 법원으로부터 별도의 범죄혐의에 대한 압수수색영장을 발부받은 경우에 한해 그러한 정보에 대해서도 적법하게 압수수색을 할 수 있다. 수사기관이 유관정보를 선별하여 압수한 후에도 무관정보를 삭제·폐기·반환하지 않은 채 그대로 보관하고 있다면 무관정보 부분에 대해서는 압수의 대상이 되는 전자정보의 범위를 넘어서는 전자정보를 영장없이 압수수색하여 취득한 것이어서 위법하고, Ⓐ 사후에 법원으로부터 압수수색영장이 발부되었다거나 Ⓑ 피고인이나 변호인이 이를 증거로 함에 동의하였다고 하여 그 위법성이 치유된다고 볼 수 없다. 수사기관이 새로운 범죄혐의의 수사를 위해 무관정보가 남아 있는 복제본을 열람하는 것은 압수수색영장으로 압수되지 않은 전자정보를 영장없이 수색하는 것과 다르지 않다. 따라서 복제본은 더 이상 수사기관의 탐색, 복제 또는 출력 대상이 될 수 없으며, 수사기관은 새로운 범죄혐의의 수사를 위해 필요한 경우에도 기존 압수수색과정에서 출력하거나 복제한 유관정보의 결과물을 열람할 수 있을 뿐이다. 사후에 법원으로부터 복제본을 대상으로 압수수색영장을 발부받아 집행하였더라도, 이는 압수수색절차가 종료됨에 따라 당연히 삭제·폐기되었어야 할 전자정보를 대상으로 한 것으로 위법하다.」 <수사기관이 별건 압수수색과정에서 압수한 휴대전화에 저장된 전자정보를 탐색하던 중 우연히 이 사건 범죄사실 혐의와 관련된 전자정보(이하 '이 사건 녹음파일 등')를 발견하였는데도, 이후 약 3개월 동안 대검찰청 통합디지털증거관리시스템(D-NET, 이하 '대검찰청 서버')에 그대로 저장된 채로 계속 보관하면서 영장없이 이를 탐색·복제·출력하여 증거를 수집한 **사안**에서 수사기관이 무관정보를 우연히 발견하였는데도 더 이상의 추가 탐색을 중단하고 법원으로부터 압수수색영장을 발부받았다고 평가할 수 없으므로, 휴대전화에 저장된 이 사건 녹음파일 등은 적법한 압수수색절차에 요구되는 관련 규정을 준수하지 않음으로써 영장주의 및 적법절차 원칙을 위반하여 위법하게 수집된 증거에 해당한다고 판단한 사례> ; **대법원 2023.10.18.선고 2023도8752 판결**, 「수사기관은 하드카피나 이미징 등(이하 '복제본')에 담긴 전자정보를 탐색하여 혐의사실과 관련된 정보(이하 '유관정보')를 선별하여 출력하거나 다른 저장매체에 저장하는 등으로 압수를 완료하면 혐의사실과 관련없는 전자정보(이하 '무관정보')를 삭제·폐기해야 한다. 수사기관이 새로운 범죄혐의의 수사를 위해 무관정보가 남아 있는 복제본을 열람하는 것은 압수수색영장으로 압수되지 않은 전자정보를 영장없이 수색하는 것과 다르지 않다. 따라서 복제본은 더 이상 수사기관의 탐색, 복제 또는 출력 대상이 될 수 없으며, 수사기관은 새로운 범죄혐의의 수사를 위해 필요한 경우에도 기존 압수수색과정에서 출력하거나 복제한 유관정보의 결과물을 열람할 수 있을 뿐이다.」

9 관련성 없는 복제·출력, 무관정보 열람, 2차적 증거로 증거능력이 부정된 경우 (대법원 2025.8.14.선고 2022도11923 판결)

가. 사 안

피고인들이 공모하여 의사 등이 아닌 자로서 의료기관을 개설·운영하여 의료법을 위반하고, 피해자 국민건강보험공단을 기망하여 요양급여비 등을 편취하였다는 공소사실로 기소되었다. 증거로 제출된 치과병원 동업계약서, 임대차계약서(이하 '이 사건 각 계약서'), 피고인 甲의 휴대전화(이하 '이 사건 휴대전화')에 저장된 메시지 등과 그 출력물(이하 '이 사건 출력물'), 피고인들과 丁의 각 검찰진술 등에 대해 원심은 증거능력을 인정하여 공소사실을 유죄로 판단하였다.

나. 판결요지

A. 법 리

(1) 수사기관은, **압수의 목적물이 전자정보가 저장된 저장매체인 경우**에는 압수수색영장 발부의 사유로 된 범죄혐의사실과 관련 있는 정보(이하 '유관정보'라 한다)의 범위를 정하여 **출력**하거나 **복제**하여 제출받아야 하고, 이러한 과정에서 혐의사실과 무관한 전자정보(이하 '무관정보'라 한다)의 임의적인 복제 등을 막기 위한 적절한 조치를 취하는 등 영장주의 원칙과 적법절차를 준수하여야 한다. 따라서 저장매체의 소재지에서 압수수색이 이루어지는 경우는 물론, **예외적**으로 저장매체 자체를 직접 반출하거나 저장매체에 들어 있는 전자파일 전부를 하드카피나 이미징(imaging) 등의 형태(이하 '복제본'이라 한다)로 수사기관 사무실 등으로 **반출**한 경우에도, 그 저장매체 또는 복제본에서 혐의사실 관련성에 대한 구분 없이 임의로 전자정보를 문서로 출력하거나 파일로 복제하는 행위는 원칙적으로 영장주의 원칙에 반하는 위법한 압수가 된다.[1]

(2) 수사기관이 압수수색 종료 후에도 무관정보를 삭제·폐기·반환하지 아니한 채 그대로 보관하고 있다면, 압수 대상이 되는 범위를 넘어서는 전자정보를 영장 없이 압수수색하여 취득한 것이어서 위법하다. 수사기관이 압수수색 종료 후에 새로운 범죄 혐의의 수사를 위하여 무관정보를 열람하는 것은 압수수색영장으로 압수되지 않은 전자정보를 영장 없이 수색하는 것과 다르지 않다. 수사기관이 사후에 법원으로부터 무관정보에 대한 압수수색영장을 발부받았다고 하더라도 이러한 위법성은 치유되지 않는다.[2]

(3) 헌법과 형사소송법이 정한 절차에 따르지 않고 수집된 증거는 물론, 이를 기초로 하여

---

1 대법원 2022.1.14.자 2021모1586 결정; 대법원 2015.7.16.자 2011모1839 전원합의체 결정 등 참조.

2 대법원 2024.4.16.선고 2020도3050 판결; 대법원 2023.6.1.선고 2018도19782 판결; 대법원 2022.1.14.자 2021모1586 결정 등 참조.

획득한 2차적 증거 역시 유죄 인정의 증거로 삼을 수 없는 것이 **원칙**이다. 다만 수사기관의 절차위반행위가 적법절차의 실질적인 내용을 침해하는 경우에 해당하지 않고, 오히려 그 증거의 증거능력을 배제하는 것이 헌법과 형사소송법이 형사소송에 관한 절차조항을 마련하여 적법절차 원칙과 실체적 진실 규명의 조화를 도모하고 이를 통하여 형사사법정의를 실현하려고 한 취지에 반하는 결과를 초래하는 것으로 평가되는 **예외적**인 경우라면, 유죄 인정의 증거로 사용될 수 있다. 특히 2차적 증거의 경우, 절차에 따르지 않은 1차적 증거수집과 관련된 모든 사정들, 즉 절차 조항의 취지와 그 위반의 내용 및 정도, 구체적인 위반 경위와 회피가능성, 절차 조항이 보호하고자 하는 권리 또는 법익의 성질과 침해 정도 및 피고인과의 관련성, 절차 위반 행위와 증거수집 사이의 인과관계 등 관련성의 정도, 수사기관의 인식과 의도 등은 물론이고, 1차적 증거를 기초로 하여 다시 2차적 증거를 수집하는 과정에서 추가로 발생한 모든 사정들까지 전체적·종합적으로 고려하여 인과관계가 희석 또는 단절되었다고 평가되는 예외적인 경우에만 유죄 인정의 증거로 사용될 수 있다.[1]

구체적 사안이 위와 같은 예외적인 경우에 해당하는지를 판단함에 있어서는, 적법한 절차에 따르지 않고 수집된 증거나 이를 기초로 획득된 2차적 증거를 유죄의 증거로 삼을 수 없다는 원칙이 훼손되지 않도록 유념하여야 하고, 그러한 예외적인 경우에 해당한다고 볼 만한 구체적이고 특별한 사정이 존재한다는 점은 검사가 증명하여야 한다.[2]

B. 사안 적용

(1) ㉮ 포렌식 수사관은 담당 검사의 요청에 따라 이 사건 휴대전화의 어플리케이션, 연락처, 통화기록, 메시지, 검색로그, 브라우저 기록, 사진 등의 정보를 이미징하여 복제하고(이하 이와 같이 복제된 파일을 '이 사건 복제본'), 동일한 정보가 담긴 엑셀파일 및 피디에프(pdf) 파일(이하 통틀어 '이 사건 엑셀파일 등')을 생성·저장하였는데, ㉯ 이 사건 엑셀파일 등에 포함된 메시지나 사진 등은 제1 영장 범죄혐의사실의 범행일로부터 상당한 기간이 지난 후 이 사건 휴대전화에 저장된 것인 점에 비추어, 포렌식 수사관은 범죄혐의사실과의 관련성에 대한 고려 없이 이 사건 휴대전화의 메시지, 사진 등 전자정보 전부를 그대로 복제하였을 가능성이 크고, ㉰ 검찰이 제1 영장 범죄혐의사실과 관련된 정보의 선별 과정에서 그 수단으로 이 사건 엑셀파일 등을 생성·저장하고 혐의사실 관련성을 고려한 압수절차를 거친 후 무관정보를 즉시 삭제하는 등 압수수색의 전 과정에 비추어 선별압수 원칙이 준수되었다고 볼 만한 특별한 사정을 인정할 자료가 없으므로, ㉱ 포렌식 수사관이 이 사건 엑셀파일 등을 생성·저장한 조치에는 혐의사실 관련성에 대한 구분 없이 임의로 전자정보를 압수함으로써 영장주의 원칙을 위반

1 대법원 2024.4.16.선고 2020도3050 판결; 대법원 2009.3.12.선고 2008도11437 판결; 대법원 2007.11.15.선고 2007도3061 전원합의체 판결 등 참조.
2 대법원 2017.9.21.선고 2015도12400 판결; 대법원 2009.3.12.선고 2008도763 판결 등 참조.

한 위법이 있고,

(2) 검찰이 추가적인 선별을 예정하지 않은 채 이 사건 엑셀파일 등을 생성·저장한 때 이미 제1 영장에 따른 압수수색이 종료되었다고 볼 여지가 상당하므로, 검찰은 제1 영장의 유관정보를 제외한 전자정보를 삭제·폐기·반환하였어야 함에도, 무관정보가 포함된 이 사건 엑셀파일 등을 그대로 보관하면서 디브이디(DVD)에 복제하고 그 파일에서 이 사건 출력물을 출력하였는바, 이러한 검찰의 조치는 영장주의 원칙을 위반하여 무관정보를 압수수색한 것에 해당하므로 위법하고, 그 위법성은 제2 영장이 발부되었다고 하여 치유되지 않으며,

(3) 이 사건 공소사실에 대한 수사는 담당 수사관이 영장주의 원칙을 위반하여 이 사건 각 계약서를 압수함으로써 개시되었고, 검찰은 제1 영장으로 이 사건 휴대전화를 압수한 기회를 이용하여 의도적으로 별건인 이 사건 공소사실에 대한 수사를 진행하면서 다시 영장주의 원칙을 위반하여 이 사건 출력물 등의 증거를 수집한 점, 검찰은 이 사건 휴대전화의 메시지로 조사 대상자 丁을 특정한 점, 피고인들과 丁의 각 검찰진술은 위법수집증거인 이 사건 각 계약서나 출력물을 제시받고 한 것이거나 그 내용을 전제로 진술한 것으로 볼 수 있는 점 등에 비추어 보면, 피고인들과 丁의 각 진술 중 공소사실에 부합하는 부분을 비롯한 나머지 증거들은 위법수집증거인 이 사건 각 계약서나 출력물을 기초로 수집한 2차적 증거로서, 인과관계가 희석 또는 단절된다고 보기 어려우므로 유죄의 증거로 할 수 없다.

10 2차 증거인 피고인의 법정진술에 대해 인과관계 희석·단절을 인정하지 않은 경우 (대법원 2025.1.9.선고 2024도12689 판결)

가. 사 안

피고인이 합성대마 매수자인 A(이하 '공범')의 부탁에 따라 합성대마를 수거한 후 건네주어 합성대마 매수자와 공모하여 합성대마를 매수하였다.

공범은 그 이후 택시에서 휴대전화를 분실하였고, 택시기사가 이를 경찰에 습득물로 제출하였는데, 경찰관은 휴대전화 소유자의 인적사항을 파악하기 위해 저장되어 있던 정보를 확인하던 중 필로폰 구매 정황으로 의심되는 텔레그램 대화내역 등을 목격하고 이를 다른 경찰관에게 인계하였으며, 이를 인계받은 경찰관은 위 범죄사실과 관련된 피고인과 공범 사이의 이 사건 카카오톡 대화내역 등을 발견하고 이를 복제·출력하거나 사진으로 촬영하였다(공범에게 참여의 기회를 보장한 바 없음). 경찰관은 위 전자정보로 피고인의 인적사항을 파악하여 수사를 진행하였고, 피고인에 대한 피의자신문과정에서 이 사건 카카오톡 대화내역 등 전자정보의 출력

물 내지 촬영물을 제시하였다.

이후 검사는 피고인을 마약류관리에관한법률위반(향정)으로 기소하였는데, 피고인은 제1심에서 "공소사실 기재 행위는 인정하나, 검사 제출 증거는 위법수집증거이므로 무죄가 선고되어야 한다."는 취지로 주장하였고, 관련사건으로 기소된 공범도 해당 사건 1심에서 동일한 취지로 주장하였다.

원심은, 이 사건 카카오톡 대화내역 등 전자정보가 영장주의를 위반하고 참여권을 보장하지 않은 채 위법하게 수집되었다고 보아 그 증거능력을 부정하면서도, 피고인의 1심 법정진술과 공범의 관련사건 1심 법정진술은 절차위반행위와의 **인과관계가 희석 또는 단절**되어 증거능력이 인정된다고 보고, 이를 유죄의 증거로 삼아 공소사실을 유죄로 판단하였다.

나. 판결요지

(1) 헌법과 형사소송법이 정한 절차에 따르지 않고 수집된 증거는 물론, 이를 기초로 하여 획득한 2차적 증거 역시 유죄 인정의 증거로 삼을 수 없는 것이 **원칙**이다. 수사기관의 절차위반행위가 적법절차의 실질적인 내용을 침해하는 경우에 해당하지 않고, 오히려 그 증거의 증거능력을 배제하는 것이 헌법과 형사소송법이 형사소송에 관한 절차조항을 마련하여 적법절차의 원칙과 실체적 진실 규명의 조화를 도모하고, 이를 통해 형사사법정의를 실현하려고 한 취지에 반하는 결과를 초래하는 것으로 평가되는 **예외적인 경우**에 한해 유죄 인정의 증거로 사용될 수 있다. 따라서 2차적 증거의 경우에도, 절차에 따르지 않은 1차적 증거수집과 관련된 모든 사정들, 즉 절차조항의 취지와 그 위반의 내용 및 정도, 구체적인 위반 경위와 회피가능성, 절차조항이 보호하고자 하는 권리 또는 법익의 성질과 침해정도 및 피고인과의 관련성, 절차위반행위와 증거수집 사이의 인과관계 등 관련성의 정도, 수사기관의 인식과 의도 등은 물론, 나아가 1차적 증거를 기초로 하여 다시 2차적 증거를 수집하는 과정에서 추가로 발생한 모든 사정들까지 전체적·종합적으로 고려하여 인과관계가 희석 또는 단절되었다고 평가되는 예외적인 경우에 한해 유죄 인정의 증거로 사용될 수 있다.[1]

구체적 사안이 위와 같은 예외적인 경우에 해당하는지를 판단함에 있어서 적법한 절차를 따르지 않고 수집된 증거나 이를 기초로 획득된 2차적 증거를 유죄의 증거로 삼을 수 없다는 원칙이 훼손되지 않도록 유념하여야 하고, 그러한 예외적인 경우에 해당한다고 볼 만한 구체적이고 특별한 사정이 존재한다는 점은 검사가 증명해야 한다.[2]

(2) 나아가, 이러한 법리는 2차적 증거가 피고인의 법정진술인 경우에도 그대로 적용된다. 따라서 2차적 증거인 피고인의 법정진술을 유죄 인정의 증거로 사용할 수 있는지 역시 위와

---

1 대법원 2024.4.16.선고 2020도3050 판결; 대법원 2009.3.12.선고 2008도11437 판결; 대법원 2007.11.15.선고 2007도3061 전원합의체 판결 등 참조.

2 대법원 2017.9.21.선고 2015도12400 판결; 대법원 2009.3.12.선고 2008도763 판결 등 참조.

같은 법리에 의해 판단해야 하는데, 특히 수사기관이 위법하게 수집한 1차적 증거가 수사개시의 단서가 되었거나 사실상 유일한 증거 내지 핵심증거이고 위법의 정도 역시 상당할뿐더러, 피고인이 수사기관에서 1차적 증거를 제시받거나 1차적 증거의 내용을 전제로 신문받은 바가 있다면, 특별한 사정이 없는 이상 법정진술도 1차적 증거를 직접 제시받고 한 것과 다름없거나 적어도 1차적 증거의 존재를 전제로 한 것으로 볼 수 있으므로, 이는 절차위반행위와의 인과관계의 희석 또는 단절을 인정하기 어려운 정황에 속한다. 이러한 경우더라도, 피고인의 법정진술이 다른 독립된 증거에서 기인하는 등 1차적 증거와 무관하게 이루어졌다고 평가된다면 인과관계의 희석 또는 단절을 인정할 수 있으나, 그러한 특별한 사정이 존재한다는 점은 검사가 증명해야 한다.

(3) ① 수사기관의 이 사건 카카오톡 대화내역 등 전자정보에 관한 수집절차에는 영장주의 위반, 참여권 미보장 등의 위법이 존재하는 점, ② 피고인과 공범에 대한 수사가 오로지 위법하게 수집된 카카오톡 대화내역 등 전자정보를 기초로 개시되었고, 피고인의 인적사항 역시 위 전자정보에 근거하여 특정된 것으로, 위법수집증거인 카카오톡 대화내역 등 전자정보가 없었다면 피고인 및 공범에 대한 수사진행이나 기소가 어려웠을 것이고, 따라서 피고인 및 공범이 법정에서 진술하게 되지도 않았을 것으로 보이는 점, ③ 피고인과 공범이 수사기관 피의자신문과정에서 카카오톡 대화내역 출력물 등을 제시받거나 그에 관한 질문을 받아 수사기관이 이를 증거로 확보하고 있다는 사정을 알고 있었으므로 그러한 사정이 피고인과 공범의 법정진술에 영향을 미쳤다고 볼 수밖에 없고, 이는 법정진술 당시 면전에서 카카오톡 대화내역 출력물 등을 제시받지 않았더라도 마찬가지인 점, ④ 피고인과 공범의 법정진술 취지에 비추어 보더라도, 피고인과 공범은 이 사건 카카오톡 대화내역 등 전자정보가 증거로 확보되어 있다는 사정을 의식하면서 위 증거가 위법수집증거라는 법률적 주장과 함께 그러한 법률적 주장이 받아들여지지 않을 경우 공소사실 기재 행위 자체를 인정하는지 여부가 양형에 참작될 수 있음을 고려하여 공소사실 기재 행위 자체는 인정하는 듯한 법정진술을 하게 되었던 것으로 보여, 그러한 법정진술의 직접적 원인은 위법하게 수집된 이 사건 카카오톡 대화내역 등 전자정보였던 것으로 보이는 점, ⑤ 수사기관이 수집한 적법한 증거는 전혀 존재하지 않고, 피고인 및 공범이 위법수집증거인 카카오톡 대화내역 등 전자정보 외에 다른 독립된 증거에 기인하여 공소사실 인정 취지의 법정진술을 하였다고 인정할 만한 특별한 사정이 보이지 않으며, 그에 관한 검사의 증명도 존재하지 않는 점 등에 비추어 보면, 피고인의 법정진술 및 공범의 관련사건 법정진술은 위법하게 수집된 이 사건 카카오톡 대화내역 등 전자정보에 기초한 2차적 증거들로, 절차위반행위와의 인과관계의 희석 또는 단절을 인정할 특별한 사정이 존재하지 않으므로 증거능력이 부정되어야 한다고 보아, 이와 달리 위 각 법정진술에 증거능력이 인정된다는 전제에서 공소사실을 유죄로 판단한 원심을 파기·환송한다.

11 사인이 몰래 녹음한 피고인과 사이의 전화통화 녹음파일의 증거능력 (대법원 2023.12.14.선고 2021도2299 판결)

가. 사 안

피고인의 배우자가 피고인 모르게 피고인의 휴대전화에 자동녹음 애플리케이션을 실행해 두어 자동으로 녹음된 피고인과 배우자 사이의 전화통화 녹음파일을 증거로 사용할 수 있는지 여부가 문제되었고, **원심**은 전화통화 녹음파일의 증거능력을 인정하여 공소사실을 유죄로 판단하였다.

나. 판결요지

(1) 국민의 인간으로서의 존엄과 가치를 보장하는 것은 국가기관의 기본적인 의무이고 이는 형사절차에서도 당연히 구현되어야 하지만, 국민의 사생활 영역에 관계된 모든 증거의 제출이 곧바로 금지되는 것으로 볼 수는 없다. 형사절차에서 증거로 사용할 수 있는지는 개별적인 사안에서 효과적인 형사소추와 형사절차상 진실발견이라는 공익과 개인의 인격적 이익 등의 보호이익을 비교형량하여 허용 여부를 결정해야 한다(**이익형량설**).

이때 법원이 비교형량을 할 때에는 사생활 내지 인격적 이익을 보호해야 할 필요성 여부 및 정도, 증거수집과정에서 사생활 내지 인격적 이익을 침해하게 된 경위와 침해의 내용 및 정도, 형사소추의 대상이 되는 범죄의 경중 및 성격, 피고인의 증거동의 여부 등을 전체적·종합적으로 고려해야 한다. 증거수집절차가 개인의 사생활 내지 인격적 이익을 중대하게 침해하여 사회통념상 허용되는 한도를 벗어난 것이라면, 단지 형사소추에 필요한 증거라는 사정만을 들어 곧바로 형사소송에서 진실발견이라는 공익이 개인의 인격적 이익 등 보호이익보다 우월한 것으로 섣불리 단정해서는 안 된다. 그러나 그러한 한도를 벗어난 것이 아니라면 형사절차에서 증거로 사용할 수 있다.[1]

(2) 피고인의 배우자가 피고인의 동의없이 피고인의 휴대전화를 조작하여 통화내용을 녹음하였으므로 피고인의 사생활 내지 인격적 이익을 침해하였다고 볼 여지는 있으나, ① 피고인의 배우자가 전화통화의 일방 당사자로서 피고인과 직접 대화를 나누면서 피고인의 발언 내용을 직접 청취하였으므로 전화 통화내용을 몰래 녹음하였다고 하여 피고인의 사생활의 비밀, 통신의 비밀, 대화의 비밀 등이 침해되었다고 평가하기는 어렵고, 피고인의 배우자가 녹음파일 등을 제3자에게 유출한 바 없으므로 음성권 등 인격적 이익의 침해 정도도 비교적 경미하다고 보아야 하는 점, ② 피고인의 배우자가 범행에 관한 증거로 사용하겠다는 의도나 계획 아래 전화통화를 녹음한 것이 아니고, 수사기관 역시 위 전화통화의 녹음에 어떠한 관여도 하지

---

1 대법원 2017.3.15.선고 2016도19843 판결; 대법원 2013.11.28.선고 2010도12244 판결 등 참조.

않은 채 적법하게 압수한 휴대전화를 분석하던 중 우연히 이를 발견하였을 뿐인 점, ③ 반면 이 사건 형사소추의 대상이 된 행위는 수산업협동조합장 선거에서 금품을 살포하여 선거인을 매수하는 등 이른바 '돈 선거'를 조장하였다는 것이고, 선거범죄는 대체로 계획적·조직적인 공모 아래 은밀하게 이루어지므로, 구체적 범행내용 등을 밝혀 줄 수 있는 객관적 증거인 전화통화 녹음파일을 **증거로 사용해야 할 필요성이 높은 점** 등을 종합하면, 전화통화 녹음파일을 **증거로 사용**할 수 있다고 보아, 원심판결을 수긍하여 상고를 기각하였다.

[사례] 사인이 위법하게 수집한 녹음파일의 증거능력

사법경찰관 X는 건설업체를 운영 중이던 甲이 대형 관급공사를 수주받기 위해서 Y시 건설국장 乙에게 뇌물을 준 혐의를 포착하고, 적법하게 甲의 휴대전화를 압수하여 분석하던 중 甲과 甲의 배우자 A가 위 뇌물과 관련된 대화를 나눈 녹음파일을 우연히 발견하게 되었다. 위 녹음파일은 A가 甲의 동의없이 몰래 甲의 휴대전화에 자동녹음 애플리케이션을 실행해 두어 녹음된 것으로 A만 직접 청취하였고 제3자에게 유출하지는 않았던 것으로 확인되었다. 甲이 뇌물공여죄로 기소되어 甲과 乙이 모두 뇌물수수사실을 부인하는 상황에서 위 녹음파일을 증거로 사용할 수 있는지를 검토하시오.

1. 문제의 제기

녹음파일은 수사기관이 아닌 A가 甲의 동의없이 몰래 甲의 휴대전화에 자동녹음을 한 것이기에 위법수집증거배제법칙이 적용되어 증거능력이 부정되는지가 문제된다.

2. 사인의 위법수집증거의 증거능력 인정 여부

위법수집증거배제법칙(형사소송법 제308조의2)은 원래 수사기관의 위법수사를 억제하기 위한 법칙이므로 일반 사인이 위법하게 수집한 증거에 대해서도 적용되는지에 대해 **학설**로 ① **권리범위설**은 기본권의 핵심적 영역을 침해하는 경우에 위 법칙을 적용하여 사인이 수집한 증거도 증거능력이 부정된다는 견해이고, ② **이익형량설**은 실체적 진실발견이라는 공익과 개인의 사생활보호이익과 같은 개인적 이익을 비교형량하여 개인적 이익의 침해가 더 큰 경우에 한해 위 법칙이 적용된다는 견해이고, ③ **적용부정설**은 위 법칙은 수사기관의 위법수집증거에만 적용된다는 견해이다. **판례**는 이익형량설 입장이다.[1] **검토**하면 사인이 위법하게 수집한 증거에 대해서도 기본권의 대사인적 효력에 따라 위법수집증거배제법칙이 제한적으로 적용되고, 다만 통신비밀보호법과 같이 특별히 증거능력을 배제하는 규정이 없는 경우에는 실체적 진실발견이라는 공익과 침해된 기본권을 비교형량하여 그 적용에 합리적 고려를 하는 것이 타당하다.

1 대법원 2023.12.14.선고 2021도2299 판결; 대법원 2017.3.15.선고 2016도19843 판결; 대법원 2013.11.28.선고 2010도12244 판결; 대법원 2010.9.9.선고 2008도3990 판결.

3. 결 론

녹음파일의 내용은 甲과 A의 대화가 A에 의해 녹음된 것이어서 통신비밀보호법위반의 여지가 없으며, 뇌물수수 당사자인 甲과 乙이 모두 부인하는 상황이어서 녹음파일은 甲의 유죄입증을 위해 반드시 필요한 증거이다. 따라서 甲의 사생활 내지 인격적 이익이 침해되었더라도 판례 입장인 이익형량설에 따라 형사소송에서의 진실발견이라는 공익실현을 위해 甲이 수인해야 할 기본권제한에 해당하여 이러한 경우에는 위법수집증거배제법칙이 적용되지 않으며, 녹음파일의 대화는 현장녹음에 해당되고 비진술증거설에 따라 요증사실과의 관련성이 증명되면 증거능력이 인정되어 증거로 사용할 수 있다.

12 통신비밀보호법상 '공개되지 아니한'의 의미 및 이에 관한 판단방법 (대법원 2024.1.11.선고 2020도1538 판결)

가. 사 안

피해아동의 담임교사인 피고인이 피해아동에게 수업시간 중 교실에서 "학교 안 다니다 온 애 같아."라고 말하는 등 정서적 학대행위를 하였다는 혐의에 따라 아동학대범죄의처벌등에관한특례법위반(아동복지시설종사자등의아동학대가중처벌)죄로 기소되고, 피해아동의 부모가 피해아동의 가방에 녹음기를 넣어 수업시간 중 교실에서 피고인이 한 발언을 몰래 녹음한 녹음파일, 녹취록 등의 증거능력 인정 여부가 문제되었다.

원심은 피고인이 30명 정도 상당수의 학생들을 상대로 발언하였고, 국민생활에 필요한 기초적인 교육을 목적으로 하는 초등학교 교육은 공공적인 성격을 가지므로 피고인이 수업시간 교실에서 한 발언이 통신비밀보호법 제14조 제1항의 '공개되지 아니한 대화'에 해당하지 않는 점, 피해아동의 부모와 피해아동은 밀접한 인적 관련이 있는 점, 피해아동의 부모는 피고인의 아동학대 행위 방지를 위해 녹음에 이르게 되었고, 녹음 외에 별다른 유효적절한 수단이 없었으며, 아동학대범죄의 사회적 해악을 고려하면 증거수집의 필요성이 인정되는 점 등을 이유로 녹음파일 등의 증거능력을 인정하고 이를 유죄의 증거로 삼아 일부 공소사실을 유죄로 판단하였다.

나. 판결요지

(1) 통신비밀보호법이 공개되지 않은 타인 간의 대화를 녹음 또는 청취하지 못하도록 한 것은, 대화에 원래부터 참여하지 않는 제3자가 일반 공중이 알 수 있도록 공개되지 않은 타인 간

의 발언을 녹음하거나 전자장치 또는 기계적 수단을 이용하여 청취해서는 안 된다는 취지이다. 여기서 '공개되지 않았다'는 것은 반드시 비밀과 동일한 의미는 아니고 일반 공중에게 공개되지 않았다는 의미이며, 구체적으로 공개된 것인지는 발언자의 의사와 기대, 대화의 내용과 목적, 상대방의 수, 장소의 성격과 규모, 출입의 통제 정도, 청중의 자격 제한 등 객관적인 상황을 종합적으로 고려하여 판단해야 한다.

(2) ① 초등학교 교실은 출입이 통제되는 공간이고, 수업시간 중 불특정 다수가 드나들 수 있는 장소가 아니며, 수업시간 중인 초등학교 교실에 학생이 아닌 제3자가 별다른 절차없이 참석하여 담임교사의 발언내용을 청취하는 것은 상정하기 어려우므로, 초등학교 담임교사가 교실에서 수업시간 중 한 발언은 통상적으로 교실 내 학생들만을 대상으로 하는 것으로서 교실 내 학생들에게만 공개된 것일 뿐, 일반 공중이나 불특정 다수에게 공개된 것이 아닌 점, ② 피고인의 발언은 특정된 30명의 학생들에게만 공개되었을 뿐, 일반 공중이나 불특정 다수에게 공개되지 않았으므로, 대화자 내지 청취자가 다수였다는 사정만으로 '공개된 대화'로 평가할 수는 없고, 대화내용이 공적인 성격을 갖는지 여부나 발언자가 공적 인물인지 여부 등은 '공개되지 않은 대화'에 해당하는지 여부를 판단하는 데에 영향을 미치지 않는 점, ③ 피해아동의 부모는 피고인의 수업시간 중 발언의 상대방, 즉 대화에 원래부터 참여한 당사자에 해당하지 않는 점 등에 비추어 보면, 이 사건 녹음파일 등은 통신비밀보호법 제14조 제1항을 위반하여 '공개되지 아니한 타인 간의 대화'를 녹음한 것이므로 통신비밀보호법 제14조 제2항 및 제4조에 따라 증거능력이 부정된다고 보아야 하고, 사생활 및 통신의 불가침을 국민의 기본권의 하나로 선언하고 있는 헌법규정과 통신 및 대화의 비밀보호, 통신 및 대화의 자유 신장을 목적으로 제정된 통신비밀보호법의 취지에 비추어 보면, 원심이 들고 있는 사정들을 이유로 이 사건 녹음파일 등의 **증거능력을 인정할 수는 없다**고 보아 원심판결을 파기·환송하였다.[1]

13 피고인이 항소심에서 법정구속된 후에 한 자백의 임의성과 신빙성 (대법원 2025.7.3.선고 2023도7405 판결)

가. 사 안

피고인이 트랙터 운전 중 업무상 과실로 피해자를 사망에 이르게 하였다는 교통사고처리특례법위반(치사)으로 기소되었다.

제1심에서 피고인의 업무상 과실이나 업무상 과실과 피해자의 사망 사이 인과관계를 인정

1 대법원 2022.8.31.선고 2020도1007 판결, <피고인이 교회 사무실에서 업무를 보던 중 같은 사무실 내 다른 자리에서 A, B, C가 게임을 진행하면서 한 대화내용을 휴대전화로 녹음하여 교회 장로에게 카카오톡으로 전송한 행위는 피고인이 가청거리 내에 있었더라도 '공개되지 않은 타인 간의 대화'를 녹음한 것으로 통신비밀보호법위반에 해당한다고 본 사례>

할 증거가 없다는 이유로 무죄가 선고되고, 검사가 항소하였다.

원심 제1회 공판기일에서 검사의 증인신청이 이뤄졌으나 증인이 제2회 공판기일에 불출석하였는데, 원심이 제2회 공판기일 종료 후 출석한 피고인을 법정구속하였고, 피고인은 제3회 공판기일에서 '변경된 공소사실을 인정한다'고 진술하였다. 원심은 피고인의 원심 법정진술 등을 증거로 들어 유죄를 선고하였다.

나. 판결요지

(1) 형사소송법 제309조는 '피고인의 자백이 고문, 폭행, 협박, 신체구속의 부당한 장기화 또는 기망 기타의 방법으로 임의로 진술한 것이 아니라고 의심할 만한 이유가 있는 때에는 이를 유죄의 증거로 하지 못한다.'고 규정한다. 임의성 없는 진술의 증거능력을 부정하는 취지는, 허위진술을 유발하거나 강요할 위험 있는 상태에서 이루어진 진술은 그 자체가 실체적 진실에 부합하지 아니하여 오판을 일으킬 소지가 있을 뿐만 아니라 그 진위를 떠나 진술자의 기본적 인권을 침해하는 위법·부당한 압박이 가하여지는 것을 미연에 방지하려는 데 있다(**자백배제법칙에서의 절충설 입장**).[1]

피고인이 불구속인 상태에서 형사공판절차를 진행하는 법원은 기초가 되는 증거나 사실관계의 변경이 객관적으로나 외부적으로 분명하지 않은 상태라면, 피고인을 구속하는 데 매우 신중할 필요가 있다. 왜냐하면 피고인이 특별한 사정이 없음에도 어느 때나 갑작스럽게 일상생활로부터 격리되어 구속될 수 있다면, 형사소송절차에서 피고인의 지위를 과도하게 불안정하게 하고 방어권의 현실적인 행사를 현저히 곤란하게 할 염려가 있기 때문이다.

피고인의 자백이 **임의성**이 있어 그 증거능력이 인정된다고 하여 자백의 진실성과 **신빙성**까지도 당연히 인정되는 것은 아니다. 그 자백이 증명력이 있다고 하기 위해서는 Ⓐ 그 자백의 진술내용 자체가 객관적인 합리성을 띠고 있는가, Ⓑ 그 자백의 동기나 이유 및 자백에 이르게 된 경위가 어떠한가, Ⓒ 자백 외의 정황증거 중 자백과 저촉되거나 모순되는 것이 없는가 하는 점을 합리적으로 따져 보아야 한다.[2] 특히, 수사나 재판 과정에서 구속된 사람은 허위자백을 하고라도 자유를 얻고자 하는 유혹을 느끼는 경우가 있으므로, 부인하던 피고인이 법원의 구속 이후 갑자기 자백한 사건에서 단순히 '공소사실을 인정한다'고 한 진술의 신빙성이나 증명력을 평가할 때는 위와 같은 사정을 각별히 유의해야 한다.

(2) ① 이 사건 구속은, 객관적·외부적 사정변경이 없는 상태에서 갑작스럽게 이루어졌다는 점에서, 형사소송절차에서 피고인의 지위나 처지를 고려하여 신중하게 이루어진 것인지 의문이 있으나, 이 사건 공소제기 후 원심 제2회 공판기일에 이르기까지의 심리 경과와 증거관계, 이 사건 구속은 형사소송법 제72조가 정한 사전청문절차를 거쳐 발부된 구속영장에 의해 이루

1 대법원 2012.11.29.선고 2010도3029 판결; 대법원 2006.1.26.선고 2004도517 판결.

2 대법원 2007.9.6.선고 2007도4959 판결; 대법원 1983.9.13.선고 83도712 판결.

어진 점 등에 비추어 보면, 이 사건 구속이 위법·부당한 정도에 이르렀다고 할 수 없으므로, 설령 피고인의 원심 제3회 공판기일 진술이 이 사건 구속으로 인한 것이라고 하더라도, 이러한 사정만으로 그 **임의성**이 인정되지 않는다고 볼 수는 없으나, ② 피고인은 이 사건 구속 직후인 원심 제3회 공판기일에서 일관되게 유지하던 입장을 번복하여 갑자기 변경된 공소사실에 대해 유죄를 인정한 점 등에 비추어 보면, 피고인은 사실관계에 대해 종전과 같은 입장을 유지하면서도, 법적으로는 업무상 과실이 있음을 시인한다는 취지에서 공소사실을 인정한다고 진술한 것으로 볼 여지가 있으므로, 공소사실을 자백하는 듯한 피고인의 원심 제3회 공판기일 진술은 그 자체로 모순되거나 합리성이 없는 것으로 볼 여지가 있으므로 원심으로서는 석명권을 행사하는 등으로 그 취지를 정확하게 밝혀보고, 당시 채택되어 있던 목격 증인들에 대한 신문절차를 거쳐 그 **신빙성**을 진지하게 살펴보았어야 한다고 보아, 이와 달리 판단한 원심을 파기·환송한다.

14 형사소송법 제312조 제1항의 '검사 작성 피의자신문조서'의 범위 (대법원 2023.6.1.선고 2023도3741 판결)

가. 사 안

피고인과 변호인이 필로폰 매도 범행과 관련하여 필로폰을 매수한 '김○○에 대한 검찰 피의자신문조서 사본'에 대해 내용부인 취지에서 증거로 사용함에 동의하지 않는다는 의견을 밝혔음에도 **제1심과 원심**은 이를 증거로 하여 유죄 판단을 하였다.

그러나 **대법원**은, 원심의 판단이 형사소송법 제312조 제1항에 관한 법리를 오해한 것이지만 적법하게 채택한 나머지 증거능력 있는 증거만으로도 이 부분 공소사실을 유죄로 인정하기에 충분하므로 위와 같은 원심의 일부 부적절한 판단이 판결에 영향을 미친 잘못에 해당한다고 볼 수는 없다고 보아 피고인의 상고를 기각하였다.

나. 판결요지

(1) 2020.2.4. 법률 제16924호로 개정되어 2022.1.1.부터 시행된 형사소송법 제312조 제1항은 검사가 작성한 피의자신문조서의 증거능력에 대해 '적법한 절차와 방식에 따라 작성된 것으로서 공판준비, 공판기일에 그 피의자였던 피고인 또는 변호인이 그 내용을 인정할 때에 한정하여 증거로 할 수 있다'고 규정하였다. 여기서 **'그 내용을 인정할 때'**라 함은 피의자신문조서의 기재 내용이 진술내용대로 기재되어 있다는 의미가 아니고(**실질적 진정성립**) 그와 같이 진술한 내용이 실제 사실과 부합한다는 것(**내용인정**)을 의미한다.[1]

1 **대법원 2024.8.29.선고 2024도8200 판결,** <피고인이 필로폰을 투약하고, A로부터 현금을 건네받은 후 A에게 필로폰을 교부

(2) 형사소송법 제312조 제1항에서 정한 '검사가 작성한 피의자신문조서'란 ① 당해 피고인에 대한 피의자신문조서만이 아니라 ② **당해 피고인과 공범관계에 있는** 다른 피고인이나 피의자에 대해 검사가 작성한 피의자신문조서도 포함되고, 여기서 말하는 **'공범'**에는 형법총칙의 공범 이외에도 서로 대향된 행위의 존재를 필요로 할 뿐 각자의 구성요건을 실현하고 별도의 형벌 규정에 따라 처벌되는 강학상 **필요적 공범 또는 대향범까지 포함**한다. 따라서 피고인이 자신과 공범관계에 있는 다른 피고인이나 피의자에 대해 검사가 작성한 피의자신문조서의 내용을 부인하는 경우에는 형사소송법 제312조 제1항에 따라 유죄의 증거로 쓸 수 없다.

[사례] 공범에 대한 검사 작성 피의자신문조서의 증거능력

甲과 乙은 A의 집에서 귀금속과 신용카드를 훔쳐 나왔다. 며칠 후에 체포된 乙은 사법경찰관 P에게 범행을 자백하였으나 甲은 범행을 부인하였고, P는 그 진술내용에 따라 피의자신문조서를 작성하였다.

위 사건을 송치받은 검사 S의 조사과정에서도 甲은 범행을 부인하였으나 乙은 경찰조사에서와 같이 범행을 자백하였고, S는 그 진술내용대로 피의자신문조서를 작성하였다.

S가 甲과 乙을 특수절도죄로 기소하였는데, 乙이 제1회 공판기일 전에 갑자기 사망하였다. 이런 경우에 검사 S가 작성한 乙에 대한 피의자신문조서를 甲의 유죄인정의 증거로 사용할 수 있는지를 검토하시오.

1. 문제의 제기

甲에 대한 특수절도죄를 유죄로 인정함에 있어서 乙에 대한 검사 작성 피의자신문조서의 증거능력은 甲과 乙이 공범 사이인 점을 고려하여 그 적용규정을 통해 살펴보고, 乙이 공판기일 전에 사망하였기에 형사소송법 제314조의 적용여부를 살펴본다.

2. 공범에 대한 검사 작성 피의자신문조서의 증거능력

甲의 공소사실과 관련하여 甲과 공범인 乙에 대한 검사 작성 피의자신문조서의 증거능력 인정 여부에 대해 **학설**이 나뉘는데, ① **제312조 제1항 적용설**은 공범이면 공동피고인 여부를

하여 매도하였다는 마약류관리에관한법률위반(향정)으로 기소되어 피고인과 대향범으로서 공범관계에 있는 A에 대한 검사 또는 사법경찰관 작성 피의자신문조서의 증거능력이 문제된 **사안**에서, **원심**은 형사소송법 제312조 제1항 및 제3항에서 정한 '검사 또는 검사 이외의 수사기관이 작성한 피의자신문조서'는 당해 피고인에 대한 피의자신문조서만을 의미하고, 공범에 대한 피의자신문조서는 각 형사소송법 제312조 제4항에 따라 그 증거능력 유무를 판단해야 하므로 A에 대한 경찰 및 검찰 피의자신문조서는 형사소송법 제312조 제4항의 요건을 모두 갖추어 그 증거능력이 인정된다고 판단하였으나 **대법원**은 피고인과 변호인이 위 각 피의자신문조서에 관해 내용부인 취지에서 '증거로 사용함에 동의하지 않는다'는 의견을 밝혔으므로, 공범인 A에 대한 각 피의자신문조서는 형사소송법 제312조 제1항, 제3항에 따라 유죄의 증거로 쓸 수 없다고 보아, 이와 달리 판단한 원심을 파기·환송한 사례>; 대법원 2023.4.27.선고 2023도2102 판결.

위 대법원 2024.8.29.선고 2024도8200 판결에 대해서는 2024.10.11.자 법률저널 4면에 '대법 "공범의 수사기관 진술, 피고인 부인하면 증거 불가"'기사로 보도.

묻지 않고 형사소송법 제312조 제1항을 적용해야 한다는 견해이고, ② **제312조 제4항 적용설**은 공범에 대한 피의자신문조서는 '피고인이 아닌 자의 진술을 기재한 조서'에 해당하므로 형사소송법 제312조 제4항을 적용해야 한다는 견해이다.

판례는 당해 피고인과 공범관계인 경우에는 제312조 제1항을 적용하여 피고인이 내용을 인정해야 한다는 입장이다.[1]

검토하면 형사소송법이 피의자신문조서에 대해 내용인정이라는 엄격한 요건을 요구하고 있는 취지에 따라 **당해 피고인과 공범에 대한** 피의자신문조서를 당해 피고인에 대한 유죄의 증거로 하는 경우에는 형사소송법 제312조 제1항이 적용된다고 보아야 하므로 제312조 제1항 적용설이 타당하다.

따라서 제312조 제1항에 따라 ① 적법한 절차와 방식에 따라 작성되고, ② 당해 피고인 또는 그의 변호인이 내용을 인정해야만 증거능력이 인정된다.

다음으로 乙이 공판기일 전에 사망하였으므로 형사소송법 제314조의 적용 여부를 살펴보면 공범의 법정진술에 의해 성립의 진정이 인정되더라도 당해 피고인이 조서의 내용을 부인하면 증거능력이 부정되므로 사망 등의 사유로 인해 법정에서 진술할 수 없는 때에 예외적으로 증거능력이 인정되는 규정인 제314조는 적용되지 않는다고 보아야 한다.

3. 결 론

乙에 대한 검사 작성 피의자신문조서는 제312조 제1항이 적용되어 당해 피고인 甲이 범행을 부인하고 있어서 내용부인의 취지로 증거동의를 하지 않을 것이므로 증거능력이 인정되지 않으며, 乙이 비록 사망하였더라도 제314조는 적용될 여지가 없다.

---

15 방식 및 절차에 위반한 영상녹화물은 형사소송법 제312조 제4항의 실질적 진정성립 증명 불가(대법원 2022.6.16.선고 2022도364 판결)

가. 사 안

사법경찰관이 피해자들의 진술을 영상녹화하면서 사전에 영상녹화에 동의한다는 취지의 서면동의서를 받지 않았고, 피해자들이 조서를 열람하는 도중 영상녹화가 중단되어 피해자들의 조서열람과정 일부와 조서에 기명날인 또는 서명을 마치는 과정이 영상녹화물에 녹화되지 않았다.

---

1 대법원 2024.8.29.선고 2024도8200 판결; 대법원 2023.6.1.선고 2023도3741 판결.

제1심은 '위법수집증거배제법칙의 예외 법리'가 형사소송법 제312조 제4항에 규정된 영상녹화물에 의한 조서의 실질적 진정성립 인정 방법 및 절차에도 적용될 수 있다는 전제에서 형사소송법과 형사소송규칙에 규정된 영상녹화의 방법이나 절차위반행위가 그 입법취지나 적법절차의 실질적인 내용을 침해하는 경우에 해당하지 않고, 영상녹화물을 조서의 실질적 진정성립을 증명할 수 있는 수단으로서의 활용을 배제하는 것이 오히려 헌법과 형사소송법이 적법절차의 원칙과 실체적 진실규명의 조화를 통해 형사사법정의를 실현하려고 한 취지에 반하는 결과를 초래하는 경우에는 형사소송법과 형사소송규칙에 규정된 영상녹화의 방법이나 절차를 위반하여 제작된 영상녹화물이더라도 예외적으로 조서의 실질적 진정성립을 증명하기 위한 수단으로 사용할 수 있다고 판단하여 위 피해자들에 대한 진술을 녹화한 영상녹화물에 의해 피해자들에 대한 진술조서의 실질적 진정성립이 증명되었다고 보아 그 증거능력을 인정하였고, **원심**도 제1심의 판단을 수긍하였다.

나. 판결요지

헌법 제12조 제1항이 규정한 적법절차의 원칙과 헌법 제27조에 의해 보장된 공정한 재판을 받을 권리를 구현하기 위해 형사소송법은 공판중심주의와 구두변론주의 및 직접심리주의를 기본원칙으로 하고 있다. 따라서 형사소송법이 수사기관에서 작성된 조서 등 서면증거에 대해 일정한 요건을 충족하는 경우에 증거능력을 인정하는 것은 실체적 진실발견의 이념과 소송경제의 요청을 고려하여 예외적으로 허용하는 것일 뿐이므로 증거능력 인정 요건에 관한 규정은 **엄격하게 해석·적용해야** 한다.[1]

형사소송법 제312조 제4항은 "검사 또는 사법경찰관이 피고인이 아닌 자의 진술을 기재한 조서는 적법한 절차와 방식에 따라 작성된 것으로서 그 조서가 검사 또는 사법경찰관 앞에서 진술한 내용과 동일하게 기재되어 있음이 Ⓐ 원진술자의 공판준비 또는 공판기일에서의 진술이나 Ⓑ 영상녹화물 또는 그 밖의 객관적인 방법에 의하여 증명되고, 피고인 또는 변호인이 공판준비 또는 공판기일에 그 기재 내용에 관하여 원진술자를 신문할 수 있었던 때에는 증거로 할 수 있다. 다만, 그 조서에 기재된 진술이 특히 신빙할 수 있는 상태하에서 행하여졌음이 증명된 때에 한한다."라고 규정하여 수사기관이 작성한 피고인이 아닌 자에 대한 진술조서의 실질적 진정성립은 Ⓐ 공판준비 또는 공판기일에서의 원진술자의 진술 외에 Ⓑ 영상녹화물 또는 그 밖의 객관적인 방법에 의해 인정할 수 있도록 하고 있다.

형사소송법 제312조 제4항이 실질적 진정성립을 증명할 수 있는 방법으로 규정하는 영상녹화물에 대해서는 형사소송법 및 형사소송규칙에서 영상녹화의 과정, 방식 및 절차 등을 엄격하게 규정하고 있으므로(형사소송법 제221조 제1항 후문, 형사소송규칙 제134조의2, 제134조의3) 수사기관이 작성한 피고인 아닌 자의 진술을 기재한 조서에 대한 실질적 진정성립을 증명할 수

1 대법원 2013.3.14.선고 2011도8325 판결 등 참조.

있는 수단으로서 형사소송법 제312조 제4항에 규정된 '영상녹화물'이라 함은 형사소송법 및 형사소송규칙에 규정된 방식과 절차에 따라 제작되어 조사 신청된 영상녹화물을 의미한다고 봄이 타당하다.[1]

형사소송법은 제221조 제1항 후문에서 "검사 또는 사법경찰관은 피의자가 아닌 자의 출석을 요구하여 진술을 들을 경우 그의 동의를 받아 영상녹화할 수 있다"고 규정하고 있고, 형사소송규칙은 제134조의3에서 검사는 피의자가 아닌 자가 공판준비 또는 공판기일에서 조서가 자신이 검사 또는 사법경찰관 앞에서 진술한 내용과 동일하게 기재되어 있음을 인정하지 아니하는 경우 그 부분의 성립의 진정을 증명하기 위하여 영상녹화물의 조사를 신청할 수 있고(제1항), 검사가 이에 따라 영상녹화물의 조사를 신청하는 때에는 피의자가 아닌 자가 영상녹화에 동의하였다는 취지로 기재하고 기명날인 또는 서명한 서면을 첨부하여야 하며(제2항), 조사 신청한 영상녹화물은 조사가 개시된 시점부터 조사가 종료되어 피의자 아닌 자가 조서에 기명날인 또는 서명을 마치는 시점까지 전 과정이 영상녹화된 것으로서 Ⓐ 피의자 아닌 자의 진술이 영상녹화되고 있다는 취지의 고지, Ⓑ 영상녹화를 시작하고 마친 시각 및 장소의 고지, Ⓒ 신문하는 검사 또는 사법경찰관과 참여한 자의 성명과 직급의 고지, Ⓓ 조사를 중단·재개하는 경우 중단 이유와 중단 시각, 중단 후 재개하는 시각, Ⓔ 조사를 종료하는 시각의 내용을 포함하는 것이어야 한다고 규정하고 있다(제3항에 의해 제134조의2 제3항 제1호부터 3호, 제5호, 제6호를 준용한다). 형사소송규칙에서 피의자 아닌 자가 기명날인 또는 서명한 **영상녹화동의서**를 첨부하도록 한 취지는 피의자 아닌 자의 영상녹화에 대한 진정한 동의를 받아 영상녹화를 시작했는지를 확인하기 위한 것이고, 조사가 개시된 시점부터 조사가 종료되어 조서에 기명날인 또는 서명을 마치는 시점까지 조사 전 과정이 영상녹화된 것을 요구하는 취지는 진술과정에서 연출이나 조작을 방지해야 할 필요성이 인정되기 때문이다.

이러한 형사소송법과 형사소송규칙의 규정내용과 취지에 비추어 보면, 수사기관이 작성한 피고인이 아닌 자의 진술을 기재한 조서에 대해 실질적 진정성립을 증명하기 위해 영상녹화물의 조사를 신청하려면 Ⓐ 영상녹화를 시작하기 전에 피고인 아닌 자의 동의를 받고 Ⓑ 그에 관해서 피고인 아닌 자가 기명날인 또는 서명한 영상녹화동의서를 첨부해야 하고, Ⓒ 조사가 개시된 시점부터 조사가 종료되어 참고인이 조서에 기명날인 또는 서명을 마치는 시점까지 조사 전 과정이 영상녹화되어야 하므로 이를 위반한 영상녹화물에 의해서는 특별한 사정이 없는 한 피고인 아닌 자의 진술을 기재한 조서의 실질적 진정성립을 증명할 수 없다.[2]

---

1 대법원 2016.2.18.선고 2015도16586 판결 참조.

2 대법원 2022.7.14.선고 2020도13957 판결, 「형사소송법 및 형사소송규칙에서 영상녹화물에 대한 봉인절차를 둔 취지는 영상녹화물의 조작가능성을 원천적으로 봉쇄하여 영상녹화물 원본과의 동일성과 무결성을 담보하기 위한 것이다. 이러한 형사소송법 등의 규정 내용과 취지에 비추어 보면 원칙적으로 봉인되어 피의자가 기명날인 또는 서명한 영상녹화물을 조사하는 방법으로 해야 하고 특별한 사정이 없는 한 봉인절차를 위반한 영상녹화물로는 이를 증명할 수 없다. 다만 형사소송법 등이 정한 봉인절차를 제대로 지키지 못했더라도 영상녹화물 자체에 원본으로서 동일성과 무결성을 담보할 수 있는 수단이나 장

따라서 사전에 피해자들로부터 서면동의를 받지 않고, 조사 전 과정이 녹화되지 않은 영상녹화물에 의해 피해자들에 대한 진술조서의 실질적 진정성립을 인정할 수 없으나 위 피해자들에 대한 진술조서의 증거능력이 부정되더라도 위 증거를 제외한 원심이 유죄 인정의 증거로 삼은 나머지 증거만으로도 피고인의 피해자들에 대한 공갈 범행을 인정할 수 있으므로 원심의 증거능력에 관한 법리오해의 잘못이 판결에 영향을 미치지 않았다.

16 수사과정에서 작성한 진술서의 '적법한 절차와 방식' 요건 준수 (대법원 2022.10.27.선고 2022도9510 판결)

가. 사 안

경찰관이 공직선거법위반 사건을 수사하면서 입당원서 작성자의 주거지나 근무지를 방문하여 입당원서 작성 경위 등을 질문한 후 진술서 작성을 요구하여 이를 제출받았다.

원심은 형사소송법 제312조 제5항이 적용되어야 한다는 이유로 형사소송법 제244조의4에서 정한 절차를 준수하지 않은 위 각 증거의 증거능력이 인정되지 않는다고 판단하였으나 **검사**는 위 진술서는 경찰서에서 작성한 것이 아니라 작성자가 원하는 장소를 방문하여 받은 것이므로 위 각 절차에 관한 규정이 적용되지 않는다고 주장하였다.

나. 판결요지

형사소송법 제312조 제5항은 피고인 또는 피고인이 아닌 자가 수사과정에서 작성한 진술서의 증거능력에 관해 형사소송법 제312조 제1항부터 제4항까지 준용하도록 규정하고 있으므로, 검사 또는 사법경찰관이 피고인이 아닌 자의 진술을 기재한 조서의 증거능력이 인정되려면 '적법한 절차와 방식에 따라 작성된 것'이어야 한다는 법리가 피고인이 아닌 자가 수사과정에서 작성한 진술서의 증거능력에 관해서도 적용된다. 한편 검사 또는 사법경찰관이 피의자가 아닌 자의 출석을 요구하여 조사하는 경우에는 피의자를 조사하는 경우와 마찬가지로 Ⓐ 조사장소에 도착한 시각, Ⓑ 조사를 시작하고 마친 시각, Ⓒ 그 밖에 조사과정의 진행경과를 확인

치가 있어 조작가능성에 대한 합리적 의심을 배제할 수 있는 경우에는 그 영상녹화물을 법정 등에서 재생·시청하는 방법으로 조사하여 영상녹화물의 조작 여부를 확인함과 동시에 위 조서에 대한 실질적 진정성립의 인정 여부를 판단할 수 있다고 보아야 한다. 그와 같은 예외적인 경우라면 형사소송법 등이 봉인절차를 마련하여 둔 취지와 구 형사소송법 제312조 제2항에서 '영상녹화물이나 그 밖의 객관적인 방법'에 의해 실질적 진정성립을 증명할 수 있도록 한 취지에 부합하기 때문이다.」 <① 영상녹화물이 봉인되지는 않았지만 **부착된 라벨지**에 있는 피조사자의 서명, 무인과 인쇄된 해시 값 등으로 볼 때 영상녹화물 자체에 원본으로서 동일성과 무결성을 담보할 수 있는 수단이나 장치가 있어 조작가능성에 대한 의심을 배제할 수 있는 경우에 해당한다고 볼 수 있고, ② 피고인에 대한 제1회 검찰 조사와 제2회 검찰 조사가 같은 날 이루어졌는데 제1회 검찰조사부터 영상녹화되지 않고 제2회 검찰 조사부터 영상녹화되었더라도 실질적으로 하나의 조사임에도 수회로 나누고 회유와 협박 등을 통해 자백을 유도한 후 자백하는 조사에 대해서만 영상녹화를 하는 등의 특별한 사정이 나타나지 않으므로 형사소송법 등이 정한 영상녹화의 방식과 절차를 위반하였다고 볼 수 없다고 판단한 사례>

하기 위하여 필요한 사항을 조서에 기록하거나 별도의 서면에 기록한 후 수사기록에 편철하도록 하는 등 조사과정을 기록하게 한 형사소송법 제221조 제1항, 제244조의4 제1항, 제3항의 취지는 수사기관이 조사과정에서 피조사자로부터 진술증거를 취득하는 과정을 투명하게 함으로써 그 과정에서의 절차적 적법성을 제도적으로 보장하려는 것이다. 따라서 수사기관이 수사에 필요하여 피의자가 아닌 자로부터 진술서를 작성·제출받는 경우에도 그 절차는 준수되어야 하므로, 피고인이 아닌 자가 수사과정에서 진술서를 작성하였지만 수사기관이 조사과정의 진행경과를 확인하기 위해 필요한 사항을 그 진술서에 기록하거나 별도의 서면에 기록한 후 수사기록에 편철하는 등 적절한 조치를 취하지 않아 형사소송법 제244조의4 제1항, 제3항에서 정한 절차를 위반한 경우에는, 그 진술증거 취득과정의 절차적 적법성의 제도적 보장이 침해되지 않았다고 볼 만한 특별한 사정이 없는 한 '적법한 절차와 방식'에 따라 수사과정에서 진술서가 작성되었다고 할 수 없어 증거능력을 인정할 수 없다.[1]

이러한 형사소송법 규정 및 문언과 그 입법 목적 등에 비추어 보면, 형사소송법 제312조 제5항의 적용대상인 '수사과정에서 작성한 진술서'란 ① 수사가 시작된 이후에 수사기관의 관여 아래 작성된 것이거나, ② 개시된 수사와 관련하여 수사과정에 제출할 목적으로 작성한 것으로, 작성 시기와 경위 등 여러 사정에 비추어 그 실질이 이에 해당하는 이상 명칭이나 작성된 장소 여부를 불문한다.

[사례] 수사과정에서 작성된 진술서와 '적법한 절차와 방식'

사법경찰관 P는 甲이 자동차 운전 중에 횡단보도를 건너가던 행인을 충격하였다는 혐의에 따라 교통사고처리특례법위반으로 수사하다가 당시 甲이 신호를 위반한 사실을 목격한 A의 집까지 찾아가서 당시 현장에서 사고를 목격하고 신호를 확인하게 된 경위 등을 질문한 후에 진술서 작성을 요청하여 A가 작성한 진술서를 제출받았다. 위 진술서는 경찰서에서 작성한 것이 아니라 A가 원하는 장소를 P가 직접 방문하여 받은 것이라서 조사과정에 관한 내용이 기재되어 있지 않고 그 조사과정을 별도로 기록한 자료가 제출되지는 않았다.

이후 甲이 교통사고처리특례법위반으로 송치된 후에 기소가 되었다. 제1심 법정에서 甲이 위 진술서에 대해 증거동의를 하지 않아서 A가 증인으로 출석하여 위 진술서의 내용을 상세히 열람한 후에 자신이 당시의 기억에 따라 사실대로 작성한 것이 맞다고 인정하였고, 甲의 변호인에 의한 반대신문도 이루어졌다. 위 진술서를 증거로 사용할 수 있는가?

1. 문제의 제기

A가 작성한 진술서가 수사과정에서 작성된 것인지와 '적법한 절차와 방식'에 따라 작성된 여부를 통해 전문증거로서 증거능력이 인정되는지를 살펴본다.

1 대법원 2015.4.23.선고 2013도3790 판결 등.

2. A가 작성한 진술서의 증거능력

수사과정에서 작성한 진술서란 ① 수사가 시작된 이후에 수사기관의 관여 아래 작성된 것이거나 ② 개시된 수사와 관련하여 수사과정에 제출할 목적으로 작성한 것이면 시기나 명칭 등을 불문하고 형사소송법 제312조 제5항의 적용을 받는다(**판례**).[1]

A가 작성한 진술서는 피고인 甲이 동의하지 않고 있으며 A가 직접 작성한 진술서이긴 하지만 사법경찰관 P가 甲의 교통사고처리특례법위반죄에 대해 수사하던 중 A의 집에 찾아가서 A에게 사고를 목격한 내용에 대해 질문을 한 후에 그의 요청에 따라 A가 자신의 목격내용을 작성하여 경찰 수사과정에서 작성한 것이므로 형사소송법 제313조가 아닌 제312조 제5항의 적용을 받아 동조 제4항에 의해 ① 적법한 절차와 방식, ② 실질적 진정성립, ③ 반대신문 기회보장, ④ 특신상태 등의 요건이 충족되어야 증거능력이 인정될 수 있다. 여기서 '적법한 절차와 방식'에 따라 작성된다는 것은 피고인이 아닌 자의 진술에 대한 조서작성과정에서 지켜야 할 형사소송법이 정한 여러 절차를 준수하고 조서의 작성방식에도 어긋남이 없어야 한다는 것을 의미한다.

따라서 A가 참고인으로 경찰서에 출석한 것은 아니지만 경찰 수사과정에서 진술서를 작성한 것인데도 경찰에서 그에 대한 조사과정을 기록하지 않아 형사소송법 제244조의4 제3항, 제1항에서 정한 절차를 위반하였으므로 특별한 사정이 없는 한 '적법한 절차와 방식'에 따라 수사과정에서 진술서가 작성되었다고 할 수 없으므로 증거능력이 인정될 수 없다(**판례**).[2]

3. 결 론

위 진술서는 경찰 수사과정에서 작성된 것이지만 '적법한 절차와 방식'에 따라 작성되었다고 볼 수 없어서 비록 A가 법정에서 증언하는 과정에서 실질적 진정성립, 반대신문의 기회보장 등이 충족되었더라도 증거능력이 인정될 수가 없다.

---

1 대법원 2022.10.27.선고 2022도9510 판결.

2 대법원 2022.10.27.선고 2022도9510 판결; 대법원 2015.4.23.선고 2013도3790 판결, <정치자금법위반 사건에서 진술서는 그 작성자(정치자금 공여자)가 검찰청에 소환된 상태에서 검사의 요구에 의해 수사과정의 일부로 작성된 것으로서 비록 검사가 그 진술서의 구체적인 내용에 관여하지 않았다고 하더라도 형사소송법 제312조 제5항에서 정한 '피고인이 아닌 자가 수사과정에서 작성한 진술서'에 해당한다고 할 것인데, 그 조사에 관해 형사소송법 제244조의4 제3항, 제1항에 정한 조사과정을 기록한 자료가 없는 이상, 적법한 절차와 방식에 따라 작성되었다고 할 수 없어 그 증거능력이 인정될 수 없다고 판단한 사례>

17 영상물에 수록된 19세 미만 성폭력범죄 피해자 진술에 관한 증거능력 특례조항 위헌결정에 따른 판결(대법원 2022.4.14.선고 2021도14530 판결)[1]

가. 사 안

피고인은 12세인 피해자에 대해 성폭력범죄의처벌등에관한특례법(이하 '성폭력처벌법') 제7조 제5항, 제2항 제1호, 제2호(13세 미만 미성년자에 대한 위력 유사성행위), 성폭력처벌법 제7조 제5항, 제3항(13세 미만 미성년자에 대한 위력 추행)에 해당하는 죄를 범했다는 공소사실로 기소되었다.

원심은 피해자의 진술과 조사과정을 촬영한 영상물과 속기록(이하 '이 사건 영상물'과 '이 사건 속기록')을 중요한 증거로 삼아 이 사건 공소사실을 전부 유죄로 인정한 제1심 판결을 유지하였다. 피고인은 이 사건 영상물과 속기록을 증거로 할 수 있음을 동의하지 않았고, 제1심에서는 '조사과정에 동석하였던 신뢰관계에 있는 사람'에 해당하는 **B를 증인으로 신문하여 영상물이 진정하게 성립하였다는 진술이 이루어졌을 뿐**이며, 원진술자인 피해자에 대한 증인신문은 이루어지지 않은 사실을 알 수 있다.

나. 판결요지

(1) 성폭력범죄의처벌등에관한특례법(이하 '성폭력처벌법') 제30조는 제1항에서 "성폭력범죄의 피해자가 19세 미만이거나 신체적인 또는 정신적인 장애로 사물을 변별하거나 의사를 결정할 능력이 미약한 경우에는 피해자의 진술내용과 조사과정을 비디오녹화기 등 영상물 녹화장치로 촬영·보존하여야 한다."라고 정하고, 제6항에서 "제1항에 따라 촬영한 영상물에 수록된 피해자의 진술은 공판준비기일 또는 공판기일에 Ⓐ 피해자나 Ⓑ 조사과정에 동석하였던 신뢰관계에 있는 사람 또는 Ⓒ 진술조력인의 진술에 의하여 그 성립의 진정함이 인정된 경우에 증거로 할 수 있다."라고 정한다. 아동·청소년의성보호에관한법률(이하 '청소년성보호법') 제26조는 제1항에서 "아동·청소년대상 성범죄 피해자의 진술내용과 조사과정은 비디오녹화기 등 영상물 녹화장치로 촬영·보존하여야 한다."라고 정하고, 제2항에서 제4항까지 영상물녹화의 방식과 절차를 정하며, 제6항에서 "제1항부터 제4항까지의 절차에 따라 촬영한 영상물에 수록된 피해자의 진술은 공판준비기일 또는 공판기일에 피해자 또는 조사과정에 동석하였던 신뢰관계에 있는 자의 진술에 의하여 그 성립의 진정함이 인정된 때에는 증거로 할 수 있다."라고 정한다.

헌법재판소는 2021.12.23.선고 2018헌바524 사건에서 "성폭력처벌법(2012.12.18. 법률 제11556호로 전부 개정된 것) 제30조 제6항 중 '제1항에 따라 촬영한 영상물에 수록된 피해자의 진술은 공판준비기일 또는 공판기일에 조사과정에 동석하였던 신뢰관계에 있는 사람 또는 진술조력인의 진술에 의하여 그 성립의 진정함이 인정된 경우에 증거로 할 수 있다'는 부분 가운데 19세

---

1 같은 취지의 판례 : 대법원 2022.4.14.선고 2021도14616 판결.

미만 성폭력범죄 피해자에 관한 부분은 헌법에 위반된다."라고 결정하였다(이하 위 결정을 '이 사건 위헌 결정', 위헌 결정이 선고된 법률 조항을 '이 사건 위헌 법률 조항'). 그 이유는 다음과 같다. 자기에게 불리하게 진술한 증인에 대해 반대신문의 기회를 부여해야 한다는 절차적 권리의 보장은 피고인의 '공정한 재판을 받을 권리'의 핵심적인 내용을 이룬다. 피고인의 반대신문권을 보장하면서도 미성년 피해자를 보호할 수 있는 **조화로운 방법**을 상정할 수 있는데도, 피고인의 반대신문권을 실질적으로 배제하여 피고인의 방어권을 과도하게 제한하는 이 사건 위헌 법률 조항은 피해의 최소성, 법익의 균형성 요건을 충족하지 못해 과잉금지 원칙을 위반하고 피고인의 공정한 재판을 받을 권리를 침해한다.

(2) 이 사건 위헌 결정의 효력은 결정 당시 법원에 계속 중이던 이 사건에도 미친다. 따라서 이 사건 위헌 법률 조항은 이 사건 영상물의 증거능력을 인정하는 근거가 될 수 없다. 이 사건 속기록의 증거능력을 인정할 근거도 없다. 이 사건 공소사실은 청소년성보호법 제26조 제1항의 아동·청소년대상 성범죄에 해당하므로, 청소년성보호법 제26조 제6항에 따라 이 사건 영상물의 증거능력이 인정될 여지가 있다. 그러나 청소년성보호법 제26조 제6항 중 이 사건 위헌 법률 조항과 동일한 내용을 규정하고 있는 부분은 이 사건 위헌 결정의 심판대상이 되지 않았지만 이 사건 위헌 법률 조항에 대한 위헌 결정 이유와 마찬가지로 과잉금지 원칙에 위반될 수 있다.

원심으로서는 청소년성보호법의 위 조항이 위헌인지 여부 또는 그 적용에 따른 위헌적 결과를 피하기 위해 **피해자를 증인으로 소환**하여 진술을 듣고 피고인에게 반대신문권을 행사할 기회를 부여할 필요가 있는지 여부 등에 관해 심리·판단했어야 한다. 그런데도 원심은 이와 같은 심리에 이르지 않은 채 이 사건 영상물과 속기록을 유죄의 증거로 삼아 이 사건 공소사실을 유죄로 인정한 제1심 판결을 그대로 유지하였다. 원심판결에는 영상물과 속기록의 증거능력에 관한 법리를 오해하거나, 필요한 심리를 다하지 않아 판결에 영향을 미친 잘못이 있다. 이를 지적하는 상고이유 주장은 정당하다.[1]

---

1 **헌법재판소**에서 19세 미만 성폭력범죄 피해자의 진술이 수록된 영상녹화물에 관해 조사과정에 동석하였던 신뢰관계에 있는 사람 또는 진술조력인이 그 성립의 진정함을 인정한 경우 이를 증거로 할 수 있도록 정한 구법 규정에 대해 원진술자인 피해자에 대한 피고인의 반대신문권이 실질적으로 배제되어 피고인의 방어권을 과도하게 제한하는 것으로 과잉금지원칙에 반한다며 위헌결정을 하였고(헌법재판소 2021.12.23.선고 2018헌바524 결정), **판례**도 위헌결정으로 인해 영상물의 증거능력을 인정할 근거가 없으므로 피해자를 증인으로 소환하여 진술을 듣고 피고인에게 반대신문권을 행사할 기회를 부여할 필요가 있다고 하였기에(대법원 2022.4.14.선고 2021도14616 판결; 대법원 2022.4.14.선고 2021도14530 판결) 아래와 같이 관련규정이 신설되어 2023.7.11.에 공포, 2023.10.12.부터 시행되고 있다.

「**성폭력범죄의 처벌 등에 관한 특례법**」에 의하면 검사 또는 사법경찰관은 19세 미만 피해자 등의 진술내용과 조사과정을 영상녹화장치로 녹화하고, 그 영상녹화물을 보존해야 하는데(제30조 제1항), 조사하기 전에 ① 조사과정이 영상녹화된다는 사실과 ② 영상녹화된 영상녹화물이 증거로 사용될 수 있다는 사실을 피해자의 나이, 인지적 발달 단계, 심리상태, 장애 정도 등을 고려한 적절한 방식으로 피해자에게 설명해야 하고(동조 제2항), 영상녹화를 마쳤을 때에는 지체없이 피해자 또는 변호사 앞에서 봉인하고 피해자로 하여금 기명날인 또는 서명하게 해야 하고(동조 제4항), 영상녹화과정의 진행경과를 구체적으로 Ⓐ 피해자가 영상녹화 장소에 도착한 시각, Ⓑ 영상녹화를 시작하고 마친 시각, Ⓒ 그 밖에 영상녹화과정의

18 대검찰청 소속 진술분석관이 피해자와의 면담내용을 녹화한 영상녹화물의 증거능력 부정(대법원 2024.3.28.선고 2023도15133 판결)

가. 사 안

대검찰청 소속 진술분석관이 피고인들의 성폭력범죄의처벌등에관한특례법위반(친족관계에의한강간)등 혐의에 대한 수사과정에서 검사로부터 성폭력범죄의처벌등에관한특례법 제33조에 따라 피해자 진술의 신빙성 여부에 대한 의견조회를 받아 자신이 피해자를 면담하는 내용을 녹화하였고, 검사가 위 영상녹화물을 법원에 증거로 제출하였다.

나. 판결요지

(1) 헌법 제12조 제1항이 규정한 적법절차의 원칙과 헌법 제27조에 의해 보장된 공정한 재판을 받을 권리를 구현하기 위해 형사소송법은 공판중심주의와 구두변론주의 및 직접심리주의를 기본원칙으로 하고 있다. 따라서 형사소송법이 수사기관에서 작성된 조서 등 서면증거에 대해 일정한 요건을 충족하는 경우에 증거능력을 인정하는 것은 실체적 진실발견의 이념과 소송경제의 요청을 고려하여 예외적으로 허용하는 것일 뿐이므로 증거능력 인정 요건에 관한 규정은 **엄격하게 해석·적용**해야 한다.[1]

형사소송법은 제310조의2에서 원칙적으로 전문증거의 증거능력을 인정하지 않고, 제311조부터 제316조까지 정한 요건을 충족하는 경우에만 예외적으로 증거능력을 인정한다.[2] 형사소송법 제311조는 법원 또는 법관의 조서의 증거능력에 관해 규정하고, 제312조 제1항 내지 제3항은 검사 또는 검사 이외의 수사기관이 작성한 피의자신문조서의 증거능력에 관해 규정한다. 형사소송법 제312조 제4항은 검사 또는 사법경찰관이 피고인이 아닌 자의 진술을 기재한 조서에 대해 적법한 절차와 방식에 따라 작성된 것으로서 실질적 진정성립이 증명되고 반대신문이 보장되며 진술이 특히 신빙할 수 있는 상태하에서 행하여졌음이 증명된 때에 한해 증거능력을 인정한다. 형사소송법 제312조 제5항은 피고인 또는 피고인이 아닌 자의 진술서가 수사과정에서 작성된 경우 같은 조 제1항 내지 제4항을 준용한다. 형사소송법 제313조 제1항은 '전2조의 규정 이외에 피고인 또는 피고인이 아닌 자가 작성한 진술서나 그 진술을 기재한 서류'로서 그 작성자 또는 진술자의 자필이거나 그 서명 또는 날인이 있는 것에 대해 그 진정성립이 증명되

진행경과를 확인하기 위해 필요한 사항을 조서에 기록한 후 수사기록에 편철해야 한다(동조 제5항, 제6항). 그리고 ① 증거보전기일, 공판준비기일 또는 공판기일에 피의자, 피고인 또는 변호인이 피해자를 신문할 수 있었던 경우나 ② 피해자가 사망, 외국 거주, 신체적·정신적 질병·장애, 소재불명, 그 밖에 이에 준하는 사유로 공판준비기일 또는 공판기일에 출석하여 진술할 수 없고, 영상녹화된 진술 및 영상녹화가 특별히 신빙할 수 있는 상태에서 이루어졌음이 증명되는 경우에 영상녹화물을 증거로 할 수 있다(제30조의2)고 규정하여 **피해자의 진술을 녹화한 영상녹화물에 대해서는 일정한 경우에 본증으로 사용**할 수 있도록 인정하고 있다.

1 대법원 2022.6.16.선고 2022도364 판결 참조.

2 대법원 2019.8.29.선고 2018도13792 전원합의체 판결 참조.

면 증거능력을 인정한다. 수사과정에서 작성된 서류의 증거능력에 관해 형사소송법 제313조 제1항보다 더욱 엄격한 요건을 규정한 형사소송법 제312조의 취지에 비추어 보면, **형사소송법 제313조 제1항이 규정하는 서류는 수사과정 외에서 작성된 서류**를 의미한다.

수사기관이 제작한 영상녹화물의 증거능력 내지 증거로서의 사용 범위는 더욱 엄격하게 제한되어 있다. 즉 검사 또는 사법경찰관이 피고인이 아닌 자를 조사하는 과정에서 형사소송법 제221조 제1항에 따라 제작한 영상녹화물은, 다른 법률에서 달리 규정하고 있는 등의 특별한 사정이 없는 한 공소사실을 직접 증명할 수 있는 독립적인 증거로 사용할 수 없다.[1] 또한 영상녹화물이 형사소송법 제312조 제4항에 의해 검사 또는 사법경찰관이 피고인이 아닌 자의 진술을 기재한 조서에 대한 실질적 진정성립을 증명하는 수단으로 사용될 때에도 그 영상녹화물은 형사소송법 및 형사소송규칙에 규정된 방식과 절차에 따라 제작되어야 한다.[2]

(2) 이러한 헌법과 형사소송법의 규정 및 전문증거의 증거능력 인정에 관한 해석 원칙에 비추어 보면, 피고인이 아닌 자의 진술을 기재한 서류가 비록 수사기관이 아닌 자에 의해 작성되었다고 하더라도, 수사가 시작된 이후 수사기관의 관여나 영향 아래 작성된 경우로서 서류를 작성한 자의 신분이나 지위, 서류를 작성한 경위와 목적, 작성 시기와 장소 및 진술을 받는 방식 등에 비추어 실질적으로 고찰할 때 그 서류가 수사과정 외에서 작성된 것이라고 보기 어렵다면, 이를 형사소송법 제313조 제1항의 '전2조의 규정 이외에 피고인이 아닌 자의 진술을 기재한 서류'에 해당한다고 할 수 없다.[3] 나아가 전문증거의 증거능력은 이를 인정하는 법적 근거가 있는 때에만 예외적으로 인정된다는 원칙 및 수사기관이 제작한 영상녹화물의 증거능력 내지 증거로서의 사용 범위를 다른 전문증거보다 더욱 엄격하게 제한하는 관련 판례의 취지에 비추어 보면, 수사기관이 아닌 자가 수사과정에서 피고인이 아닌 자의 진술을 녹화한 영상녹화물의 증거능력도 엄격하게 제한할 필요가 있다.

(3) 진술분석관의 소속 및 지위, 진술분석관이 피해자와 면담을 하고 이 사건 영상녹화물을 제작한 경위와 목적, 진술분석관이 면담과 관련하여 수사기관으로부터 확보한 자료의 내용과 성격, 면담 방식과 내용, 면담 장소 등을 앞서 본 법리에 비추어 살펴보면, 이 사건 영상녹화물은 **수사과정 외에서 작성된 것이라고 볼 수 없으므로** 형사소송법 제313조 제1항에 따라 증거능력을 인정할 수 없고, 이 사건 영상녹화물은 수사기관이 작성한 피의자신문조서나 피고인이 아닌 자의 진술을 기재한 조서가 아니고, 피고인 또는 피고인이 아닌 자가 작성한 진술서도 아니므로 형사소송법 제312조에 의해 증거능력을 인정할 수도 없다는 이유로 위 영상녹화물의 증거능력을 부정한 원심판결이 수긍되어 상고를 기각한다.[4]

1 대법원 2014.7.10.선고 2012도5041 판결 참조.
2 대법원 2022.6.16.선고 2022도364 판결 참조.
3 대법원 2022.10.27.선고 2022도9510 판결 참조.
4 결론적으로 판례는 '① 수사기관이 작성한 것이 아니어서 312조가 적용될 수 없고, ② 수사과정에서 작성한 것은 맞으므로

[사례] 대검찰청 소속 진술분석관이 피해자와의 면담내용을 녹화한 영상녹화물의 증거능력

대검찰청 소속 진술분석관 S(S는 검사나 사법경찰관이 아님)는 A에 대한 준강간 혐의를 받는 甲을 수사하는 과정에서 검사로부터 「성폭력범죄의 처벌 등에 관한 특례법」 제33조에 따라 A가 행한 진술의 신빙성 여부에 대한 의견조회를 신청받았다. 이에 S는 자신이 A를 면담한 내용을 영상녹화하였다. 이 영상녹화물의 증거능력을 평가하시오. (10점)

(2025년 제1차 모의시험 사례형 제2문)

1. 문제의 제기 (1점)

수사기관이 아닌 진술분석관이 피해자를 면담한 내용에 대한 영상녹화물의 증거능력을 살펴본다.

2. 영상녹화물의 증거능력 (8점)

검사나 사법경찰관이 성폭력범죄의처벌등에관한특례법 제30조에 따라 19세 미만의 피해자 등의 진술을 영상녹화한 영상녹화물은 위 특례법 제30조의2의 요건을 충족하는 경우에 독립적인 증거능력이 인정될 수 있으나 위 영상녹화물은 검사 등 수사기관이 아닌 진술분석관이 영상녹화한 것이기에 위 특례법에 의해서는 증거능력이 인정될 수 없다.

형사소송법이 수사기관에서 작성된 조서 등 증거에 대해 일정한 요건을 충족하는 경우에 증거능력을 인정하는 것은 실체적 진실발견의 이념과 소송경제의 요청을 고려하여 예외적으로 허용하는 것일 뿐이므로 **증거능력 인정 요건에 관한 규정은 엄격하게 해석·적용**해야 한다는 것이 판례 입장이다.[1]

영상녹화물은 진술분석관의 소속 및 지위 등을 고려할 때 수사과정 외에서 작성된 것으로 볼 수 없으므로 형사소송법 제313조 제1항에 따라 증거능력을 인정할 수 없으며, 또한 수사기관이 작성한 피의자신문조서나 피고인이 아닌 자의 진술을 기재한 조서가 아니고, 피고인 또는 피고인이 아닌 자가 작성한 진술서도 아니므로 제312조에 의해서도 증거능력을 인정할 수가 없다.[2]

3. 결 론 (1점)

진술분석관이 영상녹화한 영상녹화물은 성폭력범죄의처벌등에관한특례법상 독립적인 증거

313조가 적용될 수 없다.'는 입장이다.

1 대법원 2024.3.28.선고 2023도15133 판결; 대법원 2022.6.16.선고 2022도364 판결.

2 대법원 2024.3.28.선고 2023도15133 판결.

가 될 수 없고, 전문증거로서 예외적으로 증거능력이 인정될 수 있는 형사소송법 제312조나 제313조에도 해당되지 않아 피고인이 증거동의를 하지 않는 한 증거능력이 인정될 수 없다.

19 형사조정조서의 증거능력 부정 (대법원 2024.11.14.선고 2024도11314 판결)

가. 사 안

피고인이 성폭력범죄의처벌등에관한특례법위반(강간등치상)으로 기소되었는데, 형사조정조서 중 '피의자의 주장'란에 '피해자에게 성추행 및 간음 미수 피해를 입혔음'이라고 기재되어 있고, 말미에는 형사조정절차에 참여한 조정장과 조정위원 및 출석한 피고인의 각 성명과 서명이 기재되어 있었으며, 간사인 검찰수사관도 형사조정조서의 말미에 성명을 기재하고 서명을 하였는데, 이러한 형사조정조서의 '피의자의 주장'란에 기재된 위 진술의 증거능력이 문제되었다.

원심은 피고인의 진술이 기재된 형사조정조서에 대해 형사소송법 제313조에서 규정하는 진술기재서에 해당된다고 보아 증거능력을 인정하고 공소사실에 대한 유죄의 증거로 삼았다.

나. 판결요지

(1) 헌법 제12조 제1항이 규정한 적법절차의 원칙과 헌법 제27조에 의하여 보장된 공정한 재판을 받을 권리를 구현하기 위하여 형사소송법은 공판중심주의와 구두변론주의 및 직접심리주의를 기본원칙으로 하고 있다. 따라서 형사소송법이 수사기관에서 작성된 조서 등 서면증거에 대해 일정한 요건을 충족하는 경우에 증거능력을 인정하는 것은 실체적 진실발견의 이념과 소송경제의 요청을 고려하여 예외적으로 허용하는 것일 뿐이므로 증거능력 인정 요건에 관한 규정은 엄격하게 해석·적용해야 한다.[1]

형사소송법은 제310조의2에서 원칙적으로 전문증거의 증거능력을 인정하지 않고, 제311조부터 제316조까지 정한 요건을 충족하는 경우에만 예외적으로 증거능력을 인정한다.[2]

형사소송법 제311조는 법원 또는 법관의 조서의 증거능력에 관해 규정하고, 제312조 제1항 내지 제3항은 검사 또는 검사 이외의 수사기관이 작성한 피의자신문조서의 증거능력에 관해 규정한다. 형사소송법 제312조 제4항은 검사 또는 사법경찰관이 피고인이 아닌 자의 진술을 기재한 조서에 대해 적법한 절차와 방식에 따라 작성된 것으로서 실질적 진정성립이 증명되고

1 대법원 2022.6.16.선고 2022도364 판결.
2 대법원 2019.8.29.선고 2018도13792 전원합의체 판결.

반대신문이 보장되며 진술이 특히 신빙할 수 있는 상태 하에서 행하여졌음이 증명된 때에 한해 증거능력을 인정한다. 형사소송법 제312조 제5항은 피고인 또는 피고인이 아닌 자의 진술서가 수사과정에서 작성된 경우 같은 조 제1항 내지 제4항을 준용한다. 형사소송법 제313조 제1항은 '전 2조의 규정 이외에 피고인 또는 피고인이 아닌 자가 작성한 진술서나 그 진술을 기재한 서류'로서 그 작성자 또는 진술자의 자필이거나 그 서명 또는 날인이 있는 것에 대해 그 진정성립이 증명되면 증거능력을 인정한다. 수사과정에서 작성된 서류의 증거능력에 관해 형사소송법 제313조 제1항보다 더욱 엄격한 요건을 규정한 형사소송법 제312조의 취지에 비추어 보면, 형사소송법 제313조 제1항이 규정하는 서류는 수사과정 외에서 작성된 서류를 의미한다.

이러한 헌법과 형사소송법의 규정 및 전문증거의 증거능력 인정에 관한 해석 원칙에 비추어 보면, 피고인의 진술을 기재한 서류가 비록 수사기관이 아닌 자에 의해 작성되었다고 하더라도, 수사가 시작된 이후 수사기관의 관여나 영향 아래 작성된 경우로서 서류를 작성한 자의 신분이나 지위, 서류를 작성한 경위와 목적, 작성 시기와 장소 및 진술을 받는 방식 등에 비추어 실질적으로 고찰할 때 그 서류가 수사과정 외에서 작성된 것이라고 보기 어렵다면, 이를 형사소송법 제313조 제1항의 '전 2조의 규정 이외에 피고인의 진술을 기재한 서류'에 해당한다고 할 수 없다.[1] 나아가 전문증거의 증거능력은 이를 인정하는 법적 근거가 있는 때에만 예외적으로 인정된다는 원칙 및 피고인 또는 피고인이 아닌 자의 진술서가 수사과정에서 작성된 경우 그 증거능력에 관해 형사소송법 제313조 제1항보다 더욱 엄격한 요건을 규정한 형사소송법 제312조의 취지 등에 비추어 보면, 수사기관이 아닌 자가 수사과정에서 작성한 피고인의 진술을 기재한 서류의 증거능력도 엄격하게 제한할 필요가 있다.

(2) 형사조정위원들의 소속 및 지위, 이 사건 형사조정조서를 작성한 경위와 목적, 형사조정위원들이 형사조정절차의 진행과 관련하여 수사기관으로부터 확보한 자료의 내용과 성격, 형사조정의 방식 및 내용과 그 진행 장소, 간사로 검찰수사관이 관여한 상황, 형사조정의 불성립 이후 이 사건 형사조정조서를 받은 검사가 이를 토대로 피고인에 대한 피의자신문을 실시한 수사의 진행 경과 등에 비추어 이 사건 형사조정조서 중 '피의자의 주장'란에 피고인의 진술을 기재한 부분은 비록 수사기관이 아닌 자에 의해 작성되었다고 하더라도 수사가 시작된 이후 수사기관의 관여나 영향 아래 작성된 경우로서 실질적으로 고찰할 때 수사과정 외에서 작성된 것이라고 볼 수 없으므로 형사소송법 제313조 제1항에 따라 증거능력을 인정할 수 없고, 이는 수사기관이 작성한 '피의자신문조서'나 '피고인이 아닌 자의 진술을 기재한 조서'가 아니고, '피고인 또는 피고인이 아닌 자가 작성한 진술서'라 보기도 어려우므로 형사소송법 제312조에 의해 증거능력을 인정할 수도 없다고 보아, 그 증거능력을 인정한 원심의 판단에 형사소송법 제313조 등의 법리를 오해한 잘못이 있으나 증거능력이 인정되는 나머지 적법하게 채택된 증거

1 대법원 2024.3.28.선고 2023도15133, 2023전도163, 164 판결.

들에 의하더라도 이 사건 공소사실을 유죄로 인정하기에 충분하므로, 위와 같은 원심의 잘못이 판결 결과에 영향이 없으므로 상고를 기각한다.

[사례] 형사조정조서의 증거능력

乙에 대한 수사 중 검사의 직권으로 개시된 형사조정절차에서 조정위원인 변호사 K가 작성한 형사조정조서 중 '피의자의 주장'란에 乙의 유죄 자백 진술이 기재되어 있었고, 조정이 불성립하자 검사는 이 조서를 증거로 제출하였다. 이 형사소정조서를 乙에 대한 유죄의 증거로 사용할 수 있는가? (15점)

(2025년 제2차 모의시험 사례형 제2문)

1. 문제의 제기

수사 중에 개시된 형사조정절차에서 작성된 형사조정조서의 증거능력을 살펴본다.

2. 형사조정조서의 증거능력

형사소송법이 제310조의2에서 원칙적으로 전문증거에 대해 증거능력을 인정하지 않고 제311조부터 제316조까지의 일정한 요건을 충족하는 경우에만 증거능력을 인정하고 있다. 이는 실체적 진실발견의 이념과 소송경제의 요청을 고려하여 예외적으로 허용하는 것일 뿐이므로 증거능력 인정 요건에 관한 규정은 **엄격하게 해석·적용**해야 한다는 것이 **판례** 입장이다.[1]

형사조정조서는 검사 직권으로 개시된 형사조정절차에서 조정위원인 변호사 K가 작성하였듯이 조정위원들의 소속 및 지위 등을 고려할 때 수사과정 외에서 작성된 것으로 볼 수 없으므로 형사소송법 제313조 제1항에 따라 증거능력을 인정할 수 없으며, 또한 수사기관이 작성한 피의자신문조서나 피고인이 아닌 자의 진술을 기재한 조서가 아니고, 피고인 또는 피고인이 아닌 자가 작성한 진술서도 아니므로 제312조에 의해서도 증거능력을 인정할 수가 없다.[2]

3. 결 론

형사조정조서는 전문증거로서 예외적으로 증거능력이 인정될 수 있는 형사소송법 제312조나 제313조에도 해당되지 않아 피고인이 증거동의를 하지 않는 한 증거능력이 인정될 수 없다.

---

1 대법원 2024.11.14.선고 2024도11314 판결; 대법원 2024.3.28.선고 2023도15133 판결; 대법원 2022.6.16.선고 2022도364 판결.
2 대법원 2024.11.14.선고 2024도11314 판결.

20 피고인의 진술을 기재한 서류의 증거능력 (대법원 2022.4.28.선고 2018도3914 판결)

가. 사 안

피고인이 충남 ○○군 사무관으로서 어선 선주들로부터 1,020만원 상당의 뇌물을 수수하여 뇌물수수죄 등으로 기소된 사건에서 국무조정실 산하 정부합동공직복무점검단 소속 점검단원이 작성한 피고인의 진술을 기재한 서류(확인서)가 증거로 제출되었다.

나. 판결요지

피고인이 피고인의 진술을 기재한 서류를 증거로 할 수 있음에 동의하지 않은 이상 그 서류에 기재된 피고인의 진술내용을 증거로 사용하려면 형사소송법 제313조 제1항 단서에 따라 ① 공판준비 또는 공판기일에서 **작성자의 진술에 의해** 그 서류에 기재된 피고인의 진술내용이 피고인이 진술한 대로 기재된 것임이 증명되고 ② 나아가 진술이 특히 신빙할 수 있는 상태하에서 행하여진 것임이 인정되어야 한다.[1] 여기서 '특히 신빙할 수 있는 상태'라 함은 진술내용이나 서류의 작성에 허위개입의 여지가 거의 없고, 진술내용의 신빙성이나 임의성을 담보할 구체적이고 외부적인 정황이 있는 것을 말한다.[2]

원심은 이 사건 각 확인서(금품수수 일람표 포함)가 국무조정실 산하 정부합동공직복무점검단 소속 점검단원 A가 작성한 피고인의 진술을 기재한 서류에 해당한다는 전제에서 원심 제3회 공판기일에 Ⓐ 작성자인 A의 진술에 의해 성립의 진정함이 증명되고 나아가 Ⓑ 진술이 특히 신빙할 수 있는 상태하에서 행하여졌다고 보아 형사소송법 제313조 제1항 단서에 따라 위 각 확인서의 증거능력을 인정하였고, 이러한 원심의 판단은 잘못이 없다.

다. 참 고

형사소송법 제313조 제1항 단서의 의미에 관해 학설상 ① 가중요건설[3]과 ② 완화요건설[4]의 대립이 있는데, 판례는 녹음테이프의 증거능력이 문제된 사안(대법원 2012.9.13.선고 2012도7461 판결)에서와 같이 **완화요건설**(원진술자인 피고인의 '진정성립을 부정하는 진술'에도 불구하고 특신상태 등이 인정되면 진술기재서의 증거능력을 인정하는 견해. 특신상태가 증거능력 취득요건을 완화하는 기능을 한다고 하여 완화요건설로 불림)의 입장에 있음을 분명히 하였다.[5]

---

1 대법원 2012.9.13.선고 2012도7461 판결 등 참조.

2 대법원 2006.9.28.선고 2006도3922 판결 등 참조.

3 증거능력의 요건 : Ⓐ 서류 작성자에 의한 성립 진정, Ⓑ 특신상태, Ⓒ 진술자인 피고인의 성립 진정

4 증거능력의 요건 : Ⓐ 서류 작성자에 의한 성립 진정, Ⓑ 특신상태

5 **대법원 2022.12.15.선고 2022도8824 판결**, 「현행 법령상 조세범칙조사의 법적성질은 기본적으로 행정절차에 해당하므로, 조세범처벌절차법 등 관련 법령에 조세범칙조사를 담당하는 세무공무원에게 압수수색 및 혐의자 또는 참고인에 대한 심문권한이 부여되어 있어 그 업무의 내용과 실질이 수사절차와 유사한 점이 있고, 이를 기초로 수사기관에 고발하는 경우에는 형

[사례] 휴대폰 녹음진술의 증거능력

甲과 乙은 피해자 A에 대한 특수강간죄의 공범으로 수사를 받게 되었다. 그런데 甲이 수사를 받던 중에 A의 집으로 찾아가서 위 강간사실을 모두 인정하면서 용서를 구하며 고소를 취소하여 줄 것을 부탁하였고, A는 이러한 甲과의 대화내용을 甲 몰래 자신의 휴대폰에 녹음하였다.

이후 甲과 乙이 특수강간죄로 기소되었으나 법정에서 범행을 부인하였고, 위 사실을 듣게 된 A가 위와 같은 녹음사실을 검찰에 신고하게 되었다. 위 휴대폰에 녹음된 甲의 진술을 특수강간죄에 대한 증거로 사용할 수 있는지를 검토하시오.

1. 문제의 제기

휴대폰의 진술녹음은 A가 대화상대방인 甲의 동의없이 녹음한 것이므로 적법하게 수집된 증거인 여부와 적법하게 수집된 증거인 경우에 어떤 요건에 따라 증거능력이 인정될 수 있는지를 살펴본다.

2. 휴대폰 녹음진술이 위법수집증거인 여부

대화당사자의 일방이 상대방의 동의없이 대화내용을 녹음하는 것이 위법한 것인지가 문제되는데, 통신비밀보호법 제3조 제1항에 의하면 '누구든지 공개되지 아니한 타인간의 대화를 녹음 또는 청취하지 못한다'고 규정하고 있고, 공개되지 않은 타인간의 대화를 녹음한다는 것은 대화에 원래부터 참여하지 않은 제3자가 그 대화를 하는 타인들 간의 발언을 녹음한다는 의미로 해석되며, **통설**과 **판례**도 같은 입장이다.[1]

위 휴대폰에 녹음된 甲의 진술이 위법수집증거가 아닌 경우에 피고인 甲과 乙이 증거동의를 한다면 법원이 진정한 것으로 인정한 때에 증거능력이 인정된다(형사소송법 제318조).

3. 휴대폰 녹음진술의 증거능력 인정 요건

만일 피고인들이 증거동의를 하지 않는다면 위 녹음된 甲의 진술은 진술녹음에 해당하여 원진술자와 녹음 주체에 따라 형사소송법 제311조 내지 제313조를 적용해야 한다는 견해가 **통설**과 **판례**[2] 입장으로 타당하다.

먼저 **甲에 대해서**는 녹음된 甲의 진술은 사인이 피고인의 진술을 녹음한 경우이어서 **피고**

사절차로 이행되는 측면이 있다 해도, 달리 특별한 사정이 없는 한 이를 형사절차의 일환으로 볼 수는 없다. 그러므로 조세범칙조사를 담당하는 세무공무원이 피고인이 된 혐의자 또는 참고인에 대해 심문한 내용을 기재한 조서는 검사·사법경찰관 등 수사기관이 작성한 조서와 동일하게 볼 수 없으므로 형사소송법 제312조에 따라 증거능력의 존부를 판단할 수는 없고, 피고인 또는 피고인이 아닌 자가 작성한 진술서나 그 진술을 기재한 서류에 해당한다.」

1 대법원 2014.5.16.선고 2013도16404 판결.

2 대법원 2012.9.13.선고 2012도7461 판결.

인의 진술을 기재한 서류와 같으므로 형사소송법 제313조 제1항 **단서**에 의해 증거능력이 인정될 수 있다. 여기서 **위 제1항 단서의 해석과 관련**하여 원진술자인 피고인도 성립의 진정을 인정해야 하는지에 대해 학설이 나뉘는데, ① **가중요건설**은 피고인도 성립의 진정을 인정해야 한다는 견해이고, ② **완화요건설**은 그 서류의 작성자에 의해 성립의 진정과 특신상태가 인정되면 피고인이 성립의 진정을 부인하더라도 가능하다는 견해로 **판례** 입장이기도 하다.[1] **검토**하면 가중요건설이 증거능력의 요건을 보다 엄격하게 하는 것은 사실이나 형사소송법 제313조 제1항 본문과 단서의 해석상 피고인의 진술을 기재한 서류에 한해서는 예외적으로 서류 작성자의 진정성립과 특신상태 증명으로 증거능력이 인정될 수 있다고 보는 완화요건설이 타당하다.

다음으로 **乙에 대해서**는 녹음된 甲의 진술은 사인이 피고인이 아닌 자의 진술을 기재한 서류와 같으므로 형사소송법 제313조 제1항 **본문**에 의해 증거능력이 인정될 수 있다.

그리고 진술녹음은 원진술자 또는 녹음자(작성자)의 진술에 의해 원진술자의 음성임이 인정되고 녹음의 정확성이 증명되면 서면·날인이 필요없다(**통설**과 **판례**).[2]

4. 결 론

A가 피고인 甲과 대화를 나누던 중에 甲과의 대화내용을 몰래 녹음한 것은 타인간의 대화를 녹음한 것이라고 할 수 없으므로 통신비밀보호법에 위반되지 않고 대화 당사자의 일방이 상대방 몰래 녹음한 것이기에 사생활에 대한 침해 등 위법성이 인정되기도 어렵기에 위법수집증거라고 볼 여지가 없어서 사인의 위법수집증거인 경우에 위법수집증거배제법칙이 적용되는 여부를 따질 필요가 없다.

그리고 위와 같은 진술녹음은 甲과 乙이 범행을 부인하고 있어 증거동의를 하지 않는다고 보이므로 **甲에 대한 특수강간죄에 대해서는** 판례 입장인 완화요건설에 따라 ① 공판기일에 작성자인 A의 진술에 의해 휴대폰에 녹음된 피고인 甲의 진술내용이 피고인이 진술한 대로 녹음된 것임이 증명되고, ② 특신상태에서 행해진 것임이 증명되면 증거능력이 인정될 수 있다. **乙에 대한 특수강간죄에 대해서는** 진술자인 甲의 진술에 의해 휴대폰에 녹음된 甲의 진술내용이 甲이 진술한 대로 녹음된 것임이 증명되어야 하는데 甲이 범행을 부인하고 있어 성립의 진정을 인정하지 않으면 증거능력이 인정될 수 없다.

---

1 대법원 2022.4.28.선고 2018도3914 판결; 대법원 2012.9.13.선고 2012도7461 판결; 대법원 2008.12.24.선고 2008도9414 판결; 대법원 2005.12.23.선고 2005도2945 판결; 대법원 2001.10.9.선고 2001도3106 판결.

2 대법원 2015.1.22.선고 2014도10978 전원합의체 판결, <대화 내용을 녹음한 파일 등의 전자매체의 경우도 동일한 취지> ; 대법원 2014.8.26.선고 2011도6035 판결; 대법원 2012.9.13.선고 2012도7461 판결; 대법원 2008.12.24.선고 2008도9414 판결.

21 피해자가 변호인의 반대신문을 절반가량 남겨둔 상황에서 속행된 증인신문기일에 출석하지 않고 이후 소재불명이 된 경우의 증거능력 부정 (대법원 2022.3.17.선고 2016도17054 판결)

가. 사 안

피고인이 A와 공동하여 위험한 물건을 휴대하고 피해자를 폭행하여 치료일수 미상의 상해를 가하였다는 혐의로 기소되었다.

피해자는 제1심 제2회 공판기일에 출석하여 검찰의 주신문 전부와 변호인의 반대신문 사항 중 절반가량에 대해 진술한 상태에서 증인신문이 속행되었으나, 그 이후부터 법정에 출석하지 않다가 원심에 이르러 소재불명상태가 되었다.

제1심은 제2회 공판조서 중 피해자의 진술기재 등을 유죄의 증거로 삼아 피고인에게 징역 3년을 선고하였으나, **원심**은 피해자에 대한 증인신문조서와 검찰, 경찰 각 진술조서의 증거능력을 인정하지 않고, 나머지 증거들만으로는 공소사실을 인정하기에 부족하다고 판단하여 무죄를 선고하고, **대법원**은 이러한 원심을 수긍하여 상고기각을 하였다.

나. 판결요지

피고인에게 불리한 증거인 증인이 주신문의 경우와 달리 반대신문에 대해서는 답변을 하지 않는 등 진술내용의 모순이나 불합리를 그 증인신문과정에서 드러내어 이를 탄핵하는 것이 사실상 곤란하였고, 그것이 피고인 또는 변호인에게 책임있는 사유에 기인한 것이 아닌 경우라면, 관계 법령의 규정 혹은 증인의 특성 기타 공판절차의 특수성에 비추어 이를 정당화할 수 있는 특별한 사정이 존재하지 않는 이상, 이와 같이 실질적 반대신문권의 기회가 부여되지 않은 채 이루어진 **증인의 법정진술**은 **위법한 증거**로서 증거능력을 인정하기 어렵다. 이 경우 피고인의 책문권포기로 그 하자가 치유될 수 있으나, **책문권포기**의 의사는 명시적인 것이어야 한다.[1]

형사소송법 제314조에서 '그 진술이 특히 신빙할 수 있는 상태하에서 행하여졌음'이라 함은 그 진술내용이나 조서의 작성에 허위개입의 여지가 거의 없고, 그 진술내용의 신빙성이나 임의성을 담보할 구체적이고 외부적인 정황이 있는 경우를 가리키고,[2] 이에 대한 증명은 단지 그러할 개연성이 있다는 정도로는 부족하며, 합리적 의심의 여지를 배제할 정도에 이르러야 한다.[3]

형사소송법은 수사기관에서 작성된 조서 등 서면증거에 대해 일정한 요건 아래 증거능력을

1 대법원 2010.1.14.선고 2009도9344 판결.
2 대법원 2006.4.14.선고 2005도9561 판결; 대법원 1987.3.24.선고 87도81 판결 등.
3 대법원 2014.2.21.선고 2013도12652 판결 등.

인정하는데, 이는 실체적 진실발견의 이념과 소송경제의 요청을 고려하여 예외적으로 허용하는 것이므로, 그 증거능력 인정 요건에 관한 규정은 엄격하게 해석·적용해야 한다.[1] 형사소송법 **제312조, 제313조**는 진술조서 등에 대해 피고인 또는 변호인의 반대신문권이 보장되는 등 엄격한 요건이 충족될 경우에 한해 증거능력을 인정할 수 있도록 함으로써 직접심리주의 등 기본원칙에 대한 예외를 정하고 있는데, 형사소송법 **제314조**는 Ⓐ 원진술자 또는 작성자가 사망·질병·외국거주·소재불명 등의 사유로 공판준비 또는 공판기일에 출석하여 진술할 수 없는 경우에 Ⓑ 그 진술이 특히 신빙할 수 있는 상태 하에서 행해졌다는 점이 증명되면 원진술자 등에 대한 반대신문의 기회조차도 없이 증거능력을 부여할 수 있도록 함으로써 **보다 중대한 예외**를 인정한 것이므로, 그 요건을 더욱 엄격하게 해석·적용해야 한다.[2]

[사례] 사법경찰관 작성 참고인 진술조서의 증거능력

甲의 상해 피고사건에 대한 공판에 증인으로 출석한 피해자 A는 검사의 주신문에 대해 답변한 후 피고인 측의 반대신문에는 답하지도 않았고, 이후 공판기일에는 아예 출석도 하지 않았다.

위와 같이 공판기일에 출석하지 않은 A에 대한 사법경찰관 작성의 참고인 진술조서는 甲의 위 피고사건에 대한 유죄의 증거로 사용할 수 있는지를 검토하시오.

1. 문제의 제기

진술조서는 전문증거로서 먼저 형사소송법 제312조 제4항의 요건을 충족하면 증거능력이 인정될 수 있고, 다음으로 제314조에 의해 필요성과 특신상태의 요건을 충족하면 예외적으로 증거능력이 인정될 수 있다.

2. 진술조서의 증거능력

가. 제312조 제4항의 증거능력 요건

사법경찰관 작성의 A에 대한 진술조서는 전문증거로서 원칙적으로 증거능력이 없지만 피고인 甲이 증거동의를 하고 진정한 것으로 인정되는 때에 증거능력이 인정된다(형사소송법 제318조 제1항). A가 증거동의를 하지 않는 경우에도 형사소송법 제312조 제4항에 의해 ① 적법한 절차와 방식, ② 실질적 진정성립, ③ 반대신문의 기회보장, ④ 특신상태의 요건이 충족되면 증거능력이 인정된다. 실질적 진정성립은 Ⓐ 원진술자의 공판기일 등에서의 진술이나 Ⓑ 영상녹화물 또는 그 밖의 객관적인 방법으로 증명되어야 하고, 반대신문의 기회보장은 현실적으로

---

1 대법원 2013.3.14.선고 2011도8325 판결.

2 대법원 2017.12.22.선고 2016도15868 판결; 대법원 2014.2.21.선고 2013도12652 판결 등.

반대신문이 행해져야 하는 것은 아니지만 반대신문의 기회가 확실히 보장되어야 한다.

사안에서 A가 공판에 증인으로 출석하였으나 검사의 주신문에 대해 답변한 후 피고인측의 반대신문에는 답하지도 않았고, 이후 공판기일에는 아예 출석도 하지 않았기에 검사의 주신문 과정에서 A의 진술에 의해 진술조서가 적법한 절차와 방식에 따라 작성되고 실질적 진정성립이 인정되는 경우라도 피고인측의 반대신문에 답하지 않았기에 실질적으로 반대신문의 기회가 보장되었다고 볼 수 없어서[1] 다른 요건을 검토할 여지가 없이 증거능력이 인정될 수 없다.

나. 제314조의 증거능력 요건

형사소송법 제314조에 의해 ① A가 사망, 질병, 외국거주, 소재불명 그 밖에 이에 준하는 사유로 인해 진술할 수 없고, ② 위 진술조서의 작성이 특신상태에서 행해졌음이 증명되면 증거능력이 인정될 수 있다. 여기서 **'소재불명'**이란 증인의 법정출석을 위한 가능하고도 충분한 노력을 다했음에도 부득이 그 출석이 불가능하게 되었다는 사정이 있어야 하므로 소환장이 송달불능된 것만으로는 부족하고 Ⓐ 소재탐지촉탁까지 하여 소재수사를 하였는데도 소재를 확인할 수 없거나 Ⓑ 구인장을 발부하여 끝내 그 집행이 되지 않는 경우 등이어야 한다(**판례**).[2] 또한 '특신상태'란 진술내용이나 조서 작성에 허위개입의 여지가 거의 없고 진술내용의 신빙성이나 임의성을 담보할 구체적이고 외부적인 정황이 있는 것을 말한다(**판례**).[3]

사안에서 A가 처음 증인으로 공판기일에 출석하였을 때에는 피고인측의 반대신문에 답하지도 않고 이후에 공판기일에는 아예 출석도 하지 않았는데, 송달불능은 물론이고 소재탐지촉탁이나 구인장 집행여부를 알 수 없어서 소재불명으로 인정되지 않으며, 특신상태가 증명되었다고 보기도 어렵기에 증거능력이 인정될 수 없다.

3. 결 론

A에 대한 사법경찰관 작성의 진술조서는 형사소송법 제312조 제4항은 물론이고 제314조에 의해서도 그 요건을 충족하지 못해 증거능력이 인정되지 않으므로 甲의 피고사건에 대한 유죄의 증거로 사용할 수가 없다.

---

1 대법원 2022.3.17.선고 2016도17054 판결.

2 대법원 2010.9.9.선고 2010도2602 판결; 대법원 1995.6.13.선고 95도523 판결, 「진술을 요할 자가 사망, 질병, 또는 일정한 주거를 가지고 있더라도 법원의 소환에 계속 불응하고 구인해도 구인장이 집행되지 않는 등 법정에서의 신문이 불가능한 상태의 경우도 형사소송법 제314조 소정의 "공판정에 출정하여 진술을 할 수 없는 경우"라는 요건이 충족되었다고 보아야 한다.」

3 대법원 2022.3.17.선고 2016도17054 판결.

22 유서의 증거능력 인정과 형사소송법 제314조의 '특신상태' (대법원 2024.4.12.선고 2023도13406 결정)

가. 사 안

피고인들이 망인과 합동하여 2006.11.경 피해자(여, 당시 14세)의 심신상실 또는 항거불능 상태를 이용하여 간음하였다는 성폭력범죄의처벌및피해자보호등에관한법률위반(특수준강간)으로 기소되었다.

원심은 망인이 2021.3.31.경 자살하기 직전 작성한 유서가 '특히 신빙할 수 있는 상태'에서 작성되었다고 보아 형사소송법 제314조에 따라 증거능력을 인정하고 이를 유죄의 증거로 삼아 이 사건 공소사실을 유죄로 판단하였다.

나. 판결요지

(1) 형사소송법 제314조에서 '그 진술 또는 작성이 특히 신빙할 수 있는 상태하에서 행하여졌음'이란 그 진술내용이나 조서 또는 서류의 작성에 허위가 개입할 여지가 거의 없고, 그 진술 내지 작성 내용의 신빙성이나 임의성을 담보할 구체적이고 외부적인 정황이 있는 경우를 가리킨다.[1]

형사소송법은 수사기관에서 작성된 조서 등 서면증거에 대해 일정한 요건 아래 증거능력을 인정하는데, 이는 실체적 진실발견의 이념과 소송경제의 요청을 고려하여 예외적으로 허용하는 것이므로, 그 증거능력 인정 요건에 관한 규정은 엄격하게 해석·적용해야 한다. 형사소송법 제312조, 제313조는 진술조서 등에 대해 피고인 또는 변호인의 반대신문권이 보장되는 등 엄격한 요건이 충족될 경우에 한해 증거능력을 인정할 수 있도록 함으로써 직접심리주의 등 기본원칙에 대한 예외를 정하고 있는데, 형사소송법 제314조는 원진술자 또는 작성자가 사망·질병·외국거주·소재불명 등의 사유로 공판준비 또는 공판기일에 출석하여 진술할 수 없는 경우에 그 진술이 특히 신빙할 수 있는 상태하에서 행하여졌다는 점이 증명되면 원진술자 등에 대한 반대신문의 기회조차도 없이 증거능력을 부여할 수 있도록 함으로써 보다 중대한 예외를 인정한 것이므로, 그 요건을 **더욱 엄격하게 해석·적용해야** 한다. 따라서 형사소송법 제314조에서 '특히 신빙할 수 있는 상태하에서 행하여졌음에 대한 증명'은 단지 그러할 개연성이 있다는 정도로는 부족하고, 합리적 의심의 여지를 배제할 정도, 즉 법정에서의 반대신문 등을 통한 검증을 굳이 거치지 않더라도 진술의 신빙성을 충분히 담보할 수 있어 실질적 직접심리주의와 전문법칙에 대한 예외로 평가할 수 있는 정도에 이르러야 한다.[2]

---

1 대법원 2006.9.28.선고 2006도3922 판결 등 참조.

2 대법원 2022.3.17.선고 2016도17054 판결; 대법원 2014.2.21.선고 2013도12652 판결; 대법원 2011.11.10.선고 2010도12 판결 등 참조.

(2) ① 망인이 사건 이후 14년 이상 경과하도록 피고인들이나 피해자에게는 물론, 가족이나 친구 등 가까운 사람에게 이 사건을 언급하거나 죄책감 등을 호소한 적이 없어 자신의 범행을 참회할 의도로 이 사건 유서를 작성하였다고 단정하기 어렵고, 따라서 허위 개입의 여지가 거의 없다고 단정할 수 있을 정도로 작성 동기나 경위가 뚜렷하다고 평가할 수 없는 점, ② 망인은 수사기관에서조차 이 사건 유서의 작성 경위, 구체적 의미 등에 관해 진술한 바가 없는 점, ③ 이 사건 유서가 사건 발생일 즈음이 아니라 사건 발생일로부터 무려 14년 이상 경과된 이후 작성된 점, ④ 망인이 자살 직전 A4 용지 1장 분량으로 작성한 이 사건 유서는 그 표현이나 구체성에 한계가 있을 수밖에 없고, 실제 이 사건 유서에는 피고인들의 구체적인 행위내용에 관한 세세한 묘사 없이 '유사성행위', '성관계'라고 추상적으로 기재되어 있을 뿐, 구체적 정황이나 실행행위 분담내용, 시간적·장소적 협동관계에 관한 구체적·세부적 기재가 없으며, 그 기재 내용이 객관적 증거, 진술증거로 뒷받침된다고 보기도 어려운 점, ⑤ 이 사건 유서의 내용 중 피해자의 진술 등과 명백히 배치되는 부분도 존재하는 점 등에 비추어 보면, 망인에 대한 반대신문이 가능하였다면 그 과정에서 구체적, 세부적 진술이 현출됨으로써 기억의 오류, 과장, 왜곡, 거짓 진술 등이 드러났을 가능성을 배제하기 어려워, 이 사건 유서의 내용이 법정에서의 반대신문 등을 통한 검증을 굳이 거치지 않아도 될 정도로 신빙성이 충분히 담보된다고 평가할 수 없고, 따라서 이 사건 유서의 증거능력을 인정한 원심의 판단은 수긍하기 어려워 이 사건 유서를 유죄의 주요 증거로 삼아 이 사건 공소사실을 유죄로 판단한 원심을 파기·환송한다.

[사례] 공범이 남긴 유서의 증거능력과 특신상태

甲과 乙은 8년 전 피해자(여, 당시 10세) A를 준강간하였다는 혐의로 A의 고소에 따라 수사를 받고 있었다. 乙은 경찰의 수사를 받던 중에 A4 1장 분량의 유서를 작성하고 자살하였다. 그 유서에는 '유사성행위', '성관계'라는 추상적 기재는 있었지만, 甲과의 실행행위의 분담에 관한 구체적 내용은 없었다. 乙은 지난 8년간 지인들에게 A에 대한 죄책감을 말한 적도 없고, 수사기관에서 조사받을 때 A에 대한 범행에 관하여 구체적 진술을 한 적도 없었다.

甲의 범죄사실에 대한 乙의 유서의 증거능력을 논하시오. (15점)

(2025년 제1차 모의시험 사례형 제2문)

1. 문제의 제기 (1점)

乙이 유서를 작성하고 자살하였는데, 유서는 진술서에 해당하므로 그 증거능력을 살펴본다.

2. 유서의 증거능력 (12점)

유서는 진술서로 전문증거이므로 원칙적으로 증거능력이 없으며, 甲이 증거동의를 하는 경우에 법원이 진정한 것으로 인정한 때에 증거능력이 인정된다(형사소송법 제318조 제1항).

甲이 증거동의를 하지 않는 경우에 乙이 A의 고소에 따라 경찰 수사를 받던 중에 유서를 작성한 것은 사실이나 수사 중이라도 수사기관의 관여없이 작성하였기에 수사과정에서 작성한 진술서에 해당하지 않으므로 ① 먼저 형사소송법 제312조 제4항이 아닌 제313조의 요건을 충족하면 증거능력이 인정될 수 있고, ② 다음으로 제314조의 요건을 충족하면 증거능력이 인정될 수 있다.

먼저 **제313조 제1항에 의하면** 그 작성자의 진술에 의해 성립의 진정함이 증명되어야 하는데, 乙이 이미 사망하였으므로 위 요건을 충족할 수 없다.

다음으로 **제314조에 의하면** 원진술자가 사망 등으로 진술할 수 없는 필요성과 진술서의 작성이 특신상태에서 행해졌음이 증명되어야 한다. 제314조는 반대신문의 기회조차도 없이 증거능력이 인정될 수 있도록 함으로써 보다 중대한 예외에 해당하므로 그 요건은 더욱 엄격하게 해석·적용되어야 한다는 것이 **판례** 입장이다.[1] 그에 따라 乙이 사망하여 필요성은 인정되지만 Ⓐ 乙이 지난 8년간 지인들에게 A에 대한 죄책감을 말한 적이 없고, Ⓑ 乙이 수사기관에서 조사받을 때에 A에 대한 범행에 대해 구체적 진술을 하지 않았고, Ⓒ 유서 작성 시점도 행위 당시로부터 8년이나 경과한 이후이며, Ⓓ 그 유서에는 '유사성행위', '성관계'라는 추상적 기재는 있었지만 甲과의 실행행위의 분담에 관한 구체적인 내용은 없는 점 등을 종합하면 유서내용이 법정에서의 반대신문 등을 거치지 않아도 될 정도로 신빙성이 충분히 담보된다고 볼 수 없어 특신상태를 인정하기 어렵기에 위 요건이 충족되지 않는다.[2]

3. 결 론 (2점)

위 유서는 수사과정 외에서 작성한 진술서로서 형사소송법 제313조 제1항과 제314조의 요건이 충족되지 않으므로 甲이 증거동의를 하지 않는 한 증거능력이 인정될 수 없다.

---

1 대법원 2024.4.12. 선고 2023도13406 판결.
2 대법원 2024.4.12. 선고 2023도13406 판결.

23 조사자증언에서 '특신상태'의 의미와 증명의 정도 (대법원 2023.10.26.선고 2023도7301 결정)

가. 사 안

피고인은 2021.8.4. 23:00경 김해시 ○○동 소재 △△공원 내 벤치에서 불상량의 필로폰을 커피에 타서 마시는 등의 방법으로 투약하였다는 공소사실로 기소되었다.

제1심은 경찰관 A의 제1심 법정에서의 증언이 증거능력이 있음을 전제로 위 증언과 피고인의 모발감정결과 등에 의하면 피고인이 공소사실과 같이 필로폰을 투약하였음을 충분히 인정할 수 있다는 등의 이유로 유죄를 선고하고, **원심**은 피고인의 항소를 기각하였다.

나. 판결요지

(1) 형사소송법은 검사, 사법경찰관 등 수사기관이 작성한 피의자신문조서는 그 피의자였던 피고인 또는 변호인이 공판준비 또는 공판기일에 내용을 인정하지 않으면 증거능력을 부정하면서도(제312조 제1항, 제3항), 검사, 사법경찰관 등 공소제기 전에 피고인을 피의자로 조사하였거나 그 조사에 참여하였던 자, 즉 조사자의 공판준비 또는 공판기일에서의 진술이 피고인의 수사기관 진술을 내용으로 하는 것인 때에는 그 진술이 '특히 신빙할 수 있는 상태하에서 행하여졌음이 증명된 때'에 한해 이를 증거로 할 수 있다고 규정하고 있다(**제316조 제1항**). 여기서 '그 진술이 특히 신빙할 수 있는 상태하에서 행하여졌음'이란 그 진술을 하였다는 것에 허위개입의 여지가 거의 없고, 그 진술내용의 신빙성이나 임의성을 담보할 구체적이고 외부적인 정황이 있음을 의미한다.[1]

이러한 특신상태는 증거능력의 요건에 해당하므로 검사가 그 존재에 대해 구체적으로 주장·증명해야 하는데,[2] 피고인의 수사기관 진술이 '특히 신빙할 수 있는 상태하에서 행하여졌음에 대한 증명'은 단지 그러할 개연성이 있다는 정도로는 부족하고 합리적인 의심의 여지를 배제할 정도에 이르러야 한다. 피고인이나 변호인이 그 내용을 인정하지 않더라도 검사, 사법경찰관 등 조사자의 법정증언을 통해 피고인의 수사기관 진술내용이 법정에 현출되는 것을 허용하는 것은, 형사소송법 제312조 제1항, 제3항이 피고인의 수사기관 진술은 신용성의 정황적 보장이 부족하다고 보아 피고인이나 변호인이 그 내용을 인정하지 않는 이상 피의자신문조서의 증거능력을 인정하지 않음으로써 그 진술내용이 법정에 현출되지 않도록 규정하고 있는 것에 대해 중대한 예외를 인정하는 것이어서, 이를 폭넓게 허용하는 경우 형사소송법 제312조 제1항, 제3항의 입법취지와 기능이 크게 손상될 수 있기 때문이다.

1 대법원 2015.12.10.선고 2015도16105 판결 등 참조.
2 대법원 2001.9.4.선고 2000도1743 등 판결.

(2) 기록에 의하면 다음의 사실을 알 수 있다. ① 경찰관 A는 피고인에 대해 세 차례 피의자신문을 하였는데, 세 차례 모두 피고인의 변호인은 동석하지 않았다. ② 피고인은 임의동행 직후 경찰관 A로부터 제1회 피의자신문을 받으면서 당초에는 필로폰 투약 범행을 부인하였으나 경찰관 A가 소변의 임의제출을 종용하는 듯한 태도를 취하자 이를 번복하여 '2021.8.4. 18:00경 김해시 ○○동 소재 △△공원 내 벤치에서 불상량의 필로폰을 커피에 타서 마시는 방법으로 투약하였다'는 취지로 진술하였다. ③ 그 후, 경찰관 A는 피고인 휴대전화의 발신기지국 위치를 통해 피고인이 2021.8.4. 18:00경 위 △△공원이 아닌 다른 곳에 있었고, 같은 날 22:46경 위 △△공원 부근에 있었음을 확인하였다. ④ 경찰관 A는 피고인을 재차 소환하여 위와 같은 사실을 언급하면서 2021.8.4. 18:00경이 아닌 같은 날 22:46경에 필로폰을 투약한 것이 아닌지 물었고, 이에 피고인은 기존 진술을 번복하면서 공소사실 기재와 같이 2021.8.4. 23:00경 필로폰을 투약하였던 것 같다는 취지로 진술하였다. ⑤ 피고인은 법정에서 경찰관 A가 작성한 피의자신문조서의 내용을 부인하였고, 경찰관 A는 제1심 법정에 출석하여 피고인이 조사 당시 강요나 회유 없이 자발적으로 공소사실 기재 필로폰 투약 범행을 자백하였다는 취지로 증언하였다.

(3) 위와 같은 사실관계를 앞서 본 법리에 비추어 살펴본다. 경찰관 A의 제1심 증언은 피고인의 조사 당시 진술을 그 내용으로 하고 있으므로, 조사 당시 피고인이 진술한 내용의 신빙성이나 임의성을 담보할 수 있는 구체적이고 외부적인 정황이 존재한다는 점이 합리적인 의심의 여지를 배제할 정도로 주장·증명되어야 증거로 사용될 수 있다.

그런데 ① 피고인은 조사 당시 변호인의 동석없이 진술하였고, ② 피고인의 진술 중 범인만이 알 수 있는 내용에 관한 자발적, 구체적 진술로 평가될 수 있는 부분도 존재하지 않는다. 달리 피고인 진술내용의 신빙성 내지 임의성을 담보할 수 있는 구체적·외부적 정황을 인정할 사정이 발견되지 않는다.

오히려 피고인은 임의동행 직후 경찰관 A가 소변의 임의제출을 종용하자 필로폰 투약사실을 인정하고, 이후 경찰관 A가 발신기지국 위치를 통해 확인된 사실을 기초로 진술번복을 유도하자 그에 따라 공소사실 기재와 같은 필로폰 투약 범행을 인정한 것으로 보일 뿐이다. 이는 피고인이 조사 당시 그 진술내용을 신빙하기 어려운 상태에 있었다고 의심되는 정황이다.

따라서 경찰관 A의 제1심 증언은 그 증거능력이 인정된다고 보기 어렵다. 그럼에도 원심은 경찰관 A의 제1심 증언을 유죄의 증거로 삼아 이 사건 공소사실을 유죄로 판단한 제1심 판결을 그대로 유지하였다. 이러한 원심의 판단에는 조사자증언에 관한 법리를 오해하여 판결에 영향을 미친 잘못이 있다.

24 녹음파일 사본이 제출되고 원본이 없어도 원본과의 동일성을 증명할 수 있는 경우 (대법원 2025.2.27.선고 2022도1864 판결)

가. 사 안

(1) 공소사실 요지

피고인들은 공모하여, 피해자를 기망하여 피해자로부터 주식대금 등 명목으로 수회에 걸쳐 합계 2억7,000만원의 현금을 받아 편취하였다.

피고인 2는, ① 피해자를 기망하여 피해자로부터 차용금 명목으로 현금 3,000만원을 받아 편취하고, ② 피해자에게 빌려준 3,000만원을 현금으로 변제받았음에도 이를 변제받지 못한 것처럼 피해자를 사기죄로 고소하여 무고하였다.

(2) 피해자의 주장과 피고인들의 변소

피해자는 공소사실에 부합하는 취지로 진술하면서 피고인들의 기망행위 및 현금수령사실에 대한 증거로 다수의 녹음파일들을 저장한 CD를 수사기관에 제출하였다.

이에 대해 피고인들은 공소사실과 같이 피해자를 기망하거나 피해자로부터 현금을 받은 사실이 없고, 위 녹음파일들은 증거능력이 없다고 다투었다.

(3) 원심 판단

원심은 다음과 같은 이유 등을 들어 이 사건 공소사실은 범죄의 증명이 없다고 보아, 이를 유죄로 판단한 제1심 판결을 파기하고 무죄로 판단하였다. ① 검사가 증거로 신청한 CD에 저장된 녹음파일들 중 '(파일명 1 생략).mp3'을 제외한 나머지 파일(이하 통틀어 '이 사건 녹음파일')은 원본이 현존하지 않는다. 이에 따라 원본파일이 복사과정에서 편집되는 등 인위적 개작 없이 원본의 내용 그대로 복사되었다는 점을 확인할 수 없으므로, 이 사건 녹음파일 및 이를 풀어쓴 녹취록의 증거능력이 인정되지 않는다. ② 공소사실 기재 기망행위나 현금수령사실에 부합하는 취지의 피해자 진술은 믿기 어렵다.

나. 판결요지

(1) 법 리

대화내용을 녹음한 파일은 그 성질상 작성자나 진술자의 서명 또는 날인이 없을 뿐만 아니라 녹음자의 의도나 특정한 기술에 의해 내용이 편집·조작될 위험성이 있음을 고려하여, 대화내용을 직접 녹음한 원본이거나 혹은 원본으로부터 복사한 사본일 경우에는 복사과정에서 편집되는 등 인위적 개작 없이 원본내용 그대로 복사된 사본임이 증명되어야 하고, 그러한 증명이 없는 경우에는 **쉽게** 증거능력을 인정할 수 없다.

사인이 복사한 녹음파일 사본을 증거로 제출한 경우 그 복사과정에서 편집되는 등 인위적 개작 없이 원본내용을 그대로 복사한 사본이라는 점은 해시(Hash)값 비교 등 원본과 사본의 직접 비교를 통해 증명하는 것이 **원칙**이다. **다만** 원본 제출이 불가능하거나 곤란하여 원본과 사본을 직접 비교할 수 없는 때에는 법원이 Ⓐ 녹음파일 생성과 전달 및 보관 등의 절차에 관여한 사람의 증언이나 진술, Ⓑ 녹음파일에 대한 검증·감정 결과, Ⓒ 수사 및 공판 심리의 경과 등 제반 사정을 종합하여 사본의 원본 동일성 증명 여부를 판단할 수 있다.[1]

(2) 사실관계

원심판결 이유와 원심이 적법하게 채택한 증거를 종합하면 다음 사실을 알 수 있다.

① 피해자는 자신의 휴대전화로 피고인들과의 대화를 녹음하고, 그 녹음파일들(확장자는 '3gp' 또는 'm4a'이다)을 복사하여 컴퓨터나 외장형 하드디스크에 저장한 후 휴대전화에 저장되어 있던 녹음파일들은 대부분 삭제하였다. 피해자는 휴대전화에서 녹음한 녹음파일을 휴대전화 외의 다른 매체에서 재생할 수 있도록 'mp3' 파일로 변환하기도 하였다. 피해자는 컴퓨터나 외장형 하드디스크에 저장되어 있던 녹음파일들 중 일부를 CD에 복사하여 수사기관에 제출하였다.

② 피해자는 수사기관에서부터 원심에 이르기까지 일관되게, 이 사건 녹음파일의 음성이 피고인들 전부 또는 일부의 음성이고 위와 같이 이 사건 녹음파일의 원본을 복사·변환하는 등의 과정을 거쳐 제출하면서 그 내용을 변경하지 않았다는 취지로 진술하였다.

③ 이에 대해 피고인들은 수사기관에서 피고인 2에 대한 일부 녹음파일 외에는 자신들의 음성이 아니고 피해자와 사이에서 그와 같은 대화를 나눈 적도 없다는 취지로 다투었고, 제1심에서는 이 사건 녹음파일 모두가 완전히 조작된 것이라는 취지로 변소하였다. 피고인 2는 원심에서 이 사건 녹음파일 중 일부의 대화자가 자신일 수 있지만 그것 또한 여전히 편집·조작되었을 가능성이 있다고 주장하였다.

④ 검사의 감정위촉에 따라 대검찰청 과학수사부 법과학분석과는 다음과 같이 회신하였다.

Ⓐ 성문분석, 음향분석, 청취분석 결과 '(파일명 2 생략).mp3', '(파일명 3 생략).mp3' 및 '(파일명 4 생략).mp3'에 녹음된 음성과 피고인 2에 대한 검찰 피의자신문 당시 녹음된 음성이 동일인의 것일 가능성이 있다(2020.4.13.자 음성감정 결과통보서).

Ⓑ 녹음정보 비교분석, 청취분석, 오실로그램 및 스펙트로그램 분석, 파일정보 분석 결과 '(파일명 5 생략).3gp'와 '(파일명 6 생략).3gp' 등 파일에서는 편집된 흔적이 관찰되지 않으며, '(파일명 6 생략).3gp' 파일의 해시값은 '3144B5E4B35326744076FEED3D2181A5'(이하 '이 사건 비교대상 해시값'이라 한다)이다(2020.3.25.자 음성감정 결과통보서).

⑤ 위 감정을 수행한 음성분석관 공소외인은 제1심에서 '3gp, m4a 파일은 휴대전화 녹음기능

1 대법원 2015.1.22.선고 2014도10978 전원합의체 판결; 대법원 2012.9.13.선고 2012도7461 판결 등.

을 이용하면 생성되는 압축파일이다. 이를 편집하기 위해서는 무압축파일로 변환해야 한다. 변환 후 조작을 가하고 다시 3gp나 m4a 파일로 압축하는 과정은 일반인이 하기에 쉽지 않은 부분이 있다.'는 취지로 진술하였다.

⑥ 원심 법원의 감정촉탁에 따라 서울북부지방검찰청 디지털포렌식팀이 피해자가 녹음에 이용한 휴대전화 2대 등을 대상으로 포렌식 분석을 한 결과 위 휴대전화들에서 일부 삭제된 녹음파일들이 확인되었으나 그 내용은 복원되지 않았다. 한편 피해자의 휴대전화에 저장된 녹음파일들 중 '(파일명 7 생략).3gp'의 해시값은 이 사건 비교대상 해시값과 같고, 그 녹음일시는 2018.12.31. 15:56경이다. 통상적으로 3gp 파일은 녹음일시 정보를 내부에 저장하고 있어 이를 복사한 파일도 최초 녹음한 시간정보를 보유하고 있다.

⑦ 피해자의 진술에 따르면, '(파일명 3 생략).mp3'에 피고인들이 함께 주식대금 등 명목 사기 부분 공소사실과 같이 피해자를 기망하고 피해자로부터 현금 1,000만원을 수령하는 현장의 상황이 녹음되어 있는 등 이 사건 녹음파일에는 피고인들의 기망행위나 피해자의 현금교부가 이루어질 당시나 전후의 정황이 녹음되어 있다.

(3) 구체적인 판단

위와 같은 사실관계를 앞서 본 법리에 비추어 살펴본다.

① 이 사건 녹음파일 중 '(파일명 6 생략).3gp'와 피해자의 휴대전화에 저장된 '(파일명 7 생략).3gp'는 그 해시값이 동일하다. 여기에다가 피해자의 진술을 보태어 보면, '(파일명 7 생략).3gp'는 피해자가 2018.12.31. 15:56경 피고인 2와의 전화통화를 녹음한 원본파일로 볼 수 있으므로, 이 사건 녹음파일 중 '(파일명 6 생략).3gp'의 원본 동일성이 인정된다.

② 이 사건 녹음파일 중 '(파일명 2 생략).mp3', '(파일명 3 생략).mp3', '(파일명 4 생략).mp3', '(파일명 5 생략).3gp'를 비롯한 나머지 부분은 이에 대응하는 원본파일이 삭제되어 그 제출이 불가능하거나 곤란한 경우에 해당한다고 볼 수 있다.

그런데 이 사건 녹음파일 생성에서부터 제출에 이르는 전 과정에 관여한 피해자는 거기에 녹음된 음성이 피고인들의 것으로서 복사과정에서 인위적 개작을 가하지 않았다는 취지로 진술하고 있고, 일부 녹음파일에 관해서는 이러한 진술에 부합하는 감정결과와 감정인의 진술이 있음을 알 수 있다. 반면, 피고인들은 이 사건 녹음파일이 자신들의 음성인지와 인위적 개작 여부에 관해 막연히 부인하였을 뿐 녹음파일의 내용 중 어떠한 부분이 원본과 달리 편집·조작되었는지를 구체적으로 특정하여 변소한 바 없다. 기록을 살펴보더라도 피해자의 의도나 특정한 기술에 따라 그 녹음이나 복사과정에서 이 사건 녹음파일의 내용이 편집·조작되었다고 의심할 만한 흔적은 보이지 않는다.

이러한 사정을 종합하면, '(파일명 2 생략).mp3', '(파일명 4 생략).mp3', '(파일명 3 생략).mp3', '(파일명 5 생략).3gp'를 비롯한 이 사건 녹음파일 중 적어도 일부는 그 원본 동일성이 증명되었다고 볼 여지가 많다.

③ 더 나아가, 이 사건 녹음파일에 피해자의 진술과 같은 내용이 녹음되어 있다면 그 내용은 이 사건의 핵심 증거인 피해자 진술의 신빙성 판단은 물론 이 사건 공소사실에 대한 유무죄 판단을 좌우할 수 있는 증거에 해당한다고 보인다.

(4) 결 론

그런데도 원심은 이 사건 녹음파일의 원본파일이 현존하지 않는다는 이유만을 들어 원본 동일성이 인정되지 않는다고 단정하고 이 사건 녹음파일과 그 녹취록의 증거능력을 부정함으로써, 그 내용을 심리하지 않은 채 피해자 진술의 신빙성을 판단하고 이에 터 잡아 공소사실을 무죄로 판단하였다.

이러한 원심판단에는 논리와 경험의 법칙을 위반하여 자유심증주의의 한계를 벗어나거나 녹음파일 사본의 원본 동일성 증명 방법에 관한 법리를 오해하여 필요한 심리를 다하지 않음으로써 판결에 영향을 미친 잘못이 있다.

원심판결을 파기하고, 사건을 다시 심리·판단하도록 원심법원에 환송한다.

25 전동차 내 강제추행 사건에서의 피해자진술의 신빙성 ('피해자다움은 없다') (대법원 2021.3.11.선고 2020도15259 판결)

가. 사 안

피고인이 경의중앙선 전동차 안에서, 피해자(여, 28세)의 앞에 붙어 서서 손을 피해자의 치마 속에 집어넣어 스타킹 걸 부분까지 손가락이 닿은 채로 검지와 중지손가락을 이용하여 피해자의 성기 부분을 문지르고 더듬는 등 약 5분 동안 피해자를 강제로 추행하였다는 혐의로 기소되었다.

원심은 사람이 많은 전동차 내에서 피고인에게 큰 소리로 항의하고 피고인을 잡고 전동차 밖으로 끌어내린 뒤 경찰에 신고한 피해자의 태도에 비추어 적극적이고 용감한 성격인 피해자가 일정 시간 공소사실과 같은 정도의 피해에 대해 이의를 제기하지 않고 참았다는 것은 **믿기 어렵다**는 등의 이유로 피해자 진술의 **신빙성을 배척**하여 유죄를 선고한 제1심 판결을 파기하고 무죄를 선고하였다.

나. 판결요지

(1) 성폭행이나 성희롱 사건의 피해자가 피해사실을 알리고 문제를 삼는 과정에서 오히려 피해자가 부정적인 여론이나 불이익한 처우 및 신분 노출의 피해 등을 입기도 하여 온 점 등

에 비추어 보면, 성폭행 피해자의 대처 양상은 피해자의 성정이나 가해자와의 관계 및 구체적인 상황에 따라 다르게 나타날 수밖에 없다. 따라서 개별적, 구체적인 사건에서 성폭행 등의 피해자가 처해 있는 특별한 사정을 충분히 고려하지 않은 채 피해자 진술의 증명력을 가볍게 배척하는 것은 정의와 형평의 이념에 입각하여 논리와 경험의 법칙에 따른 증거판단이라고 볼 수 없다.[1]

(2) Ⓐ 피해자의 진술이 그 진술내용의 주요한 부분이 일관되며, Ⓑ 경험칙에 비추어 비합리적이거나 진술 자체로 모순되는 부분이 없고, Ⓒ 또한 허위로 피고인에게 불리한 진술을 할 만한 동기나 이유가 분명하게 드러나지 않는데다가, Ⓓ 추행행위를 인지하게 된 경위에 있어서 '처음에는 생리대 때문에 바로 느끼지 못하였다가 한 30초 정도 뒤에 느낌이 이상하여 한 걸음 이동하였는데, 피고인이 그때부터 노골적으로 따라 붙어서 이 사건 추행을 하였다.', '3~5초 정도 눈으로 정확히 범행장면을 목격하고 난 뒤에 정신을 차리고 따졌다.'는 등으로 진술하고 있는 이 사건에 있어서, 피해자의 항의 태도만으로 피해자의 성격을 속단하여 피해자 진술의 신빙성을 배척한 원심판결은 개별적, 구체적인 사건에서 성범죄 피해자가 처해 있는 특별한 사정을 충분히 고려하지 않은 채 피해자 진술의 증명력을 가볍게 배척하는 것으로 **논리와 경험의 법칙에 따른 증거판단**이라고 보기 어렵다는 등의 이유를 들어, 원심의 판단에 증거의 증명력에 관한 법리를 오해한 잘못이 있다고 보아 원심판결을 파기·환송한다.[2]

---

1 대법원 2020.8.20.선고 2020도6965, 2020전도74 판결, 「피고인(1심에서 징역 13년이 선고되고, 항소 및 상고 기각)의 친딸로 가족관계에 있던 피해자가 '마땅히 그러한 반응을 보여야만 하는 피해자'로 보이지 않는다는 이유만으로 피해자 진술의 신빙성을 함부로 배척할 수 없다. 그리고 친족관계에 의한 성범죄를 당하였다는 피해자의 진술은 피고인에 대한 이중적인 감정, 가족들의 계속되는 회유와 압박 등으로 인해 번복되거나 불분명해질 수 있는 특수성이 있다는 점을 고려해야 한다(피해자가 공소사실 기재 범행 기간 중 피고인에게 다소 애교 섞인 표현 또는 피고인을 걱정하는 내용의 문자메시지를 보낸 경위 역시 정상적인 가정으로 돌아가고 싶은 희망에서 나온 것으로서 이를 두고 피해자로서 마땅히 보여야 할 반응을 보이지 않았다고 할 수 없다).」

2 **대법원 2022.12.15.선고 2021도14234 판결; 대법원 2022.11.10.선고 2021도230 판결**; 대법원 2020.9.24.선고 2020도7869 판결, <(1) **공소사실** : 고등학교 교사인 피고인이 학생인 3명의 피해자에게 격려, 관심표명 등을 핑계삼아 피해자의 신체를 만져서 추행하였다. (2) **제1심 판결** : 피해자 A의 경우 피해 당시 주변에서 쉽게 목격할 수 있는 상황이었음에도 피고인에게 곧바로 항의하거나 다른 사람에게 피해사실을 알리지 않은 것을 납득하기 어렵고, 피해자 A, 피해자 B가 피고인과의 면담과정에서 있었던 일로 징계를 받을 수 있는 상황에 처하자 피해사실을 꾸며내거나 과장하여 진술한 것으로 판단하여 **무죄**를 선고하였다. (3) **원심** : 피고인의 피해자 A에 대한 범행 장소와 시간, 경위를 구체적으로 살펴보면 주변에서 쉽게 피해상황을 목격하기 어려워 보이고, 피해자 A, 피해자 B가 피해사실을 최초 진술할 당시 징계에 회부될 수 있는 상황이었다거나 그런 말을 전해 듣고 허위로 피해사실을 꾸며낸 것으로는 보이지 않으며, 일부 피해자들이 범행 약 1개월 후 피고인의 교육태도 등에 관해 강력히 항의하였는데 이는 피고인의 신체접촉으로 인한 거부감이 피해자들로 하여금 피고인과 소통이 되지 않는다고 느끼는데 영향을 미쳤던 것으로 보이고 그 상황에서 일부 피해자들이 피고인과 큰 갈등을 빚게 되자 친분있는 다른 교사에게 피해사실을 알리게 되고 수사기관에서도 이 사건을 인지하여 수사가 개시되었다고 판단하여, 그 판시와 같은 인정사실들과 더불어 피해자들 진술의 신빙성을 긍정하여 **유죄**를 선고하였다. (4) **대법원** : 원심의 판단은 '성추행 피해자가 추행 즉시 행위자에게 항의하지 않은 사정'이나 '피해 신고시 성폭력이 아닌 다른 피해사실을 먼저 진술한 사정'만으로 곧바로 피해자 진술의 신빙성을 부정할 것이 아니고, 가해자와의 관계와 피해자의 구체적 상황을 모두 살펴 판단해야 한다는 취지로서,

26 항소심이 증인 진술의 신빙성을 배척한 제1심 판단을 뒤집을 수 있는 경우 (대법원 2022.5.26.선고 2017도11582 판결) : 1심 공판중심주의

가. 사 안

내과 레지던트 2년차 의사인 피고인이 직장 수지검사를 위해 누워있던 피해자의 질 안에 손가락을 집어넣어 피해자를 강제로 추행했다고 기소되었다.

제1심은 피해자 진술이 수사과정에서 제1심 법정에 이르는 동안 피고인이 고의로 질 속으로 손가락을 밀어 넣었다고 단정하는 방향으로 점점 묘사가 풍부해졌다는 등의 이유로 공소사실을 뒷받침하는 피해자 진술을 믿기 어렵다고 보아 공소사실을 무죄로 판단하였다.

그러나 **원심**은 추가 증거조사없이 피고인신문을 거쳐 심리를 마친 후에 공소사실을 뒷받침하는 피해자 진술을 믿을 수 있다고 보아 제1심 판결을 파기하고 공소사실을 유죄로 판단하였다.

대법원은 원심으로서는 공소사실을 뒷받침하는 피해자 진술의 신빙성을 배척한 제1심 판단에 의문이 들더라도 그 판시와 같은 사정만을 들어 곧바로 제1심 판단을 뒤집을 것이 아니라 피해자를 증인으로 다시 신문하여 쟁점 진술의 취지를 분명히 하는 등 **추가적인 증거조사를 한 다음**에 피해자 진술의 신빙성 유무 등을 신중하게 판단했어야 한다고 보아 항소심의 심리와 재판에 관한 법리 등을 오해하여 필요한 심리를 다하지 않은 잘못을 들어 원심판결을 파기하였다.

나. 판결요지

형사재판에서 유죄의 인정은 법관으로 하여금 합리적인 의심을 할 여지가 없을 정도로 공소사실이 진실한 것이라는 확신을 가지게 하는 증명력을 가진 증거에 의해야 한다. 검사가 이러한 확신을 가지게 할 만큼 충분히 증명하지 못한 경우에는 설령 유죄의 의심이 든다고 하더라도 피고인의 이익으로 판단해야 한다.[1]

형사소송법상 항소심은 속심을 기반으로 하되 사후심의 요소도 상당 부분 들어 있는 이른바 **사후심적 속심의 성격**을 가지므로 항소심에서 제1심 판결의 당부를 판단할 때에는 이러한 심급구조의 특성을 고려해야 한다. 항소심이 심리과정에서 심증의 형성에 영향을 미칠 만한 객관적 사유가 새로 드러난 것이 없는데도 제1심 판단을 재평가하여 사후심적으로 판단하여 뒤집고자 할 때에는, 제1심의 증거가치 판단이 **명백히 잘못**되었다거나 사실인정에 이르는 논증이 논리와 경험의 법칙에 어긋나는 등 그 판단을 그대로 유지하는 것이 **현저히 부당하다고 볼 만한 합리적인 사정**이 있어야 하고, 그러한 예외적 사정도 없이 제1심의 사실인정에 관한

거기에 논리와 경험의 법칙을 위반하여 자유심증주의의 한계를 벗어나거나 강제추행죄의 성립 등에 관한 법리를 오해한 잘못이 없다며 피고인의 상고기각을 하였다.>; 대법원 2019.7.11.선고 2018도2614 판결.

1 대법원 2014.2.13.선고 2011도15767 판결 등.

판단을 함부로 뒤집어서는 안 된다.[1] 특히 공소사실을 뒷받침하는 증인 진술의 신빙성을 배척한 제1심 판단을 뒤집는 경우에는 무죄추정의 원칙과 형사증명책임의 원칙에 비추어 이를 수긍할 수 없는 **충분하고도 납득할 만한 현저한 사정**이 나타나는 경우라야 한다.[2]

27 검사의 사전면담을 거친 증인의 피고인에게 불리한 증언에 대한 증명력 (대법원 2021.6.10. 선고 2020도15891 판결, 김학의 前 법무차관의 성접대사건)

가. 사 안

피고인에 대한 변경된 공소사실 요지는 피고인이 2000.10.경부터 2011.5.경까지 직무에 관해 A로부터 신용카드 사용대금, 상품권, 차명 휴대전화 사용대금, 주대, 금원 등 합계 51,600,345원 이상의 뇌물을 수수함과 동시에, 공무원의 지위를 이용하여 다른 공무원의 직무에 속한 사항의 알선에 관해 같은 액수의 뇌물을 수수하였다는 것이다.

제1심은, ① 공소제기일로부터 역산하여 공소시효 10년 이내인 2009.6.경부터 2011.5.경까지의 뇌물수수 중 상품권 수수 부분에 대해서는 수수사실의 증명이 부족하고, 차명 휴대전화 사용대금 수수 부분에 대해서는 수수사실은 인정되나 A의 수원지검 사건 관련 법정진술의 신빙성을 배척하고 나머지 증거만으로는 직무관련성과 대가성에 대한 증명이 부족하다고 보아 **무죄**로 판단하고, ② 나머지 뇌물수수 부분에 대해서는 공소시효가 완성되었다고 보아 이유에서 **면소**로 판단하였다(**피고인 석방**).

그러나 **원심**은, ① 알선수뢰 중 신용카드 사용대금, 차명 휴대전화 사용대금, 2009.5.19. 주대, 금원 수수 부분에 대해서는 A의 수원지검 사건 관련 법정진술 및 차명 휴대전화 관련 원심 법정진술에 신빙성이 있으므로 피고인이 알선 대가로 금품이나 재산상 이익을 수수한 사실과 범의가 인정된다고 보아 **유죄**로 판단하고, 상품권 수수, 2009.2.26.과 2009.3.25. 주대 부분에 대해서는 범죄의 증명이 없다고 보아 이유에서 **무죄**로 판단하였으며, ② 단순수뢰 부분에 대해서는 직무관련성을 인정할 수 없다고 보아 이유에서 **무죄**로 판단하였다(**징역 2년 6월, 법정구속**).

나. 판결요지

(1) 헌법은 제12조 제1항 후문에서 적법절차의 원칙을 천명하고, 제27조에서 재판받을 권리를 보장하고 있다. 형사소송법은 이를 실질적으로 구현하기 위해, 피고사건에 대한 실체심리가 공개된 법정에서 검사와 피고인 양 당사자의 공격·방어활동에 의해 행해져야 한다는 당사자주의와 공판중심주의, 공소사실의 인정은 법관의 면전에서 직접 조사한 증거만을 기초로 해

1 대법원 2017.3.22.선고 2016도18031 판결; 대법원 1996.12.6.선고 96도2461 판결 등.

2 대법원 2010.3.25.선고 2009도14065 판결.

야 한다는 직접심리주의와 증거재판주의를 기본원칙으로 채택하고 있다. 이에 따라 공소가 제기된 후에는 그 사건에 관한 형사절차의 모든 권한이 사건을 주재하는 수소법원에 속하게 되며, 수사의 대상이던 피의자는 검사와 대등한 당사자인 피고인의 지위에서 방어권을 행사하게 된다.

이러한 형사소송법의 기본원칙에 비추어 보면, 검사가 공판기일에 증인으로 신청하여 신문할 사람을 **Ⓐ 특별한 사정없이 미리 수사기관에 소환하여 면담하는 절차를 거친 후 Ⓑ 증인이 법정에서 피고인에게 불리한 내용의 진술을 한 경우**, 검사가 증인신문 전 면담과정에서 증인에 대한 회유나 압박, 답변 유도나 암시 등으로 증인의 법정진술에 영향을 미치지 않았다는 점이 담보되어야 증인의 법정진술을 신빙할 수 있다고 할 것이다. 검사가 증인신문준비 등 필요에 따라 증인을 사전 면담할 수 있다고 하더라도 법원이나 피고인의 관여없이 일방적으로 사전 면담하는 과정에서 증인이 훈련되거나 유도되어 법정에서 왜곡된 진술을 할 가능성도 배제할 수 없기 때문이다. 증인에 대한 회유나 압박 등이 없었다는 사정은 검사가 Ⓐ 증인의 법정진술이나 Ⓑ 면담과정을 기록한 자료 등으로 사전면담 시점, 이유와 방법, 구체적 내용 등을 밝힘으로써 증명해야 한다.

(2) 검사는 2019.7.26. 제1심 제2회 공판준비기일에 A를 증인으로 신청하였고, 제1심 법원은 2019.8.13. 제1회 공판기일에 A를 증인으로 채택하여 2019.9.24. 제5회 공판기일에 A에 대한 증인신문을 비공개로 실시하였다. 그런데 검사는 A에 대한 증인신문이 이루어지기 전에 A를 소환하여 A로 하여금 검찰 진술조서 내용을 확인하게 하는 등 면담을 실시하였다. A는 위 제1심 증인신문에서 1998년경에 있은 자신의 뇌물공여 사건인 수원지검 사건과 관련하여 검찰진술과 달리, 'B가 어떻게 될 것 같은지 피고인에게 물어보는 등으로 수원지검 사건과 관련하여 상담을 하였는데, 피고인이 A 본인도 수사대상자인 것 같다고 말해주었으며, 그 직후 본인의 사무실에 대한 압수수색이 이루어졌다.'고 진술하였다.

검사는 2020.6.17. 원심 제1회 공판기일에 A를 다시 증인으로 신청하였고, 원심법원은 같은 날 A를 증인으로 채택하여 2020.8.19. 제2회 공판기일에 A에 대한 증인신문을 비공개로 실시하였다. 그런데 검사는 제1심에서와 마찬가지로 **원심에서도** A에 대한 증인신문이 이루어지기 전에 A를 소환하여 A로 하여금 제1심 법정진술과 검찰 진술조서 내용을 확인하게 하는 등 면담을 실시하였다. 면담 당시 A는 자신이 증언할 사항에 대해서 검사에게 물어보기까지 하였다.

그 후 A는 원심 증인신문에서 수원지검 사건과 관련하여 검찰진술과 달리, 'A 본인이 근무하던 C주식회사에서 시행한 아파트 인허가과정이 문제였는데, 당시에 용인시 (부서명 생략) 과장인 B가 본인 친구였고, 그 친구가 뇌물수수로 조사를 받는다고 상의를 해서 본인이 피고인에게 부탁을 하였더니 나중에 피고인으로부터 A 본인도 수사대상이라는 연락을 받았으며, 그때 본인 사무실에 압수수색이 들어오고 수원지검에 가서 48시간 정도 조사를 받았다.'고 진술하였다. 또한 A는 검사의 사전면담 이후 원심 증인신문에서 차명 휴대전화와 관련하여 제1심 법정진술과 달리, '다른 금품이나 재산상 이익을 제공한 것과 구별하여 차명 휴대전화는 순수하게 피고인을 도와준다거나 단순히 휴대전화를 빌려준다는 사유로 제공한 것은 아니었다.'고 진술하였다.

(3) 이러한 사실관계를 앞서 본 법리에 비추어 살펴본다. ① 검사는 제1심과 원심에서 두 차례에 걸쳐 증인신문 전에 A를 소환하여 면담하였다. ② 면담과정에서 A는 자신의 검찰 진술조서와 제1심 법정진술 내용을 확인하였을 뿐만 아니라 검사에게 법정에서 증언할 사항을 물어보기까지 하였다. 그리고 ③ 그 직후 이루어진 증인신문에서 수원지검 사건 및 차명 휴대전화와 관련하여 종전 진술을 번복하였고, 수원지검 사건에 대해서는 피고인에게 불리한 진술을 점점 구체적으로 하였다. 사정이 이러하다면 A가 제1심과 원심 법정에서 진술하기 전에 검찰에 소환되어 면담하는 과정에서 수사기관의 회유나 압박, 답변 유도나 암시 등의 영향을 받아 종전에 한 진술을 공소사실에 부합하는 진술로 변경하였을 가능성을 배제하기 어렵다. 따라서 검사가 증인신문 전 면담과정에서 회유나 압박 등으로 A의 법정진술에 영향을 미치지 않았다는 점을 증인의 진술 등으로 **증명하지 못하는 한** 원심이 제1심과 달리 유죄로 판단한 근거가 된 A의 수원지검 사건 관련 법정진술 및 차명 휴대전화 관련 **원심 법정진술은 신빙성을 인정하기 어렵다**.

그런데도 원심은 검사의 증인 사전면담 시점이나 이유, 방법, 내용 등에 대한 구체적인 심리 없이 A의 수원지검 사건 관련 법정진술과 차명 휴대전화 관련 원심 법정진술에 신빙성을 인정하여 이 부분 알선수뢰 공소사실 중 신용카드 사용대금, 차명 휴대전화 사용대금, 2009.5.19. 주대, 금원 수수 부분을 유죄로 판단하였다. 이러한 원심판결에는 검사의 사전면담이 이루어진 증인의 법정진술의 신빙성 판단 등에 관한 법리를 오해하여 필요한 심리를 다하지 않음으로써 판결에 영향을 미친 잘못이 있다.

[사례] 검사의 면담을 거친 증인의 증언에 대한 증거능력과 증명력

공무원인 甲은 직무에 관해 A로부터 5,000만원의 뇌물을 수수하였다는 혐의로 공소제기가 되었다. 제1심 제1회 공판기일에 피고인 甲이 범행을 부인하면서 A에 대한 검사 작성의 진술조서에 대해 증거 부동의를 하자 검사가 A를 증인으로 신청하여 채택되었다. 그런데 검사는 A에 대한 증인신문이 이루어지기 전에 A를 소환하여 A로 하여금 위 진술조서의 내용을 확인하게 하는 등 면담을 실시하였고, 면담 당시에 A는 검사에게 자신이 증언할 사항에 대해서 물어보기까지 하였다. 그리고 그 직후 이루어진 증인신문에서 A는 증인으로 선서하는 등 적법한 소환과 증언절차에 따라 증언하였는데, 위 진술조서의 내용을 일부 번복하면서까지 甲에게 불리한 진술을 진술조서에서보다 더 구체적으로 증언하였다.

위 증언의 증거능력과 증명력에 대해 검토하시오.

1. 문제의 제기

증인으로 법정에 출석하기 전에 미리 검사의 면담을 거치고 피고인에게 불리한 증언을 한 경우에 그 증언의 증거능력과 증명력을 살펴본다.

2. 증언의 증거능력과 증명력

증언의 증거능력은 증인으로 선서한 후에 증언하고 피고인의 반대신문권도 보장되는 등 법원의 적법한 소환과 증언절차에 따라 증언이 이루어졌다면 그 증언 자체는 피고인에게 불리하거나 유리한 증언 여부를 떠나 증거능력이 인정된다.

사안에서도 A가 증인으로 선서하는 등 적법한 소환과 증언절차에 따라 증언하였다고 하고 특별히 당사자주의, 공판중심주의, 직접주의에 반하는 문제가 없으므로 **A의 증언은 당연히 증거능력이 인정**된다고 판단된다.

그리고 ① 검사가 공판기일에 증인으로 신청하여 신문할 사람을 특별한 사정없이 미리 수사기관에 소환하여 면담하는 절차를 거친 후 ② 증인이 법정에서 피고인에게 불리한 내용의 진술을 한 경우에 검사가 증인신문 전 면담과정에서 증인에 대한 회유나 압박, 답변유도나 암시 등으로 증인의 법정진술에 영향을 미치지 않았다는 점이 담보되어야 증인의 증언을 신빙할 수 있다는 것이 **판례** 입장이다.[1]

검사가 증인신문 등 필요에 따라 증인을 사전 면담할 수 있다고 하더라도 법원이나 피고인의 관여없이 일방적으로 사전 면담하는 과정에서 증인이 훈련되거나 유도되어 법정에서 왜곡된 진술을 할 가능성을 배제할 수 없으므로 이런 경우에는 자유심증주의(형사소송법 제308조)에도 불구하고 **신중하게 증명력을 판단해야** 한다는 판례 입장이 타당하다.

3. 결 론

증인 A의 증언은 증거능력은 인정되나 검사가 증인에 대한 회유나 압박 등이 없었다는 사정을 증명하지 못한다면 증명력을 인정하기는 어렵다고 하겠다.

---

1 대법원 2021.6.10.선고 2020도15891 판결; 대법원 2019.11.28.선고 2013도6825 판결, 「참고인이 법정에서 위와 같이 증거능력이 없는 진술조서와 같은 취지로 피고인에게 불리한 내용의 진술을 한 경우, 그 진술에 신빙성을 인정하여 유죄의 증거로 삼을 것인지는 증인신문 전 수사기관에서 진술조서가 작성된 경위와 그것이 법정진술에 영향을 미쳤을 가능성 등을 종합적으로 고려하여 신중하게 판단해야 한다.」 <법정진술의 증거능력을 인정하면서도 신빙성에 대한 종합적인 고려를 통해 신중하게 증명력을 판단하라는 취지>

28 피고인의 진술이 공소사실을 뒷받침하는 간접정황이 될 수 있다고 본 경우 (대법원 2022.3.31.선고 2018도19037 판결) : 유죄

가. 사 안

해군 함장(당시 중령)이던 피고인이 같은 부대에서 근무하던 초급 부하 장교인 피해자를 강간하여 피해자로 하여금 치료 일수를 알 수 없는 외상 후 스트레스 장애에 이르게 하였다는 혐의에 따라 군인등강간치상죄로 기소되었다.

나. 판결요지

(1) 증거의 증명력은 법관의 자유판단에 맡겨져 있으나 그 판단은 논리와 경험의 법칙에 합치해야 하고, 형사재판에 있어서 유죄로 인정하기 위한 심증 형성의 정도는 합리적인 의심을 할 여지가 없을 정도여야 하나, 이는 모든 가능한 의심을 배제할 정도에 이를 것까지 요구하는 것은 아니며, 증명력이 있는 것으로 인정되는 증거를 합리적인 근거가 없는 의심을 일으켜 배척하는 것은 자유심증주의의 한계를 벗어나는 것으로 허용될 수 없다.[1] **피해자 등의 진술**은 Ⓐ 그 진술내용의 주요한 부분이 일관되며, Ⓑ 경험의 법칙에 비추어 비합리적이거나 진술 자체로 모순되는 부분이 없고, Ⓒ 또한 허위로 피고인에게 불리한 진술을 할 만한 동기나 이유가 분명하게 드러나지 않는 이상, 그 진술의 신빙성을 특별한 이유없이 함부로 배척해서는 안 된다.[2]

강간죄에서 공소사실을 인정할 증거로 사실상 피해자의 진술이 유일한 경우에 피고인의 진술이 경험의 법칙상 합리성이 없고 그 자체로 모순되어 믿을 수 없다고 하여 그것이 공소사실을 인정하는 직접증거가 되는 것은 아니지만, 이러한 사정은 법관의 자유판단에 따라 피해자 진술의 신빙성을 뒷받침하거나 **직접증거인 피해자 진술과 결합**하여 공소사실을 뒷받침하는 간접정황이 될 수 있다.[3]

---

1 대법원 2004.6.25.선고 2004도2221 판결; 대법원 1994.9.13.선고 94도1335 판결 등 참조.

2 대법원 2006.11.23.선고 2006도5407 판결 참조.

3 **대법원 2022.12.15.선고 2021도14234 판결; 대법원 2022.8.19.선고 2021도3451 판결; 대법원 2022.3.31.선고 2018도19037 판결;** 대법원 2018.10.25.선고 2018도7709 판결, 「**<항소심 무죄선고 후 피해자 부부 자살사건>** ① 피고인은 수사기관에서 처음 피해자가 먼저 모텔에 가자고 하였고 성관계는 갖지 않았다고 부인하였으나 이후 피해자가 모텔에 가기를 거부하여 맥주만 마시고 나오자고 피해자를 설득하여 모텔에 가게 되었고, 당시 성관계를 염두에 두고 간 것이라고 진술하면서도 정작 모텔 안에서는 피고인은 침대에 누워만 있었는데 오히려 생리 중이었던 피해자가 적극적으로 원하여 합의하에 성관계를 가진 것이라고 진술하였으나 진술이 일관되지 않을 뿐만 아니라 진술 자체로 모순되거나 경험칙상 납득하기 어렵다. ② 피고인과 피해자는 이 사건 폭행 이전에는 단둘이 만난 적이 없고 서로 연락하는 사이도 아니었는데 피고인은 피해자의 남편이 해외로 출국한 당일 피해자를 불러내어 처음 만난 자리에서 남편에게 사생아가 있다는 말을 하고, 스피커폰으로 지인들과 통화하면서 흉기로 피해자나 남편을 해칠 수도 있다는 등의 말을 하여 피해자를 위협하고, 나아가 이 사건 폭행까지 하였고, 이후 3일 동안 3회 정도 만난 것은 사실이나 피고인의 요구에 의해 분식집에서 함께 점심을 먹거나 차 안에서 잠깐 동안 이야기를 한 것이 전부이고 이 사건 모텔 CCTV 영상에 의하더라도 피고인과 피해자가 연인과 같은 다정한 모습은 아닌 것으로 보여 이 사건 폭행 이후 불과 나흘 만에 연인관계로 발전하여 피해자와 합의하에 성관계를 가졌다는 피고인의 주장은 납득하기 어렵다. ③ 피고인의 주장과 같이 피해자가 합의하에 성관계를 가진 후 자신의 스케줄을 알려주며 앞으로 남편 몰래

강간죄가 성립하기 위한 가해자의 폭행·협박이 있었는지 여부는 그 폭행·협박의 내용과 정도는 물론 유형력을 행사하게 된 경위, 피해자와의 관계, 성교 당시와 그 후의 정황 등 모든 사정을 종합하여 피해자가 성교 당시 처하였던 구체적인 상황을 기준으로 판단해야 하고, 사후적으로 보아 피해자가 성교 이전에 범행 현장을 벗어날 수 있었다거나 피해자가 사력을 다해 반항하지 않았다는 사정만으로 가해자의 폭행·협박이 피해자의 항거를 현저히 곤란하게 할 정도에 이르지 않았다고 섣불리 단정해서는 안 된다.[1]

(2) 위 법리 등을 기초로, 원심판결 중 ① 공소사실의 핵심 경위에 관한 피해자 진술의 신빙성을 배척한 부분에는 논리와 경험의 법칙을 위반하여 자유심증주의의 한계를 벗어난 잘못이 있고, ② 폭행·협박을 수단으로 한 강간사실과 그에 관한 피고인의 고의가 인정되지 않는다고 보아 강간으로 인한 상해 결과의 발생 여부에 관해 나아가 심리·판단하지 않은 부분에는 군인등강간치상죄의 폭행, 고의 등에 관한 법리를 오해하여 필요한 심리를 다하지 않은 잘못이 있다.[2]

주기적으로 만나기로 약속까지 하였다면 피해자가 남편이 귀국한 당일 저녁에 곧바로 강간피해 사실을 말할 이유가 없어 보이고, 피고인과의 성관계 사실이 발각될 만한 아무런 사정이 없는 상황에서 피해자가 지레 겁을 먹고 남편에게 자발적으로 강간당했다고 거짓말을 한다는 것은 경험칙상 이례적이다. 이 사건 범행 이후 피해자와 피고인이 통화를 했다거나 연락한 흔적이 없었다는 점에서도 피고인의 위와 같은 진술은 그대로 믿기 어렵다. 나아가 피해자가 예전부터 남편과 이혼하고 싶어 했다는 것도 피고인의 일방적인 주장에 불과하고 이를 확인할 만한 아무런 정황이 없다. 피해자가 피고인으로부터 사생아 이야기를 들었다고 하더라도 피해자가 이에 관한 진위 여부를 남편에게 확인하지 않은 상태에서 남편과 이혼을 결심하게 되었다고 볼 사정도 보이지 않는다.」

1 대법원 2018.10.25.선고 2018도7709 판결; 대법원 2005.7.28.선고 2005도3071 판결 등 참조.

2 대법원 2022.3.31.선고 2018도19472 판결, 「(1) 형사재판에서 범죄사실에 대한 유죄의 인정은 법관으로 하여금 합리적인 의심을 할 여지가 없을 정도로 공소사실이 진실한 것이라는 확신을 가지게 하는 증명력을 가진 증거에 의해야 하므로, 그와 같은 증거가 없다면 설령 피고인에게 유죄의 의심이 간다고 하더라도 피고인의 이익으로 판단할 수밖에 없다. (2) 사실인정의 전제로 이루어지는 증거의 취사선택과 증명력에 대한 판단은 자유심증주의의 한계를 벗어나지 않는 한 사실심 법원의 재량에 속한다(형사소송법 제308조). 인접한 시기에 **같은 피해자**를 상대로 저질러진 동종 범죄라도 각각의 범죄에 따라 범행의 구체적인 경위, 피해자와 피고인 사이의 관계, 피해자를 비롯한 관련 당사자의 진술 등이 다를 수 있다. 따라서 사실심 법원은 인접한 시기에 같은 피해자를 상대로 저질러진 동종범죄에 대해서도 각각의 범죄에 따라 피해자 진술의 신빙성이나 그 신빙성 유무를 기초로 한 범죄성립 여부를 달리 판단할 수 있고, 이것이 실체적 진실발견과 인권보장이라는 형사소송의 이념에 부합한다」 <해군 甲 함정 포술장(소령)인 피고인이 같은 부대에서 근무하던 초급 부하 장교인 피해자를 2회 강간하고 10회 강제추행하여 피해자로 하여금 치료 일수를 알 수 없는 외상 후 스트레스 장애에 이르게 하였다는 사실 등으로 기소된 **사안**에서, 대법원은 위 법리 등에 기초하여, 이 사건 공소사실을 **무죄**로 판단한 원심을 수긍하였고, 한편 피고인과 같은 부대에서 근무하던 상관(함장)이 이 사건 공소사실 범행 일시와 인접한 시기에 이 사건 피해자에 대해 군인등강간치상죄를 저질렀다고 기소된 사건(이하 '관련 사건')에서 공소사실을 무죄로 판단한 원심판결에 법리오해 등의 잘못이 있다는 판단이 내려졌으나(대법원 2022.3.31.선고 2018도19037 판결), 대법원은 관련 사건과 이 사건은 사건의 구체적인 경위, 피고인과 피해자의 관계, 피해자의 진술 등이 서로 다르므로 피해자 진술의 신빙성이나 그 신빙성 유무를 기초로 한 범죄 성립 여부가 달리 판단될 수 있다고 보았음>

29 자폐성 장애 겸 지적장애인이 '추행'을 하였는지 여부에 관한 사건 (대법원 2024.1.4.선고 2023도13081 판결)

가. 사 안

피고인은 자폐성 장애 등으로 사물을 변별할 능력이나 의사를 결정할 능력이 미약한 상태에서 2021.6.24. 23:15경 부산도시철도 1호선 서면역에서 다대포 해수욕장역으로 운행 중인 전동차에서, 피해자 A(여, 19세)의 옆 자리에 앉아 피해자의 왼팔 상박 맨살에 자신의 오른팔 상박 맨살을 비비고, 피해자가 이를 피해 옆 좌석으로 이동하자 재차 피해자의 옆 자리로 이동하여 위와 같은 방법으로 대중교통수단인 전동차에서 피해자를 추행하였다는 혐의에 따라 성폭력범죄의처벌등에관한특례법 제11조의 '공중밀집장소에서의 추행죄'로 기소되었다.

원심은, ① 피고인의 지하철 내에서의 이동경로 및 신체적 접촉 정도 등에 관한 피해자 및 목격자의 진술내용을 고려하면, 피고인측이 제출한 소견서 등만으로는 자폐성 장애에 따른 '상동행동'으로서 추행의 고의가 없었다고 단정하기 어렵다는 취지의 1심 판결 이유를 인용하면서, ② 피고인이 자폐성 장애 및 2급 지적장애인으로서 언어·사회성 등의 발달이 지연되어 사회적 관습과 규칙을 이해하고 내면화하는 것에 어려움이 있는 것으로 보이지만, 2016년 실시된 피고인에 대한 심리평가결과와 수사과정에서의 일부 질문에 대한 답변내용에 비추어, 피고인의 지적 또는 의지적 상태가 자신이 한 행동의 사회적 의미를 전혀 이해하지 못하는 수준의 상태에 해당한다고 볼 정도는 아닌 점, ③ 피고인이 피해자의 맞은편에 앉아 있다가 피해자 옆으로 옮겨 앉은 후 공소사실 기재와 같은 행위를 한 점에 비추어 자폐성 장애로 인한 상동행동에 기인한 것이라고 보기 어려운 점 등을 추가적인 이유로 하여, 추행의 고의를 부인하는 피고인의 주장을 배척하고 공소사실을 **유죄**로 판단하였다.

나. 판결요지

(1) 피고인이 유리한 증거를 제출하면서 범행을 부인하는 경우에도 공소사실에 대한 증명책임은 여전히 검사에 있고, 피고인이 공소사실과 배치되는 자신의 주장 사실에 관해 증명할 책임까지 부담하는 것은 아니므로, 검사가 제출한 증거와 피고인이 제출한 증거를 종합하여 볼 때 공소사실에 관해 조금이라도 합리적인 의심이 있는 경우에는 무죄를 선고해야 할 것이지, 피고인이 제출한 증거만으로 피고인의 주장 사실을 인정하기에 부족하다는 이유를 들어 공소사실에 관해 유죄판결을 선고하는 것은 헌법상 무죄추정의 원칙은 물론 형사소송법상 증거재판주의 및 검사의 증명책임에 반하는 것이어서 허용될 수 없다.

(2) 수사기관이 작성한 진술조서는 수사기관이 피조사자에 대해 상당한 시간에 걸쳐 이루어진 문답과정을 그대로 옮긴 '녹취록'과는 달리 수사기관의 관점에서 조사결과를 요약·정리하

여 기재한 것에 불과할 뿐만 아니라 진술의 신빙성 유무를 판단할 때 가장 중요한 요소 중 하나인 진술 경위는 물론 피조사자의 진술 당시 모습·표정·태도, 진술의 뉘앙스, 지적능력·판단능력 등과 같은 피조사자의 상태 등을 정확히 반영할 수 없는 본질적 한계가 있다. 따라서 피고인이 수사과정에서 공소사실을 부인하였고 그 내용이 기재된 피의자신문조서 등에 관해 증거동의를 한 경우에는, 형사소송법에 따라 증거능력 자체가 부인되는 것은 아니지만, 전체적 내용이나 진술의 맥락·취지를 고려하지 않은 채 그 중 **일부만을 발췌하여 유죄의 증거로 사용하는 것은 함부로 허용할 수 없다**. 특히 지적능력·판단능력 등과 같이 본질적으로 수사기관이 작성한 진술조서에 나타나기 어려운 피고인의 상태에 대해서는 공판중심주의 및 실질적 직접심리주의 원칙에 따라 검사가 제출한 객관적인 증거에 대해 적법한 증거조사를 거친 후 이를 인정해야 할 것이지, 공소사실을 부인하는 취지의 피고인의 진술이 기재된 피의자신문조서 중 일부를 근거로 이를 인정해서는 안 된다.

(3) ① 피고인이 피해자를 따라간 것처럼 계속 자리를 이동하였다는 점에 관해서는 "자폐성 장애로 인한 '빈자리 채워 앉기에 관한 강박 증상'의 발현에 불과하다."는 피고인의 주장 및 장애 상태와 이를 뒷받침하는 객관적 발현 증상에 관한 이론적 근거도 존재하는 것으로 보이는 점, ② 피해자가 피고인이 상박 중 일부를 고의로 비볐다고 생각한 것은 자폐성 장애로 인해 피고인도 의식하지 못한 채 별다른 의미없이 팔을 위 아래로 움직이는 '상동행동'[1]의 일환일 가능성을 배제하기 어려운 점, ③ '피고인이 제출한 증거만으로는 자폐성 장애에 따른 상동행동으로서 추행의 고의가 없었다고 단정하기는 어렵다.'는 취지의 원심 판단은 헌법상 무죄추정의 원칙은 물론 형사소송법상 증거재판주의 및 검사의 증명책임에 반한다고 볼 여지가 큰 점, ④ 피해자 진술만으로는 추행의 고의를 부인하는 피고인의 주장을 배척하기에 충분할 정도에 이르렀다고까지 단정할 수 없는 점, ⑤ 피고인이 일관되게 공소사실을 부인하는 내용의 경찰 작성 피의자신문조서는 증거동의를 하였기에 증거능력 자체는 인정되지만, 원심이 그 중 일부 내용만을 근거로 피고인의 진술태도나 지적상태·인지능력 등과 같은 피고인의 상태를 추단한 후 이를 공소사실을 뒷받침하는 유죄의 증거로 사용하는 것은 허용될 수 없는 점 등을 종합하면, **피고인에게 추행의 고의를 인정하기 어렵다**고 보아 원심판결을 파기·환송한다.

1 常同行動: 같은 동작이나 말을 아무런 목적 없이 반복하는 것을 말한다. 몸을 흔들거나 신체 또는 물건을 입으로 빨고, 쉬지 않고 돌아다니는 등의 행동을 보인다. 자폐·발달장애 아동에게서 높은 빈도로 목격할 수 있으나, 정상적으로 발달하는 아동, 성인에게서도 나타날 수 있다[네이버 지식백과].

30 여아 바꿔치기 사건에서 간접증거에 의한 공소사실의 증명방법과 과학적 증거방법의 증명대상 (대법원 2022.6.16.선고 2022도2236 판결)

가. 사 안

피고인의 딸인 A가 자신의 딸로 양육하던 여아(만 2세)를 방치하여 사망하였는데(A는 살인죄 등으로 징역 20년 확정), 그 여아가 A의 딸이 아니라 피고인의 딸이라는 내용의 유전자감정결과가 나오자, 그 유전자감정결과를 기초로 하여 피고인이 산부인과의원에서 피고인의 딸이 출산한 피해자(현재 생사 및 행방이 불명인 A의 딸)를 자신이 출산한 여아와 바꿔치기 하는 방법으로 피해자를 데리고 가 미성년자를 약취하였다는 등의 혐의로 기소되었다.

제1심과 원심은 피고인에게 미성년자약취죄와 사체은닉미수죄(딸의 빌라에서 발견한 여아의 시신을 박스에 담아 숨기려한 혐의)가 모두 인정된다며 징역 8년을 선고하였다.

대법원은 유전자감정결과가 증명하는 대상은 위 사망한 여아를 피고인의 친자로 볼 수 있다는 사실에 불과하고, 피고인이 쟁점 공소사실 기재 일시 및 장소에서 피해자를 여아와 바꾸는 방법으로 약취했다는 사실이 아니며, 피고인이 유전자감정결과에도 불구하고 자신이 범행을 저지르지 않았다는 점에 대해 개연성 있는 설명을 하고 있지는 못하지만, 공소사실에 관한 목격자의 진술이나 CCTV 영상 등 직접적인 증거가 없고, 공소사실을 유죄로 확신하는 것을 주저하게 하는 의문점들이 남아 있으며, 그에 대해 추가적인 심리가 가능하다고 보이는 이상, 유전자감정결과만으로 쟁점 공소사실이 증명되었다고 보기에는 어렵다는 이유로 이와 달리 쟁점 공소사실을 유죄로 인정한 원심판결에는 형사재판에서 요구되는 증명의 정도에 관한 법리를 오해하여 필요한 심리를 다하지 않은 잘못이 있다고 하여 파기·환송하였다.

나. 판결요지

(1) 형사재판에서 범죄사실의 인정은 법관으로 하여금 합리적인 의심을 할 여지가 없을 정도의 확신을 가지게 하는 증명력을 가진 엄격한 증거에 의해야 하는 것이므로, 검사의 증명이 그만한 확신을 가지게 하는 정도에 이르지 못한 경우에는 설령 피고인의 주장이나 변명이 모순되거나 석연치 않은 면이 있어 유죄의 의심이 가는 등의 사정이 있다고 하더라도 피고인의 이익으로 판단해야 한다.[1]

법정형이 무거운 범죄의 경우에도 직접증거 없이 간접증거만으로 유죄를 인정할 수 있으나, 그러한 유죄 인정에는 공소사실에 대한 관련성이 깊은 간접증거들에 의해 신중한 판단이 요구되므로, 간접증거에 의해 주요사실의 전제가 되는 간접사실을 인정할 때에는 증명이 합리적인 의심을 허용하지 않을 정도에 이르러야 하고, 하나하나의 간접사실 사이에 모순, 저촉이 없어

1 대법원 2012.6.28.선고 2012도231 판결 등 참조.

야 하는 것은 물론 간접사실이 논리와 경험칙, 과학법칙에 의해 뒷받침되어야 한다.[1] 그러므로 유죄의 인정은 범행 동기, 범행수단의 선택, 범행에 이르는 과정, 범행 전후 피고인의 태도 등 여러 간접사실로 보아 피고인이 범행한 것으로 보기에 충분할 만큼 압도적으로 우월한 증명이 있어야 한다. 피고인은 무죄로 추정된다는 것이 헌법상의 원칙이고, 그 추정의 번복은 직접증거가 존재할 경우에 버금가는 정도가 되어야 한다.[2]

그리고 범행에 관한 간접증거만이 존재하고 더구나 그 간접증거의 증명력에 한계가 있는 경우, 범인으로 지목되고 있는 자에게 범행을 저지를 만한 동기가 발견되지 않는다면, 만연히 무엇인가 동기가 분명히 있는데도 이를 범인이 숨기고 있다고 단정할 것이 아니라 반대로 간접증거의 증명력이 그만큼 떨어진다고 평가하는 것이 형사증거법의 이념에 부합하는 것이다.[3]

(2) 유전자검사나 혈액형검사 등 과학적 증거방법은 전제로 하는 사실이 모두 진실임이 증명되고 추론의 방법이 과학적으로 정당하여 오류의 가능성이 없거나 무시할 정도로 극소하다고 인정되는 경우에는 법관이 사실인정을 할 때 상당한 정도로 구속력을 가진다.[4] 그러나 이 경우 법관은 과학적 증거방법이 증명하는 대상이 무엇인지, 즉 증거방법과 쟁점이 어떤 관련성을 갖는지를 면밀히 살펴 신중하게 사실인정을 해야 한다.[5]

31 기타 최근 판례

○ 피고인의 출석을 요하지 않는 경우인 '다액 500만 원 이하의 벌금 또는 과료에 해당하는 사건'(형사소송법 제277조 제1호)의 의미 : 법정형

대법원 2024.9.13.선고 2024도8185 **판결**, <피고인이 피해자의 주택 현관 앞에 놓여 있던 장식용 조약돌을 가지고 가 절취하였다는 절도로 기소되어 1심에서 벌금 10만원이 선고되었는데, **원심**은 피고인이 1회 공판기일에 피고인소환장을 송달받고도 출석하지 않자 형사소송법 제370조, 제277조 제1호에 의해 피고인의 출석없이 개정하여 증거조사 등 심리를 마친 다음 변론을 종결하고, 그 다음 기일에 피고인의 항소를 기각한 **사안**에서, **대법원**은 공소사실에 대해 적용되는 형법 제329조의 법정형은 '6년 이하의 징역 또는 1천만원 이하의 벌금'이므로 형사소송법

1 대법원 2011.5.26.선고 2011도1902 판결 참조.
2 대법원 2017.5.30.선고 2017도1549 판결 참조.
3 대법원 2006.3.9.선고 2005도8675 판결 참조.
4 대법원 2009.3.12.선고 2008도8486 판결 등 참조.
5 파기환송심(대구지법 형사항소 1부)에서 'DNA감정결과가 피고인이 다른 여아를 약취했다는 사실관계까지 인정할 근거가 되지 못하는 등 미성년자약취 혐의에 대해 검사가 제출한 증거만으로는 피고인이 바꿔치기하는 방식으로 아이를 약취하였다는 점이 합리적 의심의 여지없이 증명되었다고 볼 수 없다며 무죄를 선고하고, 사체은닉미수죄에 대해 징역 2년, 집행유예 3년을 선고했다(조선일보 2023.2.3.자 A10면, "구미 여아 사망사건 판결 뒤집혔다, '친모의 아이 바꿔치기 혐의는 무죄'"기사 참조).

제370조, 제277조 제1호에 따라 항소심에서 불출석재판이 허용되는 사건에 해당하지 않는다고 하면서 위와 같은 원심의 조치에는 소송절차가 형사소송법을 위반하여 판결에 영향을 미친 잘못이 있다고 보아 원심을 파기·환송한 사례>

○ 원심이 공소사실 불명료에도 불구하고 석명권을 행사하지 않았다며 파기환송한 사례

대법원 2025.3.13.선고 2024도19846 판결, 「공소사실의 취지가 명료하면 법원이 이에 대해 석명권을 행사할 필요가 없으나, 공소사실의 기재가 오해를 불러일으키거나 명료하지 못한 경우에는 형사소송규칙 제141조에 따라 검사에 대해 석명권을 행사하여 그 취지를 명확하게 해야 한다.」 <피고인은 동거친족인 처제 A의 인적사항, 카드 비밀번호 등을 알고 있던 것을 기화로 신용카드 결제 또는 현금서비스 신청을 하여 재산상 이익을 취득하였다는 컴퓨터등사용사기 등으로 기소된 사안에서, **원심**은 검사가 A를 컴퓨터등사용사기의 피해자로 하여 기소한 것으로 단정하고 친족상도례를 적용하여 공소사실 중 컴퓨터등사용사기 부분에 대하여 형 면제를 선고하였으나 **대법원**은 친족상도례에 의한 형면제를 규정한 형법 제328조 제1항은 그에 대한 헌법불합치결정 전에 이루어진 컴퓨터등사용사기 범행에 적용할 수 있음을 전제로, 검사는 A가 아니라 가맹점 또는 대출금융기관 등을 컴퓨터등사용사기의 피해자로 하여 기소한 것으로 볼 여지가 충분하고, 해당 공소사실의 기재는 오해를 불러일으키거나 명료하지 못한 경우에 해당하므로, 원심으로서는 검사에게 석명권을 행사하여 피해자가 누구인지를 명확하게 한 후 친족상도례의 적용 여부를 판단해야 한다고 보아, 석명권 행사나 심리를 다하지 않은 원심을 파기·환송>; 대법원 2023.12.28.선고 2023도14444 판결; 대법원 2017.6.15.선고 2017도3448 판결.

○ 상고심이 예비적 공소사실에 대한 원심판결의 잘못을 지적하여 파기환송한 경우 환송 후 원심의 심판대상에 주위적 공소사실까지 포함

대법원 2023.12.28.선고 2023도10718 판결, 「원래 주위적·예비적 공소사실의 일부에 대한 상고제기의 효력은 나머지 공소사실 부분에 대해서도 미치는 것이고, 동일한 사실관계에 대해 서로 양립할 수 없는 적용법조의 적용을 주위적·예비적으로 구하는 경우에는 예비적 공소사실만 유죄로 인정되고 그 부분에 대해 피고인만 상고하였더라도 주위적 공소사실까지 함께 상고심의 심판대상에 포함된다. 이때 상고심이 예비적 공소사실에 대한 원심판결이 잘못되었다는 이유로 원심판결을 전부 파기환송한다면, 환송 후 원심은 예비적 공소사실은 물론 이와 동일체 관계에 있는 주위적 공소사실에 대해서도 이를 심리·판단해야 한다.」

<'피고인이 인감증명서를 작성하여 발급하였다'는 동일한 사실관계에 대해 주위적으로는 형법 제225조(공문서위조), 예비적으로는 형법 제227조(허위공문서작성)로 기소되었는데, **환송 전 원심**은 '피고인이 인감증명서 발급 권한이 있었던 것으로 보인다'는 이유로 주위적 공소사실은

이유에서 무죄로 판단하고, 예비적 공소사실을 유죄로 판단하였고, 유죄부분에 대해 피고인만 상고하자 **대법원**이 예비적 공소사실에 대한 환송 전 원심판결에 피고인이 형법상 공무원에 해당하는지 등을 심리하지 않은 위법 등이 있다는 이유로 환송 전 원심판결 전부를 파기·환송하였던 **사안**에서, **원심**은 주위적 공소사실에 대해서는 이미 심판대상에서 벗어나 이를 심리·판단하여 유죄를 선고할 수 없다는 이유로 환송 전 원심의 판단을 그대로 유지하고, 예비적 공소사실에 대해서는 범죄가 되지 않거나 범죄의 증명이 없다는 이유로 무죄로 판단하였으나 **대법원**은, 원심으로서는 주위적 공소사실에 대해 이를 심리·판단한 후, 주위적 공소사실을 유죄로 판단하지 않는 경우에 한해 예비적 공소사실을 심리·판단하였어야 한다고 보아 원심을 파기·환송한 사례>

○ **포괄일죄에서의 공소장변경 인정**

대법원 2025.4.15.선고 2025도903 판결, (같은 피해자에 대해 수회 기망행위를 한 경우)

「(1) 형사소송법 제298조 제1항은 "검사는 법원의 허가를 얻어 공소장에 기재한 공소사실 또는 적용법조의 추가·철회 또는 변경을 할 수 있다. 이 경우에 법원은 공소사실의 동일성을 해하지 아니하는 한도에서 허가하여야 한다."라고 규정하고 있으므로, 검사의 공소장변경허가신청이 공소사실의 동일성의 범위 안에 있는 것이면 법원은 이를 허가해야 한다.[1]

(2) 사기죄에 있어서 동일한 피해자에 대해 수회에 걸쳐 기망행위를 하여 금원을 편취한 경우, 그 범의가 단일하고 범행 방법이 동일하다면 사기죄의 포괄일죄만이 성립한다.[2] 포괄일죄에서는 공소장변경을 통한 종전 공소사실의 철회 및 새로운 공소사실의 추가가 가능한 점에 비추어 공소장변경허가 여부를 결정할 때는 포괄일죄를 구성하는 개개 공소사실별로 종전 것과의 동일성 여부를 따지기보다는 변경된 공소사실이 전체적으로 포괄일죄의 범주 내에 있는지 여부, 즉 단일하고 계속된 범의하에 동종의 범행을 반복하여 행하고 피해법익도 동일한 경우에 해당한다고 볼 수 있는지에 초점을 맞추어야 한다.」[3]

<피고인이 2019.6.17.경부터 2020.1.6.경까지 사기의 공소사실로 제1심에서 유죄판결을 선고받은 후 원심에서 검사가 2020.2.24.경부터 2020.4.3.경까지 사기의 공소사실을 추가하는 것을 내용으로 공소장변경허가신청을 한 **사안**에서, **원심**은 검사의 공소장변경허가신청을 불허한 후 기존 공소사실에 대해서만 판단하였으나 **대법원**은 기존 공소사실과 검사가 공소장변경허가신청을 통해 추가하고자 한 공소사실은 피고인이 동일한 피해자를 상대로 인접한 일시에 유사한 기망행위로 금원을 편취한 것이어서 단일하고 계속된 범의의 발현으로 볼 수 있고 피해법익도 동일하며 범행 방법의 동일성이 인정되는 등으로 포괄일죄의 관계에 있다고 보기에 충분하여

1 대법원 1999.4.13.선고 99도375 판결 등.
2 대법원 2002.7.12.선고 2002도2029 판결 등.
3 대법원 2022.10.27.선고 2022도8806 판결; 대법원 2006.4.27.선고 2006도514 판결 등.

공소장변경허가신청을 허가해야 한다고 보아, 이와 달리 판단한 원심을 파기·환송한 사례>

대법원 2022.10.27.선고 2022도8806 **판결, (같은 날 무면허운전행위를 여러 차례 반복한 경우)** 「(1) 같은 날 무면허운전행위를 여러 차례 반복한 경우라도 Ⓐ 그 범의의 단일성 내지 계속성이 인정되지 않거나 Ⓑ 범행방법 등이 동일하지 않은 경우 각 무면허운전 범행은 실체적 경합관계에 있다고 볼 수 있으나, 그와 같은 특별한 사정이 없다면 각 무면허운전 행위는 동일 죄명에 해당하는 수개의 동종 행위가 동일한 의사에 의해 반복되거나 접속·연속하여 행해진 것으로 봄이 상당하고 그로 인한 피해법익도 동일한 이상, 각 무면허운전 행위를 통틀어 **포괄일죄**로 처단해야 한다. (2) 포괄일죄에서는 공소장변경을 통한 종전 공소사실의 철회 및 새로운 공소사실의 추가가 가능한 점에 비추어 공소장변경허가 여부를 결정할 때는 포괄일죄를 구성하는 개개 공소사실별로 종전 것과의 동일성 여부를 따지기보다는 변경된 공소사실이 전체적으로 포괄일죄의 범주 내에 있는지 여부, 즉 Ⓐ 단일하고 계속된 범의하에 동종의 범행을 반복하여 행하고 Ⓑ 피해법익도 동일한 경우에 해당한다고 볼 수 있는지에 초점을 맞추어야 한다. (3) 검사가 공소장변경을 통해 '철회'하려는 공소사실과 '추가'하려는 공소사실은 피고인이 같은 날 자동차운전면허 없이 20:00경 춘천시 인근 도로에서 렉스턴 승용차를 운전하였다는 것과 23:20경 인근 도로에서 동일한 차량을 운전하였다는 것으로, 각 운전 시간 내지 장소에 일부 차이가 있을 뿐 피고인이 **같은 날 동일한 차량**을 무면허로 운전하려는 단일하고 계속된 범의 아래 동종의 범행을 같은 방법으로 반복한 것으로 보이고, 달리 그 범의가 갱신되었다거나 범행방법 등에 차이가 존재한다고 보기 어렵다. 이러한 사정을 앞서 본 법리에 비추어 보면, 검사가 공소장변경을 통해 추가하려는 공소사실과 철회하려는 공소사실은 범의의 연속성, 보호법익과 범행 방법의 동일성, 시간과 장소의 연관성 측면에서 사회통념상 하나의 도로교통법위반(무면허운전) 행위로 평가할 수 있으므로 포괄하여 일죄에 해당하고, 그 기초가 되는 사회적 사실관계도 기본적인 점에서 동일하다고 볼 수 있다.」[1]

---

1 대법원 2023.12.21.선고 2023도13514 판결, 「다수의 피해자에 대해 각각 기망행위를 하여 각 피해자로부터 재물을 편취한 경우에는 범의가 단일하고 범행방법이 동일하더라도 각 피해자의 피해법익은 독립한 것이므로 이를 포괄일죄로 파악할 수 없고 피해자별로 독립한 사기죄가 성립된다. 다만 피해자들의 피해법익이 동일하다고 볼 수 있는 사정이 있는 경우에는 이들에 대한 사기죄를 포괄하여 일죄로 볼 수 있다.」<피고인이 부부인 피해자들을 기망하여 피해자별로 계약서를 작성하고 피해자별 명의 각 계좌로부터 돈을 송금받아 편취하였는데, 그 편취한 이득액이 5억원 이상으로 특정경제범죄가중처벌등에관한법률위반(사기) 등으로 기소된 사안에서, **원심**은 피해자 부부에 대한 사기죄를 포괄일죄에 해당한다고 판단하였고, 피고인은 부부별산제의 원칙에 비추어 피해자들의 피해법익은 독립한 것이므로 각 피해자에 대한 사기죄의 실체적 경합관계라고 주장하며 상고하였는데, **대법원**은, 부부인 피해자들에 대한 ① 기망행위의 공통성, ② 기망행위에 이르게 된 경위, ③ 재산교부에 관한 의사결정의 공통성, ④ 재산의 형성·유지 과정, ⑤ 재산교부의 목적 및 방법, ⑥ 기망행위 이후의 정황(피해자들도 노후 대비를 위한 자산 증식이라는 공통의 목적 아래 공동재산의 매도대금을 재원으로 삼아 공통으로 투자 결정) 등을 종합적으로 고려하여, 부부인 피해자들의 피해법익이 동일한 경우로 볼 수 있다고 보아 원심판결을 수긍하여 상고기각>

[사례] 공소장변경과 공소사실의 동일성 인정 여부

피고인 甲은 2025.9.9. 23:20경 서울 송파구 신천동성당 앞 도로에서 잠실역 앞 도로까지 약 200미터 구간에서 자동차운전면허를 받지 않고 소나타 승용차를 운전하였다는 도로교통법위반죄로 기소되었다.

그런데 제1심 공판 중에 검사는 위 공소사실을 '2025.9.9. 19:00경 서울 강남구 강남역 앞 사거리 인근에서 서울 송파구 신천동성당 앞 도로까지 약 20킬로미터의 구간에서 자동차운전면허를 받지 않고 소나타 승용차를 운전하였다'는 공소사실로 변경하는 내용의 공소장변경허가신청을 하였다.

이에 제1심 법원은 어떤 판단을 해야 하는지 검토하시오.

1. 문제의 제기

검사가 공소장변경허가신청을 하여 공소사실의 동일성이 인정되면 법원은 공소장변경을 허가해야 하므로 그 동일성 여부를 살펴본다.

2. 공소사실의 동일성 인정 여부

공소장변경이란 검사가 공소사실의 동일성을 해하지 않는 한도에서 법원의 허가를 얻어 공소장에 기재된 공소사실 또는 적용법조를 추가, 철회 또는 변경하는 것이고, 법원은 공소사실의 동일성을 해하지 않는 한도에서 허가해야 하므로(형사소송법 제298조 제1항), 그 허가는 의무적이다(**판례**).[1]

그리고 공소사실의 동일성 인정 여부가 문제되고 그 판단기준에 대해 학설은 ① 기본적 사실동일설, ② 죄질동일설, ③ 구성요건공통설, ④ 소인공통설이 있으나 현재의 공소사실과 변경하려는 공소사실의 기초가 되는 사회적 사실관계가 다소 차이가 있더라도 기본적인 점에서 동일하면 공소사실의 동일성을 인정해야 한다는 기본적 사실동일설이 다수설 입장이고, **판례**는 기본적 사실동일설을 취하면서도 규범적 요소도 고려해야 한다는 입장이다.[2] **검토**하면 공소사실의 동일성은 공소사실의 기초가 되는 사회적 사실관계를 기본으로 하면서 규범적 요소도 함께 고려하는 종합적인 판단이 필요하다고 하겠다.

사안에서 철회하려는 공소사실과 추가하려는 공소사실은 운전 시간과 장소에 일부 차이가 있을 뿐이고 ① 피고인이 같은 날 동일한 차량을 무면허로 운전하려는 단일하고 계속된 범의 아래 동종의 범행을 같은 방법으로 반복한 것으로 <u>사회적 사실관계가 기본적인 점에서 동일하</u>

---

1 대법원 2023.6.15.선고 2023도3038 판결, 「형사소송법 제298조 제1항의 규정 취지는 검사의 공소장변경 신청이 공소사실의 동일성을 해하지 않는 한 <u>법원은 이를 허가해야 한다</u>는 뜻으로 해석해야 한다.」; 대법원 2022.1.13.선고 2021도13108 판결; 대법원 2021.7.21.선고 2020도13812 판결; 대법원 2018.10.25.선고 2018도9810 판결.

2 대법원 2023.6.15.선고 2023도3038 판결; 대법원 2022.12.29.선고 2022도10660 판결; 대법원 2021.7.21.선고 2020도13812 판결; 대법원 2020.12.24.선고 2020도10814 판결; 대법원 2017.8.23.선고 2015도11679 판결; 대법원 2012.9.13.선고 2012도6612 판결; 대법원 1994.3.22.선고 93도2080 전원합의체 판결.

고 ② 피해법익도 동일하여 포괄일죄에 해당하고 그 동일성이 인정된다.[1]

3. 결 론

공소사실 사이에는 포괄일죄에 해당하고 동일성이 인정되므로 법원은 공소장변경을 허가해야 한다.

○ 실체적 경합관계에서의 공소장변경 부정[2]

대법원 2022.12.29.선고 2022도10660 판결, 「아동·청소년의성보호에관한법률(이하 '청소년성보호법') 제11조 제1항에서 아동·청소년성착취물을 제작하는 행위를 처벌하는 규정을 두고 있는데, 청소년성보호법이 2020.6.2. 법률 제17338호로 개정되면서 **상습으로 아동·청소년성착취물을 제작하는 행위를 처벌하는 조항인 제11조 제7항을 신설**하고 그 부칙에서 개정 법률은 공포한 날부터 시행한다고 정하였다. 포괄일죄에 관한 기존 처벌법규에 대해 그 표현이나 형량과 관련한 개정을 하는 경우가 아니라 애초에 죄가 되지 않던 행위를 구성요건의 신설로 포괄일죄의 처벌대상으로 삼는 경우에는 신설된 포괄일죄 처벌법규가 시행되기 이전의 행위에 대해서는 신설된 법규를 적용하여 처벌할 수 없고(형법 제1조 제1항), 이는 신설된 처벌법규가 상습범을 처벌하는 구성요건인 경우에도 마찬가지이다. 공소장변경은 공소사실의 동일성이 인정되는 범위 내에서만 허용되고, 공소사실의 동일성이 인정되지 않는 범죄사실을 공소사실로 추가하는 취지의 공소장변경신청이 있는 경우 법원은 그 변경신청을 기각해야 한다(법 제298조 제1항). 공소사실의 동일성은 그 사실의 기초가 되는 사회적 사실관계가 기본적인 점에서 동일하면 그대로 유지되고, 이러한 기본적 사실관계의 동일성을 판단할 때에는 그 사실의 동일성이 갖는 법률적 기능을 염두에 두고 피고인의 행위와 그 사회적인 사실관계를 기본으로 하되 규범적 요소도 아울러 고려해야 한다.」

<위 법률의 개정규정이 시행되기 전의 아동·청소년성착취물 제작 부분에 대해서는 개정규정을 적용하여 처벌할 수 없고, 행위시법에 기초하여 처벌할 수 있을 뿐이므로 개정규정 이후 부분과 포괄일죄 관계가 아니라 실체적 경합관계이어서 종전 공소사실과 기본적 사실관계가 동일하다고 볼 수 없고, 법익이나 죄질도 다르기에 그 동일성을 인정하기는 어렵다고 판단한 사례>

1 대법원 2022.10.27.선고 2022도8806 판결.

2 2024년 제13회 변호사시험 사례형 제2문으로 출제.

○ **직권변경이 가능함에도 공소장변경절차를 거치는 것은 원칙적으로 가능**

대법원 2022.12.15.**선고** 2022**도**10564 **판결**, 「공소장변경절차를 거쳐야 하는 경우임에도 이를 거치지 않은 채 직권으로 당초의 공소사실과 다른 공소사실에 대해 유죄를 인정하는 것은 피고인의 방어권을 침해하거나 불고불리 원칙에 위반되어 허용될 수 없지만, 공소장변경절차를 거치지 않고서도 직권으로 당초의 공소사실과 다른 공소사실에 대해 유죄를 인정할 수 있는 예외적인 경우임에도 공소장변경절차를 거친 다음 변경된 공소사실을 유죄로 인정하는 것은 심판대상을 명확히 특정함으로써 피고인의 방어권보장을 강화하는 것이므로 특별한 사정이 없는 한 위법하지 않다.」

<공소장변경허가신청의 내용이 일부 공소사실의 범행방법을 추가하여 정정하는 것에 불과하여, 공소장변경절차를 거치지 않고서도 직권으로 유죄로 인정함에 별다른 제한이 없는 경우임에도, 원심이 공소장변경절차를 거친 다음 변경된 공소사실을 유죄로 인정한 것에 공소장변경에 관한 법리오해의 잘못이 없다고 보아 상고를 기각한 사례>

○ **검사의 공소장변경허가신청에 대한 법원의 결정**

대법원 2023.6.15.**선고** 2023**도**3038 **판결**, 「법원은 검사의 공소장변경허가신청에 대해 결정으로 허가 또는 불허가하고, 그 결정은 Ⓐ **공판정 외에서** 별도의 결정서를 작성하여 고지하거나 Ⓑ **공판정에서** 구술로 하고 공판조서에 기재할 수도 있다. 만일 결정을 공판정에서 고지하였다면 그 사실은 공판조서의 필요적 기재사항이다(법 제51조 제2항 제14호). 공소장변경허가신청이 있음에도 공소장변경 허가 여부 결정을 명시적으로 하지 않은 채 공판절차를 진행하면 현실적 심판대상이 된 공소사실이 무엇인지 불명확하여 피고인의 방어권행사에 영향을 줄 수 있으므로 공소장변경 허가 여부 결정은 위와 같은 형식으로 **명시적인 결정**을 하는 것이 바람직하다.」

<검사가 항소하여 원심의 제1회 공판기일 전에 공소장변경허가신청서를 제출하였으나, 원심은 제1회 공판기일을 진행하여 변론을 종결하고 검사의 항소를 기각하여 제1심 판결을 그대로 유지하였는데, 원심은 공판정 외에서 공소장변경허가신청에 대한 결정을 하지 않았을 뿐만 아니라 공판조서 등 기록에 검사의 위 공소장변경허가신청 또는 위 공소장변경허가신청으로 추가하려 한 공소사실에 대해 피고인측의 의견제출 등 원심에서 공소장변경허가 여부를 결정한 소송절차가 진행되었다는 내용이 없었기에, **대법원**은, 원심이 검사가 서면으로 제출한 공소장변경허가신청에 대해 허가 여부를 **결정해야** 하고, 나아가 공소장변경허가신청 전후의 공소사실은 그 기본적 사실관계가 동일하므로 **공소장변경을 허가하여** 추가된 공소사실에 대해 심리·판단했어야 한다는 이유로 원심판결을 파기·환송한 사례>

◈ 공소장변경 관련 쟁점 요약

– **실체중심**

1. 공소장변경 (동일성 여부=기본적 사실동일성+규범적 요소 고려)
2. 동일성 인정되면 공소장변경허가는 법원의 의무 **(형소법 제298조 1항)**
3. 직권변경 (필요성 : 동일성+방어권행사에 실질적 불이익)
4. 직권변경의무 (판례는 원칙적 재량설 : 현저히 정의와 형평)

– **절차중심**

1. 항소심에서의 가능성 (판례는 원칙적 속심이라 가능)
2. 법원의 요구 (판례는 재량설) **(형소법 제298조 2항)**
3. 요구의 효력 (형성력 없음)
4. 검사의 복종 (명령적 효력설과 권고적 효력설)
5. 법원의 고지 **(형소법 제298조 3항)** → 허가신청서 송달 또는 교부하지 않고 허가 (원칙 : 법령위반, 예외 : 방어권이 본질적으로 침해되지 않았다고 볼 만한 특별한 사정이 있는 경우)[1]
6. 허가신청에 대한 명시적인 결정 필요 (① 공판정 외에서 별도의 결정서를 작성하여 고지하거나 ② 공판정에서 구술로 하고 공판조서에 기재)[2]

○ 항소심에서 공소장변경이 이루어진 경우에 항소심 조치의 원칙과 예외

대법원 2025.3.13.선고 2024도2200 판결, 「(1) 항소심에서의 공소장변경으로 인해 공소사실이 변경되거나 심판대상이 제1심과 달라진 경우에 항소심은 제1심 판결을 파기하고 변경된 공소사실에 대해 새로이 심리하여 판단해야 한다.[3] **그러나** 항소심에서의 공소장변경이 피고인 또는 변호인의 주장내용과 취지, 소송절차의 진행경과 등에 비추어 단순한 오기를 정정하거나 기존 공소사실의 내용을 보충하거나 상세하게 설명하는 정도에 불과하여 항소심의 심판대상이 제1심과 실질적으로 달라졌다고 평가되지 않는다면 공소장변경절차를 거쳤어도 **반드시 제1심 판결을 직권으로 파기할 필요는 없다**. (2) 변경 후의 공소사실은 변경 전 공소사실과 피해

1 대법원 2021.6.30.선고 2019도7217 판결, <**1심**에서 강제추행 공소사실에 대해 무죄가 선고되자 검사는 항소심에서 공연음란의 예비적 공소사실을 추가하고, **원심**은 공소장변경허가신청서 부본을 피고인 또는 변호인에게 송달·교부하지 않은 상태에서 공소장변경을 허가하고 변론을 종결한 다음 예비적 공소사실을 유죄로 인정하였으나 **대법원**은 기존 공소사실과 예비적 공소사실은 심판대상과 피고인의 방어대상이 서로 다른데도 원심이 검사의 공소장변경허가신청서 부본을 피고인 또는 변호인에게 송달하거나 교부하지 않은 채 공판절차를 진행하여 당일 변론을 종결한 다음 기존 공소사실에 대해 무죄로 판단한 1심 판결을 파기하고 예비적 공소사실을 유죄로 판단한 것은 피고인의 방어권이나 변호인의 변호권을 본질적으로 침해한 것으로 볼 수 있다는 이유로 원심판결을 파기환송한 사례>

2 대법원 2023.6.15.선고 2023도3038 판결.

3 대법원 2017.12.22.선고 2017도14879 판결, 「일반교통방해죄에 관한 공소사실의 기재에 있어서 범죄의 일시와 장소는 범죄의 성립에 영향을 미치는 중요한 요소로서 그 일시와 장소가 변경되었다면 특별한 사정이 없는 한 그 심판대상도 변경되었다고 봄이 타당하다.」

자, 피해액이나 ○○○코인 상장 확약이나 ◇◇◇ 사업 등과 같은 기망행위의 대상, 피해내용 등과 같은 기본적 사실관계가 동일하다. 그뿐만 아니라 변호인의 주장에 따라 검사는 공소사실의 구체적 내용과 취지 및 이에 따른 피고인의 방어권의 대상을 보다 분명하게 하는 차원에서 원심 법원의 허가를 얻어 공소장변경을 하였는바, 변경된 공소사실은 제1심에서부터 주장되어 온 기존 공소사실의 기망행위의 내용 등을 보충하거나 상세하게 설명하는 정도에 불과하다. 따라서 그와 같은 공소사실의 변경으로 피고인의 방어권 행사에 실질적인 불이익을 초래할 염려가 생겼다고 보이지 않는바, 원심의 심판대상이 제1심과 실질적으로 달라졌다고 보이지 않는다.」

<피고인이 특경법위반(사기) 등으로 기소되었고, 제1심은 피고인에 대해 무죄를 선고하였는데, 항소심에서 기망행위 관련 공소사실을 교환적으로 변경하는 내용의 공소장변경이 이루어진 **사안**에서, **항소심**은 공소장변경에도 불구하고 제1심 판결을 직권으로 파기하지 않고 검사의 항소이유를 판단하여 검사의 항소를 기각하였는데, **대법원**은 ① 변경 전·후 공소사실의 기본적 사실관계가 동일하고, ② 변경된 공소사실은 제1심에서부터 주장되어 온 기존 공소사실의 기망행위의 내용 등을 보충하거나 상세하게 설명하는 정도에 불과하여 피고인의 방어권행사에 실질적인 불이익을 초래할 염려도 생기지 않아서 항소심의 심판대상이 제1심과 실질적으로 달라지지 않았다고 보아, 원심을 수긍하여 검사의 상고를 기각>

○ 공소취소 후 재기소 제한규정인 형사소송법 제329조의 적용 범위

대법원 2024.8.29.**선고** 2020도16827 **판결**, 「형사소송법 제329조는 "공소취소에 의한 공소기각의 결정이 확정된 때에는 공소취소 후 그 범죄사실에 대한 다른 중요한 증거를 발견한 경우에 한하여 다시 공소를 제기할 수 있다."라고 규정하고 있다. 공소취소 후 재기소는 헌법 제13조 제1항 후문 **'거듭처벌금지의 원칙'**의 정신에 따라 불안정한 지위에 놓이게 될 수 있는 피고인의 인권과 법적 안정성을 보장한다는 관점에서 엄격하게 해석해야 한다. 따라서 '다른 중요한 증거를 발견한 경우'란 **공소취소 전에 가지고 있던 증거 이외의 증거**로서 공소취소 전의 증거만으로서는 증거불충분으로 무죄가 선고될 가능성이 있으나 새로 발견된 증거를 추가하면 충분히 유죄의 확신을 가지게 될 정도의 증거가 있는 경우를 말하고, 공소취소 전에 충분히 수집 또는 조사하여 제출할 수 있었던 증거들은 새로 발견된 증거에 해당한다고 보기 어렵다.」

<피고인은 선행사건에서 이 사건 공소사실과 동일한 공소사실로 기소되었다가 공소장일본주의 위반 여부가 문제되어 검사가 공소를 취소함으로써 피고인에 대한 공소기각결정이 확정되었는데, 이후 검사가 추가 증거를 수집하여 다시 동일한 내용의 이 사건 공소를 제기한 **사안**에서, **원심**은 선행사건에서 검사가 공소취소를 한 이유가 무엇인지에 관한 사실관계가 명확하게 인정된다고 보기 어려우므로 형사소송법 제329조 법문에 충실하게 공소취소 후 재기소의 요건이 충족되는지 여부에 관하여만 판단할 수밖에 없는데, 검사가 선행사건에서 공소를 취소

한 후 새로 조사하여 제출한 증거들이 공소취소 전에 조사하였거나 조사할 수 있었으리라고 보이는 증거 이외의 증거로서, 독자적으로 또는 공소취소 전 증거와 함께 살펴볼 때 공소취소 전의 증거만으로는 증거불충분으로 무죄가 선고될 가능성이 있으나 새로 발견된 증거를 추가하면 충분히 유죄의 확신을 가지게 될 정도의 증거에 해당한다고 보기 어렵다는 이유로 이 사건 공소를 기각한 제1심 판결을 그대로 유지하였고, 대법원도 원심을 수긍하여 검사의 상고를 기각한 사례> ; 대법원 2004.12.24.선고 2004도4957 판결; 대법원 1977.12.27.선고 77도1308 판결.

[사례] 공소취소로 공소기각결정이 확정된 후의 재기소의 제한

검사는 甲이 2025.2.1. 23:00경 서울 서대문구 대현동에서 피해자 A의 롤렉스시계를 절취하였다는 혐의로 공소제기를 하였으나 1심 재판 중에 공소를 취소하였고, 이에 따라 법원은 공소기각결정을 선고하여 확정된 바 있다.

그런데 검사는 甲이 2025.2.1. 24:00경 서울 서대문구 신촌동에서 A가 절취당한 위 롤렉스시계를 취득하였다며 장물취득죄로 다시 공소제기를 하였다. 검사는 이미 절도죄로 甲을 기소하기 전에 조사하였던 피해자 A로부터 피해내용을 좀 더 구체적으로 보강하는 내용의 진술조서를 작성하여 법원에 제출하였고 달리 추가적인 증거는 없었다.

법원이 심리한 결과에 따르면 甲에게 장물취득죄가 충분히 인정된다고 판단되는 경우에 어떤 조치를 해야 하는지를 검토하시오.

1. 문제의 제기

검사가 공소취소를 하여 공소기각결정이 확정된 후에 공소사실을 변경하여 재기소한 경우에 재기소의 제한과 이에 따른 법원의 조치를 살펴본다.

2. 공소취소의 효과로서의 재기소의 제한

공소취소에 의한 공소기각결정이 확정된 때에는 공소취소 후 그 범죄사실에 대한 다른 중요한 증거를 발견한 경우에 한해 다시 공소를 제기할 수 있다(형사소송법 제329조). 공소기각결정에 대해서는 기판력 내지 일사부재리의 효력이 인정되지 않으므로 검사가 공소취소를 하였다가 다시 기소하는 것을 제한하는 규정이다.

공소취소의 효력은 공소사실과 동일성이 인정되는 사실의 전부에 미치므로 종전의 범죄사실을 그대로 재기소하는 경우뿐만 아니라 공소사실을 변경하여 재기소하는 경우에도 위 제한이 적용되어야 하고, **판례**도 같은 입장이다.[1]

---

1 대법원 2009.8.20.선고 2008도9634 판결, 「단순일죄인 범죄사실에 대하여 공소가 제기되었다가 공소취소에 의한 공소기각결정이 확정된 후 다시 Ⓐ 종전 범죄사실 그대로 재기소하는 경우뿐만 아니라 Ⓑ 범죄의 태양, 수단, 피해의 정도, 범죄로 얻은

종전의 절도죄와 재기소한 장물취득죄는 근접한 일시, 장소에서 같은 시계를 취득하였다는 점에서 기본적 사실이 동일하고 법익이나 죄질에 있어서도 큰 차이가 없으므로 공소사실의 동일성에 대한 판단기준에서 다수설인 기본적사실동일설이나 규범적 요소까지 고려하는 판례 입장에서 공소사실의 동일성이 인정되어 위 제한이 적용된다.

그리고 '다른 중요한 증거를 발견한 경우'란 공소취소 전의 증거만으로는 증거불충분으로 무죄가 선고될 가능성이 있으나 새로 발견된 증거를 추가하면 충분히 유죄의 확신을 가지게 될 정도의 증거가 발견된 때를 말한다(**판례**).[1] **사안**에서 절도죄의 피해자로 조사를 받았던 A로부터 피해내용을 좀 더 구체적으로 보강하는 내용의 진술조서를 작성하였을 뿐이고 달리 추가적인 증거는 없으므로 다른 중요한 증거가 발견된 경우로 인정되기는 어렵다고 판단된다.

3. 결 론

재기소한 장물취득죄는 종전의 절도죄와 공소사실의 동일성이 인정되어 공소취소의 효력이 미치며, 다른 중요한 증거가 발견되지 않았는데도 검사가 공소취소한 사건과 공소사실의 동일성이 인정되는 사건에 대해 다시 공소를 제기한 경우에 해당된다.

따라서 법원의 심리결과 장물취득죄가 인정되더라도 위 재기소의 제한에 위반하여 공소가 제기되었기에 법원은 공소기각판결을 선고해야 한다(형사소송법 제327조 제4호).

○ 감정인을 증인 등으로 소환한 후 불출석에 대한 제재로 과태료 부과 불가능

대법원 2024.10.31.**자** 2023**모**358 **결정**, 「경험한 과거의 사실을 진술할 지위에 있지 않음이 명백한 감정인을 법원이 증인 또는 감정증인으로 소환한 경우, 감정인이 소환장을 송달받고 출석하지 않았더라도 그 불출석에 대한 제재로서 형사소송법 제151조 제1항에 따른 과태료를 부과할 수는 없다. 이러한 법리는 ① 법원으로부터 감정의 명을 받아 형사소송법 제169조 내지 제177조에서 정한 선서 등 절차를 거쳐 감정을 행한 감정인에게 적용됨은 물론, ② 형사소송법 제221조 제2항에 따라 수사기관에 의해 감정을 위촉받은 사람이 감정의 결과로 감정서를 제출한 경우 그에 관한 법정에서의 진술이 그가 경험한 과거의 사실에 관한 것이 아니라 오로지 감정인으로서의 학식과 경험에 의해 얻은 일정한 원리 또는 판단을 진술하는 것임이 명백한 때에도 마찬가지로, 이때에는 필요한 범위 내에서 형사소송법 제1편 제13장의 관련 절차를 거쳐 감정인신문으로 해야 할 것이다.」

이익 등 범죄사실의 내용을 추가 변경하여 재기소하는 경우에도 마찬가지로 적용된다. 따라서 단순일죄인 범죄사실에 대하여 공소취소로 인한 공소기각결정이 확정된 후에 종전의 범죄사실을 변경하여 재기소하기 위해서는 변경된 범죄사실에 대한 다른 중요한 증거가 발견되어야 한다.」

1 대법원 2024.8.29.선고 2020도16827 판결; 대법원 1977.12.27.선고 77도1308 판결.

<법의학자인 재항고인은 피고인에 대한 아동학대범죄의처벌등에관한특례법위반(아동학대치사) 사건의 수사과정에서 경찰로부터 피해자에게 발생한 골절경위 등에 관한 감정을 위촉받고 전문가로서의 판단을 기재한 감정서를 회보하였고, 제1심은 재항고인에게 증인으로 출석하라는 고지를 하였으나 재항고인이 불출석하자 재항고인에게 과태료 500만원을 부과한 사안에서, **대법원**은 재항고인이 감정증인의 지위에 있다고 보기 어려운데, 원심이 재항고인을 감정증인으로 소환한 뒤 불출석에 대한 제재로 과태료를 부과한 제1심 판단이 정당하다고 본 것은 감정증인신문과 감정신문 대상자의 형사소송법상 지위에 관한 구분 등에 관한 법리를 오해한 잘못이 있다고 원심을 파기·환송한 사례>

○ '니코틴 남편살인 사건'

(미숫가루와 벌꿀 → 흰죽 → 병원 응급실 → 찬물 → 사망, 부검결과 급성니코틴 중독 판명)

대법원 2023.7.27.선고 2023도3477 판결, 「살인죄와 같이 법정형이 무거운 범죄의 경우에도 직접증거 없이 간접증거만으로 유죄를 인정할 수 있으나, 그러한 유죄 인정에는 공소사실과 관련성이 깊은 간접증거들에 의해 신중한 판단이 요구되므로, 주요사실의 전제가 되는 간접사실의 인정은 합리적인 의심을 허용하지 않을 정도의 증명이 있어야 하고, 그 하나하나의 간접사실이 상호 모순, 저촉되지 않아야 함은 물론 논리와 경험칙, 과학법칙에 의해 뒷받침되어야 한다. 그러므로 유죄의 인정은 범행동기, 범행수단의 선택, 범행에 이르는 과정, 범행 전후 피고인의 태도 등 여러 간접사실로 보아 피고인이 범행한 것으로 보기에 충분할 만큼 압도적으로 우월한 증명이 있어야 한다. 피고인은 무죄로 추정된다는 것이 헌법상의 원칙이고, 그 추정의 번복은 직접증거가 존재할 경우에 버금가는 정도가 되어야 한다.」

<**1심과 2심**에서 피고인에게 징역 30년이 선고되었으나 **대법원**은 Ⓐ 니코틴원액을 먹으면 그 농도가 최고 수준에 이르는 시점에 피해자가 휴대전화로 가상화폐 시세를 확인한 기록이 있고, Ⓑ 피고인이 피해자에게 준 찬물이 3분의 2 이상 남아 있었던 점 등을 근거로 공소사실이 합리적 의심을 배제할 정도로 증명되었다고 보기 어렵다며 파기환송된 사례>[1]

○ 의사의 업무상 과실과 사망 등 결과 발생 사이의 인과관계 증명의 정도는 합리적 의심이 없을 정도

대법원 2025.5.15.선고 2024도9443 판결, 「의사에게 의료행위로 인한 업무상과실치사상죄를 인정하기 위해서는 의료행위 과정에서 공소사실에 기재된 업무상 과실의 존재 외에 그러한 업무상 과실로 인해 환자에게 상해·사망 등 결과가 발생하였다는 인과관계에 대해서도 엄격한 증거에 따라 합리적 의심의 여지가 없을 정도로 증명이 이루어져야 한다. 의사의 업무상 과실

1 2024.2.2. 파기환송심(수원고법 형사 1부)에서 무죄가 선고되었다(조선일보 2024.2.3.자 A10면, '누가 니코틴을 넣었나… 살인혐의 아내 무죄'기사 참조).

이 증명되었다는 사정만으로 인과관계가 추정되거나 증명 정도가 경감되는 것은 아니다.」

대법원 2023.8.31.**선고** 2021**도**1833 **판결**, 「의사에게 의료행위로 인한 업무상과실치사상죄를 인정하기 위해서는, 의료행위과정에서 공소사실에 기재된 업무상과실의 존재는 물론 그러한 업무상과실로 **인해** 환자에게 상해·사망 등 결과가 발생한 점에 대해서도 엄격한 증거에 따라 합리적 의심의 여지가 없을 정도로 증명이 이루어져야 한다.[1] 따라서 검사는 공소사실에 기재한 업무상과실과 상해·사망 등 결과 발생 사이에 **인과관계가 있음을 합리적인 의심의 여지가 없을 정도로 증명해야** 하고, 의사의 업무상 과실이 증명되었다는 사정만으로 인과관계가 추정되거나 증명 정도가 경감되는 것은 아니다. 이처럼 형사재판에서는 인과관계 증명에 있어서 '합리적인 의심이 없을 정도'의 증명을 요하므로 그에 관한 판단이 동일 사안의 민사재판과 달라질 수 있다.[2]」

<마취통증의학과 의사인 피고인은 피해자에 대해 마취를 시행한 후 간호사에게 환자 감시를 맡긴 뒤 수술실을 이탈하였고, 이후 피해자는 저혈압이 발생하며 혈압 회복과 저하가 반복되었고 이에 간호사는 피고인을 몇 차례 호출하였으나, 피고인이 피해자의 심정지 발생 후에야 수술실에 복귀하여 심폐소생술 등의 조치를 취하였고 피해자는 사망에 이르게 된 **사안**에서, **대법원**은 마취유지 중 환자감시 등의 업무상 과실은 인정된다고 할 수 있으나, 마취과 간호사는 피고인이나 다른 마취과의사의 구두지시를 받아 반복적인 혈압상승제 투여를 하였음에도 불구하고 피해자는 알 수 없는 원인으로 계속적으로 혈압 저하 증상을 보이다가 사망하였는데, 검사가 제출한 증거만으로는 피고인이 직접 피해자를 관찰하거나 간호사의 호출을 받고 신속히 수술실에 가서 대응하였다면 구체적으로 어떤 조치를 더 할 수 있는지, 그러한 조치를 취하였다면 피해자가 심정지에 이르지 않았을 것인지 알기 어려운 점, 피해자에게 심정지가 발생하였을 때 피고인이 피해자를 직접 관찰하고 있다가 심폐소생술 등의 조치를 하였더라면 피해자가 사망하지 않았을 것이라는 점에 대한 증명도 부족한 점, 피해자의 부검이 이루어졌음에도 피해자의 사인이 명확히 밝혀지지 않은 사정 등을 고려하면 피고인의 업무상 과실로 피해자가 사망하게 되었다는 점이 합리적인 의심의 여지가 없을 정도로 증명되었다고 보기는 어렵다고 판단하여, 업무상과실치사를 유죄로 인정한 원심판결을 파기·환송한 사례>[3]

○ 관련성이 인정되지 않으면 위법수집증거

대법원 2023.6.1.**선고** 2018**도**18866 **판결**, 「수사기관은 영장 발부의 사유로 된 범죄혐의사실과 관계가 없는 증거를 압수할 수 없고, 별도의 영장을 발부받지 않고서는 압수물 또는 압수한 정

1 대법원 2023.1.12.선고 2022도11163 판결 등 참조.
2 대법원 2011.4.28.선고 2010도14102 판결 등 참조.
3 반면, 같은 날 선고된 **동일 사안 민사사건**(대법원 2023.8.31.선고 2022다219427)에서는 진료상 과실과 환자 사망 사이의 인과관계가 인정되어 손해배상 책임이 인정되었다.

보를 그 압수의 근거가 된 압수수색영장 혐의사실과 관계가 없는 범죄의 유죄증거로 사용할 수 없다.」

<원심이 증거로 제출된 **메모지**가 누설 상대방의 다른 군사기밀 탐지·수집 혐의에 관해 발부된 압수수색영장으로 압수한 것이어서 영장 혐의사실과 사이에 관련성이 인정되지 않아 위법수집증거에 해당하고, 군검사가 제출한 그 밖의 증거는 위법수집증거에 기초하여 획득한 2차적 증거로서 최초 증거수집단계에서의 위법과 인과관계가 희석되거나 단절된다고 보기 어렵다는 이유로 피고인에게 무죄를 선고하였고, 대법원은 관련성에 의한 제한은 Ⓐ 증거수집뿐만 아니라 Ⓑ 압수된 증거의 사용에도 적용된다면서 메모지 및 그 파생증거의 증거능력을 부정한 원심 판단을 수긍한 사례>

○ 위법한 '추가 준수사항'을 근거로 음주측정에 응할 것을 요구하여 수집한 음주측정결과

대법원 2025.8.14.선고 2025도7665 판결, <(1) **사안** : 전자장치부착명령집행을 받고 있는 피고인에 대해 '준수기간이 정해지지 않은' 준수사항(혈중알코올 농도 0.03% 이상의 음주를 하지 말고, 보호관찰관의 정당한 음주측정에 응할 것) 추가 결정이 있었고, 그 후 피고인은 저녁 무렵 식당에서 식사를 하고 있었는데, 위 추가 준수사항의 이행 여부를 점검하기 위해 식당 인근에 도착한 보호관찰소 직원들이 식당 밖으로 잠시 나와 줄 것을 요청하였으나 피고인이 식당 밖으로 나와 자동차를 운전하여 집으로 귀가하고 말았다. 이에 피고인의 주거지에 뒤따라 도착한 보호관찰소 직원들은 위 추가 준수사항을 근거로 피고인에게 여러 차례 음주측정을 요구하였고, 피고인은 음주측정을 몇 차례 거부하다 결국 음주측정에 응해 혈중알코올농도가 0.107%로 측정되었다. 이후 보호관찰소 직원들은 음주측정검사 결과서를 작성하였고, 피고인은 위 추가 준수사항 위반에 의한 전자장치부착등에관한법률위반 및 도로교통법위반(음주운전)으로 기소되었고, 원심은 음주측정검사 결과서 등을 근거로 피고인에 대해 유죄로 판단하였다. (2) **대법원 판단** : ① 준수기간을 정하지 않은 추가 준수사항은 전자장치부착등에관한법률 제9조의2 제1항[1]을 위반하여 위법하므로 피고인에 대해 위 법률 제39조 제3항을 적용하여 처벌할 수 없고, ② 보호관찰관은 위법한 추가 준수사항을 근거로 피고인에게 음주측정에 응할 것을 요구

1 전자장치부착등에관한법률(약칭: 전자장치부착법) 제9조의2(준수사항) ① 법원은 제9조 제1항에 따라 부착명령을 선고하는 경우 부착기간의 범위에서 준수기간을 정하여 다음 각호의 준수사항 중 하나 이상을 부과할 수 있다. 다만, 제4호의 준수사항은 500시간의 범위에서 그 기간을 정하여야 한다.
1. 야간, 아동·청소년의 통학시간 등 특정 시간대의 외출제한
2. 어린이 보호구역 등 특정지역·장소에의 출입금지 및 접근금지
2의2. 주거지역의 제한
3. 피해자 등 특정인에의 접근금지
4. 특정범죄 치료 프로그램의 이수
5. 마약 등 중독성 있는 물질의 사용금지
6. 그 밖에 부착명령을 선고받는 사람의 재범방지와 성행교정을 위하여 필요한 사항

할 수 없으며, 그러한 요구에 따른 음주측정결과 또한 적법한 절차에 따르지 않고 수집된 증거로서 그 증거능력을 인정할 수 없다고 보아, 이와 달리 판단한 원심을 파기·환송>

○ 위법수집증거와 사후 영장 발부 또는 증거동의의 효과

대법원 2022.7.28.**선고** 2022**도**2960 **판결**, 「수사기관이 피압수자측에게 참여기회를 보장하거나 압수한 전자정보 목록을 교부하지 않는 등 영장주의 원칙과 적법절차를 준수하지 않은 위법한 압수수색과정을 통해 취득한 증거는 위법수집증거에 해당하고, ① 사후에 법원으로부터 영장이 발부되었다거나 ② 피고인이나 변호인이 이를 증거로 함에 동의하였다고 하여 위법성이 치유되는 것도 아니다.」 <경찰이 피고인을 체포하면서 휴대폰을 압수하였고, Ⓐ 피고인을 유치장에 입감시킨 상태에서 휴대전화 내 전자정보를 탐색·복제·출력함으로써 참여기회를 배제한 상태에서 엑셀파일을 탐색·복제·출력하였고, Ⓑ 압수한 전자정보 상세목록을 교부한 것으로 평가할 수 없었던 사안>; 대법원 2022.7.14.자 2019모2584 결정; 대법원 2021.11.18.선고 2016도348 전원합의체 판결.

○ 위법한 증거조사절차에 의해 수집한 증거

대법원 2024.9.12.**선고** 2020**도**14843 **판결**, 「형사소송법 제1편 제12장 및 형사소송규칙 제1편 제12장에서 증인에 대한 증거조사를 '신문'의 방식으로 하면서 소환방법과 법정에 불출석할 경우의 제재와 조치, 출석한 증인에 대한 선서와 위증의 벌의 경고, 증언거부권 고지 및 신문의 구체적인 방식 등에 대해 엄격한 절차규정을 두는 한편, ① 법정 외 신문(제165조), ② 비디오 등 중계장치 등에 의한 증인신문(제165조의2) 규정에서 정한 사유 등이 있는 때에만 **예외적으로** 증인이 직접 법정에 출석하지 않고 증언할 수 있도록 정하였다. 이는 사건의 실체를 규명하는데 가장 직접적이고 핵심적인 증인으로 하여금 원칙적으로 공개된 법정에 출석하여 법관 앞에서 선서한 후 정해진 절차에 따른 신문의 방식으로 증언하도록 하여 재판의 공정성과 증언의 확실성·진실성을 담보하고, 법관은 그러한 증인의 진술을 토대로 형성된 유·무죄의 심증에 따라 사건의 실체를 규명하도록 하기 위함이다. 그러므로 범죄사실의 인정을 위한 증거조사는 특별한 사정이 없는 한 공개된 법정에서 법률이 그 증거방법에 따라 정한 방식으로 해야 하고, 이를 토대로 형성된 심증에 따라 공소가 제기된 범죄사실이 합리적인 의심이 없는 정도로 증명되었는지 여부를 판단해야 한다. 형사소송법에서 정한 절차와 방식에 따른 증인신문절차를 거치지 않은 채 **증인에 대해 선서없이** 법관이 임의의 방법으로 청취한 진술과 그 진술의 형식적 변형에 불과한 증거(녹음파일 등)는 적법한 증거조사절차를 거치지 않은 증거로서 증거능력이 없다. 따라서 사실인정의 자료로 삼을 수도 없고, Ⓐ 피고인이나 변호인이 그러한 절차 진행에 동의하였다거나 Ⓑ 사후에 그와 같은 증거조사 결과에 대해 이의를 제기하지 않고 그 녹음파일 등을 증거로 함에 동의하였더라도 그 위법성이 치유되지 않는다.」

<증인 A가 해외체류 중이어서 법정출석에 따른 증인신문이 어렵다는 이유로 선서 등 절차 없이 인터넷 화상장치를 통해 A의 진술을 청취하는 방법으로 증거조사를 한 다음 같은 기일에 검사로부터 A의 진술이 담긴 녹음파일, 녹취서 등본을 제출받는 우회적인 방식을 취한 사례>

○ 검사 작성 피의자신문조서에서의 내용인정

대법원 2023.4.27.선고 2023도2102 판결, 「형사소송법 제312조 제1항은 검사가 작성한 피의자신문조서는 공판준비, 공판기일에 그 피의자였던 피고인 또는 변호인이 그 내용을 인정할 때에 한정하여 증거로 할 수 있다고 규정하고 있다. 여기서 '그 내용을 인정할 때'라 함은 피의자신문조서의 기재내용이 진술내용대로 기재되어 있다는 의미가 아니고 그와 같이 **진술한 내용이 실제 사실과 부합**한다는 것을 의미한다. 따라서 피고인이 공소사실을 부인하는 경우 검사가 작성한 피의자신문조서 중 공소사실을 인정하는 취지의 진술 부분은 그 내용을 인정하지 않았다고 보아야 한다.」

<피고인은 제1심에서 공소사실을 부인하였으므로 증거목록에 피고인이 제1심에서 검찰 피의자신문조서에 동의한 것으로 기재되어 있어도 그 중 공소사실을 인정하는 취지의 진술내용을 인정하지 않았다고 보아야 하고 증거목록에 위와 같이 기재되어 있는 것은 착오 기재이거나 조서를 잘못 정리한 것으로 이해될 뿐 이로써 위 검찰 피의자신문조서가 증거능력을 가지게 되는 것은 아니라고 판단한 사례>[1]

○ 압수조서와 변호인의견서에 기재된 피고인 진술의 증거능력이 부정되는 경우

대법원 2024.5.30.선고 2020도16796 판결, 「(1) 구 형사소송법(2020.2.4. 법률 제16924호로 개정되기 전의 것) 제312조 제3항에 의하면, 검사 이외의 수사기관이 작성한 피의자신문조서는 그 피의자였던 피고인 또는 변호인이 그 내용을 인정할 때에 한해 증거로 할 수 있다. 피의자의 진술을 기재한 서류 내지 문서가 수사기관의 수사과정에서 작성된 것이라면 그 서류나 문서의 형식과 관계없이 피의자신문조서와 달리 볼 이유가 없으므로, 수사기관이 작성한 압수조서에 기재된 피의자였던 피고인의 자백 진술 부분은 피고인 또는 변호인이 내용을 부인하는 이상 증거능력이 없다.[2] 한편, 위 규정에서 '그 내용을 인정할 때'라 함은 피의자신문조서의 기재내용이 진술내용대로 기재되어 있다는 의미가 아니고 그와 같이 진술한 내용이 실제 사실과 부합한다는 것을 의미하므로, 피고인이 공소사실을 부인하는 경우 수사기관이 작성한 피의자신문조서 중 공소사실을 인정하는 취지의 진술 부분은 그 내용을 인정하지 않았다고 보아야 한다.[3]

---

1 대법원 2024.8.29.선고 2024도8200 판결.

2 대법원 2006.1.13.선고 2003도6548 판결; 대법원 1983.7.26.선고 82도385 판결 등.

3 대법원 2023.4.27.선고 2023도2102 판결; 대법원 2010.6.24.선고 2010도5040 판결 등.

(2) 수사기관에 제출된 변호인의견서 즉, 변호인이 피의사건의 실체나 절차에 관해 자신의 의견 등을 기재한 서면에 피의자가 당해사건 수사기관에 한 진술이 인용되어 있는 경우가 있다. 변호인의견서에 기재된 이러한 내용의 진술은 수사기관의 수사과정에서 작성된 '피의자의 진술이 기재된 신문조서나 진술서 등'으로부터 독립하여 증거능력을 가질 수 없는 성격의 것이고, '피의자의 진술이 기재된 신문조서나 진술서 등'의 증거능력을 인정하지 않는 경우에 변호인의견서에 기재된 동일한 내용의 피의자 진술 부분을 유죄의 증거로 사용할 수 있다면 피의자였던 피고인에게 불의의 타격이 될 뿐만 아니라 피의자 등의 보호를 목적으로 하는 변호인의 지위나 변호인제도의 취지에도 반하게 된다. 따라서 피고인이 피의자였을 때 수사기관에 한 진술이 기재된 조서나 수사과정에서 작성된 진술서 등의 증거능력을 인정할 수 없다면 **수사기관에 제출된 변호인의견서에 기재된 같은 취지의 피의자 진술 부분**도 유죄의 증거로 사용할 수 없다.」

<압수조서의 압수경위란 및 수사기관에 제출된 변호인의견서에도 피고인이 피의사실을 전부 자백하였다는 취지로 기재되어 있는데, 피고인이 공판과정에서 일관되게 쟁점 공소사실을 부인하면서 경찰에서 작성된 피의자신문조서의 내용을 부인한 **사안**에서, **원심**은 피고인이 제1심에서 위 압수조서 및 변호인의견서에 대해 증거동의를 하였다는 이유 등을 들어, 쟁점 공소사실을 유죄로 판단하였으나 **대법원**은 ① 피고인이 쟁점 공소사실을 일관되게 부인하면서 경찰에서 작성된 피의자신문조서의 내용을 부인하는 등 위 압수조서에 기재된 자백의 내용을 인정하지 않았다고 보아야 하므로 이를 유죄의 증거로 사용할 수 없고, ② 경찰에서 작성된 피고인에 대한 피의자신문조서의 증거능력을 인정할 수 없는 이상 변호인의견서 중 피고인이 피의자였을 때 경찰에서 같은 취지로 진술한 부분 역시 유죄의 증거로 사용할 수 없다고 보아, 이와 달리 본 원심을 파기·환송한 사례>

[사례] 피고인의 자백 진술이 기재된 변호인의견서의 증거능력

乙은 공판정에서 자신의 범행을 부인하고 있지만, 수사단계에서 경찰에 제출된 변호인의견서에는 "乙은 이 사건 피의사실을 모두 인정하고 자신의 잘못을 반성하고 있습니다."라는 내용이 기재되어 있다. 이 변호인의견서의 증거능력을 설명하시오.

(2025년 제2차 모의시험 사례형 제1문)

1. 문제의 제기

피고인이 공판정에서 부인하는 경우에 피고인이 피의자일 때에 자백한 내용이 기재된 변호인의견서의 증거능력을 살펴본다.

2. 변호인의견서의 증거능력

수사기관에 제출된 변호인의견서에 피의자가 수사기관에서 한 진술이 인용되어 있는 경우에 그러한 진술은 수사기관의 수사과정에서 작성된 피의자신문조서 등으로부터 독립하여 증거능력을 가질 수 없다고 할 것이므로 피의자신문조서 등의 증거능력을 인정하지 않으면 변호인의견서에 기재된 동일한 내용의 피의자 진술 부분에 대해서도 증거능력을 인정할 수는 없을 것이다. **판례**도 피고인보호를 목적으로 하는 변호인의 지위나 변호인제도의 취지에 따라 위와 같은 입장이다.[1]

사안에서 乙은 공판정에서 자신의 범행을 부인하고 있어서 자백 취지로 기재된 피의자신문조서의 내용을 부인한다고 볼 수 있으므로 피의자신문조서의 증거능력이 인정되지 않기에 수사기관에 제출된 변호인의견서에 乙이 피의사실을 인정하는 진술부분도 증거능력을 인정할 수 없는 것이다.

3. 결 론

변호인의견서에 기재된 乙의 진술 부분은 **증거능력이 인정되지 않아** 유죄의 증거로 사용할 수 없다.

○ 피해자의 진술이 유일한 직접증거인 경우 : 유죄선고가 당연히 가능[2]

대법원 2025.6.5.**선고** 2022**도**9676 **판결**, 「피고인이 공소사실을 부인하는 성폭력사건에서 공소사실에 부합하는 직접증거로 사실상 피해자의 진술이 유일한 경우, 그 진술이 합리적인 의심을 배제할 만한 신빙성이 있는지 여부는 ① 진술내용의 주요한 부분이 일관되고 구체적인지, ② 진술내용이 논리와 경험칙에 비추어 합리적이고 진술 자체로 모순되거나 객관적으로 확인된 사실이나 사정과 모순되지는 않는지 ③ 또는 허위로 피고인에게 불리한 진술을 할 만한 동기나 이유가 있는지 등을 종합적으로 고려하여 신중하게 판단해야 한다.」

<한의사인 피고인이 교통사고 치료를 위해 방문한 환자에게 물리치료를 마친 후 소화불량을 진찰한다는 명목으로 피해자의 가슴을 누르고 치골을 보겠다고 말하면서 피해자의 치골 부위를 손가락으로 세워 누르다가 피해자의 음부를 눌러 추행하였다는 공소사실로 기소한 **사안**에서, **원심은** Ⓐ 치골부위에 대한 진료의 타당성은 공소사실 인정 여부와 무관한 점, Ⓑ 치골

---

1 대법원 2024.5.30.선고 2020도16796 판결.

2 대법원 2022.8.19.선고 2021도3451 판결, 「공소사실을 인정할 증거로 사실상 피해자의 진술이 유일한 경우에 피고인의 진술이 경험칙상 합리성이 없고 그 자체로 모순되어 믿을 수 없다고 하여 그것이 공소사실을 인정하는 직접증거가 되는 것은 아니지만, 이러한 사정은 법관의 자유판단에 따라 피해자 진술의 신빙성을 뒷받침하거나 직접증거인 피해자 진술과 결합하여 공소사실을 뒷받침하는 간접정황이 될 수 있다.」; 대법원 2022.3.31.선고 2018도19037 판결.

과 음부는 명확히 구분되고 치골부위를 촉진하는 과정에서 반드시 손이 음부에 닿게 된다고 볼 수 없어 피고인의 주장처럼 피해자가 피고인이 치골부위를 촉진하거나 마사지한 것을 두고 음부를 누른 것으로 잘못 인식하였다고 보기 어려운 점, Ⓒ 여성 환자의 치골부위는 음부와 근접한 민감한 부위이고 다른 곳을 통해서도 해당 증상을 충분히 진단할 수 있어 남성 의사가 여성 환자를 상대로 직접 치골부위 촉진을 하는 경우는 매우 드문 것으로 보이는 점, Ⓓ 피고인은 가슴이나 치골부위를 촉진하면서도 피해자로부터 동의를 구하는 등의 절차를 거치지 않았고, Ⓔ 진료기록부에 진료내용을 기재하지 않은 점 등을 종합하여 유죄로 판단하였고, 대법원도 원심을 수긍하여 상고기각>

○ 공판과정에서 피해자가 제출한 탄원서는 유죄의 증거로 사용 불가

대법원 2024.3.12.**선고** 2023**도**11371 **판결**, 「법원은 피해자 등의 신청이 있는 때에 그 피해자 등을 증인으로 신문해야 하고(형사소송법 제294조의2 제1항), 피해자 등을 신문하는 경우 피해의 정도 및 결과, 피고인의 처벌에 관한 의견, 그 밖에 당해 사건에 관한 의견을 진술할 기회를 주어야 한다(제294조의2 제2항). 나아가 법원은 필요하다고 인정하는 경우 직권으로 또는 피해자 등의 신청에 따라 피해자 등을 공판기일에 출석하게 하여 형사소송법 제294조의2 제2항에 정한 사항으로서 범죄사실의 인정에 해당하지 않는 사항에 관해 증인신문에 의하지 않고 의견을 진술하거나 의견진술에 갈음하여 의견을 기재한 서면을 제출하게 할 수 있다(형사소송규칙 제134조의10 제1항 및 제134조의11 제1항). 다만 위 각 조항에 따른 진술과 서면은 범죄사실의 인정을 위한 **증거로 할 수 없다**(형사소송규칙 제134조의12).」

<**원심**은 피고인의 사실오인 내지 법리오해 주장에 관해 판단하면서, 피해자 진술의 신빙성이 인정되는 사정의 하나로서 피해자가 공판과정에서 제출한 탄원서의 일부 기재 내용을 적시하여 유죄로 판단하였으나 **대법원**은, 원심이 피해자가 공판과정에서 제출한 탄원서를 유죄의 증거로 사용한 것에는 잘못이 있으나, 증거능력이 인정되는 나머지 적법하게 채택된 증거들에 의하더라도 유죄로 인정하기에 충분하므로, 원심의 잘못은 판결에 영향이 없다고 보아 피고인의 상고를 기각>

○ 탄핵증거(진술의 증명력을 다투기 위한 증거) 신청과 증거조사

대법원 2022.10.14.**선고** 2022**도**9284 **판결**, 「원심의 판단 중 '피고인의 경찰 피의자신문조서'를 **피고인의 진술을 탄핵하는 증거로 기재한 부분**은 피고인이 위 피의자신문조서를 증거로 사용함에 동의하였더라도 공판기일에서 그 기재내용과 실질적으로 다른 사실을 주장한 것이어서 증거능력을 인정할 수 없고, 검사가 ① 형사소송규칙 제132조의2 제1항에 따라 이를 탄핵증거로 신청하였다거나 ② 이를 전제로 하여 피고인과 변호인에게 이에 관한 의견진술권 등 방어권이 충분히 보장된 상태로 법정에서 탄핵증거에 대한 증거조사를 거쳤다고 볼 수도 없으므로, 이 부분 원심의 판단에는 탄핵증거의 증거조사절차에 관한 법리를 오해한 잘못이 있다.」

Ⅳ. 재판과 상소, 재심과 비상상고, 집행

1 판결 선고의 종료시점과 변경 선고가 가능한 한계 (대법원 2022.5.13.선고 2017도3884 판결)

가. 사 안

피고인은 2012.4.20.경 A 명의의 차용증을 위조하고, 2013.3.경 ○○경찰서 담당 공무원에게 그 위조된 차용증을 제출하여 이를 행사하며, 2013.3.12.경과 2013.5.경 허위의 고소장을 제출하여 A를 무고하였다는 사실로 공소가 제기되었다. 검사는 제1심 제6회 공판기일에서 피고인을 징역 1년에 처함이 상당하다는 의견을 진술하였다.

제1심은 위 공소사실을 모두 유죄로 인정하여 제1심 재판장이 선고기일인 2016.9.22. 법정에서 '피고인을 징역 1년에 처한다'는 주문을 낭독한 뒤, 상소제기기간 등에 관한 고지를 하던 중 피고인이 '재판이 개판이야, 재판이 뭐 이 따위야'등의 말과 욕설을 하면서 난동을 부리기 시작하였고, 당시 그곳에 있던 교도관이 피고인을 제압하여 구치감으로 끌고 갔다. 제1심 재판장은 그 과정에서 피고인에게 원래 선고를 듣던 자리로 돌아올 것을 명하였고, 결국 법정경위가 구치감으로 따라 들어가 피고인을 다시 법정으로 데리고 나왔다. 이후 제1심 재판장은 '선고가 아직 끝난 것이 아니고 선고가 최종적으로 마무리되기까지 이 법정에서 나타난 사정 등을 종합하여 선고형을 정정한다'는 취지로 말하고, 피고인에게 '징역 3년'을 선고하였다(이하 '이 사건 변경 선고'). 이에 대해 피고인만 항소하였다.

원심은 피고인의 사실오인에 관한 항소이유에 대해서 피고인의 항소이유 주장을 받아들이지 않고 이 사건 공소사실을 모두 유죄로 인정하였고, 제1심 판결 선고절차에 관해서 선고를 위한 공판기일이 종료될 때까지는 판결 선고가 끝난 것이 아니고 그때까지는 발생한 모든 사정을 참작하여 일단 선고한 판결의 내용을 변경하여 다시 선고하는 것도 유효·적법한데, 제1심 재판장이 이 사건 변경 선고를 할 당시 피고인에 대한 선고절차가 아직 종료되지 않았기에 이 사건 변경 선고가 위법하지 않다고 판단하였다. 그리고 징역 3년을 선고한 제1심의 양형이 과중하다는 이유로 제1심 판결을 파기하고 피고인에 대해 징역 2년을 선고하였다.

나. 판결요지

(1) 형사소송법은 재판장이 판결을 선고함에는 주문을 낭독하고 이유의 요지를 설명해야 하고(제43조 후문), 형을 선고하는 경우에는 피고인에게 상소할 기간과 상소할 법원을 고지해야 한다고 정한다(제324조). 형사소송규칙은 재판장은 판결을 선고할 때 피고인에게 이유의 요지를 말이나 판결서 등본 또는 판결서 초본의 교부 등 적절한 방법으로 설명하고, 판결을 선고하면서 피고인에게 적절한 훈계를 할 수 있으며(제147조), 재판장은 판결을 선고하면서 피고인에게 형법 제59조의2, 형법 제62조의2의 규정에 의해 보호관찰, 사회봉사 또는 수강을 명하는 경

우에는 그 취지 및 필요하다고 인정하는 사항이 적힌 서면을 교부해야 한다고 정한다(제147조의2 제1항).

이러한 규정 내용에 비추어 보면 판결 선고는 전체적으로 하나의 절차로서 재판장이 판결의 주문을 낭독하고 이유의 요지를 설명한 다음 피고인에게 상소기간 등을 고지하고, 필요한 경우 훈계, 보호관찰 등 관련 서면의 교부까지 마치는 등 선고절차를 마쳤을 때에 비로소 종료된다. 재판장이 주문을 낭독한 이후라도 선고가 종료되기 전까지는 일단 낭독한 주문의 내용을 정정하여 다시 선고할 수 있다.

그러나 판결 선고절차가 종료되기 전이라도 변경 선고가 무제한 허용된다고 할 수는 없다. 재판장이 일단 주문을 낭독하여 선고내용이 외부적으로 표시된 이상 Ⓐ 재판서에 기재된 주문과 이유를 잘못 낭독하거나 설명하는 등 **실수**가 있거나 Ⓑ **판결내용에 잘못**이 있음이 발견된 경우와 같이 **특별한 사정이 있는 경우에 변경 선고가 허용**된다.

(2) 위에서 본 사실관계를 이러한 법리에 비추어 보면, 이 사건 변경 선고는 최초 낭독한 주문내용에 잘못이 있다거나 재판서에 기재된 주문과 이유를 잘못 낭독하거나 설명하는 등 변경 선고가 정당하다고 볼 만한 특별한 사정이 발견되지 않으므로 **위법**하다. 제1심 재판장은 '피고인을 징역 1년에 처한다'는 주문을 낭독하여 선고내용을 외부적으로 표시하였다. 제1심 재판장은 징역 1년이 피고인의 죄책에 부합하는 적정한 형이라고 판단하여 징역 1년을 선고하였다고 볼 수 있고, 피고인이 난동을 부린 것은 그 이후의 사정이다. 제1심 재판장은 선고절차 중 피고인의 행동을 양형에 반영해야 한다는 이유로 이미 주문으로 낭독한 형의 3배에 해당하는 징역 3년으로 선고형을 변경하였다. Ⓐ 위 선고기일에는 피고인의 변호인이 출석하지 않았고, Ⓑ 피고인은 자신의 행동이 위와 같이 양형에 불리하게 반영되는 과정에서 어떠한 방어권도 행사하지 못하였다. 그런데도 원심은 제1심 선고절차에 아무런 위법이 없다고 판단하였기에 원심판결에는 판결 선고절차와 변경 선고의 한계에 관한 법리를 오해하여 판결에 영향을 미친 잘못이 있다.

[사례] 판결 선고의 종료시점과 변경 선고가 가능한 한계

제1심 재판장이 무고죄 등으로 기소된 피고인 甲에 대해 선고기일에 공판정에서 '피고인을 징역 1년에 처한다.'는 주문을 낭독한 후에 상소제기기간 등에 관한 고지를 하려는 상황에서 갑자기 甲이 '재판이 개판이야, 재판이 뭐 이 따위야' 등의 말과 함께 욕설을 퍼붓기 시작하자 그곳에 있던 교도관들이 甲을 급히 제압하였다.

그 직후에 제1심 재판장은 甲이 징역 1년 선고에 불만을 품고 난동을 부렸다는 이유로 '선고가 최종적으로 마무리되기까지 이 법정에서 나타난 사정 등을 종합하여 선고형을 정정한다.'는 취지로 말하고, 甲에게 징역 3년을 선고하였다.

재판장이 위와 같이 변경한 선고가 적법한 것인지를 검토하시오.

1. 문제의 제기

재판장이 주문을 낭독한 이후에도 주문의 내용을 변경하여 다시 선고할 수 있는지를 판결 선고의 종료시점과 함께 살펴본다.

2. 판결 선고의 종료시점까지 변경 선고가 가능한 한계

재판장이 판결을 선고함에는 주문을 낭독하고 이유의 요지를 설명해야 하고(형사소송법 제43조), 형을 선고하는 경우에는 피고인에게 상소할 기간과 상소할 법원을 고지해야 한다(제324조). 필요한 때에는 피고인에게 적절한 훈계를 할 수도 있다(형사소송규칙 제147조).

이와 같이 판결 선고는 전체적으로 하나의 절차로서 재판장이 판결의 주문을 낭독하고 이유의 요지를 설명한 다음 피고인에게 상소제기기간 등을 고지하고, 필요한 경우 훈계까지 하는 등 선고절차를 모두 마쳤을 때에 비로소 종료된다.

따라서 재판장이 주문을 낭독한 이후라도 선고절차가 종료되기 전까지는 일단 낭독한 주문의 내용을 정정하여 다시 선고할 수 있다. **다만**, 이러한 변경 선고가 무제한 허용되는 것이 아니라 재판장이 일단 주문을 낭독하여 선고 내용이 외부적으로 표시된 이상 Ⓐ 재판서에 기재된 주문과 이유를 잘못 낭독하거나 설명하는 등 실수가 있거나 Ⓑ 판결내용에 잘못이 있음이 발견된 경우와 같이 **특별한 사정이 있는 경우에 변경 선고가 허용**된다고 보아야 한다(**판례**).[1]

3. 결 론

재판장이 甲에게 징역 3년으로 변경 선고를 한 것은 선고절차가 종료되기 전이긴 하지만 처음 甲의 죄책에 따른 적정한 형이라고 판단하여 징역 1년을 선고하였다가 선고 절차 중 甲의 난동행위를 양형에 반영한 것에 불과하여 위 변경 선고가 정당하다고 볼 만한 특별한 사정이 없어서 변경 선고가 허용되지 않는데도 불구하고 변경 선고를 하였기에 **위법**하다.

---

1 대법원 2022.5.13.선고 2017도3884 판결.

2 범죄 후 법령변경으로 범죄를 구성하지 않거나 형이 가벼워진 경우 (대법원 2022.12.22.선고 2020도16420 전원합의체 판결)

가. 사 안

피고인에 대한 공소사실 중 도로교통법위반(음주운전) 부분은 피고인이 도로교통법위반(음주운전)죄로 4회 처벌받은 전력이 있음에도 2020.1.5. 혈중알코올농도 0.209%의 술에 취한 상태로 전동킥보드를 운전하였다는 것이고, **제1심**과 **원심**은 구 도로교통법(2020.6.9. 법률 제17371호로 개정되어 2020.12.10. 시행되기 전의 것) 제148조의2 제1항, 도로교통법 제44조 제1항을 적용하여 유죄로 판단하였다.

구 도로교통법이 2020.6.9. 법률 제17371호로 개정되어 원심판결 선고 후인 2020.12.10. 개정 도로교통법이 시행되면서 제2조 제19호의2 및 제21호의2에서 이 사건 전동킥보드와 같은 '개인형 이동장치'와 이를 포함하는 '자전거 등'에 관한 정의규정을 신설하였다. 이에 따라 개인형 이동장치는 자전거 등에 해당하게 되었으므로, 자동차 등 음주운전 행위를 처벌하는 제148조의2의 적용 대상에서 개인형 이동장치를 운전하는 경우를 제외하는 한편, 개인형 이동장치 음주운전 행위에 대해 자전거 등 음주운전 행위를 처벌하는 제156조 제11호를 적용하도록 규정하였다(이하 '이 사건 법률 개정').[1]

그 결과 도로교통법 제44조 제1항 위반 전력이 있는 사람이 다시 술에 취한 상태로 전동킥보드를 운전한 행위에 대해, 이 사건 법률 개정 전에는 구 도로교통법 제148조의2 제1항을 적용하여 2년 이상 5년 이하의 징역이나 1,000만원 이상 2,000만원 이하의 벌금으로 처벌하였으나, 이 사건 법률 개정 후에는 도로교통법 제156조 제11호를 적용하여 20만원 이하의 벌금이나 구류 또는 과료로 처벌하게 되었다. 이 사건 법률 개정은 이러한 내용의 신법 시행 전에 이루어진 구 도로교통법 제148조의2 제1항 위반행위에 대해 종전 법령을 그대로 적용할 것인지에 관해 별도의 경과규정을 두고 있지 않다.

쟁점은 이 사건 법률 개정과 같이 범죄 후 법령의 변경에 의해 그 행위가 범죄를 구성하지 않게 되거나 형이 가벼워진 경우에 형법 제1조 제2항과 형사소송법 제326조 제4호를 적용하여 피고인에게 유리하게 변경된 신법에 따를 것인지 여부이다.

종래 대법원은 이러한 쟁점의 해결을 위해 법령의 변경에 관한 입법자의 동기를 고려하여 형법 제1조 제2항과 형사소송법 제326조 제4호의 적용 범위를 제한적으로 해석하는 입장을 견지해 왔다.[2] 즉, 형벌법규 제정의 이유가 된 법률이념의 변경에 따라 종래의 처벌 자체가 부당하였다거나 또는 과형이 과중하였다는 반성적 고려에서 법령을 변경하였을 경우에만 형법 제1

---

1 도로교통법 제2조 제21호("자동차등"이란 자동차와 원동기장치자전거를 말한다)와 제21호의2("자전거등"이란 자전거와 개인형 이동장치를 말한다).

2 **학설**상으로는 ① 전부 면소설과 ② 동기설로 나뉘어 있다.

조 제2항과 형사소송법 제326조 제4호가 적용된다고 해석하여, 이러한 경우가 아니라 그때그때의 특수한 필요에 대처하기 위해 법령을 변경한 것에 불과한 때에는 이를 적용하지 않고 행위 당시의 형벌법규에 따라 위반행위를 처벌해야 한다는 판례 법리를 확립하여 오랜 기간 유지하여 왔다.[1] 결국 이 사건의 쟁점은 이와 같은 종래 대법원판례 법리를 그대로 유지할 것인지에 관한 문제이다.

나. 판결요지

[다수의견 : 대법관 9인]

(1) 범죄 후 법률이 변경되어 그 행위가 범죄를 구성하지 않게 되거나 형이 구법보다 가벼워진 경우에는 신법에 따라야 하고(형법 제1조 제2항), 범죄 후의 법령개폐로 형이 폐지되었을 때는 판결로써 **면소**의 선고를 해야 한다(형사소송법 제326조 제4호). 이러한 형법 제1조 제2항과 형사소송법 제326조 제4호의 규정은 입법자가 법령의 변경 이후에도 종전 법령 위반행위에 대한 형사처벌을 유지한다는 내용의 경과규정을 따로 두지 않는 한 그대로 적용되어야 한다.

따라서 Ⓐ 범죄의 성립과 처벌에 관해 규정한 형벌법규 자체 또는 Ⓑ 그로부터 수권 내지 위임을 받은 법령의 변경에 따라 범죄를 구성하지 않게 되거나 형이 가벼워진 경우에는, 종전 법령이 범죄로 정해 처벌한 것이 부당하였다거나 과형이 과중하였다는 반성적 고려에 따라 변경된 것인지 **여부를 따지지 않고** 원칙적으로 형법 제1조 제2항과 형사소송법 제326조 제4호가 적용된다. 형벌법규가 대통령령, 총리령, 부령과 같은 법규명령이 아닌 고시 등 행정규칙·행정명령, 조례 등(이하 '고시 등 규정')에 구성요건의 일부를 수권 내지 위임한 경우에도 이러한 고시 등 규정이 위임입법의 한계를 벗어나지 않는 한 형벌법규와 결합하여 법령을 보충하는 기능을 하는 것이므로, 그 변경에 따라 범죄를 구성하지 않게 되거나 형이 가벼워졌다면 마찬가지로 형법 제1조 제2항과 형사소송법 제326조 제4호가 적용된다.

(2) 그러나 해당 형벌법규 자체 또는 그로부터 수권 내지 위임을 받은 법령이 아닌 다른 법령이 변경된 경우 형법 제1조 제2항과 형사소송법 제326조 제4호를 적용하려면, 해당 형벌법규에 따른 범죄의 성립 및 처벌과 직접적으로 관련된 형사법적 관점의 변화를 주된 근거로 하는 법령의 변경에 해당해야 하므로, 이와 관련이 없는 법령의 변경으로 인해 해당 형벌법규의 가벌성에 영향을 미치게 되는 경우에는 형법 제1조 제2항과 형사소송법 제326조 제4호가 적용되지 않는다.[2]

---

1 대법원 1963.1.31.선고 62도257 판결; 대법원 1978.2.28.선고 77도1280 판결; 대법원 1980.7.22.선고 79도2953 판결; 대법원 1982.10.26.선고 82도1861 판결; 대법원 1984.12.11.선고 84도413 판결; 대법원 1997.12.9.선고 97도2682 판결; 대법원 2003.10.10.선고 2003도2770 판결; 대법원 2010.3.11.선고 2009도12930 판결; 대법원 2013.7.11.선고 2013도4862, 2013전도101 판결; 대법원 2016.10.27.선고 2016도9954 판결 등.

2 **대법원 2023.2.23.선고 2022도4610 판결**, <법무사인 피고인이 개인파산·회생사건 관련 법률사무를 위임받아 취급하여 변호사법 제109조 제1호 위반으로 기소되었는데, 범행 이후인 2020.2.4. 개정된 법무사법 제2조 제1항 제6호에 의해 '개인의 파산

한편 법령이 개정 내지 폐지된 경우가 아니라, 스스로 유효기간을 구체적인 일자나 기간으로 특정하여 효력의 상실을 예정하고 있던 법령이 그 유효기간을 경과함으로써 더 이상 효력을 갖지 않게 된 경우도 형법 제1조 제2항과 형사소송법 제326조 제4호에서 말하는 법령의 변경에 해당한다고 볼 수 없다.

(3) 이 사건 법률 개정은 구성요건을 규정한 형벌법규 자체의 개정에 따라 형이 가벼워진 경우에 해당함이 명백하므로, 종전 법령이 반성적 고려에 따라 변경된 것인지 여부를 따지지 않고 형법 제1조 제2항을 적용하여야 한다. 결국 이 부분 공소사실 기재 행위는 형법 제1조 제2항에 따라 행위시법인 구 도로교통법 제148조의2 제1항, 도로교통법 제44조 제1항으로 처벌할 수 없고, 원심판결 후 시행된 이 사건 법률 개정을 반영하여 신법인 도로교통법 제156조 제11호, 제44조 제1항으로 처벌할 수 있을 뿐이므로, 원심판결 중 이 부분 공소사실에 관한 부분은 형사소송법 제383조 제2호의 "판결 후 형의 변경이 있는 때"에 해당하여 더 이상 유지될 수 없다.

[별개의견 1 : 대법관 2인]

종래 대법원 판례의 법리는 기준이 불명확하고 판단이 자의적일 수 있다는 점에서, 다수의견이 이를 폐기하고 형법 제1조 제2항과 형사소송법 제326조 제4호에서 말하는 '법령의 변경'의 기준으로 '형사법적 관점의 변화'를 제시한 것은 기본적으로 타당하고, 이에 찬동할 수 있다. 그러나 다수의견이 형벌법규가 변경된 경우 원칙적으로 적용할 수 있는 기본 법리를 제시하는 데 그치지 않고 세분화된 유형별 법리를 구성한 후 각 유형별로 일률적인 결론을 정한 것은 다음과 같은 이유로 받아들이기 어렵다.

첫째, 대법원은 형사법적 관점의 변화를 전제로 하는 법령의 변경이라고 해석할 수 있을 때 행위시법주의의 예외로서 형법 제1조 제2항을 적용할 수 있다는 취지로 종래 대법원 판례를 대체하는 기본 법리를 제시하고, 이에 따라 사건을 해결할 수 있다면 이로써 충분하다. 이러한 기본 법리는 향후 개별 사건에서 구체적 공방을 거쳐 유형별로 또는 같은 유형이라도 달리 적용 내지 판단하는 등으로 발전하는 것이 바람직하고, 대법원으로서는 당해 사건 해결에 필요한 범위에서 기본 법리를 확인함으로써 새로운 길을 열어주는 역할을 하면 되는 것이다.

둘째, 형사법의 근본적인 기능과 역할은 범죄를 처벌하고 예방함으로써 사회공동체의 질서

사건 및 개인회생사건 신청의 대리'가 법무사의 업무로 추가된 **사안**에서, ① 위 법무사법 개정은 범죄사실의 해당 형벌법규 자체인 변호사법 제109조 제1호 또는 그로부터 수권 내지 위임을 받은 법령이 아닌 별**개의 다른 법령의 개정에 불과**하고, ② 변호사법 제109조 제1호 위반죄의 성립 요건과 구조를 살펴보더라도 법무사법 제2조의 규정이 보충규범으로서 기능하고 있다고 보기 어려운 점, ③ 법무사법 제2조는 법무사의 업무범위에 관한 규정으로서 기본적으로 **형사법과 무관한 행정적 규율에 관한 내용**이므로, 그 변경은 문제된 형벌법규의 가벌성에 간접적인 영향을 미치는 경우에 해당할 뿐인 점, ④ 법무사법 제2조가 변호사법 제109조 제1호 위반죄와 불가분적으로 결합되어 보호목적과 입법취지 등을 같이한다고 볼 만한 특별한 사정도 없는 점 등을 종합하면, 위 법무사법 개정은 형사법적 관점의 변화를 주된 근거로 하는 법령의 변경에 해당하지 않는다는 이유로, 원심이 형법 제1조 제2항과 형사소송법 제326조 제4호를 적용하지 않고 변호사법 제109조 제1호 위반의 **유죄를 인정한 것은 정당**하다고 한 사례>

를 유지하는 것이므로, 이를 지나치게 침해하지 않도록 행위시법주의의 예외를 적절한 범위에서 인정할 수 있는 균형 잡힌 해석이 필요하다. 다수의견은 유형별로 일률적인 결론을 정하고 있으나 형사법적 관점의 변화라는 상대적 가치를 지닌 관념이 특정한 유형에 항상 존재하거나 부존재한다고 볼 근거가 충분하지 않고, 또 구체적 개별 사건에서 균형 잡힌 해석의 가능성을 제한하는 결과가 되어 타당하다고 보기 어렵다.

[별개의견 2 : 대법관 2인]

형법 제1조 제2항과 형사소송법 제326조 제4호에서 말하는 '법령의 변경'은 해당 형벌법규에 따른 범죄의 성립 및 처벌에 관한 형사법적 관점의 변화를 전제로 해야 한다고 보아, 종전 법령에 따른 처벌이 부당하거나 과중하였다는 등 반성적 고려에 따라 변경된 것인지 여부를 따지지 않고, 형사법적 관점의 변화가 인정된다면 원칙적으로 형법 제1조 제2항과 형사소송법 제326조 제4호가 적용되어야 한다는 다수의견의 기본 입장은 타당하다.

그러나 다수의견이 '유효기간을 구체적인 일자나 기간으로 특정하여 효력의 상실을 예정하고 있던 법령이 유효기간을 경과한 경우'를 형법 제1조 제2항과 형사소송법 제326조 제4호에서 말하는 법령의 변경에 해당하지 않는다고 보아 일률적으로 피고인에게 유리한 재판시법의 적용을 배제하고 행위시법의 추급효를 인정해야 한다는 부분에는 동의할 수 없다.

피고인에게 유리하게 형벌법규가 변경되었다는 관점에서 보면 법령이 개정·폐지된 경우와 법령의 유효기간이 경과된 경우는 본질적으로 차이가 없다. 형법 제1조 제2항과 형사소송법 제326조 제4호에서 말하는 '법령의 변경'이 범죄의 가벌성과 직접적으로 관련된 형사법적 관점의 변화를 전제로 하는 것이라면, 법령의 유효기간이 경과된 경우에도 추급효에 관한 경과규정을 두지 않은 이상 원칙적으로 피고인에게 유리한 재판시법이 적용되어야 한다.

[사례] '범죄 후의 법령개폐로 형이 폐지되었을 때'에 해당되는 여부

법무사인 甲이 개인파산·회생사건 관련 법률사무를 위임받아 취급하였다는 이유로 변호사법위반(동법 제109조 제1호)으로 기소되어 제1심 재판 중에 법무사법이 개정되어 제2조 제1항 제6호에 의해 '개인의 파산사건 및 개인회생사건 신청의 대리'가 법무사의 업무로 추가되었다.

제1심 수소법원은 甲이 기소 당시에는 위와 같이 변호사법에 위반되지만 이후 법무사법의 개정으로 개인파산·회생사건 관련 법률사무를 위임받아 취급할 수 있게 되었음을 인정하는 경우에 어떤 판단을 해야 하는지를 검토하시오.

1. 문제의 제기

범죄 후에 법령개폐로 형이 폐지되었을 때에 해당되어 법원이 피고인에 대해 면소판결을 할 수 있는지를 살펴본다.

2. 범죄 후의 법령개폐로 형이 폐지된 경우에 해당 여부

형사소송법은 '범죄 후의 법령개폐로 형이 폐지되었을 때'를 면소판결의 사유로 하고 있다(제326조 제4호). 그런데 법령개폐와 관련하여 모든 경우에 면소판결을 해야 하는지에 대해 논의가 된다. **학설**로 ① **전부면소설**은 추급효를 인정하는 예외가 없는 한 법령개폐로 형이 폐지된 모든 경우에 면소판결을 해야 한다는 견해이고, ② **동기설**은 반성적 고려에서 법령을 개폐한 경우에는 면소판결을 해야 하지만 사회상황의 변화 등 그때그때의 특수한 필요에 대처하기 위해 법령을 개폐한 경우에는 추급효를 인정하여 처벌해야 한다는 견해이다. **판례**는 종래 동기설 입장이었으나 현재는 형벌법규 자체 또는 그로부터 수권 내지 위임을 받은 법령의 변경에 따라 범죄를 구성하지 않게 된 경우에는 원칙적으로 면소판결을 해야 한다는 입장이다.[1]

검토하면 동기설에서의 구분 기준이 명확하지 않으며, 처벌의 필요성이 분명하다면 추급효를 인정하는 명문규정을 통해 해결이 가능하므로 법령개폐로 형이 폐지되면 원칙적으로 면소판결을 하는 것이 타당하다.

3. 결 론

판례의 전부면소설에 의하는 경우에 법령개폐는 형벌법규 자체 또는 그로부터 수권 내지 위임을 받은 법령의 변경이어야 하는데, 사안에서 법무사법의 개정은 범죄사실의 해당 형벌법규인 변호사법 제109조 제1호 또는 그로부터 수권 내지 위임을 받은 법령이 아닌 별개의 다른 법령의 개정에 불과하여 형사소송법 제326조 제4호가 적용되지 않아 법원은 면소판결을 선고할 수 없으며 변호사법위반이 인정되므로 **유죄판결을 선고해야** 한다.[2]

---

3 집행유예취소 인용결정에 대한 재항고 중에 집행유예 기간이 경과된 경우 (대법원 2023.6.29.자 2023모1007 결정)

가. 사 안

검사는 사회봉사를 명한 집행유예를 선고받은 재항고인이 사회봉사명령 대상자의 준수사항이나 명령을 위반하였고 그 위반의 정도가 무겁다는 이유로 재항고인에 대한 위 **집행유예 취소청구**를 하였고, 제1심은 검사의 청구를 받아들여 **집행유예의 선고를 취소하는 결정**을 하였

1 대법원 2022.12.22.선고 2020도16420 전원합의체 판결.
2 대법원 2023.2.23.선고 2022도4610 판결.

는데, 제1심 결정이 재항고인의 **즉시항고**와 이를 기각한 원심결정에 대한 **재항고**로 인해 아직 확정되기 전에 **대법원에 재항고기록이 접수된 날 위 집행유예 기간이 경과**하였다.

대법원은, 집행유예 기간이 경과하였으므로 재항고인에 대한 형의 선고가 효력을 잃게 되어 이 사건 집행유예취소 청구를 더 이상 받아들일 수 없게 되었다는 이유로, 원심결정을 파기하고 직접 제1심 결정을 취소하며 이 사건 **집행유예취소청구를 기각**하였다.

나. 결정요지

(1) 검사는 보호관찰이나 사회봉사 또는 수강을 명한 집행유예를 받은 자가 준수사항이나 명령을 위반하고 그 정도가 무거운 경우 보호관찰소장의 신청을 받아 집행유예의 선고 취소청구를 할 수 있는데(보호관찰 등에 관한 법률 제47조 제1항, 형법 제64조 제2항), 그 심리 도중 집행유예 기간이 경과하면 형의 선고는 효력을 잃기 때문에 더 이상 집행유예의 선고를 취소할 수 없고 취소청구를 기각할 수밖에 없다. 집행유예의 선고 취소결정에 대한 즉시항고 또는 재항고 상태에서 집행유예 기간이 경과한 때에도 같다. 이처럼 집행유예의 선고 취소는 '집행유예 기간 중'에만 가능하다는 **시간적 한계**가 있다.

(2) 법원은 집행유예 취소 청구서 부본을 지체없이 집행유예를 받은 자에게 송달해야 하고(형사소송규칙 제149조의3 제2항), 원칙적으로 집행유예를 받은 자 또는 그 대리인의 의견을 물은 후에 결정을 해야 한다(형사소송법 제335조 제2항). 항고법원은 항고인이 그의 항고에 관해 이미 의견진술을 한 경우 등이 아니라면 원칙적으로 항고인에게 소송기록접수통지서를 발송하고 그 송달보고서를 통해 송달을 확인한 다음 항고에 관한 결정을 해야 한다.

(3) 이와 같이 집행유예 선고 취소 결정이 가능한 시적 한계와 더불어 제1심과 항고심 법원은 각기 당사자에게 의견 진술 및 증거제출 기회를 실질적으로 보장해야 한다는 원칙이 적용되는 결과, 법원은 관련 절차를 신속히 진행함으로써 당사자의 절차권 보장과 집행유예 판결을 통한 사회 내 처우의 실효성 확보 및 적정한 형벌권 행사를 조화롭게 달성하도록 유의할 필요가 있다.

4 포괄일죄 범행 중 일부에 대한 확정판결이 있는 경우 등의 기판력 (대법원 2023.6.29.선고 2020도3705 판결)

가. 사 안

피고인이 인스타그램을 통해 다수의 피해자에게 성적수치심을 유발하는 글을 도달하게 하고, 비방할 목적으로 허위 내용의 글을 작성하여 게시함으로써 명예를 훼손하고, 모욕을 하였다는 이유로, 성폭력범죄의처벌등에관한특례법위반(통신매체이용음란), 정보통신망이용촉진및정보보호등에관한법률위반(명예훼손), 모욕으로 기소되었다.

원심은, 피고인이 피해자 A에 대한 성폭력범죄의처벌등에관한특례법위반(통신매체이용음란) 등 범행으로 선행 확정판결, 선행 약식명령을 받았고, 이 사건 공소사실 중 일부가 선행 확정판결 **사실심 판결선고시, 약식명령 발령시** 이전에 이루어졌으며, 선행 확정판결, 선행 약식명령의 범죄사실과 포괄일죄 관계에 있는 피해자 A에 대한 성폭력범죄의처벌등에관한특례법위반(통신매체이용음란) 등 범행과 상상적 경합관계에 있으므로, 해당 부분 공소사실에 대해 선행 확정판결, 선행 약식명령의 기판력이 미친다고 보아, 주문 또는 이유에서 면소로 판단하였고, 대법원은 원심의 면소 판단을 수긍하여 상고를 기각하였다.

나. 판결요지

포괄일죄 관계인 범행의 일부에 대해 판결이 확정된 경우에는 사실심 판결선고시를 기준으로, 약식명령이 확정된 경우에는 약식명령 발령시를 기준으로, 그 이전에 이루어진 범행에 대해 확정판결의 기판력이 미친다. 또한 상상적 경합범 중 1죄에 대한 확정판결의 기판력은 다른 죄에 대해서도 미친다.

따라서 포괄일죄 관계인 범행의 일부에 대해 판결이 확정되거나 약식명령이 확정되었는데 그 사실심 판결선고시 또는 약식명령 발령시를 기준으로 그 이전에 이루어진 범행이 포괄일죄의 일부에 해당할 뿐만 아니라 그와 상상적 경합관계에 있는 다른 죄에도 해당하는 경우에는 확정된 판결 내지 약식명령의 기판력은 위와 같이 상상적 경합관계에 있는 다른 죄에 대해서도 미친다.

5 군인등강제추행 사건의 항소심에서 피해자 진술의 신빙성 판단 (대법원 2024.11.28.선고 2024도12324 판결)

가. 사 안

A. 공소사실의 요지

피고인과 피해자(여, 25세)는 2022.4.30. 사건 당시 같은 중대에 속한 중대장과 소대장이다. 피고인은 2022.4.30. 00:00부터 01:00까지 사이에 춘천시 (주소 생략) 펜션 (호수 생략)호 내에 있는 방에서 침대에 누워있는 피해자에게 이불을 덮어준 다음 피해자가 실제로는 항거불능상태에서 잠이 든 것이 아님에도 불구하고 피해자가 취기로 잠들어 항거불능상태에 있다고 오인하여 피해자의 옆에 누워 이불 속으로 피고인의 손을 넣어 바지 주머니 안에 손을 넣고 있는 피해자의 손 주변을 바지 위로 2회 내지 3회 만지고, 피해자의 성기 부근 사타구니를 쓸 듯이 2회 내지 3회 만졌으며, 이후 일어나 앉아 피해자의 가슴에 피고인의 얼굴을 대고 비볐다.

이로써 군인인 피고인은 피해자의 항거불능상태를 이용하여 군인인 피해자를 추행하려고 하였으나 미수에 그쳤다.

B. 제1심과 원심의 판단

제1심은 피해자에 대한 증인신문을 거친 다음, 피해자의 피해사실에 관한 진술이 구체적이고 일관되어 신빙할 수 있고 피고인이 피해자에게 보낸 사과편지의 내용과도 부합한다는 등의 이유로 공소사실을 유죄로 판단하였다.

그러나 **원심**은 제1심에서 증거조사를 마친 증거들에 기초한 다음의 사정들을 들어 피해자가 피고인으로부터 추행 피해를 입었다는 진술은 믿기 어렵고 피고인이 사과편지를 썼다는 사정만으로 공소사실이 증명되었다고 보기 어렵다는 이유로 제1심 판결을 파기하고 무죄를 선고하였다.

① 피해자는 피고인으로부터 추행을 당할 때 잠에서 깬 상태로서 당시 상황을 잘 기억하는 것처럼 진술하였으나, 추행 이후 약 4분이 지나 피고인이 공소외 1과 함께 방으로 들어온 것은 전혀 기억하지 못하고 있으므로, 사건 당시에 대한 피해자의 기억이 정확한지에 관해 의문이 있다.

② 당시 피해자는 누가 자신을 들어서 옮겨 놓았는지도 정확하게 기억하지 못하는 등 잠에서 깼다 잠들었다를 반복하는 상태였던 것으로 보이므로, 방에 누가 들어왔는지, 들어온 사람이 무슨 말과 행동을 하였는지, 어떤 일이 발생한 시기와 그 순서에 관해 정확히 기억하지 못할 가능성이 충분히 있다.

③ 피고인과 공소외 2가 피해자를 들어서 침대로 옮기는 과정이나 피해자와 같은 침대에 누워서 잠이 든 공소외 2가 뒤척이는 과정, 피고인이 잠이 든 피해자를 흔들어 깨우는 과정에서 신체접촉이 발생하였을 가능성을 배제할 수 없고, 당시 피해자의 상태 등을 고려할 때, 피해자가 위와 같은 상황에서 일어난 누군가의 신체접촉을 의도적인 신체접촉으로 오인하였을 가능성이 없다고 단정할 수는 없어 보인다.

④ 피해자는 숨소리나 방에서 나갈 때 실눈을 뜨고 본 체격이나 옷에 근거하여 가해자를 피고인이라고 짐작하였다고 진술하였는바, 그 진술만으로 피해자에게 신체접촉 행위를 한 사람이 피고인이라고 단정하기 어렵다. 특히 당시 촬영된 사진에 의하면 피고인이 피해자가 말하는 카키색 'ROKA' 티셔츠를 입고 있었던 것으로 보이지도 않는다.

⑤ 피해자는 사건 당시 피해사실을 명확하게 인식하고 이후 추가 피해를 막기 위해 녹음에까지 나아갔다고 진술하면서도, 1달 가량이 경과하는 동안 그 누구에게도 피해사실을 알린 적이 없는 것으로 보이고, 피고인이 피해자를 업무 문제로 질책하기 전까지는 피고인에게도 이전과 마찬가지로 정상적으로 대하였던 것으로 보인다.

⑥ 한편 피고인이 직속 상관인 공소외 3의 권유에 따라 피해자에게 사과편지를 쓴 점, 군인등강제추행죄로 입건되는 경우의 불이익 등을 고려할 때, 추행을 하지 않아 억울하였으나 대대장의 권유에 따라 피해자의 기분을 풀어주기 위해 '술에 취해 기억나지 않지만 미안하다.'는 내용의 사과편지를 쓰게 되었다는 피고인의 주장을 쉽게 배척하기 어렵고, 공소사실 기재 펜션의 방 크기, 구조 등에 비추어 술에 만취하지도 않은 피고인이 공소사실 기재와 같은 의도적인 추행행위를 하였을 가능성이 크다고 보기도 어렵다.

나. 판결요지

A. 법 리

(1) 형사소송법이 채택하고 있는 직접심리주의의 정신에 따라 제1심 증인의 진술에 대한 제1심과 항소심의 신빙성 평가 방법의 차이를 고려해 보면, 제1심 판결 내용과 제1심에서 적법하게 증거조사를 거친 증거들에 비추어 제1심 증인이 한 진술의 신빙성 유무에 대한 제1심의 판단이 명백하게 잘못되었다고 볼 특별한 사정이 있거나, 제1심의 증거조사 결과와 항소심 변론종결 시까지 추가로 이루어진 증거조사 결과를 종합하여 제1심 증인이 한 진술의 신빙성 유무에 대한 제1심의 판단을 그대로 유지하는 것이 현저히 부당하다고 인정되는 예외적인 경우가 아니라면, 항소심으로서는 제1심 증인이 한 진술의 신빙성 유무에 대한 제1심의 판단이 항소심의 판단과 다르다는 이유만으로 이에 대한 제1심의 판단을 함부로 뒤집어서는 안 된다.[1]

(2) 성폭력 사건에서 피고인이 공소사실을 부인하고 있고 공소사실에 부합하는 직접증거로 사실상 피해자의 진술이 유일한 경우, 피해자의 진술이 합리적인 의심을 배제할 만한 신빙성이 있는지 여부는 Ⓐ 그 진술 내용의 **주요한 부분**이 일관되고 구체적인지, Ⓑ 진술 내용이 논리와 경험칙에 비추어 합리적이고, 진술 자체로 모순되거나 객관적으로 확인된 사실이나 사정과 모순되지는 않는지, Ⓒ 또는 허위로 피고인에게 불리한 진술을 할 만한 동기나 이유가 있는지 등을 종합적으로 고려하여 신중하게 판단해야 하고, 그 밖의 **사소한 사항**에 관한 진술에 다소 일관성이 없다는 등의 사정만으로 그 진술의 신빙성을 특별한 이유 없이 함부로 배척해서는 안 된다.[2]

B. 판 단

(1) 원심이 지적한 사정들만으로는 피해자 진술의 신빙성에 관한 제1심의 판단이 명백하게 잘못되었다고 볼 특별한 사정이 있거나 그 판단을 그대로 유지하는 것이 현저히 부당하다고 인정되는 예외적인 경우에 해당한다고 단정하기 어렵다. 오히려 원심이 들고 있는 사정들은

1 대법원 2020.10.29.선고 2019도4047 판결; 대법원 2009.1.30.선고 2008도7917 판결; 대법원 2006.11.24.선고 2006도4994 판결 등 참조.

2 대법원 2022.9.29.선고 2020도11185 판결; 대법원 2008.3.14.선고 2007도10728 판결; 대법원 2006.11.23.선고 2006도5407 판결 등 참조.

제1심이 피해자 진술의 신빙성을 인정함에 있어 이미 고려했던 여러 정황들의 일부이거나 피해자 진술과 양립 가능한 사정 또는 공소사실과 직접적인 관련이 없는 부수적인 사항으로서 이 사건 공소사실의 핵심적인 사항에 관한 피해자 진술의 신빙성에는 영향이 없는 사정들에 불과하고, 달리 제1심의 판단을 뒤집을 만한 특별한 사정으로 내세울 만한 것은 아니라 할 것이다.

(가) 피해자는 수사기관부터 제1심 법정에 이르기까지 피해사실의 **주된 부분에 관해** 직접 경험한 사람이 아니면 진술하기 힘든 세밀한 정보를 포함하여 **구체적이고 일관된 진술**을 하였다.

(나) 피해자는 동료들에 의해 침대로 옮겨질 때 눈을 감고 자는 척을 하고 있었다고 진술하였고, 추가 피해를 막기 위해 피고인이 다시 방으로 들어온 상황을 포함하여 피해자가 진술한 추행 시점 이후의 상황을 모두 녹음하였다. 그렇다면 누가 자신을 들어서 옮겨 놓았는지, 추행 시점 이후에 방에 누가 들어왔는지 등을 정확하게 기억하지 못한다는 사정만으로 피해자 진술의 신빙성을 배척하기는 어렵다.

(다) 피해자가 진술한 신체접촉의 부위, 추행행위의 태양과 내용은 피해자를 들어서 침대로 옮기거나 피해자를 흔들어 깨우는 과정에서 발생할 수 있는 신체접촉의 부위, 행위태양과는 구별된다. 또한 피해자가 특정한 추행 시점에 공소외 2는 피해자와 같은 침대가 아닌 옆 침대에 누워 있었고 공소외 1은 방 밖에 있었다는 사실에 대해 피해자와 공소외 2 및 공소외 1의 진술이 모두 일치한다.

(라) 피해자는 방 안에서 직접 목격한 체격과 옷 등을 근거로 피고인을 가해자로 특정하였는데, 당시 방의 밝기는 사물을 식별할 수 있는 정도였던 것으로 보인다. 원심이 지적한 사진은 펜션 외부에서 피고인이 점퍼를 입고 있는 모습이 촬영된 사진이므로 피해자 진술의 신빙성을 배척할 만한 충분한 근거가 된다고 보기 어렵다.

(마) 피고인은 피해자가 공소외 3에게 피해사실을 신고한 이후 공소외 3을 통해 피해자에게 자필로 작성한 사과편지를 보냈는데, 사과편지에는 '술을 먹고 너에게 정말 못된 짓을 저지르고 말았구나.', '악몽을 만들어주었구나.', '명예롭지 못한 행동으로 너에게 크나큰 상처를 주어 다시 한번 미안하고 평생을 죄책감 가지고 살아갈 테니.'와 같이 잘못을 인정하는 구체적인 표현이 포함되어 있다. 한편 공소외 3은 수사기관에서 '피고인에게 사과편지를 작성하라고 지시하거나 사과편지를 작성하면 향후 피해자가 신고를 하지 않을 것이라는 취지의 말을 한 사실이 없다.'고 진술한 바 있다. 이와 같은 사정에 비추어 볼 때, 추행을 하지 않아 억울하였으나 대대장의 권유에 따라 피해자의 기분을 풀어주기 위해 '술에 취해 기억나지 않지만 미안하다.'는 내용의 사과편지를 쓰게 되었다는 피고인의 주장은 쉽게 받아들이기 어렵다.

(바) 피해자와 피고인의 군대 내 지위, 근무관계, 군대 조직의 특수성, 군 내부에서 발생한 성범죄의 민감성 등을 고려하여 볼 때, 고소 경위와 시기에 관한 **피해자의 진술이 비합리적이**

라거나 이례적이라고 볼 수 없고, 피해자가 피고인에게 불리한 허위 사실을 진술할 동기가 있다고 볼 만한 사정도 보이지 않는다.

(2) 따라서 원심으로서는 제1심의 피해자 진술의 신빙성 판단이나 사과편지 등 유죄 판단의 근거로 든 증거들의 증명력에 의문이 있다면, 추가적인 증거조사를 통하여 피해자 진술의 신빙성 유무 등에 관하여 신중하게 판단했어야 한다.

그럼에도 이러한 조치를 취하지 않은 채 제1심이 이미 고려한 사정 또는 공소사실과 직접적인 관련이 없는 부수적인 사정만을 들어 피해자 진술의 신빙성에 관한 제1심의 판단을 뒤집은 원심의 판단에는 공판중심주의와 직접심리주의 원칙을 위반하고 진술의 신빙성에 관한 판단과 증거의 증명력에 관한 법리를 오해하여 판결에 영향을 미친 잘못이 있다.

6 피고인의 비약적 상고와 검사의 항소가 경합하는 경우의 피고인의 항소제기효력 (대법원 2022.5.19.선고 2021도17131 전원합의체 판결)

가. 사 안

제1심은 2021.7.22. 피고인 겸 피부착명령청구자(이하 '피고인')에 대해 강도죄 등 범죄사실 전부를 유죄로 인정하고 징역 3년 및 전자장치 부착명령 10년 등을 선고하고, 보호관찰명령청구는 기각하였다. 이에 피고인은 2021.7.27. 제1심 법원에 **비약적 상고장**을 제출하였고, 검사는 2021.7.28. 제1심 법원에 **항소장**을 제출하였다.

원심 법원은 2021.8.12. 사건을 접수한 다음 2021.8.17. 피고인 및 피고인의 국선변호인에게 소송기록접수통지서를 발송하였고, 위 통지서가 2021.8.19. 모두 송달되었다. 검사는 2021.8.26. 양형부당을 주장하는 항소이유서를 원심법원에 제출하였고, 피고인은 2021.9.1. 심신장애 및 양형부당, 전자장치 부착기간 과다를 주장하는 항소이유서를 원심법원에 제출하였다. 이후 피고인 및 피고인의 국선변호인은 2021.10.6. 원심 제1회 공판기일에서 심신장애 및 양형부당을 항소이유로 진술함과 동시에 위 2021.9.1.자 항소이유서를 진술하였다.

원심은 2021.12.8. 피고인의 비약적 상고와 검사의 항소가 경합한 경우에 피고인의 비약적 상고에 항소로서의 효력을 인정할 수 없다고 판시한 대법원 2005.7.8.선고 2005도2967 판결 등(이하 '종전 판례')의 견해와 같이 피고인이 제기한 비약적 상고가 검사의 항소제기로 형사소송법 제373조에 따라 효력을 상실하였고 여기에 상고의 효력은 물론 항소로서의 효력도 인정할 수 없으므로 피고인의 적법한 항소가 존재하지 않는다고 보아 피고인의 항소에 관한 판단을 하지 않고 검사의 항소만을 기각하는 판결을 선고하였다.

나. 판결요지

[다수의견 : 대법관 10인]

(1) 형사소송법 제372조, 제373조 및 관련 규정의 내용과 취지, 비약적 상고와 항소가 제1심 판결에 대한 상소권행사로서 갖는 공통성, 이와 관련된 피고인의 불복의사, 피고인의 상소권 보장의 취지 및 그에 대한 제한의 범위와 정도, 피고인의 재판청구권을 보장하는 헌법합치적 해석의 필요성 등을 종합하여 보면, 제1심 판결에 대해 피고인은 비약적 상고를, 검사는 항소를 각각 제기하여 이들이 경합한 경우 피고인의 비약적 상고에 상고의 효력이 인정되지는 않더라도, ① 피고인의 비약적 상고가 항소기간 준수 등 항소로서의 적법요건을 모두 갖추었고, ② 피고인이 자신의 비약적 상고에 상고의 효력이 인정되지 않는 때에도 항소심에서는 제1심 판결을 다툴 의사가 없었다고 볼 만한 특별한 사정이 없다면, 피고인의 비약적 상고에 **항소로서의 효력이 인정**된다고 보아야 한다.

(2) 위와 같은 법리에 따라 피고인의 비약적 상고가 항소기간 내에 적법하게 제기되는 등 항소로서의 적법요건을 모두 갖추었고, 피고인에게 비약적 상고의 효력이 인정되지 않아 진행되는 항소심에서는 제1심 판결을 다툴 의사가 없었다고 볼 만한 특별한 사정도 보이지 아니하므로, 원심으로서는 피고인의 비약적 상고에 **항소로서의 효력을 인정**하여 피고인이 법정기간 내에 적법하게 제출한 항소이유에 관해 심리·판단하였어야 했는데도 원심은 피고인의 비약적 상고에 항소로서의 효력을 인정할 수 없다는 이유로 위와 같은 조치를 취하지 않은 채 검사의 항소에 대해서만 판단하였기에 원심 판결에는 피고인의 비약적 상고의 효력에 관한 법리를 오해함으로써 판결에 영향을 미친 잘못이 있다.

[반대의견 : 대법관 2인]

다수의견과 같이 법률적 근거없이 비약적 상고를 항소로 인정하는 해석은 항소와 상고를 준별하는 현행 형사절차의 기본구조를 일탈하는 것이고, 다수의견은 명확성과 안정성이 엄격하게 요구되는 형사절차 규정에 대해 문언해석의 범위를 벗어난 법형성에 해당하고 그 정당한 사유를 찾기도 어려우며, 대법원의 확립된 선례를 변경함으로써 이에 근거하여 안정적으로 운영되어 온 현재 재판실무에 혼란을 초래한다.

비약적 상고의 효력이 상실되더라도 Ⓐ 피고인은 직권조사 내지 직권심판을 촉구하는 의미로 원심의 위법사유에 대해 주장할 수 있고, Ⓑ 현재 해석상 인정되는 상고권 제한 법리를 사안에 맞게 적용함으로써 비약적 상고를 제기한 피고인의 상고권을 보장하는 해석도 가능하므로, 다수의견만이 헌법합치적 해석이라고 할 수 없다.

[반대의견 : 대법관 1인]

비약적 상고와 항소가 경합되는 경우의 규율은 입법형성 범위 내의 문제로서 현행 형사소송법 규정이 헌법상 재판청구권을 침해한다고 보기 어렵다.

다수의견은 피고인의 조건부 또는 추정적 의사를 기초로 항소의 효력을 인정하는 것으로서 이에 동의하기 어렵고, 상고권 제한 법리의 예외를 통해 피고인은 상고심에서 판단받을 기회를 보장받을 수 있으므로 비약적 상고에 항소로서의 효력을 인정하지 않는 것을 재판청구권의 침해라고 볼 수 없다.

[사례] 비약적 상고에 항소가 제기된 경우의 실효 범위

제1심은 2025.7.22. 甲에 대해 강도죄의 범죄사실 전부를 유죄로 인정하고 징역 3년 및 전자장치 부착명령 10년을 선고하였다. 이에 피고인은 2025.7.27. 제1심 법원에 비약적 상고장을 제출하였고, 검사는 2025.7.28. 제1심 법원에 항소장을 제출하였다.

항소심은 2025.8.12. 위 사건을 접수하고, 2025.8.17. 피고인과 피고인의 국선변호인에게 소송기록접수통지서를 발송하였고, 위 통지서가 2025.8.19. 모두 송달되었다. 검사는 2025.8.26. 양형부당을 주장하는 항소이유서를 제출하였고, 피고인은 2025.9.1. 심신장애 및 양형부당, 전자장치 부착기간 과다를 주장하는 항소이유서를 제출하였다. 이후 피고인과 피고인의 국선변호인은 2025.10.6. 항소심 제1회 공판기일에서 심신장애 및 양형부당을 항소이유로 진술함과 동시에 위 2025.9.1.자 항소이유서를 진술하였다.

이후 항소심은 결심을 하고 판결을 선고하게 되었는데, 검사의 항소 외에 피고인의 항소에 대해서도 판단해야 하는지 검토하시오.

1. 문제의 제기

비약적 상고에 대해 항소가 제기된 때에는 그 효력을 잃는데, 상고로서의 효력뿐만 아니라 항소로서의 효력도 잃는지가 문제된다.

2. 비약적 상고에 항소가 제기된 경우의 실효 범위

비약적 상고는 1심 판결에 대해 항소를 제기하지 않고 바로 대법원에 상고하는 것을 말하고, 1심 판결에 대한 상고는 그 사건에 대한 항소가 제기된 때에는 그 효력을 잃는다(형사소송법 제373조).

비약적 상고가 제기되면 상고심절차에 따라 재판이 진행되므로 상대방은 심급의 이익을 상실할 우려가 있다. 그래서 상대방이 항소를 제기할 경우에는 비약적 상고의 실효를 인정하고 있는데, 상고로서의 효력뿐만 아니라 항소로서의 효력도 실효되는지가 논의된다.

종래 판례는 항소의 효력도 유지되지 않는다고 보았으나[1] **변경된 판례**는 ① 비약적 상고가

---

1 대법원 2005.7.8.선고 2005도2967 판결; 대법원 1971.2.9.선고 71도28 판결, 「피고인의 항소제기가 있으면 검사의 비약적 상고는 상고로서의 효력뿐 아니라 항소로서의 효력도 유지되지 않는다.」

항소제기기간 준수 등 항소로서의 요건을 갖추고 ② 비약적 상고에 1심 판결을 다툴 의사가 없었다고 볼만한 특별한 사정이 없다면 항소로서의 효력은 인정된다는 입장이다.[1]

검토하면 비약적 상고와 항소가 1심 판결에 대한 불복이라는 점에서 같으므로 비약적 상고를 한 피고인의 보호를 위해서도 항소로서의 효력을 인정하는 것이 타당하다.

3. 결 론

甲의 비약적 상고에 대해 검사의 항소가 있으므로 상고로서의 효력은 인정되지 않지만 甲이 항소제기기간에 비약적 상고를 하였고 제출기간에 항소이유서를 제출하는 등 항소로서의 요건을 갖추고 항소심 공판기일에 양형부당 등을 주장하여 1심 판결에 대해 다툴 의사가 있음이 분명하기에 항소로서의 효력은 유지된다고 하겠으므로 항소심은 甲의 항소에 대해서도 당연히 판단해야 한다.

7 중상해죄 확정판결과 형사소송법 제420조 제7호 등을 이유로 한 재심청구 (대법원 2024.12.18.자 2021모2650 결정) : 재심기각결정에 대한 재항고사건

가. 사 안

재항고인(당시 19세)은 1964년 생면부지인 A가 재항고인을 넘어뜨리고 강제로 입을 맞추려고 하면서 혀를 재항고인의 입속으로 넣자 A의 혀를 물어 끊었는데, 이를 이유로 중상해죄로 구속기소되어 유죄판결(징역 10월, 집행유예 2년)을 받고 그 무렵 판결이 확정되었다.

재항고인은 수사기관에서의 불법구금에 의한 형사소송법 제420조 제7호의 재심사유 등을 주장하면서 재심을 청구하였다.

원심은 재항고인이 수사기관의 불법구금, 협박, 자백강요 등을 주장한 적이 없었던 점, 불법구금 등을 증명할 객관적이고 분명한 자료가 제시되지 않은 점 등을 들어 재항고인의 주장을 배척하면서 형사소송법 제420조 제7호의 재심사유가 증명되지 않았다는 이유로 재항고인의 재심청구를 기각한 제1심 결정을 그대로 유지하였다.

나. 결정요지

(1) 1) 형사재판에서 재심은 유죄의 확정판결에 중대한 하자가 있는 경우 피고인의 이익을 위해 잘못을 바로잡고자 마련한 비상구제절차이다.[2] 형사소송법 제420조 제7호는 "원판결, 전

1 대법원 2022.5.19.선고 2021도17131 전원합의체 판결.
2 대법원 2018.5.2.자 2015모3243 결정.

심판결 또는 그 판결의 기초된 조사에 관여한 법관, 공소의 제기 또는 그 공소의 기초된 수사에 관여한 검사나 사법경찰관이 그 직무에 관한 죄를 범한 것이 확정판결에 의하여 증명된 때"를 재심사유로 규정하고 있다. 이는 그러한 직무범죄가 확정됨으로써 원판결 등에 사실오인의 잘못이 있다는 점이 현저하게 추측된다는 이유에서 이를 재심사유로 하여 제1심 혹은 상소심의 공판절차에 따라 다시 심리하여 재판을 하도록 한 것이다.

2) 형사소송법 제422조는 "전 2조의 규정에 의하여 확정판결로써 범죄가 증명됨을 재심청구의 이유로 할 경우에 그 확정판결을 얻을 수 없는 때에는 그 사실을 증명하여 재심의 청구를 할 수 있다."라고 규정하고 있다. 여기서 '그 사실을 증명하여'란 확정판결을 얻을 수 없다는 사실과 형사소송법 제420조와 제421조가 재심이유로 규정한 범죄행위 등이 행하여졌다는 사실을 각 증명해야 한다는 의미이고, 이때의 증명은 '확정판결을 대신하는 증명'이다. '확정판결을 대신하는 증명'이 있는지를 판단할 때는, 재심은 확정판결의 중대한 오류를 시정하고 일반적인 형사재판절차에서 형사소송원칙에 따른 권리를 제대로 보장받지 못한 억울한 피고인을 구제하여 인권을 옹호하기 위한 제도라는 점, 확정판결을 얻을 수 없는 이유가 매우 다양한 점 등을 유념하고 구체적인 사건에서 비상구제절차인 재심제도의 목적과 이념, 형사소송법 제420조 제7호의 취지 등을 두루 고려하여 신중하게 판단해야 한다.

3) 재심청구인이 형사소송법 제420조 제7호에서 규정한 범죄의 피해자로서 하는 진술 그 자체가 재심이유인 '직무에 관한 죄'의 존재를 뒷받침하는 핵심적 증거로 제출되었음에도 그 범죄의 공소시효가 이미 완성하여 확정판결로 증명할 수 없는 경우가 있다. 이때 재심청구인의 범죄 피해에 관한 진술내용이 논리와 경험칙에 비추어 합리적이고, 진술 자체로 모순되거나 객관적으로 확인된 사실이나 사정과 모순되지 않으며, 재심청구인이 허위로 진술할 뚜렷한 동기나 이유를 찾을 수 없는 등 그 진술에 충분한 신빙성이 있을 뿐만 아니라, 그 진술에 부합하는 직접·간접의 증거들이 상당수 제시된 반면, 그 진술과 모순되거나 진술내용을 탄핵할 수 있는 다른 객관적인 증거가 없어 그 진술만으로 법이 정한 재심사유가 있다고 인정하기에 충분하다는 정도에 이를 경우에는 원칙적으로 재심청구가 이유 있다고 인정하여 재심의 심판을 받을 기회를 보장하여야 한다.

4) 재심의 청구를 받은 법원은 재심청구의 이유가 있는지 판단하는 데에 필요한 경우에는 사실을 조사할 수 있고(형사소송법 제37조 제3항), 이때 공판절차에 적용되는 엄격한 증거조사 방식을 따라야만 하는 것은 아니다.[1] 사실조사가 필요한지 여부의 판단은 법원의 재량이지만, 재심청구인의 진술 그 자체가 재심이유의 존재를 뒷받침하는 핵심적 증거로서 신빙성이 있고 그 진술의 내용 자체나 전체적인 취지에 부합하는 직접·간접의 증거들이 상당수 제시된 경우

1 대법원 2019.3.21.자 2015모2229 전원합의체 결정.

에는, 그 신빙성을 깨뜨릴 충분하고도 납득할 만한 반대되는 증거나 사정이 존재하는지에 관한 별다른 사실조사도 없이 만연히 '재심청구인의 진술' 외에 다른 객관적 증거가 없다는 이유로 재심청구를 기각하는 것은 타당하지 않다.

(2) 불법구금에 관한 재항고인의 일관된 진술내용은 충분히 신빙성이 있고, 그 진술에 부합하는 직·간접의 증거들 즉, 재심대상 판결문, 당시의 신문기사, 재소자인명부, 형사사건부, 집행원부 등에 의해 알 수 있는 일련의 수사 및 재판 과정에서의 사정들이 제시된 반면, 그 진술과 모순되거나 진술내용을 탄핵할 수 있는 다른 객관적인 증거가 없으므로, 재항고인은 검찰에 처음 소환된 1964.7.초순경부터 구속영장이 발부되어 집행된 것으로 보이는 1964.9.1.까지의 기간 동안 불법으로 체포·감금된 상태에서 조사를 받았다고 볼 여지가 충분하고, 이와 같은 검사의 행위는 형법 제124조의 직권남용에 의한 체포·감금죄를 구성하며, 위 죄에 대해서는 공소시효가 완성되어 유죄판결을 얻을 수 없는 사실상·법률상 장애가 있는 경우로서 형사소송법 제422조의 '확정판결을 얻을 수 없는 때'에 해당하므로, 원심으로서는 재항고인의 진술의 신빙성을 깨뜨릴 충분하고도 납득할 만한 반대되는 증거나 사정이 존재하는지에 관한 사실조사를 하였어야 한다고 보아, 이와 달리 판단한 원심을 파기·환송한다.[1]

8 형 집행순서변경지휘에 따라 형집행종료일이 늦어진 경우 (대법원 2025.3.27.선고 2021도4355 판결)

가. 사 안

피고인의 전과와 관련하여 최초 출소예정일은 2016.7.22.이었으나, 검사가 형 집행의 순서를 변경하는 지휘를 하여 벌금형 미납에 따른 노역장유치의 집행을 하고 다시 징역형의 잔여형 집행이 이루어져서 실제로는 2016.9.16. 징역형의 집행을 종료하였고, 그 이후 피고인은 2019.9.4.자 특수상해 범행으로 기소되었다.

원심은 누범 및 집행유예결격 여부는 최초 출소예정일인 2016.7.22.을 기준으로 기산해야 한다는 이유로 피고인이 누범 및 집행유예결격에 해당하지 않는다고 판단하였다.

나. 판결요지

(1) 형사소송법은 형 집행의 순서에 관해 제462조 본문에서 '2이상의 형의 집행은 자격상실, 자격정지, 벌금, 과료와 몰수 외에는 무거운 형을 먼저 집행한다.'라고 하여 중한 형 우선집행의 **원칙**을 선언하면서도 동시에 제462조 단서에서 '단, 검사는 소속 장관의 허가를 얻어 무거

1 동아일보 2025.7.24.자 A12면, "'성폭행범 혀 절단' 61년 만에 무죄 구형"기사에 의하면 2025.7.23. 부산지법 형사 5부의 재심 1회 공판에서 검사는 피고인에 대해 정당방위가 인정된다며 무죄선고를 구형하고 결심되었다(선고 예정 2025.9.10.).

운 형의 집행을 정지하고 다른 형의 집행을 할 수 있다.'라고 정하여 형 집행을 지휘하는 주체인 검사가 일정한 절차에 따라 형 집행의 순서를 변경할 수 있는 **예외**를 인정하고 있다. 형 집행사무의 적정한 운영을 위해 검찰청법 제11조에 따라 법무부령으로 사형과 자유형의 집행에 관한 사무의 방식과 절차를 정하고 있는 「자유형 등에 관한 검찰집행사무규칙」은 제39조 제1항에서 '형의 집행순서변경에 의한 노역장유치의 집행지휘'라는 제목 아래 '자유형과 벌금형이 병과 선고되거나 자유형의 집행 중 다른 범죄로 벌금형이 선고된 수형자에 관하여 검사가 노역장유치의 집행을 지휘하는 때에는 소속 검찰청의 장의 허가를 받아 자유형의 집행을 정지하고, 먼저 노역장유치의 집행을 지휘하여야 한다. 다만, 자유형을 먼저 집행하여도 벌금형에 관한 형의 시효가 완성되지 아니할 것이 명백한 때에는 그러하지 아니하다.'라고 하여 형 집행의 순서를 변경하여 자유형에 앞서 벌금형에 대한 노역장유치의 집행을 하기 위한 절차 등을 규정하고 있다.

형 집행의 시작과 종료는 형법 제35조 제1항, 제62조 제1항에서 정한 누범기간이나 집행유예 결격기간의 계산, 형법 제80조에 따른 형의 시효 중단 등과 직접 관련이 있고, 자유형과 벌금형이 병과되어 선고된 수형자 등의 경우 형법 제72조 제2항에 따라 벌금의 완납 여부가 징역형이나 금고형에 대한 가석방 요건의 충족 여부를 좌우하므로, 형 집행의 순서와 그 변경은 수형자의 이해관계에 중대한 영향을 미치게 된다. 따라서 형사소송법 제462조 단서에 따른 검사의 형 집행의 순서 변경은 수형자의 이익을 위해 Ⓐ 가석방 요건을 조기에 갖추어 주려는 목적이라든지, Ⓑ 자유형의 시효가 장기인 경우 그보다 가벼운 형인 벌금형의 노역장유치를 먼저 집행함으로써 벌금형의 시효를 중단시키려는 목적[1] 등 형 집행의 적정성을 확보하기 위해 이루어질 수 있다. 다만, 형사소송법 제462조 단서가 검사의 자의적인 형의 집행순서변경이나 그로 인해 수형자의 이익이 부당하게 침해되는 결과를 허용하는 취지는 아니므로, 검사는 형의 집행순서변경 제도의 목적과 수형자의 기본권 보장의 이념을 염두에 두고 적정한 재량의 범위 내에서 형의 집행순서변경에 관한 권한을 행사해야 한다. 「자유형 등에 관한 검찰집행사무규칙」 제39조 제1항 단서에서 '자유형을 먼저 집행하여도 벌금형에 관한 형의 시효가 완성되지 아니할 것이 명백한 때'에는 자유형에 앞서 벌금형에 대한 노역장유치의 집행을 하기 위한 형의 집행순서변경을 제한하고 있는 것도 그러한 취지이다.

형의 집행순서변경에 관한 검사의 지휘가 재량을 일탈·남용한 것으로서 위법한지 여부는 그 변경지휘가 있었을 당시를 기준으로 변경의 목적·동기·경위, 집행순서변경에 관한 수형자의 요청이나 동의가 있었는지 여부, 순서의 변경이 수형자에게 미칠 영향, 형의 시효진행 상황 등을 종합하여 판단해야 한다. 이와 달리 형의 집행순서변경 후에 수형자가 새로운 범죄행위를 하였다는 등의 우연한 사정을 이유로 그러한 사정이 발생한 때를 기준으로 사후적인 관점

1 벌금형이 확정된 후 그 집행을 받음이 없이 5년의 기간이 경과되면 형의 시효가 완성되고(형법 제78조 제6호), 벌금에 대한 강제처분을 개시함으로 인해 중단된다(형법 제80조).

에서 집행순서변경이 수형자에게 미친 영향의 유·불리를 평가하여 집행순서변경에 관한 지휘의 위법성을 판단할 수는 없다.

(2) 위와 같은 형 집행순서변경지휘는 검사의 적정한 재량의 범위 내에서 이루어진 것으로서 적법하고, 피고인이 실제로 교도소에서 출소한 2016.9.16.을 기준으로 누범 및 집행유예결격 여부를 따져야 한다고 보아 이와 달리 판단한 원심을 파기·환송한다.

9 기타 최근 판례

○ 재판서에는 재판한 법관의 서명날인 필요(형사소송법 제41조 제1항)

대법원 2022.7.14.선고 2022도5129 판결, <제1심 법원이 제3회 공판기일에 판결서에 의해 판결을 선고하였으나 그 판결서에 재판한 법관의 서명날인이 누락되어 있음에도 원심이 이를 간과한 채 피고인 1~8의 항소를 기각한 것은 형사소송법 제383조 제1호의 '판결에 영향을 미친 법률의 위반이 있는 때'에 해당한다고 보아 원심판결 중 위 피고인들에 대한 부분을 파기환송한 사례>; **대법원 2021.4.29.선고 2021도2650 판결**, <고등군사법원의 판결서에 재판관인 군판사 A의 서명 옆에 다른 재판관인 군판사 B의 인영이 날인된 경우 판결에 영향을 미친 위법이 있다고 보아 원심판결을 파기·환송한 사례>

○ 사형선고가 정당화될 수 있는 특별한 사정

대법원 2023.7.13.선고 2023도2043 판결, 「사형은 인간의 생명을 박탈하는 냉엄한 궁극의 형벌로서 사법제도가 상정할 수 있는 극히 예외적인 형벌이라는 점을 감안할 때, 사형선고는 범행에 대한 책임의 정도와 형벌의 목적에 비추어 누구라도 그것이 정당하다고 인정할 수 있는 특별한 사정이 있는 경우에만 허용된다. 따라서 사형을 선고할 것인지 결정하려면 형법 제51조가 규정한 사항을 중심으로 범인의 나이, 직업과 경력, 성행, 지능, 교육정도, 성장과정, 가족관계, 전과의 유무, 피해자와의 관계, 범행의 동기, 사전계획의 유무, 준비의 정도, 수단과 방법, 잔인하고 포악한 정도, 결과의 중대성, 피해자의 수와 피해감정, 범행 후의 심정과 태도, 반성과 가책의 유무, 피해회복의 정도, 재범우려 등 **양형의 조건이 되는 모든 사항을 철저히 심리**해야 하고, 그러한 심리를 거쳐 사형선고가 정당화될 수 있는 사정이 밝혀진 경우에 한해 비로소 사형을 선고할 수 있다.」

<무기징역형으로 교도소에 수감되어 있던 피고인이 다른 재소자들인 공동피고인들과 공모하여 같은 방 재소자인 피해자를 때려 살해했다고 기소된 **사안**에서, 사형의 선택기준이나 다른 유사사건과의 일반적 양형의 균형상 원심이 피고인에 대해 사형을 선택한 것은 사형 선택

의 요건에 관한 법리오해와 심리미진으로 형의 양정이 심히 부당하다고 인정할 현저한 사유가 있는 때에 해당한다는 이유로 원심판결을 파기·환송한 사례>

○ 공소제기 없이 별도의 몰수·추징 불가

대법원 2022.12.29.선고 2022도8592 판결, 「형법 제49조 단서는 '행위자에게 유죄의 재판을 하지 아니할 때에도 몰수의 요건이 있는 때에는 몰수만을 선고할 수 있다.'고 규정하고 있으므로, 몰수는 물론 이에 갈음하는 추징도 위 규정에 근거하여 선고할 수 있으나, 우리 법제상 공소제기 없이 별도로 몰수·추징만을 선고할 수 있는 제도가 마련되어 있지 않으므로, 위 규정에 근거하여 몰수·추징을 선고하려면 몰수·추징의 요건이 공소가 제기된 공소사실과 관련되어 있어야 하고, 공소가 제기되지 않은 별개의 범죄사실을 법원이 인정하여 그에 관해 몰수·추징을 선고하는 것은 불고불리의 원칙에 위배되어 허용되지 않는다. 이러한 법리는 형법 제48조의 몰수·추징 규정에 대한 특별규정인 '범죄수익은닉의 규제 및 처벌 등에 관한 법률' 제8조 내지 제10조의 규정에 따른 몰수·추징의 경우에도 마찬가지로 적용된다.」

<도박죄와 도박공간개설죄는 독립된 별개 범죄이므로, 도박공간개설죄로만 기소된 피고인이 직접 도박에 참가하여 얻은 수익은 도박공간개설로 얻은 범죄수익에 해당하지 않는다고 보아, 이 부분을 제외한 나머지 금액에 대해서만 추징을 명한 원심 판단을 수긍하여 검사의 상고를 기각한 사례>[1]

○ 몰수에도 '비례의 원칙'이 적용

대법원 2024.1.4.선고 2021도5723 판결, 「(1) 형법 제48조 제1항에 따른 몰수는 **임의적**인 것이어서 그 요건에 해당되더라도 실제로 몰수할 것인지 여부는 **법원 재량**에 맡겨져 있지만 형벌 일반에 적용되는 비례의 원칙에 따른 제한을 받는다. (2) 전자기록은 일정한 저장매체에 전자방식이나 자기방식에 의해 저장된 기록으로서 저장매체를 매개로 존재하는 물건이므로 위 조항에 정한 사유가 있는 때에는 이를 몰수할 수 있는바, 가령 휴대전화의 동영상 촬영기능을 이용하여 피해자를 촬영한 행위 자체가 범죄에 해당하는 경우, 휴대전화는 '범죄행위에 제공된

1 대법원 2010.5.13.선고 2009도11732 판결; 대법원 2007.7.26.선고 2007도4556 판결, 「형법 제49조 단서는 행위자에게 유죄의 재판을 하지 아니할 때에도(가령, 피고인에게 책임능력이 없어서 무죄선고가 된 경우) 몰수의 요건이 있는 때에는 몰수만을 선고할 수 있다고 규정하고 있으나, 우리 법제상 공소제기없이 별도로 몰수만을 선고할 수 있는 제도가 마련되어 있지 않으므로 실체판단에 들어가 공소사실을 인정하는 경우가 아닌 면소의 경우에는 원칙적으로 몰수도 할 수 없다.」; 대법원 1992.7.28.선고 92도700 판결, <원심에서 피고인이 87.3.25. 이태리 바이올린 1대를 밀반입하였다는 점에 대해 무죄를 선고하면서도 위 바이올린을 83.1.30. 밀반입한 것은 인정된다 하여 위 바이올린의 범칙당시의 시가 금1억여원을 피고인으로부터 추징하였으나, 위 바이올린이 언제 밀반입되었는가 하는 점은 피고인의 방어권행사에 중대한 영향을 미친다고 할 것이므로 비록 동일한 바이올린이라 할지라도 위 87.3.25.자 바이올린 밀반입의 점에 대한 공소제기의 효력은 원심이 인정한 위 83.1.30.자 바이올린 밀반입의 점에 대하여는 미치지 아니한다고 보아야 할 것이므로 원심이 공소가 제기된 바 없는 위 83.1.30.자 바이올린 밀반입의 사실을 인정하여 위 바이올린의 시가를 추징한 것은 불고불리의 원칙에 위반된다고 판단한 사례>

물건', 촬영되어 저장된 동영상은 휴대전화에 저장된 전자기록으로서 '범죄행위로 인하여 생긴 물건'에 각각 해당하고 이러한 경우 법원이 휴대전화를 몰수하지 않고 동영상만을 몰수하는 것도 가능하다.」

<**원심**은, 대마 관련 범행시 문자메시지를 몇 차례 주고받고 필로폰 관련 범행시 통화를 1회할 때 사용한 휴대전화를 '범죄행위에 제공된 물건'에 해당된다고 보아 몰수를 명한 1심 판결을 유지하였으나 **대법원**은, 마약 등의 수수 및 투약을 본질로 하는 이 사건 범죄의 실행행위 자체 또는 범행의 직접적 도구로 사용된 것은 아니고, 이 사건 범행으로 체포되기까지 약 1년 6개월 동안 이 사건 휴대전화를 일상적인 생활도구로 사용하던 중 이 사건 범죄사실과 관련하여 상대방과의 연락 수단으로 일시적으로 이용한 것일 뿐인 점 등을 종합하여, 이 사건 휴대전화는 몰수로 인해 피고인에게 미치는 불이익의 정도가 지나치게 큰 편이라는 점에서 비례의 원칙상 몰수가 제한되는 경우에 해당한다고 볼 여지가 많다고 판단한 사례>

○ 추징금의 가액산정은 재판선고시의 가격을 기준

대법원 2025.6.26.선고 2025도3420 **판결**, 「몰수는 범죄에 의한 이득을 박탈하는 데 그 취지가 있고, 추징도 이러한 몰수의 취지를 관철하기 위한 것인 점 등에 비추어 볼 때, 몰수할 수 없는 때에 추징해야 할 가액은 범인이 그 물건을 보유하고 있다가 몰수의 선고를 받았더라면 잃었을 이득상당액을 의미한다고 보아야 하므로, 다른 특별한 사정이 없는 한 그 가액산정은 재판선고 시의 가격을 기준으로 해야 한다. 이러한 법리는 피고인에 대한 추징금 산정을 위한 선결 문제로서 피고인으로부터 압수되어 피해자에게 교부되는 압수물의 가액을 산정함에 있어서도 마찬가지로 보아야 한다.」

○ 변론종결시 고지되었던 선고기일을 급박하게 변경한 경우

대법원 2023.7.13.선고 2023도4371 **판결**, 「만일 선고기일로 지정되지 않았던 일자에 판결선고 절차를 진행하는 경우에는 공판기일의 지정에 관한 법령을 위반한 것이므로 그로 인해 피고인의 방어권과 변호인의 변론권이 본질적으로 침해되지 않았다고 볼 만한 특별한 사정이 없다면 판결에 영향을 미친 법령위반이라고 할 것이다.」

<**원심**이 1회 공판기일에 변론을 종결하면서 피해자와의 합의서 등 피고인에게 유리한 양형자료 제출을 위한 기간을 고려해 2회 공판기일인 선고기일을 2023.4.7.로 지정해 고지하였는데, 지정·고지된 바와 달리 2023.3.24. 피고인에 대한 선고기일이 진행되어 교도소에 재감 중이던 피고인이 교도관의 지시에 따라 법정에 출석하여 원심이 피고인의 항소를 기각하는 판결을 선고한 **사안**에서, **대법원**은 원심이 선고기일로 지정되지 않았던 일자에 판결선고절차를 진행하는 것은 공판기일의 지정에 관한 법령을 위반하여 판결에 영향을 미친 잘못이 있다고 할 것이

고, 설령 재판장이 피고인이 재정한 상태에서 선고를 하겠다고 고지함으로써 선고기일이 변경된 것으로 보더라도, 양형자료 제출기회는 방어권행사의 일환으로 보호될 필요가 있고, 형사소송법 제383조에 의하면 10년 미만의 형이 선고된 사건에서는 양형이 부당하다는 주장은 적법한 상고이유가 될 수 없으므로 피고인에게는 원심판결의 선고기일이 양형에 관한 방어권을 행사할 수 있는 마지막 시점으로서 의미가 있는데, 원심법원이 변론종결시 고지되었던 선고기일을 피고인과 변호인에게 사전에 통지하는 절차를 거치지 않은 채 급박하게 변경하여 판결을 선고함으로써 피고인의 방어권과 이에 관한 변호인의 변호권을 침해하여 판결에 영향을 미친 잘못이 있다는 이유로 원심판결을 파기·환송한 사례>

[사례] 변호인의 피고인신문권 제한과 법원의 선고기일 변경

甲이 피해자 A에 대한 특수상해죄(형법 제258조의2)로 기소되어 제1심에서 징역 3년이 선고되고 甲만 항소하였다.

항소심의 공판기일에 증거조사를 모두 마치고 피고인신문과정에서 먼저 검사가 피고인신문을 하지 않겠다고 하고, 그 다음으로 변호인이 피고인을 신문하겠다는 의사를 표시하였으나 법원이 피고인신문을 허용하지 않고 대신 변론요지서를 제출하라고 한 후에 최종변론이 이루어지고, 2025.5.8. 변론을 종결하였다.

항소심이 변론종결을 하면서 피해자 A와의 합의 등을 고려하여 선고기일을 2025.6.5.로 지정해 고지하였는데, 2025.5.22.에 선고기일이 진행되어 구치소에 수감 중이던 甲이 교도관의 지시에 따라 공판정에 출석하여 甲이 재정한 상태에서 법원이 선고를 하겠다고 고지한 후에 항소기각판결을 하였다.

(1) 법원이 위와 같이 변호인의 피고인신문을 허용하지 않은 것이 적법한지 검토하시오.

(2) 법원이 위와 같이 이미 선고기일로 지정한 일자가 아닌 다른 일자에 판결선고를 한 것이 적법한지 검토하시오.

1. 문제의 제기

법원이 변호인의 피고인신문을 허용하지 않을 수 있는지와 이미 지정한 선고기일을 일방적으로 앞당겨 변경하는 것이 가능한지를 살펴본다.

2. 변호인의 피고인신문권

피고인신문은 피고인에 대해 공소사실과 그 정상에 관해 필요한 사항을 신문하는 절차로 검사나 변호인의 판단에 따라 임의적인 절차로 행해질 수 있다(형사소송법 제296조의2 제1항). 변호인의 피고인신문권은 변호인의 소송법상 권리이므로 법원은 변호인에게 피고인에 대한 신문기회를 보장해야 한다(**판례**).[1]

---

1 대법원 2020.12.24.선고 2020도10778 판결, 「변호인의 피고인신문권은 변호인의 소송법상 권리이므로 재판장은 변호인이 피

사안에서 변호인이 피고인을 신문하겠다는 의사를 표시하였으므로 법원은 이에 따라 피고인신문의 기회를 보장해야 함에도 변론요지서를 제출하면 된다며 허용하지 않은 것은 변호인의 피고인신문권에 관한 본질적 권리를 해하는 소송절차의 법령위반에 해당한다.

3. 법원의 선고기일 변경

판결선고는 즉일선고의 원칙에 따라 변론종결일에 해야 하지만 특별한 사정이 있는 때에는 따로 선고기일을 지정할 수 있다(형사소송법 제318조의4 제1항). 그리고 선고기일로 지정되지 않은 일자에 판결선고를 진행하는 경우에는 공판기일의 지정에 관한 법령을 위반한 것이므로 그로 인해 피고인의 방어권과 변호인의 변론권이 본질적으로 침해되지 않았다고 볼 만한 특별한 사정이 없다면 판결에 영향을 미친 법령위반이 된다(**판례**).[1]

사안에서 항소심이 선고기일을 2025.6.5.로 이미 고지하였는데, 2025.5.22.에 선고기일을 진행하여 공판정에 출석한 甲에게 선고하겠다고 고지함으로써 선고기일을 변경한 것으로 보더라도 피해자와의 합의 등 양형자료 제출기회는 방어권행사로 보호될 필요가 있고 10년 미만의 징역형이 선고된 사건에서는 양형이 부당하다는 주장은 적법한 상고이유가 될 수도 없으므로(제383조) 이미 고지된 선고기일을 피고인과 변호인에게 사전에 통지하는 절차를 거치지 않은 채 급박하게 변경하여 판결을 선고한 것은 피고인의 방어권과 변호인의 변호권을 침해하여 판결에 영향을 미친 잘못이 있다.

4. 결 론

법원이 변호인의 피고인신문을 허용하지 않은 것과 지정한 선고기일을 일방적으로 앞당겨 변경하여 판결을 선고한 것은 모두 위법하다.

○ 피고인만이 항소한 항소심에서 공소장변경에 의해 공소사실이 추가된 경우에도 불이익변경금지의 원칙 적용

대법원 2025.6.12.선고 2025도3487 판결, 「형사소송법 제368조, 제399조는 피고인이 상소하거나 피고인을 위하여 상소한 사건에 대하여는 원심판결의 형보다 중한 형을 선고하지 못한다고 규정하여 이른바 불이익변경금지 원칙을 설명하고 있는바, 피고인만이 항소한 항소심에서 공소장변경에 의해 공소사실이 추가·철회·변경된 경우에도 형의 불이익변경은 허용되지 않는다.」

고인을 신문하겠다는 의사를 표시한 때에는 피고인을 신문할 수 있도록 조치해야 하고, 변호인이 피고인을 신문하겠다는 의사를 표시했음에도 변호인에게 일체의 피고인신문을 허용하지 않은 것은 변호인의 피고인신문권에 관한 본질적 권리를 해하는 것으로서 소송절차의 법령위반에 해당한다.」

1 대법원 2023.7.13.선고 2023도4371 판결.

<피고인은 스토킹범죄의처벌등에관한법률을 위반하였다는 공소사실로 기소되었는데, **제1심**은 공소사실을 모두 유죄로 인정하면서 징역 6월, 집행유예 2년, 40시간의 스토킹범죄 재범예방강의 수강명령을 선고하였고, 이에 대해 피고인만이 항소한 원심에서 검사의 공소장변경신청을 허가하였음을 이유로 직권으로 제1심 판결을 파기하고 변경된 공소사실을 모두 유죄로 인정하면서, 피고인에 대해 제1심과 동일한 징역 6월, 집행유예 2년, 40시간의 스토킹범죄 재범예방강의 수강명령을 선고함과 동시에 새로 보호관찰을 명한 사건에서 **대법원**은 피고인만이 항소한 항소심에서 공소장변경에 의해 공소사실이 추가·철회·변경된 경우에도 형의 불이익변경은 허용되지 아니함에도 불구하고, 제1심과 동일한 형을 선고하면서 보호관찰을 새로 명한 원심의 조치에는 불이익변경금지 원칙에 관한 법리를 오해하여 판결에 영향을 미친 잘못이 있다고 원심을 파기·환송한 사례>

○ 상소권회복청구에서 '책임질 수 없는 사유'에 해당하는 경우로 인정된 사례

대법원 2022.5.26.자 2022모439 결정, 「(1) 형사소송법 제345조의 상소권회복청구는 자기 또는 대리인이 책임질 수 없는 사유로 상소제기기간 내에 상소를 하지 못한 경우에만 청구할 수 있다. 형사피고사건으로 법원에 재판이 계속 중인 사람은 공소제기 당시의 주소지나 그 후 신고한 주소지를 옮길 때 새로운 주소지를 법원에 신고하거나 기타 소송 진행 상태를 알 수 있는 방법을 강구해야 하고, 만일 이러한 조치를 하지 않았다면 특별한 사정이 없는 한 소송서류가 송달되지 않아서 공판기일에 출석하지 못하거나 판결선고사실을 알지 못해 상소제기기간을 도과하는 등 불이익을 면할 수 없다.[1] (2) **그러나** 위와 같이 피고인이 재판이 계속 중인 사실을 알면서도 새로운 주소지 등을 법원에 신고하는 등 조치를 하지 않아 소환장이 송달불능되었더라도, 법원은 기록에 주민등록지 이외의 주소가 나타나 있고 피고인의 집 전화번호 또는 휴대전화번호 등이 나타나 있는 경우에는 위 주소지 및 전화번호로 연락하여 송달받을 장소를 확인하여 보는 등의 시도를 해 보아야 하고, 그러한 조치없이 곧바로 공시송달방법으로 송달하는 것은 형사소송법 제63조 제1항, 소송촉진등에관한특례법 제23조에 위배되어 허용되지 않는데,[2] 이처럼 허용되지 않는 잘못된 공시송달에 터 잡아 피고인의 진술없이 공판이 진행되고 피고인이 출석하지 않은 기일에 판결이 선고된 경우에는, 피고인은 자기 또는 대리인이 책임질 수 없는 사유로 상소제기기간 내에 상소를 하지 못한 것으로 봄이 타당하다.[3] 민사소송과 달리 형사소송에서는, 피고인이 공판기일에 출석하지 않은 때에는 특별한 규정이 없으면 개정하지 못하는 것이 원칙이고(형사소송법 제276조), 소송촉진등에관한특례법 제23조, 소송촉진등에관한특례규칙 제19조에 의해 예외적으로 제1심 공판절차에서 피고인 불출석상태에서의 재

1 대법원 2008.3.10.자 2007모795 결정 등 참조.

2 대법원 2014.5.29.선고 2014도3141 판결; 대법원 2011.7.28.선고 2011도6762 판결 등 참조.

3 대법원 2014.10.16.자 2014모1557 결정 등 참조.

판이 허용되지만, 이는 피고인에게 공판기일소환장이 적법하게 송달되었음을 전제로 하기 때문에 공시송달에 의한 소환을 함에 있어서도 공시송달 요건의 엄격한 준수가 요구된다.」

○ **항소심 불출석 재판의 요건과 공시송달의 요건**

대법원 2023.2.23.**선고** 2022**도**15288 **판결**, <1심에서 피고인에 대해 일부 유죄, 일부 무죄 판결이 선고되고 검사만 항소하였는데, 원심이 Ⓐ 1심에서 피고인이 진술한 거소지로 송달을 해보거나 Ⓑ 1심에서 피고인에 대해 송달이 이루어졌던 주소에 관해 관할 경찰서장에게 소재탐지 촉탁을 하지 않은 채 피고인에 대한 송달을 공시송달로 할 것을 명하고, 피고인 소환장 등을 공시송달하면서 피고인의 출석없이 개정하여 소송절차를 진행한 후 검사의 항소를 받아들여 1심 판결을 파기하고 피고인에게 유죄판결을 선고하였고, 이에 피고인이 상고권회복결정을 받아 상고한 **사안**에서, 원심이 위와 같은 조치를 취하지 않은 채 피고인의 주거, 사무소와 현재지를 알 수 없다고 단정하여 곧바로 공시송달의 방법에 의한 송달을 하고 피고인의 진술없이 판결을 한 것은 ① 형사소송법 제63조 제1항, 제365조를 위반하여 피고인에게 출석기회를 주지 않음으로써 소송절차가 법령에 위배되어 판결에 영향을 미친 잘못이 있고, ② 피고인이 상고권회복결정을 받아 상고하더라도 사실오인이나 양형부당을 상고이유로 주장하지 못하므로 결국 사실오인 등 주장에 관해 항소심의 판단을 받을 기회를 갖지 못하게 되어 피고인을 구제할 필요도 있다고 하여 원심판결을 파기·환송한 사례>

○ **'10년 이상 징역형이 선고된 사건의 사실오인과 양형부당'의 상고이유는 피고인의 구제를 위한 것이므로 검사의 상고 불가**

대법원 2022.4.28.**선고** 2021**도**16719 **판결**, <피고인에게 징역 35년을 선고한 원심판결에 대해 검사가 원심이 선고한 형은 너무 가볍다는 이유로 상고를 제기하면서 10년 이상의 징역형 등이 선고된 사건에서는 검사가 양형부당을 이유로 상고를 제기할 수 없다는 종래 대법원 판결은 변경되어야 한다고 주장한 **사안**에서, 검사는 피고인에게 불리하게 원심의 양형이 가볍다거나 원심이 양형의 전제사실을 인정하는데 자유심증주의의 한계를 벗어난 잘못이 있다는 사유를 상고이유로 주장할 수 없다고 한 사례>

○ **파기판결의 기속력**

상소심에서 실체적 경합관계에 있는 일부 범죄사실에 대해서는 상소이유가 인정되지 않고 다른 범죄사실에 대해서는 상소이유가 인정되어 피고인을 위해 1개의 판결이 선고되도록 그 **전부가 파기된 경우에도** 상소이유가 인정되지 않는다고 판단된 부분에 대해서는 더 이상 다툴 수 없으며, 환송받은 법원도 이와 배치되는 판단을 할 수 없다.

대법원 2022.12.29.**선고** 2018**도**7575 **판결**, <① **피고인**은 1, 2차 희망버스 집회에 참가한 사람으로, 이 사건의 환송심은 '1차 희망버스' 집회 관련 집시법위반(해산명령불응)의 점에 대해서는 원심의 무죄 판단을 유죄 취지로 파기하고, '2차 희망버스' 집회 관련 집시법위반(해산명령불응)의 점에 대해서는 원심의 유죄 인정을 그대로 인정하면서(=상고기각) 사건 전체를 원심 법원에 환송하였고, ② 이 사건의 환송 후 원심은 환송심 판결 취지에 따라 피고인에 대해 '1차 희망버스' 및 '2차 희망버스' 집회 관련 각 집시법위반(해산명령불응)의 점을 모두 유죄로 인정하였음. ③ 한편 희망버스 집회를 주도한 **A**에 대해, 대법원은 '1차 희망버스' 집회 관련 집시법위반(해산명령불응)의 점에 대해서 원심의 무죄 판단을 유죄 취지로 파기하고, '2차 희망버스' 집회 관련 집시법위반(해산명령불응)의 점에 대해서 원심의 유죄 인정을 **무죄** 취지로 파기하여 사건 전체를 원심 법원에 환송하였음('관련 대법원 판결'). ④ 피고인은 '2차 희망버스' 집회 관련 집시법위반(해산명령불응)의 점에 대해 환송 후 원심이 관련 대법원 판결의 결론과 다르게 판단한 것은 부당하다는 취지로 재상고한 **사안**에서, 대법원은 피고인의 상고이유 주장은 이미 환송판결에 의해 그 주장이 이유 없다고 배척되어 **확정력이 발생**하였으므로 적법한 상고이유가 아니고, 대법원이 관련 사건에서 이에 관해 이 사건과 다르게 판단하였다고 하여 이미 확정력이 발생한 이 사건의 판결 부분을 취소·변경할 수 없다고 보아 피고인의 상고를 기각한 사례>[1]

○ 상고인이 검사인 경우의 상고이유서제출기간

대법원 2023.4.21.**자** 2022**도**16568 **결정**, 「검사가 상고한 경우에는 상고법원에 대응하는 검찰청 소속 검사가 소송기록접수통지를 받은 날부터 20일 이내에 그 이름으로 상고이유서를 제출해야 한다. 다만 상고를 제기한 검찰청 소속 검사가 그 이름으로 상고이유서를 제출해도 유효한 것으로 취급되지만, 이 경우 상고를 제기한 검찰청이 있는 곳을 기준으로 법정기간인 상고이유서제출기간이 형사소송법 제67조에 따라 연장될 수 **없다**. 이러한 법리는 군검사가 상고한 경우에도 마찬가지로 적용된다.」

○ 즉시항고회복청구에 '재소자에 대한 특칙' 규정 적용

대법원 2022.10.27.**자** 2022**모**1004 **결정**, 「형사소송법은 재소자에 대한 특칙(제344조 제1항)을 두고 이를 상소권회복의 청구에 준용하도록 하고 있다(제355조). 즉시항고(제기기간 7일, 제405조)도 상소의 일종이므로 위와 같은 특칙은 집행유예취소 결정에 대한 즉시항고회복청구서의

---

1 대법원 2020.6.11.선고 2020도2883 판결; 대법원 2012.5.10.선고 2012도2496 판결, 「상고심에서 상고이유의 주장이 이유없다고 판단되어 배척된 부분은 그 판결선고와 동시에 확정력이 발생하여 그 부분에 대해서는 피고인은 더 이상 다툴 수 없고, 또한 환송받은 법원으로서도 그와 배치되는 판단을 할 수 없으므로, 피고인으로서는 더 이상 그 부분에 대한 주장을 상고이유로 삼을 수 없다.」; 대법원 1987.12.22.선고 87도2111 판결, 「상고심에서 상고이유가 없다고 하여 파기되지 않은 부분은 그 판결선고와 동시에 확정되고 이 부분에 대해서는 피고인은 더 이상 다툴 수 없고 또한 환송받은 법원으로서도 이와 배치되는 판단을 할 수 없다.」

제출에도 마찬가지로 적용된다.」

재정신청과 재정신청기각결정에 대한 재항고(제262조 ④)에는 비준용(=도달주의 원칙)[1]

○ 항소기각 등으로 제1심 판결이 유죄로 확정된 경우의 재심 대상은 제1심 판결

대법원 2022.6.16.**자** 2022**모**509 **결정**, 「(1) 형벌조항에 대해 헌법재판소의 위헌결정이 있는 경우 헌법재판소법 제47조에 의한 재심은 원칙적인 재심대상판결인 제1심 유죄판결 또는 파기자판한 상급심판결에 대해 청구해야 한다. 제1심이 유죄판결을 선고하고, 그에 대해 불복하였으나, 항소 또는 상고기각판결이 있었던 경우에 헌법재판소법 제47조를 이유로 재심을 청구하려면 재심대상판결은 제1심 판결이 되어야 하고, 항소 또는 상고기각판결을 재심대상으로 삼은 재심청구는 법률상의 방식을 위반한 것으로 부적법하다. (2) 민사항소심은 속심제를 취하고 있고, 민사소송법은 '항소심에서 사건에 관하여 본안판결을 하였을 때에는 제1심 판결에 대하여 재심의 소를 제기하지 못한다'라고 규정하고 있다(제451조 제3항). 그러나 형사항소심은 속심이면서도 사후심으로서 성격을 가지고 있고, 헌법재판소법 제47조에 따라 '유죄 확정판결'에 대해 재심을 청구하는 경우 준용되는 형사소송법은 원칙적인 재심대상판결을 '유죄 확정판결'로 규정하고 있는데(제420조), 항소 또는 상고기각판결은 그 확정으로 그 원심의 유죄판결이 확정되는 것이지 **그 자체가 유죄판결은 아니기 때문**에, 민사재심에서와 달리 보아야 한다. 한편 민사소송법은 원칙적으로 재심의 소 제기에 시간적 제한을 두고 있으나(제456조), 형사소송법은 재심청구 제기기간에 제한을 두고 있지 않으므로(제427조 참조), 법률상의 방식을 위반한 재심청구라는 이유로 기각결정이 있더라도, 청구인이 이를 보정한다면 다시 동일한 이유로 재심청구를 할 수 있다.」

<피고인이 제1심에서 도로교통법위반(음주운전)죄 등으로 유죄를 선고받고, 항소하여 항소기각판결을 선고받아 판결이 확정되었는데, 도로교통법위반(음주운전)죄 부분에 관해 피고인에게 적용된 형벌 조항이 헌법재판소에서 위헌으로 결정되었다는 재심청구이유(헌법재판소법 제47조 제4항에서 정한 재심사유)로 위 항소기각판결에 대해 재심을 청구하자, 피고인의 재심청구이유는 항소기각판결에 대한 재심사유로서 형사소송법 제420조 제1호, 제2호, 제7호에 정한 재심사유 중 어느 것에도 해당하지 않는다는 이유로 재심청구를 기각한 원심을 유지한 사례>

○ 재판확정기록에 대한 열람·등사는 형사소송법이 특칙으로 우선 적용

대법원 2022.2.11.**자** 2021**모**3175 **결정**, 「(1) 형사소송법 제59조의2는 재판이 확정된 사건의 소

1 대법원 2015.7.16.자 2013모2347 전원합의체 결정, 「① 법정기간 준수에 대하여 도달주의 원칙을 정하고 재소자 피고인 특칙의 예외를 개별적으로 인정한 형사소송법의 규정 내용과 입법 취지, ② 재정신청절차가 형사재판절차와 구별되는 특수성 등을 종합하여 보면, 재정신청기각결정에 대한 재항고나 그 재항고기각결정에 대한 즉시항고로서의 재항고에 대한 법정기간의 준수 여부는 도달주의 원칙에 따라 재항고장이나 즉시항고장이 법원에 도달한 시점을 기준으로 판단하여야 하고, 거기에 재소자 피고인 특칙은 준용되지 아니한다고 해석함이 타당하다.」; 대법원 1998.12.14.자 98모127 결정.

송기록, 즉 형사재판확정기록의 공개 여부나 공개 범위, 불복절차 등에 관해 '공공기관의 정보공개에 관한 법률'(이하 '정보공개법')과 달리 규정하고 있는 것으로 정보공개법 제4조 제1항에서 정한 '정보의 공개에 관하여 다른 법률에 특별한 규정이 있는 경우'에 해당한다. 따라서 형사재판확정기록의 공개에 관해서는 정보공개법에 의한 공개청구가 허용되지 않는다. 따라서 **형사재판확정기록**에 관해서는 형사소송법 제59조의 2에 따른 열람·등사신청이 허용되고 그 거부나 제한 등에 대한 불복은 **준항고**에 의하며, 형사재판확정기록이 아닌 불기소처분으로 종결된 기록(이하 '**불기소기록**')에 관해서는 정보공개법에 따른 정보공개청구가 허용되고 그 거부나 제한 등에 대한 불복은 **항고소송절차**에 의한다. (2) 형사소송법 제59조의2의 '재판이 확정된 사건의 소송기록'이란 특정 형사사건에 관해 법원이 작성하거나 검사, 피고인 등 소송관계인이 작성하여 법원에 제출한 서류들로서 재판확정 후 담당 기관이 소정의 방식에 따라 보관하고 있는 서면의 총체라 할 수 있고, 위와 같은 방식과 절차에 따라 보관되고 있는 이상 해당 형사사건에서 증거로 채택되지 않았거나 그 범죄사실과 직접 관련되지 않은 서류라고 하여 재판확정기록에 포함되지 않는다고 볼 것은 아니다.」

<고소인은 '운송인이 고소인의 차량을 운송하다가 부주의로 파손시킨 후 이를 무마하기 위해 보험회사에 마치 고소인이 차량을 운행하다가 사고가 나서 파손된 것처럼 진술하였다'는 등의 사실에 대해 다수의 죄명을 기재한 고소장을 제출하였고, 운송인에 대해 사기미수의 약식기소가 이루어져(나머지 죄명에 대해서는 혐의없음의 불기소처분이 있었음) 약식명령이 발령·확정된 후 그 수사기록(이 사건 수사기록)에 대해 열람·등사를 신청한 **사안**에서, **검찰**은 불기소기록에 대한 정보공개청구로 보아 정보공개법이 정한 일정한 사유 등을 들어 이 사건 수사기록의 일부에 대한 열람·등사를 제한하는 처분을 하였는데, 고소인이 이에 대해 준항고하자, **원심**은 재판확정기록이 아니므로 준항고로 다툴 수 없다고 판단하여 준항고를 기각하였고, **대법원**은 이 사건 수사기록은 운송인의 일련의 행위에 대해 전체적으로 수사가 이루어진 후 적합한 죄명에 따른 약식기소가 이루어져 약식명령이 발령·확정된 것이어서 형사재판확정기록으로 보아야 하므로, 원심이 이 사건 수사기록이 불기소기록에 해당한다고 보아 그 열람·등사에 관한 검사의 거부처분에 대해 준항고로 다툴 수 없다고 단정한 것은 잘못이라고 판단하고, 다만, 검사가 이 사건 수사기록의 일부에 대해 열람·등사를 거부한 사유는 재판확정기록에 대한 열람·등사를 제한할 수 있는 형사소송법 제59조의2 제2항 제3호, 제6호의 사유와 실질적으로 동일한 내용에 해당되므로, 결국 이 사건 수사기록 중 일부에 대해 불허가처분을 한 검사의 처분은 그 결과에 있어 정당하고 원심의 판단에 재판에 영향을 미친 헌법·법률·명령 또는 규칙 위반의 잘못이 있다고 보기 어렵다는 이유로, 재항고를 기각한 사례>[1]

---

1 **대법원 2024.11.8.자 2024모2182 결정**, <**(1) 사안** : Ⓐ 준항고인은 '준항고인이 피해자가 성관계하는 장면을 몰래 촬영한 사진과 성적 모욕감을 주는 문구가 담긴 전단지를 피해자가 근무하는 회사 차고지 주차차량들 앞 유리창에 꽂아 반포하였다'는 범죄사실로 유죄판결이 확정되었고, 피해자는 이로 인해 심한 정신적 충격과 고통을 겪고 사회생활에도 지장을 받는 등

○ **형사소송법 제420조 제5호 및 제7호의 재심사유를 인정한 경우**

대법원 2024.9.19.**자** 2024**모**179 **결정**, <부녀 사이인 피고인들이 공모하여 청산염이 희석된 막걸리를 피해자들이 마시도록 하여 피해자들을 살해하거나 미수에 그쳤다는 살인 등의 공소사실로 기소되어 유죄판결이 확정되었으나 피고인들이 형사소송법 제420조 제5호 및 제7호 등을 재심사유로 주장하면서 재심을 청구한 **사안**에서, **원심**이 ① 형사소송법 제420조 제7호 재심사유에 관해, 검사가 피고인 1에 대한 3회 피의자신문과정에서 자신의 의도대로 진술을 이끌어 내기 위해 피고인 1에게 검사의 생각을 주입하며 유도신문을 하는 등 진술의 임의성을 보장하지 못하고 사회통념상 현저히 합리성을 잃은 신문방법을 사용함으로써 위법하게 수사권을 남용하였다고 판단하여(직권남용권리행사방해죄) 재심사유를 인정하고, ② 형사소송법 제420조 제5호 재심사유에 관해, 화물차 CCTV 경찰증거가 피고인들의 무죄를 인정할 새롭고 명백한 증거에 해당한다고 판단하여 재심사유를 인정하였고, **대법원**도 재심사유를 인정한 원심을 수긍하여 검사의 재항고를 기각한 사례>

○ **청구인의 기명날인 또는 서명이 없는 정식재판청구서를 법원공무원이 접수하여 정식재판청구기간이 경과된 경우에 정식재판청구권회복청구의 기회 부여**

대법원 2023.2.13.**자** 2022**모**1872 **결정**, 「약식명령에 대한 정식재판청구는 서면으로 제출해야 하고(형사소송법 제453조 제2항), 공무원 아닌 사람이 작성하는 서류에는 연월일을 기재하고 기명날인 또는 서명해야 하고, 인장이 없으면 지장으로 한다(제59조). 따라서 정식재판청구서에 청구인의 기명날인 또는 서명이 없다면 법령상의 방식을 위반한 것으로서[1] 그 청구를 결정으로 기각해야 한다. 이는 정식재판청구를 접수하는 법원공무원이 청구인의 기명날인이나 서명이 없음에도 불구하고 이에 대한 보정을 구하지 않고 적법한 청구가 있는 것으로 오인하여 정식재판청구서를 접수한 경우에도 마찬가지이다. 그러나 법원공무원의 위와 같은 잘못으로 인해 적법한 정식재판청구가 제기된 것으로 신뢰한 피고인이 그 정식재판청구기간을 넘기게 되

상당한 피해를 입었고, Ⓑ 준항고인은 위 사건에서 충분한 방어기회를 부여받았고, 준항고인은 위 판결 확정 후 재판확정사건에서 이미 배척된 주장을 반복하며 총 4회에 걸쳐 재심청구를 하였다가 모두 재심청구기각결정을 받았으며, 그 밖에 피해자를 무고, 위증, 명예훼손 등 혐의로 여러 차례 고소하였고, Ⓒ 준항고인은 위 사건에서 증거로 제출되어 조사된 각 서류에 대해 검찰청에 열람·등사신청을 하였으나 검사가 그 신청을 거부하자, 준항고를 제기하였다. **(2) 원심의 결정과 검사의 재항고** : 원심이 준항고에 대한 검사의 의견을 구체적으로 확인하지 않은 채 '준항고인이 열람·등사를 신청한 소송기록의 서류들 중 원심 별지 목록 기재 각 서류는 진술인의 성명 등 개인정보 부분을 제외하면 그 내용이 준항고인에게 공개된다고 하더라도 사건관계인의 명예나 생활의 평온 등을 현저히 해할 우려가 있다고 보기 어렵다'는 이유로 이 부분에 관한 검사의 열람·등사거부처분을 취소하고, 준항고인의 나머지 신청을 기각하는 결정을 하였고, 이에 대해 검사는 일부 서류에 관해서는 형사소송법 제59조의2 제2항 제3호에서 정한 열람·등사 제한사유가 존재하고 그 제한의 예외에 해당하는 정당한 사유가 없다는 이유로 재항고를 제기하였다. **(3) 대법원의 판단** : 열람·등사를 거부한 검사 처분의 위법 여부 및 당부를 신중하게 판단하고 그 처분의 취소 여부나 취소 범위 등을 결정하였어야 한다며 원심을 파기·환송하였다 : 형사재판확정기록에 대한 열람·등사 신청시 형사소송법 제59조의2 제2항 본문 제3호에서 정한 **열람·등사 제한사유에 해당하는지 여부가 문제된 사례**>

1 2017.12.12.에 공포·시행된 개정 형사소송법 제59조 '비공무원의 서류'에 본인확인 방법으로 기명날인 외에 서명이 추가되었다.

었다면, 이때 피고인은 자기가 책임질 수 없는 사유로 청구기간 내에 정식재판을 청구하지 못한 때에 해당하여 정식재판청구권의 회복을 구할 수 있다.」 <**원심**은 일단 약식명령에 대한 정식재판청구가 받아들여져 정식재판청구사건이 진행된 이상 정식재판청구권회복청구를 하는 것은 허용되지 않는다고 보아 정식재판청구권회복청구를 기각한 1심의 결론을 유지하였으나 **대법원**은 '피고인 또는 대리인이 책임질 수 없는 사유로 청구기간 내에 정식재판청구를 하지 못한 경우'에 해당한다고 보아 원심결정을 파기하고 자판(제1심 결정 취소, 정식재판청구권 회복결정)한 사례>; 대법원 2008.7.11.자 2008모605 결정.

○ 형사보상청구와 비용보상청구에서의 소극적 요건 해당 여부

대법원 2024.9.10.자 2023모1766 결정, 「형사소송법 제194조의2 제2항 제1호는 피고인이었던 사람이 수사 또는 심판을 그르칠 목적으로 거짓 자백을 하거나 다른 유죄의 증거를 만들어 기소된 것으로 인정된 경우에는 그 재판에 소요된 비용의 전부 또는 일부를 보상하지 않을 수 있다고 규정하고 있고, 형사소송법 제194조의5에 의해 준용되는 형사보상및명예회복에관한법률 제14조 제2항은 보상청구에 대해 법원은 검사와 청구인의 의견을 들은 후 결정을 해야 한다고 규정하고 있다. 그런데 형사소송법 제194조의2 제2항 제1호에 따라 법원이 비용보상청구의 전부 또는 일부를 기각하기 위해서는 Ⓐ 피고인이었던 사람이 단순히 거짓 자백을 하거나 다른 유죄의 증거를 만드는 것만으로는 부족하고 Ⓑ 그에게 '수사 또는 심판을 그르칠 목적'이 있어야 한다. 여기서 '수사 또는 심판을 그르칠 목적'은 헌법 제28조가 보장하는 형사보상청구권을 제한하는 예외적인 사유임을 감안할 때 신중하게 인정해야 하고, 형사보상청구권을 제한하고자 하는 측에서 이를 입증해야 한다.」

<**청구인**은 '자신은 2021.8.20. 자신의 이전 형사사건 및 고소사건에 관여하여 허위·부실수사를 하고 사건을 은폐한 검사 3명, 경찰관 3명과 위 공무원들의 행위를 인지하고도 묵인한 피해자에 관한 사실을 적시하여 비방하는 글을 인터넷 사이트에 게시하여 그들의 명예를 훼손하는 범죄를 저질렀다'는 취지로 경찰에 자수하였고, 이후 수사과정에서 청구인의 게시글에 언급된 사람들 중 피해자만 청구인에 대한 처벌희망의사를 표시하였고, 검찰의 약식명령청구에 따라 법원은 '청구인은 2021.8.20. 비방할 목적으로 정보통신망에 글을 게시함으로써 공공연하게 거짓의 사실을 드러내어 피해자의 명예를 훼손하였다'는 범죄사실로 벌금 100만원의 약식명령을 발령하였다. 그런데 청구인은 위 약식명령에 대해 정식재판청구를 하였고, 제1심 공판절차에서 게시글의 허위성 및 자신의 허위성에 대한 인식에 관해 다투면서 공소사실을 부인하다가 의견을 번복하여 공소사실을 자백하여, 제1심 법원에서 벌금형을 선고받았으나 청구인은 항소심에서 다시 공소사실을 부인하면서 '위 게시글은 비공개 상태에 있었다'고 주장하면서 이를 뒷받침하는 자료를 제출하였고, 항소심법원은 청구인의 행위는 공연성이 인정되지 않는다는

이유로 제1심 판결을 파기하고 청구인에 대해 무죄를 선고하였고, 이후 청구인은 무죄판결 확정 후 비용보상을 청구함에 따라 원심은 검사의 의견을 듣는 절차를 거치지 않고 청구인의 비용보상청구를 일부 인용하였는데, **대법원**은 위 게시글의 공개 여부 및 범위를 설정할 권한이 청구인에게 있는 점, 청구인의 자수로 시작된 위 사건의 전체적인 경과, 청구인의 항소이유서 기재내용 등을 종합하여 보면, 청구인이 수사 또는 심판을 그르칠 목적으로 거짓 자백을 하거나 다른 유죄의 증거를 만들어 기소된 것으로 인정될 여지가 크므로, 원심으로서는 청구인의 이 사건 비용보상청구 사실을 검사에게 알려주고 그 의견을 듣는 등으로 이 사건 청구가 형사소송법 제194조의2 제2항 제1호에 해당하는지 및 이 사건 청구의 전부 또는 일부를 기각할 것인지를 심리·판단하였어야 한다고 보아, 이와 달리 청구를 일부 인용한 원심을 파기·환송한 사례>; 대법원 2010.9.30.자 2010모1021 결정; 대법원 2008.10.28.자 2008모577 결정.

○ 형사보상청구기간

대법원 2022.12.20.자 2020모627 결정, 「(형사보상각하결정에 대한 재항고사건) 면소 또는 공소기각의 재판을 받아 확정되었으나 면소 또는 공소기각의 사유가 없었더라면 무죄재판을 받을 만한 현저한 사유가 있음을 이유로 구금에 대한 보상을 청구하는 경우에 ① 원칙적으로 면소 또는 공소기각의 재판이 확정된 사실을 안 날부터 3년, 면소 또는 공소기각의 재판이 확정된 때부터 5년 이내에 해야 하나, ② 다만 해당 형벌법령에 대해 위헌·무효 판단이 있는 경우 등과 같이 면소 또는 공소기각의 재판이 확정된 이후에 무죄재판을 받을 만한 현저한 사유가 생겼다고 볼 수 있는 경우에는 해당 사유가 발생한 사실을 안 날부터 3년, 해당 사유가 발생한 때부터 5년 이내에 보상청구를 할 수 있다.」

<재항고인이 긴급조치 제9호 위반으로 구금되었다가 공소취소로 인한 공소기각결정을 받고 석방되었음을 이유로 2019.6.27. 형사보상청구를 한 **사안**에서, 대법원은 긴급조치 제9호 위반 사건의 경우 대법원이 긴급조치 제9호에 대해 위헌·무효라고 선언한 대법원 2013.4.18.자 2011초기689 전원합의체 결정 사실을 안 날로부터 3년, 위 결정일로부터 5년 이내에 보상청구를 해야 한다고 판단하고, 보상청구기간을 도과를 이유로 형사보상청구를 각하한 원심을 수긍한 사례>[1]

1 대법원 2019.7.5.자 2018모906 결정, 「(형사보상기각결정에 대한 재항고사건) 형사소송법 제194조의2 제1항은 "국가는 무죄판결이 확정된 경우에는 당해 사건의 피고인이었던 자에 대하여 그 재판에 소요된 비용을 보상하여야 한다."라고 규정하고 있다. 이와 같은 비용보상제도는 국가의 잘못된 형사사법권 행사로 인해 피고인이 무죄를 선고받기 위해 부득이 변호사 보수 등을 지출한 경우, 국가로 하여금 피고인에게 그 재판에 소요된 비용을 보상하도록 함으로써 국가의 형사사법작용에 내재한 위험성 때문에 불가피하게 비용을 지출한 비용보상청구권자의 방어권 및 재산권을 보장하려는 데 목적이 있다. 이러한 입법취지와 규정의 내용 등에 비추어 볼 때 관결주문에서 무죄가 선고된 경우뿐만 아니라 **판결이유에서 무죄로 판단된 경우에도** 재판에 소요된 비용 가운데 무죄로 판단된 부분의 방어권행사에 필요하였다고 인정된 부분에 관해서는 보상을 청구할 수 있다고 보아야 한다. 다만 법원은 이러한 경우 형사소송법 제194조의2 제2항 제2호를 유추적용하여 재량으로 보상청구의 전부 또는 일부를 기각할 수 있다.」

○ 국민참여재판으로 진행된 제1심에서 배심원 전원일치 평결로 무죄선고가 되었다면 항소심에서의 증거조사범위를 신중하게 판단해야[1]

대법원 2024.7.25.선고 2020도7802 판결, 「사법의 민주적 정당성과 신뢰를 높이기 위해 도입된 국민참여재판의 형식으로 진행된 형사공판절차에서 엄격한 선정절차를 거쳐 양식있는 시민으로 구성된 배심원이 사실인정에 관해 재판부에 제시하는 집단적 의견은 실질적 직접심리주의 및 공판중심주의 하에서 증거취사와 사실인정에 관한 전권을 가지는 사실심 법관의 판단을 돕기 위한 **권고적 효력**을 가지는 것인바, 배심원이 증인신문 등 사실심리의 전 과정에 함께 참여한 후 증인이 한 진술의 신빙성 등 증거취사와 사실인정에 관해 ① 만장일치 의견으로 내린 무죄평결이 ② 재판부의 심증에 부합하여 그대로 채택된 경우라면, 이러한 절차를 거쳐 이루어진 증거취사 및 사실인정에 관한 1심의 판단은 실질적 직접심리주의 및 공판중심주의의 취지와 정신에 비추어 항소심에서의 새로운 증거조사를 통해 그에 명백히 반대되는 충분하고도 납득할 만한 현저한 사정이 나타나지 않는 한 한층 더 존중될 필요가 있다.」

<피고인이 피해자로부터 투자금을 편취하였다는 특경법위반(사기)으로 기소되어 국민참여재판으로 진행된 **제1심**에서 배심원 전원일치 무죄평결이 채택되어 무죄가 선고되었는데, **원심**은 1심 판결에 대해 추가적인 증거조사를 거쳐 피해자 진술의 신빙성이 인정된다는 이유로 유죄를 선고한 **사안**에서, **대법원**은 국민참여재판으로 진행된 1심 법원에서 배심원이 만장일치 의견으로 내린 무죄평결이 재판부의 심증에 부합하여 무죄판결이 선고된 이상 그 항소심인 원심으로서는 Ⓐ 추가적이거나 새로운 증거조사가 필요한 경우에 해당하는지를 더욱 신중하게 판단할 필요가 있는데도 원심이 이에 관한 충분한 고려없이 증거조사를 실시하고, Ⓑ 이를 통해 1심 법원의 증거가치 판단 및 사실인정에 관한 판단에 명백히 반대되는 충분하고도 납득할 만한 현저한 사정이 나타났다고 보기도 어렵다고 보아 원심을 파기·환송한 사례>; 대법원 2010.3.25.선고 2009도14065 판결.

◈ 최근 형사소송법의 개정 내용

1. 2024.2.13. **공포·시행된 제40차 개정**(법률 제20265호)
   피고인이 국외도피를 한 경우에 아무런 제한없이 의제공소시효 기간이 진행되던 불합리를 해소하기 위해 제253조의 제4항에 '피고인이 형사처분을 면할 목적으로 국외에 있는 경우 그 기간 동안 제249조 제2항(의제공소시효)에 따른 기간의 진행은 정지된다.'는 내용과 부칙에 '시행 전에 공소가 제기된 범죄로서 이 법 시행 당시 공소시효가 완성한 것으로 간주되지 아니한 경우에도 적용한다. 이 경우 같은 개정규정에 따라 정지되는 기간에는 이 법 시행 전에 피고인

1 법률저널 2024.8.30.자 6면, '대법 "1심 참여재판 만장일치 무죄면 2심 증거조사 신중"기사에 의하면 대법원 관계자가 "만장일치 무죄 평결은 항소심에서 기록만 검토해 유죄로 바꿀 수 없다는 기존 법리에서 나아가 추가로 증거조사해 결론을 바꾸는 것도 신중하게 이뤄져야 한다는 진일보한 판단"이라고 하였다.

이 형사처분을 면할 목적으로 국외에 있던 기간을 포함한다.'는 내용이 신설되었다.

2. 2024.10.16. 공포, 2025.1.17.부터 시행된 제41차 개정(법률 제20460호)

피고인이 판결선고가 임박한 시점에 공탁하여 피해자 의사와 관계없이 감경사유로 양형에 반영되는 것을 방지하여 피해자의 재판절차진술권을 실효적으로 보장함과 동시에 소위 **'기습공탁'** 문제를 해결하고자 제294조의5(금전 공탁과 피해자 등의 의견 청취)에 '① 법원은 피고인이 피해자의 권리 회복에 필요한 금전을 공탁한 경우에는 판결을 선고하기 전에 피해자 또는 그 법정대리인(피해자가 사망한 경우에는 배우자·직계친족·형제자매를 포함한다)의 의견을 들어야 한다. 다만, 그 의견을 청취하기 곤란한 경우로서 대법원규칙으로 정하는 특별한 사정이 있는 경우에는 그러하지 아니하다. ② 제1항에 따른 의견 청취의 방법·절차 및 그 밖에 필요한 사항은 대법원규칙으로 정한다.'는 내용을 신설하고,[1] 개정 공탁법에서도 공탁을 이유로 감형을 받은 직후에 공탁금을 회수해 가는 소위 **'먹튀공탁'**으로부터 피해자를 보호하기 위해 Ⓐ 공탁자가 착오로 공탁한 경우, Ⓑ 공탁물의 수령인으로 지정된 자가 공탁물의 회수에 동의한 경우, Ⓒ 공탁원인이 된 형사사건에서 무죄판결이 확정된 경우 등을 제외하고는 공탁물을 회수할 수 없다는 내용을 신설하였다.[2]

3. 2025.3.18. 공포, 2025.9.19.부터 시행되는 제42차 개정(법률 제20796호)

범죄 피해자의 알 권리 및 형사절차 참여권을 실질적으로 보장하기 위하여 소송계속 중인 사건의 피해자와 그 법정대리인 등이 소송기록의 열람 또는 등사를 신청하는 경우에 재판장은원칙적으로 이를 허가하되, 예외적으로 허가하지 않거나 사용 목적의 제한 또는 조건을 붙여 허가하는 경우에는 열람 또는 등사를 신청한 자에게 그 이유를 통지하도록 하기 위해 제294조의4(피해자 등의 공판기록 열람·등사) 제3항 중 "권리구제를"을 "권리구제 또는 제294조의2에 따른 진술권 보장을"로, "인정하거나 그 밖의 정당한 사유가 있는 경우 범죄의 성질, 심리의 상황, 그 밖의 사정을 고려하여 상당하다고 인정하는 때에는 열람 또는 등사를 허가할 수 있다"를 "인정하는 경우 소송기록의 열람 또는 등사를 허가하여야 한다"로 하고, 같은 항에 단서를 다음과 같이 신설하며, 같은 조 제5항 및 제6항을 각각 제6항 및 제7항으로 하고, 같은 조에 제5항을 다음과 같이 신설한다. 다만, 제59조의2 제2항 제2호부터 제6호까지 중 어느 하나에 해당하는 경우 또는 심리의 상황을 고려하여 상당한 이유가 있는 경우에는 열람 또는 등사를 허가하지 아니할 수 있다. ⑤ 재판장이 열람 또는 등사를 허가하지 아니하거나 사용 목적의 제한 또는 조건을 붙여 허가하는 경우에는 열람 또는 등사를 신청한 자에게 대법원규칙으로 정하는 바에 따라 그 이유를 통지하여야 한다.

---

1 형사소송규칙 제134조의13(금전 공탁에 대한 피해자등의 의견 청취) 규정 신설.

2 공탁법 제9조의2(공탁물 회수의 제한) ① 공탁자가 형사사건 피해자를 위하여 변제공탁을 한 경우에는 제9조 제2항 제1호 및 제3호의 사유로는 공탁물을 회수하지 못한다. 다만, 다음 각호의 어느 하나에 해당하는 경우에는 그 사실을 증명하여 공탁물을 회수할 수 있다.
1. 공탁물의 수령인으로 지정된 자가 공탁물의 회수에 동의하거나 공탁물의 수령을 거절하는 의사를 공탁소에 통고한 경우
2. 공탁의 원인이 된 해당 형사사건에서 무죄판결이 확정되거나 불기소 결정(기소유예는 제외한다)이 있는 경우
② 제1항에 따른 공탁물 회수 및 회수 동의의 방법·절차, 수령 거절의사의 통고 방법·절차 등에 필요한 사항은 대법원규칙으로 정한다.

판례색인

[대법원]

[헌법재판소]

[저자 약력]

이 창 현

현재 한국외국어대학교 법학전문대학원 교수

연세대 법대 졸업, 연세대 경영대학원 졸업(경영학석사, 회계학 전공)
Washington University School of Law, Visiting Scholar
연세대 대학원 졸업(법학박사, 형사법 전공)

사법연수원 제19기 수료, 육군 법무관, 국방정신교육원 법률교관
서울북부지검, 청주지검 제천지청, 부산지검, 수원지검 검사
법무법인 세인 대표변호사
경기중앙지방변호사회 회원이사, 편집위원장
'이용호게이트' 특별검사팀 특별수사관
대한변호사협회 윤리위원회 감찰위원
서울지방교정청 행정심판위원회 위원
강남대, 강원대, 경기대, 경북대, 경희대, 단국대, 동아대, 동의대, 부산대, 서강대, 성신여대, 수원과학대, 아주대, 안양대, 연세대, 원광대, 이화여대, 제주대, 법무연수원, 변호사연수원, 부산시선거관리위원회, 농협, 기업은행 등 강사
아주대 법대 부교수
사법연수원 외래교수(형사변호사실무)
대한변호사협회 법학전문대학원 특별위원회 위원
한국형사소송법학회 부회장
대검찰청 검찰수사심의위원회 위원, 고위공직자범죄수사처 수사심의위원회 위원
사법시험 및 변호사시험 시험위원

저 서

검찰청의 단골손님들, 진정서·탄원서 작성의 모든 것(공저),
형사변호와 무죄(공저), 구속과 보석, 형사법연습, 형사소송법(제11판), 사례형사소송법(제8판)

이 저서는 2025학년도 한국외대 교내학술연구비의 지원에 의해 연구되었습니다.

최근 형사소송법 판례와 사례

초판발행 2025년 9월 15일

지은이 이창현
펴낸이 김중용

편 집 심성보·김인숙

펴낸곳 도서출판 **정독**

경기도 고양시 일산서구 하이파크로 113, 102-204
등록 제406-2014-000093호

전 화 031)924-7203 팩 스 031)935-0345
홈페이지 www.jeongdok.co.kr 이메일 admin@jeongdok.co.kr
ISBN 979-11-6858-406-8 93360

정 가 18,000원